正法眼蔵を読む

寺田透

法蔵館文庫

本書は、一九九七年七月三〇日法蔵館より刊行された『正法眼蔵を読む』［新装版］（はしがき・道元略伝・画餅の巻・竜吟の巻・都機の巻・眼蔵参究の傍）と、一九八八年一月二五日法蔵館より刊行された『続正法眼蔵を読む』（観音の巻・古鏡の巻・奥書き）を合本としたものである。なお本書各講読は、発表された媒体が異なるため表記は統一されていないが、一部を除き、仮名づかいや漢字、また『　』「　」の使用などは原本のままとした。

目次

正法眼蔵を読む

はしがき

数年前岩波書店の日本思想大系『道元』上下に頭註と解説を書くしごとをしたおかげで、この本の中味にあたる正法眼蔵の巻々の逐語的講読をする巡合せになつた。右大系の道元といふのが正法眼蔵そのものだつたからであり、それはその形でははじめて公刊された七十五巻本眼蔵と、現在十二巻残されてをり、元来は二十五巻書きつがれて、全百巻で纏る筈だつたものが中断されたと想像されてゐるいはゆる十二巻本眼蔵から成る二巻だつた。

この本はともかく忠実に通読しなければならないやうな形に編まれてをり、流布してゐた九十五巻本のやうに任意の巻をえらんで、それから触発された所見を述べたり、それに自分の思想を対置することですますことを許さないやうに思はれた。

きのふ原文と対校してゐたヴァレリーの有名なカイエの哲学篇に、自分の訳稿で読むと次のやうな個所があり——

「ひとの書くものがそのひと自身といかなる点で異り、書かないことがどれ程重要かを知るには自分自身書いたことがあるだけで十分である。

さうしてみると、書かれたものから全体的思想に向つて、一本のペンから出たもののすべてを近寄せたり、厳密に照し合せたり、これ以上は出来ないといふ位飛切り細心に解釈したりしつつ遡ること——それは、それが正確で完全無欠であればあるだけいつはりの（すなはち実在してゐなかつた）思想と架空存在を生み出すといふことになる。」

これを読んで僕は巡合せの皮肉さに苦笑した。といふのは翌日この「はしがき」を書く予定を立ててゐた僕の『講読』も、それ以前の思想大系の頭註も、意図としては「飛切り細心に解釈しつつ、書かれたものから全体的思想に遡る」ことを宗としてをり、僕はさういふやり方でしか、無垢純粋な道元の思想の容姿には近づけないと考へてゐるし、ゐたからである。それを「それが正確で完全無欠であればあるだけ」、さう念願すればする程「いつはりの（すなはち実在してゐなかつた）思想と架空存在を生み出す」とは！

さういふこともたしかに言へなくはない。しかし近代人のやうに自己を表現するのでなく、終局的には自己を無くすことを目ざす自己の信仰を明らかにしたかつた中世人についてはどうだらう。また筆者について言へば、自分の尊敬し親炙したく思ふ思想家、この場合は道元の、それがなくてはかれに近寄らうといふ気がそもそも起らなかつただらう全体像がまづあり、その著述の詳細精密な読解を、この全体像の充実と精確化に向けて推しすすめるこころみが問題だつたら。

このときとて、といふよりこのときはさらにひとは、既成の全体像に対する忠実と尊重とともに、それを破壊するやうにはたらく発見や確認に対しても誠実にふるまふ柔軟さを要求される。

すなはち、通読し解釈するに当つていよいよ「細心」、「厳密」、敏感でなければならないのだ。

道元の思惟のうちに、かれとその宗教とその時代とに寄せる成心のためにとかく見えなくなりがちな物理学的思考方式、量的関心、あへて言へば主智主義、さらにソフィスト的論法まで見出せるやうに思へたのは、かういふ気構への成果だつたと言はせてもらひたい。

同じ法蔵選書の一冊として一緒に出る、僕がその「解説」を書きもした唐木順三著『禅と自然』の中には、道元を無常の形而上学者として把握した雄篇が収められてゐるが、僕のこの本には、道元の無常に論及した件りはほんのわづかしかない。絵を考察の対象にえらべば絵が、枯木をとり上げるなら枯木が、月を考へれば月が存在のすべてだといふ、全一なる存在の確認者としての道元が、この本の全体を占めてゐると言つていい。

講読のときからすでに時がたつたが、僕は今でも道元とともに、あるいは道元をだしに使つて無常を語らうといふ気にはなれない。無常を事・相ではなく理・性であるとしたとき、捨て去らねばならないのは個々の存在や経験やものやはたらきではなく、一切世間一切攀縁の筈である。そのとき現れるのが出家存在の自己肯定だといふことは理の当然であり、それが七十五巻本眼蔵の最終巻が『出家』の名を持つ所以だと思ふ。

僕には道元は全存在の肯定者、是認者ではないにせよ肯定者として見えてゐる。かれを存在論哲学者として位置づけることが可能だらう、但し信に支へられ、信を内包し、信をもつて全体をおほふ、影像によつて思惟するところの——。

道元観のさまざまの差異は、眼蔵全体を一巻の書物として読むか読まないかに大きくかかつてゐる。気に入つた巻を取上げ、それを論ずることで道元像をゑがき出さうとする試みは、厳しい自省と、さらに広く遠く眼のとどく配慮とともになされなければならないだらう。

わづか眼蔵三巻のみの講読であるこの本は、さういふ自戒に対する、余儀ないこととは言へ一種の違背である。

そのことを僕はごまかさずにはしがきのすゑに書いておく。

一九八一年四月十八日

寺田　透

道元略伝

道元の著書として有名な正法眼蔵の一つの巻を講読することを、僕の担当するゼミナールの主眼として、テキストのプリントをみなさんに持っていただくことにしました。ゼミナールで講読なんておかしいのですけれど、道元概論なんかやってみても、大したことにはならないんじゃないかと考えるので、こうさせてもらうことにしました。だからと言って、いきなり講読に入るのもとっつきが悪いので、大体道元はどういう家に生まれ、生まれ合せた時代はどういう時代だったか、大体どんな思想を持っていたからこういうものを書いたか、そういうことをまずお話したいと思います。

道元はちょうど一二〇〇年という年に京都で生まれました。一二〇〇年というと、正治二年、天皇は土御門天皇です。

どうも、こういう偉い、ある思想の創立者というか、あるいは一つの宗旨の開祖という人になりますと、かえって伝記に曖昧なことが多く、道元の伝記もほとんど全部推測によるものです。ずいぶん高い身分の出なのに、確かなことが言えない。ほぼこれで間違いないだろうという程度のことが言われているだけです。

道元の父親は久我通親で、それから母親は松殿基房という人の娘で、その第四女ではなかったかと言われています。伊子というのですが、松殿基房が、次第に勢力を伸ばしてきた平家の清盛と意志が疎通しませんで、苦境に立つに至ったとき、ちょうど源平の乱が起って、木曾義仲の京都占拠を見るわけですが、その木曾義仲の妾（しょう）のひとりになったのがこの伊子です。そして木曾が敗北して京都を去ったあとで、今度は久我通親の妾になったようで、そこで生まれたのが道元だったということのようです。

この伊子のことも、間違いなくそうだと言えるように明記してある資料があるわけではなくて、空白の個所を推理によって埋めてゆくとこうなるという程度のことです。しかし、これはほぼ間違いないと、道元の伝記研究では元締めと言っていい大久保道舟さんがおっしゃっています。

僕はこういうことにあまり触れたくないのですけれど、大体どういう時代にどういう風に生きた人か、ということがわからないことには、その思想も中有に浮いたようなことになりますので、推論の受け売りですが、こういう概略のお話をまずしておきます。

元来、久我通親と松殿基房は、けして円満な関係にあった貴族同士ではなかった。松殿基房の方は家運衰微のところへもってきて、一方の久我通親は、武家勢力を追い落そうという腹づもりでいた後白河院や後鳥羽院と近しい関係にあったので、当時隆々の勢いを見せかけていたようです。頼朝と仲のよかった九条兼実などは、この人のことをひどく悪く言っているわけですが、しかし九条兼実と久我通親とは妻同士が姉妹という近い関係にあったのですから、ただ政治的な立場の違いだけをここに見るわけにはいかないでしょう。もっと何か陰にこもったものがあったはずで、ともかく久我家と松殿家の縁組みは、虚々実々の懸退(かけひ)きを含むものだったと見るのが真相にかなっておりましょう。

道元は久我家に、当主通親の子として生まれたのですけれど、さらに、系図をどう読んでいいのかわからないので、こういう曖昧な言い方をすることになりますが、通親の何男かの通具という人の養子となったと言われています。*つまり兄の養子になったようだというわけですが、久我家で生活していたかどうかわからない。どうも松殿家で暮していたらしい。室町時代に出来た道元の一番古い伝記によりますと、そこの別荘を出て比叡山に走って出家した、ということになっているからです。出家したときに頼って行った先の人が良観という人で、これも母方の叔父——母の弟のようです。その人について出家することになったのですが、時代からいうと法然が亡くなった年、そして『方丈記』が成立した年、そういう風に特徴づけられる時代です。道元、十三歳のときです。

良観という人は比叡の人といま申しましたが、のちに園城寺の長吏にもなったそうで、だいたい寺門系統の人と言うべきもののようです。道元は出家の翌年、つまり一二一四年、園城寺の公胤のもとに行って、良観では解いてもらえない問題について教えを請うた。それが有名な、「本来本法性、天然自性身」ということが顕密両方の教学で言われているのに、なぜ三世の諸仏はあらためて発心して菩提を求め、修行するのか、という疑問だったと言われています。十五のときにこういう疑問を発したということは、教祖の行実をとかく美化して書くのがつねの後世の伝記に書かれていることで、道元の書いたものの中にそれが文字になって残っているわけではありません。

このとき公胤は、――この公胤という人は久我家とも松殿家とも近しかった寺門の学僧だったそうですが――そういう問題については中国に仏心宗というものがあるので、それに通じている建仁寺の栄西に参じて教えを請うのがいい、と言ったそうです。そのころ公胤は園城寺の人ではありましたが、法然上人に帰依していたそうですから、こういう聖道門の、つまり自力仏教の問題について、自分で答えることをはばかったのかもしれません。ともかくここで道元と禅宗のつながりが出来る、という風に一般に考えられています。

この「本来本法性、天然自性身」ですが、「自性」という言葉はありますが、「性身」という言葉がないのでちょっと困りますが、やはり対句ですから、「本来　本　法性。天然自　性身」と読んでいいんじゃないかと僕は考えています。「本法性」の「本」というのは、仏になりうるための前世の修行という場合の前世の、前世からのという意味で使われることの多い文字です。「自」はおのずからにしてということで、「本来本」と「天然自」の対句の形で、人間の時間的本質と、そのもの自体の本来具有の本質とをあらわしているんじゃないか、そう思うのです。

本来前世から人間は法性を具えている、というよりも法性そのものであり、天然におのずから性身である。つまりすでに仏である。それなのにどうしてわざわざ改めて発心して菩提を求める必要があるのか、それが十五歳の道元の疑問だったというわけです。

「法性」の「性」というのは、いま本質と言われている、変化したり、滅びたり、新しく生じたりということがないものを言います。「法」というのにもいろいろ意味があって、普通の事物とか現象とかも「法」です。諸法実相というときの「諸法」というのはその「法」です。けれども「仏法」というときの「法」は、そういうものすべてを包摂し、統括している、一つしかない、不変のものです。不変と言っても、固くなって形骸同然の変らなさで変らないのじゃなくて、すべてのものが変るときも、それをいう法則は変らないわけで、こういう風な意味で変らないもの、ということです。

仏教の世界観とか存在観というものの特徴は、世界を、全存在をこれだと見て取り、考える一番目覚めた人の世界認識と、その人の存在と、それからその人を抱き取ってもいるけれど、その人の認識対象となってもいる存在、つまり世界と、この三つのものが、キリスト教の言葉を借りれば、三位一体をなしているところにあると思いますけれど、その意味で唯一なるものが「法」であり、「性」である。世界の法則であり、世界の存在自体である。「法性」という言葉の意味はそういうことだろうと思います。

「本来本法性」というのは、ですから、人間は元来、いまここにこうしてある以前から、すでに「法性」である——世界であり、法則である、仏がそれを見て取り悟ることによって、仏となる、そのものに他ならないのだ、そういう具体的存在としてここにあるんだ、すべての人間がそうのはずだ、ということを言う言葉なのです。

「天然自性身」というのは、「天然」——自分の誕生とではなく、全存在、それとの関係で考えた場合の自分は、ということでしょうが、それ、つまり、全存在と存在という点で同資格の自分は、すなわち存在するものとしての自分の本質は、おのずから、自然に「性身」である。「性身」という言葉は仏教用語ではないらしいとさっきも言いましたが、「性」をさっき言った変らない、本質的なるものという意味にとれば、それの肉化されたというか、具体化されたものが「性身」ということになるでしょう。

それはちょうど釈迦牟尼仏が、智慧であり、それからその智慧によって把握されるものであるはずの世界の法則でありつつ、同時に、そういう智慧と法則を持つものとして衆生を救う身体を具えているもの、すなわち応身仏でもあるのと同じ関係で、肉体を具えたというか、具体的な存在となった本質と言った風のものです。「性身」とは、そういうものと考えることが出来ます。

人間が本来そういうものであるなら、ということは、自分もそういうものであるならということになりますが、そうなら、三世の諸仏は人間として、わざわざ発心して菩提を求める必要はないじゃないか。それが十五歳の道元の疑問の意味です。

菩提というのは、サンスクリットの意味では、最上智ということだというのはいまは広く知られたことですし、三世の諸仏は過去、現在、未来の仏さまたち、仏さまというのはブッダ、ブッダというのは智慧を得て悟った人、めざめた人のことで、固有名詞ではないわけです。そういうものがなぜわざわざ発心修行をするのか、という疑問であるわけです。ところが、そうして奨められた先の建仁寺で、このとき栄西に会ったのか会わなかったのか、道元の伝記研究者には大問題のようですが、会わなかったんじゃないか、という方に定説は傾いてきているようです。

それからさらに三年後、一二一七年に建仁寺の僧となって、明全という栄西の弟子に当る人を師匠として、これについて修行します。栄西はその前々年、道元が教えを請いに建仁寺におもむいたと言われる年の翌年一二一五年に亡くなりました。道元に栄西につくようにと指示した公胤も、前年の一二一六年に亡くなっています。こういう具合で、いわば道元の前史は終わります。

一二二三年、貞応二年、道元が二十四歳のときですが、いよいよ中国に留学することになります。そのとき一緒に行ったのが、先ほど申し上げた建仁寺の兄弟子であり、師である明全と、それから先年出てきたそのころの公文書でわかったふたりの建仁寺の僧侶らしき者。もっとも公文書と言っても、今あるのは本物ではなく、本物は火災で焼けてしまって、その写しですが、六波羅探題の下知状の、渡航許可書みたいなものが出てきたのだそうです。それに載っているふたりのうちのひとりなのか、あるいは別に俗人が随行したのか、断案はないようですが、愛知県の瀬戸に窯を開いた加藤四郎左衛門景正という人が道元と一緒に中国に入って、窯業を覚えたということになっております。

在宋中のことは講読のあいだに出るはずなので省きますが、中国から四年後の安貞元年(一二二七)に日本に帰ってきました。最初九州におりましたけれども、のち建仁寺に入ってしばらくそこにいます。それからその三年後、伏見深草の極楽寺という、当時は廃寺になっていた寺の近くに草庵を結んで、弟子を教育することになります。その寺が観音導利興聖宝林寺という寺号を持つのは天福元年です。

天福元年という年がちょっと記念すべき年で、現在正法眼蔵の第一巻に当たっている「現成公按」は、この天福元年の仲秋つまり八月十五夜ごろに書かれたとその巻の奥書きにあります。

ただし、このことについては古田紹欽さんの説がありまして、「現成公按」というのは天福元年のころに書かれたんじゃあるまいと言います。それは「天福元年中秋のころ書きて鎮西の俗弟子楊光秀に与ふ」という、その楊光秀なる者がどんな本にも出てこない、全然消息のわからない人物だというのが、一つの根拠になっています。

さらに、「現成公按」の文体、それから内容も、初期の正法眼蔵のそれらとはまるで違っているという事実があります。第二巻は「摩訶般若波羅蜜」という巻、それからその次に「仏性」という巻がきますけれども、その文章の固さとか、力こぶを入れて、どうしても自分の言いたいことをすべてそこに投げ込んで書こうという、僕たちもみんな覚えのあることですけれども、若書きのものについて廻るそういう書き方が、第二、第三の巻にはあるのに、この「現成公按」にはない。これは、非常になだらかで、詠唱的で、対句なども大まかにしたてられていて、浄土門の和文法語に似た文体で書かれています。そしてそういう文体で書かれている思想に、正法眼蔵全体の思想の要約というか、エッセンスを述べたようなところがあるのです。こういう、きわめてよく整理された、しかも熟した形で表現されている点は、この巻があともあと、『眼蔵』編集のころ書かれたという証拠になることではないか。古田紹欽さんの尻馬に乗るみたいですけれども、どうもそうじゃないかと思うのです。

それから十年のちの寛元元年、天台系の迫害の激しくなったのを避けて、深草を引き払い、越前に引っ込みます。越前に引っ込むのは、もともと道元を庇護してくれたといいますか、僧侶のことですから、インド以来の伝統で、布施によって生きるわけです。はたらいて自分の食物や着る物を造ってはいけないわけで、人の恵みによって生きるのが僧侶の建前ですから、庇護と言ってはいけないわけですが、旦那、与えてくれる人ということです。その六波羅探題だった波多野義重、この人が越前に領地を持っていた縁ででしょう、そこに土地を寄進されると、そこに引っ込んでしまいます。のちに永平寺と改称された大仏寺建立の足掛かりを、そのとき造ったわけです。ここら、掻いつまんだ話になりますが、起工は寛元二年、それが竣工して、さらに永平寺と改称されたのが寛元四年。そして建長五年（一二五三）、つまり越前に引っ込んでから十年ののちに道元は亡くなります。

この間に、道元の仏教者としての行動として、どういうことがあったのか、特に問題にすることがあるのかと言いますと、二十四歳から二十九歳までの中国留学ほどのことは何もない。一度鎌倉に出かけたことがありますが、それは宝治元年（一二四七）の八月から翌年三月にかけての半年ばかりのことです。これがどうして起ったことか、についてはいろいろ説があって、こじつけも随分あるんですけれども、室町三代将軍の足利義満が禅にはいるときの誘掖者の役を勤めた義堂周信という、鎌倉にもおりましたし、京都にもいた禅僧がおります。詩が一千何百首とある詩僧ですけれども、その人の空華日用工夫集という日記に、義堂と義満が会ったとき、もしものことがあったら、私は永平道元が北条時頼にすすめたようなことをしたいと義満が義堂に語ったという記事が残っています。それが大政奉還を意味するという解釈が行われまして、このとき道元は北条時頼に大政奉還をすすめたのだ、そのために鎌倉に行ったんだという説の根拠とされております。そういう風に言う人がいたのですが、しかしこういう解釈には、道元らしさがありません。道元は、仏法を王法より高いものとしていて、どういう形にもせよ、政治にかかわりを持つことを拒んでいたはずだからです。

科学的な道元の伝説研究を標榜する方は、宗門内の方でも、こういう国粋論的解釈を今では本当とは思っていないようです。

では何のために行ったかと言いますと、波多野義重がそのころ幕府の連署になって鎌倉に行っていたということが一つと、それから浄土宗の僧侶ではありますけれども、道元の教えを受けたことのある良忠上人という人が鎌倉光明寺の住職をしていて、このふたりが道元を鎌倉に招いて、時頼に仏法の奥義を説かせることを考え、道元もそれに同意して鎌倉行きをしたのではないかというのです。このとき、正法眼蔵の重要な主題に当る幾つかのこと、教外別伝とか、不立文字とか、正法眼蔵とか、即心是仏とか、尽十方界真実人体――これは全世界は真実である人間の体だという意味で、さっき「法性」とか「性身」について言ったのと同じことです。それに今言った正法眼蔵。これは仏教の正しい教え、法は一切を見ること眼のごとく明らかだという意味とされていて、「蔵」というのはそれをまとめたものということです――そういう重要な内容を持つ和歌十首を、時頼に与えているので、そうじゃないかというわけです。それらの歌は傘松道詠という道元の歌集――と言っても後世集められたものですが――それに、時頼の「請によりて」という詞書きをつけて載せられています。もっとも、別に、時頼の北の方の所望によるという詞書きをつけた本もあり、歌の数も順も出入りがあるので、これも疑いを容れる餘地はあるわけです。

鎌倉にいたあいだ、道元は名越の白衣舎に泊っていました。白衣というのは、日本と反対で、インドでは俗人が白い着物を着て、僧侶は壊色と言いまして、何色とも名づけられないような色に染めた、そこらから拾ってきたぼろきれをつなぎ合わせてつくった衣を着ているわけです。かえって色付きを着ているのが僧侶で、白衣というのは俗人ということです。

白衣舎に泊っていたというのは、俗人のうちに泊っていたということですが、これが波多野義重の家ではないかという説を立てる人もあるし、大久保道舟さんなんかは、波多野義重はそれほど身分の高い者でないので、道元ほどの人がそういう所に泊まることはないだろうと言っていて、その辺のことははっきりいたしません。ともかく寺には泊らないで、普通のうちに半年止宿していた。それは自分の宗教の純粋を他宗他派から守ろうとする態度のあらわれ、というか一端で、注意していいことだと思います。そして永平寺に帰ると、ふたたびこの山をおりないという誓いを立てたのです。

だから問題は、鎌倉にいって何をしたかということよりも、山に戻ってもう二度とここを出まいと誓ったことの方にあって、この方が、重大ではないかと思います。そのときにつくった偈がありますので、ちょっと紹介します。

「半年喫飯せり白衣の舎、老樹の梅花霜雪の中、蟄蟄一声霹靂を轟かす、帝郷の春色小桃紅なり」

また永平広録と普通呼ばれている道元の法語、偈頌のたぐいを集めた漢文の書物の三冊目に、「宝治二年戊申三月十四日上堂語」というものが入っていて、これは帰山の翌朝の説法ですが、鎌倉の檀那俗弟子のために、はるばる出かけていって説法するなんて、「俗を重んじ、僧を軽んずるに似」ていはせぬか、それはいいとして、「いまだかつて説かざりし底の法、いまだかつて聞かざりし底の法ありや」という疑いさえ人に抱かせるのではないか、というような、言わば問責に対して答える形で始められた上堂語で、そこで道元は、いいことだけをし、悪いことはするな、いいことをすれば「昇る」、仏に近づくし、悪いことをしていれば「堕つ」、悪い境涯に落ちこむという衆善奉行諸悪莫作とそれにからまる因果の理を説いただけだと言い、最後にこう偈を唱えています。

「山僧出で去りぬ半年の餘、猶孤輪の太虚に処するがごとし。今日山に帰れば山気喜ぶ。山を愛するの愛初に甚ぎたり。」

山を出で、半年餘、まるで一つのまどかな月（孤輪）が空にかかっているような具合だった。つまりせっかく鎌倉に行ったけれども、求道者である自分は孤独だった、自分の言うことが打てば響くように人を動かすということはなかった。帰ってきてみると、はじめてこの吉祥山にこもったときよりさらに、鎌倉の俗臭に当てられて戻ってきたいまの方が前よりもっと、この山をいとしく思う気持ちが私のうちで強いとわかる、そういう意味の偈だと思います。

このとき、これもまた伝説に類するのですが、鎌倉で道元にたいへん推服した時頼が、永平寺の近くの六条庄という、二千石ほどの土地を寄進しようと申し出たのに対して、道元はこれを断った。

この話にはおまけがついていまして、当時永平寺にいた玄明という弟子が、この執権時頼の土地寄進を誇らしい処遇のように吹聴して歩いたので、これを道元はひどく怒って、この玄明を放逐した上、玄明がいつも坐禅していた単——坐禅のための決った場所のことですが——それを取り払ってしまったとか、さらにその下の土七尺を掘って、谷に捨てたとか言われています。これらはどうも事実ではなかったようですが、なぜこういう伝説が出来たかというと、清浄熱誠な求道者で、師の天童の如浄の「王者権臣に親近(しんごん)せず」という教えを固く守っていたはずの道元が、どうしてか鎌倉執権に接近したという、解しがたい行動を、道元を敬い慕う伝記作者たちが何とか正当化するために、その解答がわりに考え出したものと言っていいでしょう。

こういう風にして戻った永平寺で、出かける前の永平寺でも同様ですが、何を道元はしたかというと、「只管打坐」——ただただ坐っておれ。「打坐」の「打」は、下が動詞であることを示すための接頭辞です。打算の打と同じことで、これも下が勘定するという意味の動詞だということをはっきりさせるために上につけたものです。「打坐」の「打」もそれで、特別な意味はありません。

僕が道元の正法眼蔵に注をつけるなどという仕事をはじめたことの一つの、一番根本的な理由は、禅の本だからと言って、禅語ではそれはこう解釈するんだという先入観を持って正法眼蔵の中の語を読んでゆくという、世間によくある読み方をしていては正法眼蔵という本の真意を歪めてしまうばかりじゃないかと思ったことにあります。だいたい禅宗というのが、なぜ唐から宋にかけて中国で特にあれほど栄えるようになったかというと、その理由の、これまた根本的な一つは、俗語をふんだんに取り入れて、自分たちの術語、と言うとおかしいですけれど自分たちの思考の表現や相互批評のための語彙としたところにあると言えるだろうと思います。むろん日本でもそうなったように、中国でも絶対君主制が倒れて、封建制が成立したということと、禅宗の普及は深い関係にあったに違いありませんが、言葉の上ではいま言ったようなことがあると思います。ですから正法眼蔵も、出来るだけ普通の言葉で書かれたものと決めて読む。仏教用語や禅語も普通とは違う意味を持たされていすぎはしないかと疑って言葉の意味を洗い直す。そういう手順をとるべきだろうというところから、あえて注解に踏み込んだわけです。

たとえば、これもすでに書いたことですが、「回互」「不回互」という言葉があります。これは禅宗の方では「えご」「ふえご」と言って、「回互」というのは、「お互いにめぐらす」という意味で使った「回」、「お互いに入れ代える」という意味に使う「互」の二つから成ったもので、相対したふたりの者が、相互に相手の気持ちなり思想なりをすべてすっかり代えっこをして、お互い、相手に成り代わり、完全に理解し合う。それが「回互」。「不回互」はその反対だということになっております。

ところが普通の漢詩文の用法で言いますと、「回」は「かい」と読みますけれども、相手が自分と違う考えだと言ってこれを避けること、つまり回避の回。「互」は、「たがい」ですが、その終止形は「たがう」、つまり違う、です。「お互いに相手の意見を自分の意見とは違うものとし、これを避ける」。これが普通の漢詩文で言う「回互」の意味で、意味が全然反対です。

「坐禅箴」という巻が正法眼蔵にありますけれど、その中に全文引かれている宋の宏智（わんし）正覚（しょうがく）の書いた「坐禅箴」で使われている「不回互」という言葉は、禅語ではこうだと解釈された「不回互」の意味にとっては、何としても意味が通らない。普通の漢詩文に見られる用法、禅宗における用法とされるものの意味では「回互」の方の意味に解さないとわけがわかりません。

そういうことがありますから、これは禅語でござい、仏語でございとはじめから決めてかからずに、そこで何が言われているかを、ともかく親身に、捨て身になって考えて、思想内容と思われるものから逆に言葉の意味を推定、確定してゆく。むろん好き勝手なことは出来ませんけれども、過去に残っている用語例などを出来るだけたくさん考え合わせて、そういうことをしてみる必要があるんじゃないか、禅を禅語的な意味づけから解放する必要があるんじゃないか、そういうことが考えられたので注釈もやったわけです。

道元自身、中国にいって中国の実際の言葉をいろいろ知っているわけですけれども、その中国語をも換骨奪胎して自己流に使う。日本語も同様です。つまり道元は、彼の悟りの内容だとされている「身心脱落、脱落身心」ということを自分の言葉使いにまで応用した。言葉にこだわらずに言葉を使うという態度でその正法眼蔵を書いたのではないか、と見るわけです。言われていることさえ確かなら、言葉はどうだっていい、と言っては乱暴すぎますけれど、由緒ある言葉をその由緒を確め、それをこれこれこういう風に使おうと意識的に考えた上で使うならそれでいいじゃないか、その方式どおりの使い方に縛られる必要はないじゃないか。そういう考え方で正法眼蔵は書かれているという感じがすると言いたいわけです。

「脱落身心、身心脱落」という言葉を口に出来たので、道元は、師の明州天童山の住持如浄から印可を得たということになっていますが、その言葉のあらわすものを理解体得することは、とりもなおさず柔軟心というものだ、と道元は教えられたそうです。それは宝慶記という、道元が漢文で書いた如浄との問答記録に出ていることですが、その柔軟心に相当するものが、正法眼蔵の行文に出ているか、出るとすればどういうところにか、そう言ったことを確めて行くのは面白い試みだろうと思います。

先ほども言いましたように、というより先ほど言いましたことは、「現成公按」にはこの柔軟心があらわれているということです。ところがそのあとの「摩訶般若波羅蜜」とか「仏性」とか、あるいは「坐禅箴」などには、こちたいという大和言葉で言いたいような、厳しい論理と思惟の運びがあって、「柔軟心」とはほど遠い。そういうことが出てくるのはもっとあとの方、正法眼蔵も後半に入って、衆生を済度するという、すでに済度された人である如来でなければ出来ないことを、如来でないうちから、すなわち自分の済度に先立ってやる、やらねばならないという考えが表面に出るようになってからだと言っていいと思います。それが「現成公按」だけには早くからあらわれている、ということが問題なのです。

前の岩波文庫の正法眼蔵は、九十五巻本といいますが、江戸時代に編集されたもので、執筆年月日順に各巻は並んでいます。ところが別に、七十五巻本正法眼蔵というものがあって、これに二十五巻書き足して全百巻の著述とする計画だったらしいと言いますが、十二巻まで書き継いで道元は亡くなり、これを十二巻本眼蔵と言います。

七十五巻本の篇次は、九十五巻本とはだいぶ違っていて、何のために正法眼蔵を道元が書いたか、それが、その違いからわかるような気を起させます。七十五巻本の最後は「出家」という名の巻でして、ともかく出家しなければ駄目なんだ、出家ほど尊いものはないのだという考えを強く主張しています。禅宗では一般に維摩居士はごく大事にされている人ですけれど、道元は、維摩が居士に過ぎず僧侶でなかったという点で、かなり減点評価してこれをとり上げております。

しかし、この正法眼蔵は、そもそもほとんどすべて、自分のもとで修行している僧侶のために書いたものなのですから、その結論のようなところで僧侶の尊貴なゆえんを説くというのは、少々おかしいんじゃないか。正法眼蔵七十五巻足す十二巻、八十七巻を順次読んでゆきますと、宗門の中の教義書という気はどうもしない。七百年前の道元というひとりの思想家が、僕たちのために書いた本という感じがいやおうなくしてくるわけです。中には僧侶の行儀作法などをくわしく書いた巻もあって、そういうものは別としての話ですが、大体は僕たち、宗門外の人間にじかに話しかけている書物という感じがある。

僧侶のために書いたものが、最後に僧侶であることの意味づけで終るということと、その感じが一つになりますと、道元は永平寺の雲水たちに対して絶望して、それでこの本を書いたんじゃないか、そういう気がしてきます。宗門の方はさだめしお怒りになるだろうけれども、そうでなければ正法眼蔵は書かれなかったんじゃないか。

「只管打坐」――ただただ坐れということを言っていても、坐っている道元の姿は正法眼蔵からは出てこない。ただただ坐っている、そういうことをした人であってはじめて考えられる思想、ようやくにしてとりうる表現形態、それがこの正法眼蔵の内容であり形式である、そういう具合に僕には読めるのです。七十五巻本でない、九十五巻本の方の執筆順の編集でかえってよくわかることもあるにはあります。それは道元の思考の変遷というようなことですが、しかし意図的に編集された七十五巻本足す十二巻本でよりはっきりする変化というものもあります。道元自身が意味づけた彼自身の変化、それはそこでこそ明らかになるわけです。

その一つはどういうことかと申しますと、道元の生まれた久我家というのは、村上源氏と言って、村上天皇から出て、通親は確か八代目だったと思います。文学的な才能のある人のたくさん出た家柄らしいのですけれど、そういうわけで道元も小さいときから漢詩文の文学的な勉強は随分したらしい。

そういう中で、とくに仏教思想の表現ということと結びつけて問題になるのは、中国の儒教の大事な典籍の一つである礼記、それから道教の方になりますけれども、荘子、これらの中にある言葉が正法眼蔵のはじめの方にはたくさん使われています。ところが七十五巻本が終り、十二巻本に入りますと、だんだんに減ってゆき、しまいにはそれがまったくなくなってしまう。出てきても、否定されるために出されたと言った具合で、全体は純粋に仏教的表現になってくる。その代り、親鸞などが教行信証でしきりにやるような、仏典の引用で自分の所論の真実さを立証し補翬しようとするやり方がいちじるしく目立ってくる。あれはやっぱり時代的な風潮だったんじゃないかと思わせるところです。

それよりさらにあとになりますと、浄土門の法語と似通ったところの非常に多い文体がとられるようになるのですけれど、どういうわけだか七十五巻本にも十二巻本にもそういうものは入っていません。「生死」とか「法華転法華」というような巻がそれですが……。

＊　一三頁　そうではなく、叔父久我通資の子、大納言雅親の養子になったのかも知れない。いとこではあるが道元より二十一歳年長。講談社刊『日本の禅語録二道元』上堂語363の著者による註参照。

正法眼蔵（第二十四）画餅講読

正法眼蔵を読むための前置きとして、まだ足りませんけれども、道元概論はそのぐらいにして、お手もとに渡っている『画餅』の講読に取りかかりたいと思います。

「画餅」は「ワヒン」と仮名がふってありますけれども、「ガヘイ」でかまわないと思います。道元が宋代の中国語を持って帰って、ある種の言葉の発音には、それを永平寺でずっと採用していた結果でしょう、正法眼蔵のある種の本には、発音はこうするのだという指示のために、ところどころ特別仮名のふってあるものがあるようです。しかし、「画餅」というのは普通にある言葉で、普通に漢音で読んでもいいでしょう。このテキストにも「絵に描いた餅」ということですから、――絵に描いた餅じゃ腹はくちくならない――、「画餅飢を充たさず」とあって、普通そういう意味で用いられる言葉ですけれど、それをそうばかり考えてはならないというのが、道元のここでの主張です。

この『画餅』の巻の前に『都機』という巻があります。それのまた一つ前に『全機』という巻があって、そこで抽象的に論ぜられたことを、次の『都機』で、具象的な月のイメージによってもう一回説こうという形になっています。

「全機」の「全」は「全し」という字ですし、「都機」の「都」にも「すべて」という意味がある。抽象的に言えば、「全機」も「都機」も同じ意味の言葉だと言えます。で、二つの巻が共通に説いている考えはどういうものかというと、それは、すべての物事は、同時に現実化されていて、隠されているものはない、それが存在の実相である、ということです。月ということを考えれば、すべては月の問題として考えられる。月でないものはないということになります。

「画餅」――絵に描いた餅という、言わば概念で考えられることは、すべてにわたって適用されることで、「画餅」でないものはないんだ、そういうことになります。ここの巻ではじかに言っておりませんけれど、こういう考えをとれば、仏道を問題とするならば、すべては仏道だということになろうと思います。

『画餅』の一番最後のところに、「この功徳を現成せしむる、証画現成なり」という言葉がありますが、「証画」というのは仏教用語ではないので、仏教では悟りのことを「証悟」と言ったり「証果」と言ったりします。それをここに借りてきて、ここの問題は絵なのだ、すべては絵、証であるところの絵だ、つまり悟りは絵を考えることで、絵によって成立つのだと言おうとして「証画」という造語を使い、それを結論の代りに、結論に当るところに置いたのだろうと思います。

では講読に入ります。

諸仏これ証なるゆへに、諸物これ証なり。

「諸物」の「物」は、「モッ」と読む可能性もありますけれど、「諸仏」の「仏」に合わせて「ブッ」と読みます。道元は非常にまじめに書きますけれど、ときどきこういう言葉のいたずらをする。同音語による言葉の遊び、つまり語呂合わせ、駄洒落です。これも言葉に対する自在さというものが道元にあった証拠のように思います。

「証」というのは菩提、最上智ということ、この世の存在は、またおよそ存在とはどういうものか、それを徹底的に知り尽した智慧の内容を証、あるいは覚と言います。道元は、仏陀というのは悟った人ということだという、今日ではほとんど常識化されているサンスクリットの知識を先取りしたような具合に、仏さまを悟りそのことととっていまして、そういう名の人格神がいるんじゃない、と考えているのです。

「諸仏」——私は、日本の仏教は鎌倉時代になってはじめて仏教になったと感じていますが、それはどういう道筋を通って起ったことかと言いますと、釈迦牟尼仏に帰れという、このひとすじによってだったと思います。禅宗はそれを端的にやろうとしたわけです。日蓮もはじめは釈迦牟尼に帰れと言ったのですけれど、釈迦牟尼の説いた法華経がもっと上だ、すなわち、法が説法者より上だということになって、お釈迦さんは法華経の従者みたいな具合に、一段下に多宝仏と並んで位置するようなことになりました。そのさらに下に諸菩薩のいる層があって、そこに日蓮も入るわけです。そういう具合にして日蓮は、教条主義的になっていったのですが、帰すべきところははじめは釈迦牟尼仏だったのです。

しかし親鸞は――親鸞というのは前に法然などがありますから浄土門全体ということになりますけれども――阿弥陀如来に帰ったわけです。そこに違いがありますが、しかし阿弥陀仏の阿弥陀仏たるゆえんは、仏の出来ることを私がしない限り、それが出来ない限り、私は仏になるまい、と誓った点にあります。自分に不可能な弁証を自分に強いたわけです。本尊仏をどれに決めるかという相違がありますし、親鸞のえらんだのは架空の仏でしたが、覚者の根本に帰ろうとした点ではかれもやはり鎌倉時代、仏教を仏教にしたひとたちのひとりと言えるわけです。

先ほどもちょっと話しかけたことですけれど、改めて詳しく申し上げますと、道元も十二巻本に入ってからは、「自未得度先度他」――われいまだ得度せざるに他を得度せよ、という迦葉菩薩の偈を、表面に掲げるようになります。得度というのは人を彼岸に渡し得るということですから、如来にしか出来ないはずのことです。だけれども如来にならないうちにそれをやろうという誓いを立てる。ですから阿弥陀仏の誓いと同じことを、道元も迦葉菩薩とともにやがて考えるようになると言えるわけです。しかもそのころになると、道元は一方で「仏教は有部すぐれたり」という風に言うようになります。

有部というのは説一切有部の略で、一切は実在していると説く小乗の一派です。しかし道元が言うのは、小乗のうちの薩婆多部の説としての説一切有だけでなくて、大衆部というのが別に小乗の一派としてある、その実在肯定をも含めて「有部」と言っているのだと思います。この大衆部というのは身分の高い僧侶たちの説一切有部が、現在も過去も未来もすべて実在すると主張するのに対して、過去も未来も実在しない、現在だけが実在するという現実的な説をとっているのですが、この現在だけが有だ、と考える小乗の一派の説まで取り入れて、現世の一切を無だ、非だと考える立場より、有こそわれわれの現実だとする考えの方が仏法としてすぐれている、あえて言えば小乗の方がすぐれていると道元は考えたらしい。しかしまだこの「画餅」のあたりでは、道元の思惟はそういう風には進んでいないようです。一切無の立場にないことはほぼ明らかですが、実在論者だというわけでもない。存在の固定的な実体性を認めない、非有の立場にあったと言えばいいでしょうか。大迦葉の説く「自未得度先度他」の立場にもまだいません。ひたすら「仏」たらんと目指しているのです。

「諸仏」と言えば、阿弥陀仏も認めねばならないわけですが、道元の立場では、それは入っていなかったでしょう。釈迦牟尼仏までの七仏、釈迦牟尼を第一祖として、インド第二十八祖の達磨大師、達磨を中国第一祖として第六祖の大鑑慧能、それ以後の諸祖、それらが「諸仏」だったわけです。阿弥陀さんを排除するわけじゃないが、そういう具合に、道元の視野では「諸仏」は連っていたと思います。ところが、「いわゆる諸仏とは釈迦牟尼仏なり」（「即心是仏」）ということが一方にあります。また「仏祖を仰観すれば一仏祖なり」（「谿声山色」）ということもあって、「諸仏」とは言え、ひとり釈迦牟尼仏があるだけです。しかしそれが単一存在になってしまうんじゃなくて諸仏としてある。別なものだけれど、ひとりの釈迦牟尼仏に相逢うと、間髪を入れず――鶏の卵がかえるとき、中からひよこが殻をつつくのと、親鳥が外からつつくのとが、別々でありながら同時であるのと同じような関係で、釈迦牟尼仏になって、「諸仏」は一仏として存在するようになる。そういう仏教的な宇宙の像が最初の句によって描き出されているのだと思います。

そういう仏さまの智慧は、先ほども申しましたように、その力によって仏さま自身が、もう二度と苦しむことのないものになれたという、そういう広範で現実的な曇りのない存在認識ですから、つまり存在についての諦めですから、その認識の内容は、存在の様相そのものだと言える。つまり「諸物これ証なり」ということが言えるわけです。

諦めといま言いましたが、「あきらめ」はいまは普通、あるものにかけた望み、願い、思いを断つことについてだけ言いますが、明らかにすることというのが語源的意味なのは確かで、それはこの仏教的な同時に存在論である実践哲学の徳目に通じていると言えましょう。

他に「万法すゝみて自己を修証するはさとりなり。」という言葉もありまして、万法――すべての事物現象が、すすみて自己を、というのは仏道修行者の存在の意味、構造、性質などのすべてを、ということですが、それを「修証するはさとりなり。」ここの「修証」は証一字に解していいと思いますが、そういうことが『現成公按』で言われています。

別に『画餅』と『現成公按』の先後にいつまでもこだわるわけじゃありませんが、『画餅』の「諸物これ証なり」をもっと柔軟な、親切な表現で、修行者に即して言うと、いまの『現成公按』の文句になるのだと思います。

しかあれども、一性にあらず、一心にあらず。

「性」というのは、先ほど「本来本法性」の「性」として説明したあれです。一つで全体であるような、ほかの何もなくなってただ「性」だけがあるような存在のしかたをしている「性」ではない。「心」というのも存在の本質のことで、「性」と同じように使います。それが「一心にあらず」、個々の事物現象がそれぞれに存在していて、存在は多様であるということです。

一性にあらず、一心にあらざれども、証のとき、証々さまたげず現成するなり。

そういう具合にして、一なるものがすべてを縛り上げ、単一の様相を現じ、存在を単一化するわけではないが、存在の様相をこだわりなく明らかに見て取り、知り尽したとき、それら個々の様相において、「諸物これ証なり」というときの「証」が、一つ一つ別のものとして成立つ。それらは「証」として一つのものだが、別々の事物現象の本質把握として、別々に存立する。そういうことを、「証々さまたげず現成するなり」と言ったわけでしょう。つまり物々妨げず現成するなりと言うのと同じで——明証においてはすべての事物現象が妨げられることなく現実化されてあるのである。はっきり見てとられたものは個々の実在の完全な自己実現した姿だ、そう言っているんだと思います。

「証」として「一性」の「性」、「一心」の「心」が総括されてしまうと、一つの「証」があるばかりで、ほかのことを考える必要もないし、ほかの名前を与えることも出来ないように思えるが、個物、個々の現象はいつも、生きて、現実化されて仏道修行者の眼前にある。悟りが存在の個体性、個性を奪ってしまうことはなく、むしろ実際はその逆なんだということを言ってるのでしょう。これがよく言う「花は紅、柳は緑」の真の意味だろうと思います。

現成のとき、現々あひ接することなく現成すべし。これ祖宗の端的なり。

そういう具合にして、存在というものが現実化される場合、現実化されるというその事柄、一つのものが現実化されるというそのこと、「現々」の「現」はレアリゼーションという意味の抽象名詞だろうと思いますが、それが互いにこすれ合いぶつかり合って相互の現実化を妨げるようなことはない、あっちでもこっちでも、そこでもここでも、複数的に現実化される。これが「祖宗の端的なり。」

「祖宗」というのは、さっきも言ったお釈迦さんまでの七仏から自分に至るまでのすべての祖師ですが、それが祖師として修行証悟を重ねてお釈迦さんになる、そういう祖師たちの最も明白確実な認識内容である、つまりお釈迦さんの悟りであるということです。「端的」というのは元来は副詞に使うもので、「端的に言ってどうだ」という風にいまでも使いますが、道元はそれを名詞に使っているわけです。名詞に使ったときに、おそらく「まと」という字の意味が「端的」という、中国語としては一語である言葉の中から分離して生き返っていやしないか。そう僕は疑っていますが、いずれにせよ、それが釈迦牟尼仏をはじめとするすべての祖師たちの認識した最も確実明白な事柄だというのです。

一異の測度を挙して、参学の力量とすることなかれ。

「一異」というのは、「一つ」だとか「別のものだ」とかいう差別見という意味で使っています。いま言ったようなこと——諸仏これ証、また諸物これ証、それからまた一性、一心か、そうでないか、そういう一つのものか別のものかなどという「測度」——「測」も「度」も「はかる」で、そういうはからいをとり立てて、そんなことがよく出来るからと言って、それを「参学の力量とすることなかれ」――「参学」というのは師に参じて仏道を学ぶということの略語です。そういうことを仏道研究の力量と思ってはいけない。一つだとか別のものだとかいう、教学の徒が智慧を絞って研究していること、議論していることは、本来仏道修行者の学ぶべき事柄ではないというのです。

このゆへにいはく、一法纔通万法通。

それだから「一法纔通万法通」ということもあるのだ、と前段の表現を要約して言っているわけです。「纔かに」というのは「ほんのちょっとでも」ということです。

いふところの一法通は、一法の従来せる面目を奪却するにあらず、一法を相対せしむるにあらず、一法を無対ならしむるにあらず。

上の七字一句の漢文でいわれていることは、一法が通ずると、それを通じて万法が通達して、万法の意義が明らかになりもするし、効力もあらわれるという意味ですから、一法が「従来せる」――「従」は「何々より」というときの「より」という副詞で、「それよりきたれる」というのは、英語に直したらかえってわかりいいんで、from which it comesとかit has comeという風な「よりきたれる」ということです。そこで、一法が根源から今日まで続いているその形という意味になりましょう。

さっきすでに申しましたが、法というのは、個々の事物、現象も法。それからそれを律する個々の法則も法。しかしそういうものをすべて統括している存在の根本的法、それが仏法に当りますが、これも法で、みんなダールマという言葉で言われるわけです。「一法纔かに通じて万法通ず」という場合の「一法」は、仏法すなわち全存在を貫き、かつ抱き取っている根本的普遍的法則のことだろうと思いますが、それがちょっと発動すれば、すべて個々の事物の存在、生成というものが成り立つ、そういうものなのだというのが、この七字の漢字句の意味じゃないかと思います。

万法が通ずると、一法の本来の面目、つまり仏法が仏法であるゆえんのものがなくなってしまうかというと、そういうことはない。「奪却するにあらず」。「相対せしむるにあらず」、一法をして他と相対のものたらしめるわけではない、つまり一法をone of themにしてしまうのではない、というのがその意味でしょう。

道元の使う「相対」は、現在の「相対」とは違った意味を持っていて、相対してある、同じ資格の、しかし絶対者たり得ぬものとして幾つかのものが並んである。そういう意味で用いられています。今日の相対に相当するのは「相待」という言葉、意味はあいまつ、あいよるという風なことです。ついでにつけ加えておきます。

そうかと言って、一に対して、これに対するものがなくなるような状態をつくり出すわけでもない。仏法だけの専制が成り立つことを認める考えではないというわけです。

無対ならしむるはこれ相礙なり。

そういう仏法絶対というような立場は、いかにも仏法を生かしているようだけれども、対立物をなくなさせるということで、これは、「相礙なり」——お互いに妨げ合うことだ。妨げ合うというのは、質礙（ぜつげ）という言葉があって、それは物質のことですが、物質には物体性があって、その性質や場所性の結果、他のものの存在の妨げになるというのがこの言葉の言葉としての意味です。それを仏教では物質の特性と見て、物質そのものを質礙と名づけるわけですが、仏性を、それと相対するものの存在を許さない絶対的な、専制的なものにするのは、少くも他のものの存在性に対して妨げとなり、そのことによって仏性を物質化し、形骸化することになる、そう考えてここは言われているだろうと思います。

通をして通の礙なからしむるに、一通これ、万通これなり。一通は一法なり、一法通、これ万法通なり。

いま言ったような問題がどうして出てくるかというと、「一法纔かに通じ万法通ず」というところにこだわって考えていたからである。「通」ということを、通ずるという一つの概念として絶対化する、そういうこだわり、「礙」が、いまのような考えを生むもとだったが、その障害を取り去ってしまえば、つまり一法の通というものを絶対化することで通を考えようとする、その態度を捨てて、ただ「通」にまかせれば、動きとしてそれを容認すれば、「一通これ、万通これなり」——一通ということもあるし万通ということもある、つまり仏法というものも成り立つし、個々の事物現象、またそれらの持つ個々の法則も成り立つ。そういうことがそこで確認される。「これ」というのは「是」の字を当てるべきところで、「是」というのは「何々である」という意味の繋辞ですから、これは漢文で書くと、「一通是一通、万通是万通」という句の省略された姿と見ることが出来ます。「一通は一法なり」の二つの「一」は、上の「一通これ、万通これなり」からきている文章表現上の技巧で、僕は添辞だと思います。ここは「一」にこだわる必要はなく、「通は法なり」と読んでいいんだろうと思います。つまりある法則が行われるということが、それ自体一つの法則であり、現象であり、かつ事物なのだ、という認識の表明じゃないかと思うわけです。

この七字一句の漢文を、「一法纔かに通ずれば万法通ず」と読むと、一法が通ずるということと万法が通ずるということが二つ別々にあって、一法通が先で万法通があとからくる、しかもそれが因果関係に近い関係で現実化されることを言っているように思われますが、それはそうではなく、一法通ということがあるときに、万法通ということが、さっきお話した仏に見えることと仏になることの関係のように、またひよこがかえるときの様子を譬えにとった啐啄の迅機という言葉の暗示するように、ほとんど同時に起っているという認識を示す表現ではないかと思います。

これは『見仏』の巻にあることですが、金剛般若経の中に「見諸相非相即見如来」という言葉があります。「諸相を非相と見ればすなはち如来を見るなり」と普通読まれているものです。ところが道元は、その読み方は間違っていると言って、「諸相と非相とを見ればすなわち如来を見るなり」と読む。つまり実在するものと空なるものの両方が見えるようになってはじめて最上智を得たことになるという意味だと言うのです。「如来を見る」というのは、仏さまを見るということですけれど、仏さまを見るというのは、先ほどから再々言いますように、真理の体現者を見るということ、真理そのものを見るということ、さらにはそれになるということ、つまり真理であるということで、如来というのは端的に真理と解釈することが出来ます。

「諸相を非相と見れば如来を見るなり。」――この世のものはみんな空であると考えるのこそ仏教の真諦だ、と読む解釈のしかたを、いまも言うように道元は退けるのですが、いまの「一法通、これ万法通なり」もそれと同様の非絶対主義を語っているのではないでしょうか。仏法があるということは、仏法でない諸法があることだが、仏法のないところに諸法はないというのが、道元の考えの根本ではないかと思います。

以上が一般論的な序論で、ここで言われたように「一法纔通万法通」、また一切同時現成ということがあるからには、「画餅」が問題となるとき、画餅において一切が問題、すなわち絵が、餅が、飢えが、飢えを充たすということが、すべて問題となり、顕在化される。それはまた仏法と言い換えられることだ。以下述べられるそういう思想を引き出し、展開する地ならしのためにこの一段はあるのだと思います。

古仏言、画餅不充飢。

これは「絵に描いた餅では腹の足しにならない」という意味の言葉に過ぎません。古仏というのは、香厳智閑(きょうげんちかん)という唐代の禅僧です。この人は生没年とも不明で、八、九世紀の人としか言えませんけれど、それが「画餅不可充飢」と言った。

香厳智閑はすでにみなさん御存じのはずの、あの寺の門前の掃除をしていたとき、自分の使っていたほうきの先に当たって飛んだ石が竹林に飛び込んでカラッと音を立てた。それで卒然開悟したという人です。* どうしてそういうことになったかというと、この人がはじめて師匠についたとき、師匠、というのは潙山霊祐(いざんれいゆう)という人ですが、これがこの人を相当の法器――仏法を入れる器という意味ですが、要するに僧侶として偉くなれる人物と認めまして、お前さんがまだお袋さんの腹の中から出ず、東も西もわからなかったころのお前さんの本分はどういうものかひとことで言ってみろと言った。香厳智閑はいろいろ答えましたけれど、どれも受けつけてもらえない。そこでなんとかして答えられるようになりたいと思って苦労を続けていた最中、掃除の途中で飛ばした石が、竹林にはいってカラッと鳴って、卒然大悟した。

こういうときの卒然大悟というのはどういうことか、ということに問題があると思いますが、僕の考え方では、禅宗とか仏教とかいうものを、どう考えるかということと結びつくことですけれど、宇宙の大調和というようなものを直覚するということではないでしょうか。

問題は、そういうことを感ずる機会というものは、みなさんにもあるし、僕にもある、誰にでもあるわけで、この場合の香厳智閑のように一つのことに思いを凝らし、それに心を奪われていて、外に対しては期待を持っていないとき、しかし感受性の敏感さは保持されているという状態のとき、特にそれがあると思いますが、そうして捉えられた宇宙の様相を、自分の人生観、世界観のすべてを貫いて、一生維持してゆけるかどうか、大事なことはむしろこちらにあるだろうと思います。それを維持し通すためには、非常に強い意志が必要である。しかし意志に捉えられ、逆にそれの維持ということにこだわっていたら、もう禅宗でいう解脱の境地ではなくなる。香厳智閑はそういう誰でも経験出来る情況の中で悟って、そしてその悟りを汚したり傷つけたり、硬化させたりせずに済んだ人ということが言えましょう。

その人が、絵に描いた餅じゃ腹の足しにならないと言ったのです。しかしこれは香厳智閑が師の出した難問に答えるためにあれこれ経文を読みあさってみても、役に立ちそうな言葉が一つも見つからなかったので、持っていた経文をすべて焼き捨てようとしたとき言った言葉で、まだ悟らぬうちの言葉です。従って「古仏」の言葉と言っていいかどうか、疑問がありますが、それはともかくとして、この絵に描いた餅じゃ腹の足しにならないということの言葉を、道元はこれからいろいろ意味づけしていきます。この場合のこの「古仏言」のとり上げ方、これを拈古とか頌古（じゅこ）とか言います。むかしの人の言葉をとり上げてほめたたえるということです。それに続けて拈古なり頌古なりした祖師の言葉の意味づけをする部分がきますが、それを評唱と言います。以下が道元の評唱です。

この道を参学する雲衲霞袂、この十方よりきたれる菩薩声聞の名位をひとつにせず、かの十方よりきたれる神頭鬼面の皮肉、あつくうすし。

最初の「道」というのは、「いう」という意味を持つ字です。「道」が「言う」という意味に用いられる例は、道元の場合には非常に多いのですが、それが「言ったこと」、「言葉」という意味に進展してゆきます。「仏道」というのは仏の言ったこと、しかも「道」は菩提なのです。ここも、言葉とそれが持つ哲理ということでしょう。

「参学」というのはさっきも出ましたが参禅学道というような意味で、師匠について仏道、乃至禅について学び、深く見きわめることを言います。道元はそれを普通の動詞のように使いまして、「研究する」、あるいは「考察する」という風な意味で言う。これは前にも言いましたが、こういうところにも道元の言葉についての自由さがあると言えましょう。前に「身心脱落、脱落身心」が道元の参学の究極的な把握で、それが道元の文章表現の原理にもなっているということを申し上げましたが、これもその一例です。

「雲衲霞袂」の「雲」というのは雲水の雲です。「衲」はつぎはぎだらけの衣という意味で、僧侶の衣のことです。衣というのもちょっと問題がありまして、インドでは、そこから拾ってきた布きれをよく洗って、それを適当な形に切って、それをつないで衣というものをつくります。インドは暑い国ですから、僧侶がそれを自分の身にまとうことで済むのですけれど、中国だとか日本だとかいう北方の国になりますと、それが出来ない。それで袈裟というものが出来ます。坊さんがかけている袈裟というのは、インドでは、あるいはお釈迦さんの考えたような意味では、あれが衣で、墨染めの衣だの、その下に着る白衣は、インドでいう衣ではありません。ですから衣に袈裟をかけるということはインドにはないことです。九条の袈裟、七条の袈裟というようなことを言いますけれども、あれは衣につくるぼろきれの数を言っているわけです。

袈裟という言葉は、そのものの意味については、前にすでに申し上げました。

「雲衲霞袂」の「袂」は、「たもと」という字で、これは中国語でも日本語でもだいたい同じものを指し、袖のうちの一番手に近いところを言います。「手のもと」、それが「たもと」です。中国では袪（きょ）が日本の袖に相当するわけですが、それの一番手に近いところが「袂」です。「袂」はベイともケツとも、その他いろんな音があり、どうしてそういう音の違いが出来たのかわかりませんが、ここではベイ。ここにもやはり道元の文書表現の技法について言えることはあって、「衲」と「袂」、それから「雲」と「霞」。どちらも縁語で、こういう文章上の楽しみを味わいながら道元は書いていると思います。

道元という人は、詩だとか歌だとかいうものは「詮無きわざ」と言っていて、仏道一途の人だと見られますが、それだけでは道元の全貌はつかまえられない。言葉による表現の可能性というものを、自分の教養と、それによって発見した言葉そのものの持つ可能性に即して、言葉の表現力を徹底的に追究した人だと言っていいところが道元にはあります。その一番簡単な形として、「雲衲霞袂」があります。

この文章は、「この道を参学する雲衲霞袂」が主格です。「名位をひとつにせず」、「あつくうすし」が述語です。あらゆる修行者たち、ということは、事柄を考えきわめようとする特志のひとびとと言い直すことも出来ますが、それの種類は種々様々である、ということを言ったのが、この一行半の具象的な表現です。

「十方よりきたれる菩薩声聞」の「十方」はふつう東西南北、上下、乾坤（けんこん）、艮巽（こんそん）を言いますが、要するにあらゆる方角ということです。

「菩薩」というのは、菩提を求めようとしている薩埵たち——「薩埵」というのは別に特別の意味はないんで、人間ということです。菩提を求めようとする人間、それが菩薩です。地蔵菩薩というのはそのひとりですから、大燈国師は、この地蔵も私も同じ菩薩であると言って地蔵を拝まなかったという話が伝わっています。

「声聞」というのは、ふつう縁覚と一緒に小乗と言われるものです。道元がここで縁覚を除いていますのは、縁覚が、人生無常の「因縁」、簡単に言ってその原因十二を認識し、悟りを開く仏、だから縁覚と言われるとも、何か外的な機縁によって悟るから言うとも言われ、どっちが本当か僕には確定出来ませんが、どっちにしても、師を持たずに悟る薩埵であるため、それで独覚という訳語もあるくらいで、だからここでは省かれたのではないでしょうか。こじつけのようですが、そんな風にも解釈されます。「声聞」というのは、理想は狭いですが、仏の教法を頼りに悟ろうとする薩埵で、語源的には釈迦牟尼仏の肉声を聞いた薩埵のことだと言われています。

菩薩というのはとてもたくさんの階程があって、僕など、注をつけるためにしょっちゅう仏教辞典を引くんですけど、けして覚えられない。それぐらいたくさん菩薩の階程はあります。要するに非常に差異がある、特殊性があるというのを、「名位をひとつにせず」と言ったわけです。「かの十方よりきたれる」の「かの」は、前の行の「この十方よりきたれる」の「この」と対句になっています。そういう「神頭鬼面」、この「頭」と「面」の二字は除いて読んでもかまいませんでしょう。単に、それをつけた「神」、「鬼」がそれぞれ別の個別的なものだというしるしです。「神」というのは天部。「鬼」は地獄にいる存在。要するに菩薩・声聞というような仏道に近い人たちも、仏道から遠く離れている人たちもということで、それの「皮肉、あつくうすし」。皮だとか肉だとかが、厚い、薄い、というのは生理学的な特殊性によって、個体差のあることを指摘しているのだと思います。結局言いたいのは、絵に描いた餅じゃ腹の足しにならないということを考えたやつはいろいろいる、種々様々な人たちが考えたということです。

　これ古仏今仏の学道なりといへども、樹下草庵の活計なり。

「古仏」というのは、「仏祖を仰観すれば一仏祖なり」と言われますが、古仏と呼ばれるような人はそういないんで、たとえば曹洞宗の始祖の洞山などは、古仏の中に入っていない**。大体十三人ぐらいしか古仏と言われる人はありません。しかしここのはその「古仏」でもないでしょう。「今仏」というのは、誰が「今仏」かというと、これも道元の文章作法上の一種の技法から出たものです。「古」と言ったから「今」と言っただけで、誰と特定は出来ない。要するに、仏と言われるような人たち全部に対する考察作業なんだけれども、しかしその一方、まだ仏になれるのかなれないのかわからないような、一庵を結んで、仏道修行をする人たちの「活計」でもある。「活計」もちょっと説明が必要な言葉で、道元のこの言葉の使い方は一様ではありません。「はたらき」とか、「はたらかす」とかいう意味にも使うし、ここでのように比較的普通の使い方をするときもある。原義は家計、生計などです。それに少し派生的な意味を持たせて「生活」、「日常」の意味で使っている。すなわち、これはもう仏道を求める人たちのかならずやらなければならない日常の作業だ、と言ってるわけです。

このゆへに家業を正伝するに、あるいはいはく、経論の学業は真智を熏修せしめざるゆへに、しかのごとくいふといひ、

「家業」の「家」は仏道にたずさわる人々という意味で「仏家」という言い方があるので、その「家」が残って、「家業」と言ったわけでしょう。「業」というのは人間がなすすべての業(わざ)です。それがよくないと、来世は地獄に生まれるとか、餓鬼道に生まれるとか言

われるわけですけれど、そういうことはここでは除いて考えて、現世で仏道修行をする人間のなすべき為業、それを正しく伝えてゆく上で――「正伝するに」、ある人たちはこう言う。すなわち釈迦牟尼仏の言葉を伝えたはずの経文、それからそれについての研究論文であるはずの論――「経論」、それを学ぶ業、「学業」、というのは結局、経論を学ぼうとする人間の行為ということです。次の「真智」というのは「まことの智慧」ということで、これが菩提です。「熏修」の「熏」は、お香の匂いが衣にしみること。そのようににじんわりとしみ込んだところに成り立つ体得、修得を、「熏修」と言うわけです。「修」は普通「習」の字を書きます。そういう菩提――本当の仏教上の智慧を体得させてくれないからして。主格は「経論の学業」です。「しかのごとくいふといひ」。「しかのごとく」というのは絵に描いた餅じゃ腹の足しにならないという言葉をさしています。

あるひは三乗・一乗の教学さらに三菩提のみちにあらずといはむとして、恁麼いふなりと見解せり。

そうでないとすると、「三乗」というのはさっき言った菩薩乗、縁覚乗、声聞乗の三つです。「一乗」というのは、すべては菩薩乗だという考え方から出た言い方で、乗というのは乗り物のことですが、要するに仏の教え、仏教のことです。サンスクリットに照らしてもそういう意味で、要するに人間を解脱の境涯に連れてゆくための乗り物として仏教を考えて言ったものです。

菩薩乗、縁覚乗、声聞乗の大小乗三つ、あるいは、衆生済度の法は菩薩乗しかないとして一乗という、要するに全仏教の、ということで、その理論、研究、それが「三乗一乗の教学」の意味です。そういうことを「さらに」、すなわちあらためて、三菩提の道ではないと言おうとして。「三菩提」の「三」は、三つという意味ではありません。三藐三菩提の「三」です。サンというのはサンスクリットで「ともに、ぐるり一体」、それから「完全なる」という意味を持つに至る接頭辞です。英語でいえば con- に当たります。

そういう風な全仏教の教学は、人間が仏の完全な智慧を求め、それに達するための道ではないということを言おうとして、つまりそんなものは絵に描いた餅で本当の餅じゃないとして、「恁麼いふなりと見解せり」。「恁麼」は「そのように」ということで、英語でいえば so, thus です。そのほか形容詞として such などのように使えます。『諸橋大漢和』なんかでも、これに疑問詞としてのはたらきがあるように書いてありますが、そうではありません。不定指示形容詞乃至副詞です。ですから「恁麼いふなりと見解せり」というのは、「そういう風に言うんだと見做している」ということです。

おほよそ假立なる法は真に用不著なるをいはんとして、恁麼の道取ありと見解する、おほきにあやまるなり。

「おほよそ」、「そもそも考えてみると」、「假立なる」は「かりに立てた」、かりそめの、本物でない、ということでしょう。「法」というのは、「諸法実相」というときの「法」で、念頭にあるのは、依然として「絵に描いた餅」じゃ腹の足しにならない、という問題です。ですからこの「假立の法」は、端的に言えば絵に描いた餅を指している。それは真に――本質的に「用不著」である。「用不著」というのは、中国語の本当の使い方では、倉石武四郎さんの辞書にもあるように、「わざわざ何々するにはおよばぬ」という意味で、これが反対に「用得著」になりますと、「とくに何々する必要がある」という意味になるそうです。要するに「著」は接尾辞というわけですが、しかしここでは道元は、「用をなさない」という意味に「用不著」を使っているらしく――役に立たないということを言おうとして、さっき言った言い方があるんだと考える――「恁麼の道取ありと見解する」。つまり、実際的な効力のあるものしか意味のあるものはないんだという考え方があるが、「おほきにあやまるなり」。――それではいけないのだ――と言うわけです。

「道取」の「取」は「言い取る」と読みたいところですけれども、これも「著」と同じく接尾辞です。そういう言葉がある、そう言ったのだ、という意味です。

そういう風に実際的な効果のあるものしか意味はないんだという考え方、そういうものが、次の「祖宗の功業を正伝せず、仏祖の道取にくらし」にかかっていっているわけです。

祖宗の功業を正伝せず、仏祖の道取にくらし。

「祖宗」は前にも出ました。仏教というものの淵源に当る人たちです。その人たちのしとげたことを正しく伝えていない、そういう人たちの言った言葉に通じていないと言わねばならぬ。

この一言をあきらめざらん、たれか餘仏の道取を参究せりと聴許せん。

「この一言」というのは、絵に描いた餅じゃ腹の足しにならないという一言ですが、その一言の意味を徹底的に明らかにすることが出来ないようでは、香厳智閑ばかりでなく、そのほかの祖師、仏たちの言ったことを、究めた、その真の意味を理解把握したと認可することが出来ようか。「聴許」というのは、確かな判断者がいて、それを許す、という意味だろうと思います。

画餅不能充飢と道取するは、たとへば、諸悪莫作、衆善奉行、と道取するがごとし、

> 是什麼物恁麼来と道取するがごとし、吾常於是切といふがごとし。しばらくかくのごとく参学すべし。

絵に描いた餅じゃ腹の足しにならないと言うことは、「諸悪莫作、衆善奉行」と言うのと同じである。これはお釈迦さんがこう言った場合は簡単な言葉だったのです。いろんな悪いことをやったらいけない、いろんないいことだけをやるようにしなさい、それがお釈迦さんの言ったことなんですけれども、道元はそう簡単には済まさないわけです。悪いことをしてはいけない、いいことをしなさい、というのは、義務あるいは課題としてそういうことがあるんじゃなくて、この世はすべて悪いことをしたらいけないという形で出来上がっているんだ、いろんないいことだけをすべきだという形で出来ているんだ、そう道元は言うわけです。哲学用語を使えば、当為が存在化されているとでも言えばいいんでしょうか。ですから絵に描いた餅じゃ腹の足しにならないというのも、それと同じようにこの世界の出来方を表現している言葉だというわけです。

次の「是什麼物恁麼来」というのは、「一体どんなやつがそうしてやってきたのか」という、ただそれだけのことですが、これはお手もとに渡っているプリントの『遍参』の二段目、そこの、「南嶽大慧禅師、はじめて曹谿古仏に参ずるに、古仏いはく、「是甚麼物恁麼来」。この泥弾子を遍参すること、始終八年なり」と結びつくことです。

曹谿古仏は禅宗第六祖と言われて、そのあと第七祖ということが言われないぐらいの人です。目に一丁字もない人で、薪を売って暮しを立てていたのですけれど、あるとき町に薪を売りに出て、金剛般若経を読む人の声を聞き、ぞっとしていきなり出家の志を固め、老母を捨てて寺に入ったと言います。字の全然書けない人ですから、この人が五祖から自分のあと継ぎと定められる機縁となった偈、寺の壁に夜のあいだに書かれていた偈の、有名な「菩提本樹にあらず、心境亦台なし、本来無一物、なんぞ塵埃を払ふを假らん」というのも、この人が雑役の小僧さんに書かせたものだと言われています。いま「心境亦台なし」と読みましたが、この「なし」は大抵の本には「非」の字が当ててあって、道元の引用もその形です。しかしそれでは意味をなさない、というのは中国文学の専門家でなくてもすぐわかることで、僕も、敦煌本六祖壇経という本を拠り所に「無」の字を当てたわけです。

これなど想像をほしいままにすれば、小僧さんが間違って「台にあらず」と書いちまったのを、字の読めない慧能がそのまま見とがめなかったのがことの起りだったかという風にも思えます。こんなこと、餘談ですが。

「是」は、英語で言えばto be, これはさっきも言いました。「である」ということです。beが先に出てisn't it? と疑問文になっているのです。「甚麽物」の「甚麽」は、「どんな」という疑問詞。「恁麼」はさっき言ったようにthusです。この文句は特別な聞き方じゃなくて、「お前さん、そうしてどこからきなさった」というようなことで、少くとも唐代では、これは、祖師が、師を求めて歩きまわったあげくたどりついた雲水に訊いた言葉の一つの型です。

「泥弾子」とは泥をまるめたおだんご。「遍参」は、あまねく師を求めてめぐり歩くことですけれど、そういう肉体的な動きまではこめないで、「遺漏なく考える」という意味で、道元は、ここで使っている。ほんの簡単なことをよくよく考え抜いて八年かかった、というわけです。

この『遍参』の巻は、時間があればやるつもりでしたけれども、どうもそうはいかないようです。ついでですのでこの段だけ読んでおきます。

末上に遍参する一著子を古仏に白してまをさく、

「末上」というのは、道元はここで間違った使い方をしているらしいので、本当は「まっ先に」というのが中国の俗語の本当の使い方のようです。道元はそれを「スヱノホトリ」と読んでいるらしく、「最後」という意味に使っている。

「末上」が「最初」だというのは、僕がいい加減を言うわけじゃありません。非常に偉い唐代の禅僧で趙州従諗という人がありますが、その人が仏法の大先達でも地獄に入ることがあるのか、と信者に訊かれて、私は最初に入ると言った。そのとき「末上」と言ったんです。さらにわけを聞かれて、さもないと地獄に入ってくるあんたに会えないから、と答えたんですが、このときの「末上」を最後にととったのでは意味がなくなる。まったくなくなりはしないかもしれませんが、弱くなります。ところが道元はそういう風にはとっていません。

次の「一著子」というのは碁の言葉で、「一手石を置く」ということです。「子」はものの名につけて、それをかわいらしく言いあらわす接尾辞ですから、こだわることはありません。とことんまで考え詰めたその考えということでしょう。そのあとにくる「古仏」は曹谿古仏です。古仏というのは、さっきも言いましたように誰にでもつけられる名ではありませんけれども、そのひとりである曹谿古仏に、最後に言ったというわけです。

懐譲当初来りし時、和尚懐譲を接せし、是甚麼物恁麼来を会し得たり。

懐譲というのは、この段の最初に出てくる南嶽大慧禅師です。「接せし」というのは、「相手にした」ということです。

この私は、はじめて和尚さんのもとに来たとき、和尚さんが相手をしてくださって、一体どんなものがそうしてきたんだと質問されたが、そのときは問いに答えられなかった、けれどその意味がいまになってわかった、と八年経って答えた。

ちなみに曹谿古仏道、你作麼生会(にいそもさんうい)。

そうすると曹谿古仏が、「お前さん、どういう風にわかったんだい」と言う。「作麼生」というのは、「どんな風に」ということで、「会」は「会得」の「会」です。

ときに大慧まうさく、説似一物即不中。

そうすると懐譲が、「説似一物即不中」と答えた。「似」というのは、「示」という字を書いても同じだそうですが、懐譲が言ったのは、一つのものの名前で言ってみたってそれじゃ言い当てていない、それじゃ外れだ、要するに特殊、限定的には言えないということです。「お前さん、何だ」と言われて「おれはおれだ」とか、「おれは人間だ」とか、そういう言い方でさえ駄目だ、ということです。

これ遍参現成なり、八年現成なり。

そういう答え、ことこそ「遍参現成なり」――さんざ考えたあげく、決定出来ることが現実化されたものだ、現実化されてそうなったところのものだ。「八年現成なり」という言い方は、八年かかってようやく現実化されたという意味と同時に、八年というものがそこでそういう形で現実化されたという意味と二つ持っていると思います。

曹谿古仏とふ、還假修証否。

そこで曹谿古仏が「また修証を假るや」と問うた。「修証」の「修」は、これは前に「現成公按」からの引用中句にもありましたが、「修行」の「修」。「証」は「証悟」の「証」で、「悟る」ということです。修行し悟る、修行証悟のおかげでわかったのか、というわけです。中国文の一番下の文字の「否」を普通「いなや」と読みますけれども、中国語学的に言えばわざわざ「いなや」と読む必要はない、単に疑問のしるしと見るべきものだそうです。

大慧まうさく、修証不無、染汚即不得。

懐譲が答えるには、「それはそうですよ、修行とか証悟とかないわけじゃなかった、だけれどもそんなものが「染汚即不得」。「染汚」というのは「汚す」ということです。原語のサンスクリットでは、もっと意味がきつくて、傷つけるという意味まで入っている。修証が汚し傷つけようたって、そんなことは出来ゃしない、私はむかしのままの私だ、そう言ったわけでしょう。

すなはち曹谿いはく、吾亦如是、汝亦如是、乃至西天諸仏諸祖亦如是。

すると曹谿が言うには、「それはそうだ、おれもそうだ、お前さんもそうなんだ。それにインドの方の仏さんたちもみんなそうだ。」これはみんな俗語なんで、ありがたがってものものしい訳をつけてはいけないいんじゃないでしょうか。前にも言いましたが、禅宗の特徴は、俗語で仏道の真髄を考えようとしたことだったと思います。こういう問答もすべてそれで出来ているわけで、まして曹谿は字が書けない人ですから、考え詰めて、しかしごく当たり前の人間の言葉で、その到りついた境地を表現した、その表現というものはすべて当然こういう形をとったと思います。

禅宗の問答というのは、世界中のいままでのいろんな表現の分類、つまり韻文と散文と雄弁と三種類に分けるそのほかのものじゃないかと僕は思っています。それらとは全然違う、別個の表現のジャンルじゃないのか。むろん詩ではありません。説明や描写を旨とする散文でもない。言いたいことを伝えるという要請はあるんだけれども、意味をはっきりさせるように言葉を使うということをしていない。そういう意味で雄弁でもない。そういう不思議な表現形態を発明したのは、唐代の禅僧たちの功績だったと思います。明示的な言葉でものを言って、その結果、聞き手がそれを金科玉条のように覚え込み、それの外に出られなくなる、それに縛られるということを、避けさせてやろうという配慮がそこにはたらいて、こういう表現様式をとったのだろうと思います。

『画餅』に帰ります。

次の「吾常於是切」は、いままでのように簡単にはいかないのですけれど、洞山良价（とうざんりょうかい）の言葉です。「於是切」が何を言っているのか、唐代すでにはっきりわからない言葉とされていますけれど、問答の最初のところをまるまる取り出すと、「三身の内、那身か説法する。吾常於此切」という形です。

問いの方は「三身の中阿那身か衆数に堕ちざる」という形で伝わっているのもあって、このうちの「衆数」というのは、最大多数者ということですから、衆生という意味になりましょうか。どうもそこがよくわからないので、道元自身が祖師の語録、問答録から選んで編集した三百則というものがある、その中に採用されているものの形で説明しますが、「三身」というのは、お釈迦さんの存在のしかたの三つです。法身、報身、応身の三つで、法身の「法」は、道元が禅宗に入った動機をお話したとき出た「法」です。宇宙の法則であり、認識であり、つまり最上智であるものを体として見る、するとそれが法身です。仏教用語としてはない言葉だと言った、あの「性身」を、仏その人の「身」と見做せば、この「法身」になるとも言えましょう。

報身というのは、もっと現実的になりまして、前世において菩薩として修行を積んだので今生で仏になる、そういう因果応報の理によって仏になれた仏が報身です。

応身というのは、この苦界というか、普通の衆生が生きているこの娑婆世界で、仏を待ち望む衆生の願いに応じて、生身を具えてあらわれ出る仏、それが応身です。

このうちのどのお釈迦さんが法を説くのか、ということは法身などでは口がきけまい、声が出まいという疑問と言うか、反語もこもっていると思いますが、そういう質問を受けると、洞山は、そんな雲水の分別智の言わせることにはすべておかまいなしに、私はいつもこのことにかかりっ切りなんだ、と言った、そういうことになりましょう。要するに出家としていつもやらなければならないこと、問題はそれだというようなのが、「吾常於是切」の意味ではないかと思います。

ですから前の言葉と結びつけて考えると、ごく日常的現実的な言葉であるところの、どういうものがそうしてきたのか、という表現で捉えられる現実認識もあるし、一方、自分はただただ仏道の確かなことをつかもうとして修行している人間なんだ、すべての人がそうでなきゃならないんだという、理念と存在の一致を説くような言葉もある。先行する「諸悪莫作、衆善奉行」を『眼蔵』の「諸悪莫作」の巻の趣旨によって解釈し、次の二句を読みますと、ここはどの句もそういう風にすべては現実なんだ、という道元の考えを示しているように思えます。絵に描いた餅じゃ腹の足しにならないという、さっきの言葉の意味もこういう立場から考えねばならないと言っているのじゃないでしょうか。

餅という現実的な確かなものが別にあって、その影として、虚偽の、絵の餅があるという風に考えてはいけない。そうじゃなくて、餅を絵に描くということで、一つの理想、あるべきものの現実化が生ずるのだ。絵は絵として、それ自体、実在である、現実である、そういう思想をこの六字と五字の漢字群は表現していると考えよ。そう、ここで道元は評唱しているのではないかと思います。

いずれにせよ、絵はむなしいものだと言ったパスカルとは、大変違う、現実に対する態度がここにあると言えましょう。

画餅といふ道取、かつて見来せるともがらすくなし、知及せるものまたくあらず。なにとしてか恁麼しる。

「画餅」という言葉、それをいままで本当に見通した人は少い。「見来」と「知及」は対句です。「来」は過去からいままでずっと、と時間的持続をあらわすため、「及」は対象に対する、言わば空間的関係をあらわすために用いられているわけでしょう。この問題を徹底的に考えた人がむかしからいまに至るまでいなかったというわけだが、どうしてそうとわかるのか。それへの答えとして以下が出てきます。

　従来の一枚二枚の臭皮袋を勘過するに、疑著におよばず、親覲におよばず。ただ隣談に側耳せずして不管なるがごとし。

「一枚二枚の」というのは、「数的に限定された」ということです。いままでのそういう「臭皮袋」――臭い皮袋――人間のことです。こういう型の人間認識は、いろいろと派のある仏教の中でも滅多に見られないのじゃないでしょうか。むかしから不浄観というのがあって、人間が死んで腐って骨になってゆく、それをつぶさに見て仏道の真を悟るというやり方がありますけれど、生きた人間、まして仲間の僧侶までを「臭い皮袋」と言い切ってしまうのは、禅僧たちだけではないかと思います。

「勘過」というのは、「厳しく間違いを責める」ということです。しかしこの場合は、別に理非曲直を糺明することではなく、よくよく考えてみると、というだけのことです。疑いもしないし、そうかといってそれに深く親しんでその意味合いを考えたわけでもない。

「疑著」の「著」はさっきもあった接尾辞です。意味があるのは「疑」だけです。
「隣談」というのは「隣で話していること」です。「側耳」は「耳をそばだてる」。「不管」は「関せず」ですから、そういうものはすべて隣の話として耳をそばだてて聞こうともせず、かかわりを持たない、要するに絵に描いた餅がどういうものだということをよく考えないできているからだ、というわけです。

画餅といふは、しるべし、父母所生の面目あり、父母未生の面目あり。

「父母所生」――父母の生ぜしところ、のもの、すなわち子、自分自身、抽象的に言えば、すでにある現実的なもっとも直接なもの。しかし同時に「父母未生の面目あり」。「父母未生」というのは、最初に紹介した香厳智閑が、お前さんの生まれる前のお前さんの本分はどんなものか、と訊かれて答えられなかった話が出所で、それをさらに深く広く、人の父や母が生まれない前の人の本分はどんなものか、と考えてきて出る言葉です。「面目」というのは「つら魂」、「顔つき」ということですけれど、要するに様子、存在様態ということでしょう。父や母が生まれるよりもっと前の人の存在様態があるとして、それはどんなものか。

米麵をもちひて作法せしむる正当恁麽、必ずしも生不生にあらざれども、現成道成の時節なり、去来の見聞に拘牽せらるゝと参学すべからず。

「画餅」の「餅」というところから、その縁語で「米麵」――米の粉、を使って「作法せしむる」、と言いますけれども、この「法」には意味がない。道元のよくやる言葉の使い方で「作法」という言葉はあるにはありますけれど、ここの意味は「作」だけに持たせてあります。「せしむる」も別に使役態ではありませんせん。また敬語法でもない。なかなかどこから出た語法か確定出来ないのですが、「令」の字を書いて「せしむ」、「せらる」と読ませる、日本の公卿たちの宮廷漢文や、経文の文章法に関係があるのじゃないかと僕は思っています。経文に「何々の故に何々せしむ」という型の文章がよくある。元来これは「何々が何々を何々せしむ」と読まれる文章に、「故に」が入ってきたもので、そのために「せしむ」が宙に浮き、「何々の故に、何々を何々す」ですむのに、依然として、「故に、せしむ」と読ませている。この「せしむ」が言葉癖として移ってきたのじゃないかと思うのです。これも冗辞的表現の一つと言えましょう。

そこで米の粉を使って「画餅」をつくる、餅の絵を描く、まさにそのこと――「正当恁麽」、は、かならずしもそこで生じたとか、生じなかったとか言えることではない。それはそのはずで、これはまったく現実的な製造関係で、米の粉を素材として餅の絵を描くという制作行為を人間がしたからこそ生じたことです。仏教でいう「生」とか「不生」ではないわけです。しかし同時に考えられるのは、般若心経に「無無明亦無無明尽。乃至無老死亦無老死尽――無明もなく、また無明の尽きることもなく、乃至、老死もなく老死の尽きることもない」という思想、あるいはその表現があるということでして、ここの「生不生」も、生が生じないという意味で用いられていはしないか。

つまり生ではない、本当の発生ではないと言っているのじゃないかと考えることも出来やしないかということです。この解をとることも不可能ではありません。しかしどっちにしても、米の粉で描いた餅の絵では、本物の餅の発生の問題は生じないという点は同じですから、いままで自分のとってきた解釈に従っておきます。――だけれども、「現成道成の時節なり」。

「現成」というのは、「現実化される」ということです。「道成」は「仏道が成り立つ」――実際の悟りが成り立つ、つまり「生不生滅不滅」、「無無明亦無無明尽。乃至無老死亦無老死尽」などという言葉の出る境地の成立ということです。米の粉で描いた餅の絵が「現成」すると、それだけでいま言ったような仏道現成のモメントと、これが見なされる。それが、この「現成道成の時節なり」の意味ではないかと思います。

次に「去来」とありますが、これは他の場所の例に従えば「コライ」と読むのでしょう。米の粉を練って餅をつくる、あるいは絵具を溶いて絵を描く、そういうことは、普通に考えればすべて時間的拘束のもとにあることですから、それを「去来」という、時間の支配を暗示する言葉で言いあらわしているのだろうと思います。「見聞」は、「去来」にかかわる「見聞」ということで、いま言ったような時間的支配についての知覚、認識という意味でしょう。

米の粉で描いた餅の絵は、それ自体、現実化された本質的なものであって、けしてあるときはこうであるけれど、時日が経つと違ったものになる、違う意味合いを持ちだす、そういう風な日常世界に当てはまる認識に制肘されるものではない、そう考えてはいけない、というのが「参学すべからず」です。

餅を画する丹艧は、山水を画する丹艧とひとしかるべし。

そろそろ、すらすらいかなくなりますが、ここはこういう風に解釈したらいいんじゃないかと思います。

「丹艧」は「丹砂と青艧」という意味で、「青丹よし」という日本の言い方もそういうところと結びつくんじゃないかと思いますが、青や赤の顔料を採る土砂のことです。艧のほうに赤と青があるという説もあり、いろいろですけれど、そういうことは別問題として、ここでは要するに餅を描く顔料、絵具という意味で言っているのです。

この丹雘は土砂ですから現実にあるものです。餅を描くのも山水を描くのも、絵画表現の目標という点では同じことですし、それに用いられる顔料も、現実存在として同じ資格のものである。

いはゆる山水を画するには青丹をもちゐる、画餅を画するには米麺をもちいる。

ここがちょっと簡単にいかないと言ったところですけれど、普通「山水」――自然を描く顔料としては、いま言ったような丹雘を用いる。自然の土砂を精錬してつくった顔料を用いる。ところが餅を絵に描くには米麵――米の粉、を用いる。これは前の「餅を画する丹雘は山水を画する丹雘とひとしかるべし」という句と矛盾しています。ですけれど両方ともあるものを描くためには、そのものの性質と同じ、というか、同じ類に属する現実裡の材質を用いると言っているわけで、そういう風にことを抽象的にとれば、ここの文章も意味が通るのではないかと思います。

恁麼なるゆえに、その所用おなじ、功夫ひとしきなり。

「その」は何を指すのか、絵を言っているのか、絵を描くための材料を言っているのかはっきりしません。しかしいままで言ってきたことは、あるものを描くには、それと同じ性質を持った現実存在を顔料として用いるということなので、それを考えれば、「その」が何を指しているかについてのこまかい詮索は、不要なんじゃないか、と思います。

しかし文章である以上、「その」が何を指すかということは、中味の問題とは別に必ずちゃんと書いた人にはわかっていたはずです。書き終わった途端、曖昧になったにしても、頭の中では、必ず先行する文のうちの、どの語かを指していたに違いありません。そうしますと、この場合の「その」は、僕がここでそう言うという限定つきのことではありますけれど、内容としては絵を描く場合の顔料の用い方のことで、語としては、「丹雘」と「米麪」だろうと思います。

しかあればすなはち、いま道著する画餅といふは、一切の糊餅、菜餅、乳餅、焼餅、糍餅等、みなこれ画図より現成するなり。

「糊餅」というのは、米などの粉を練ってつくった餅です。「菜餅」、「乳餅」、「焼餅」というのは、要するにギョーザです。「糍餅」というのは、米とか米黍の粉を蒸してつくった餅です。以上述べたようなわけで、絵に描いた餅というのは、これらの穀類の粉でつくった現実の食物すべてのもとである、これらの現実の餅は、画餅から生まれてくるのだ、というわけです。

そういわれるとちょっとギョッとしますけれど、次の段の終りの「もし画は実にあらずといはゞ、万法みな実にあらず。万法みな実にあらずは、仏法も実にあらず。仏法もし実なるには、画餅すなはち実なるべし」に呼応することです。言ってみれば、絶対的な観念論です。観念論と言ってしまってそれで道元の思想が尽せるわけではありませんけれども、この表現に関する限りはそうです。

しるべし、画等、餅等、法等なり。

「等」というのは使い方がいろいろあってむつかしい字ですが、ここのは「等類」という意味です。ですから「画等」、「餅等」というのは、絵として一つの等類だ、餅として一つの等類だ、ということで、「法等」の「法」は、仏法なんかの法じゃなくて、諸法の法、現実にある事物現象、そういうものとして一つの等類だ、という意味で言っているでしょう。

ここで一番問題なのは、「餅等」。――それは餅として一つの等類なのだということです。そういう等類を認める以上、すなわち餅という概念がある以上、それは餅の概念として、餅の絵にも、本物の餅にも共通に当てはめられる。絵に描いた餅ということを言う以上、餅の概念を認めているわけで、実際の餅もあると言っているのに等しい。人間の表現によって出来た本物の影みたいなもの、要するにイメージに過ぎないもの、それも一つの法ですし、実際に食って腹の足しになるものも一つの法です。すべてがそれぞれ等類を形作りつつ、全体として一つの「法」として等類を形作るというのです。

このゆへに、いま現成するところの諸餅、ともに画餅なり。

先に言ったことをここでこう言い直しているわけです。餅の概念によって統合的に把握されるものだ。

このほかに画餅をもとむるには、つゐにいまだ相逢せず、未拈出なり。

「相逢」の「相」は、別に意味がありません。餅ということを認めたら、画餅を一つの真として認めなければならない。画餅を一つの実在として認めた以上、餅というものはあるものだと認めなければならない。そうなった場合、すべての事物とか現象とかいうものを、「理―性」の他に実在として認めなければならないわけで、画餅と実餅のあいだに相違はない。画餅を実在と認めることによって存在の種々相すべてに出会うことが可能になる。それが「このほかに画餅を」、そうでないような画餅を「もとむるには、つゐにいまだ相逢せず」の意味だろうと思います。

「未拈出なり」というのは、「このほかに」というのがそこに響いていて、まだそんなもの、実餅でないような画餅、は取り出そうとしても取り出せない、要するに見出そうたって、出来はしないと言っているんだと思います。

一時現なりといへども、一時不現なり。

これだけで解釈をくだすのはちょっとむつかしいですけれど、かりに画餅ということを認め、画餅というものが一つの法としてあるということを認めると、それは画餅を現象として一度承認したことになる。それが「一時現なり」ということの意味でしょう。あるときはある。

しかしそれを実際の餅と比較対照して、食えるか食えないかということで考えると、絵に描いた餅は現実的とは言えない。それが「一時不現なり」ということの意味合いなんじゃないかと思います。そういう風に見た画餅は、時間に左右されたもので、あるときはあるし、別のときにはないと言わなければならないようなものである。それが次のしかあれども、老少の相にあらず、去来の跡にあらざるなり。

です。いま言ったようなことはあるけれども、「老少」というのは年寄りとか若いとか、要するに時間に左右されている、制肘されているということで、「老少の相にあらず」というのは、時間的な拘束のもとにあるものじゃないんだ、画餅と実餅と両方を一つの「法等」として認めよ、さもないと、それらの実餅や画餅、またそれらについてかれこれ論じているわれわれも、時間に拘束された存在に過ぎなくなってしまう。諸法は時間的拘束のもとにあるが、それをそういうものとして認め、「諸法実相」の考えを把握したとき、われわれは時間的存在でありつつ、時間の制肘を超えることが出来る。そう言っているのが「老少の相にあらず」の意味ではないかと思います。「去来の跡にあらざるなり」というのも同じです。「去」とか「来」というのは、さっきも出たとおり時間の中で起ることです。だけれども道元の場合、時間はけして過去からきて未来にひと筋に川のように流れ去るものではない。時は「経歴」するものなのです。経歴というのは、ある人の経歴なんかいう場合のそれとは無論違っていて、過去から未来にゆくものと決ってはいない。過去から未来にゆくのは当然として、未来から現在、現在から過去にゆきますし、過去から過去、現在から現在へと動く、要するにいつからいつにでもゆける運動形式のことです。時はそういう動き方をするものです。

道元は「経歴」ということについて、自分のこの時間の運動形式に関する考え方を説明して、風雨があっちこっち、東西するのと同じように考えてはいけないと言ってますが、道元のころは、気象図の読み方どころか、気象図そのものがなかったわけですから、気象の変化の連続性など、思っても見なかった時代です。いまでは一日のうちに何度も知らされる台風の動きなども、そのころはまだ不意の襲来で、「野分の風の吹きしきて」などと言って済ましていた。自然の変化を偶然的な突発的なものとして受け取っていたわけですが、そういう平安朝から鎌倉にかけての気象観で生きていた道元ですから、いま言ったような言い方が出来たわけですけれども、実は風雨のあちこちするように時間を考えてもいいんではないか、風雨も「経歴」するのではないか、というのが僕たち後代の、少し科学的な知識を得た人間の解釈です。

しかある這頭に、画餅国土あらはれ、成立するなり。

「這頭」の「這」は「この」です。「頭」は「ほとり、場所」です。「しかある這頭に」で、「こういう風に考えればこそそこに」ということだろうと思います。こういう風に考えればこそ、絵に描いた餅が現実的な場、すなわち「国土」として現実化されもするし、成立する。

不充飢といふは、飢は十二時使にあらざれども、画餅に相見する便宜あらず、画餅を喫著するにつゐに飢をやむる功なし。

「不充飢」というのは、挙示の「画餅不能充飢」から「能」を除いて言ったものです。「飢を充たさず」という風に香厳智閑は言っているんだけれども。――これはあくまで香厳智閑の語に対する道元の評唱として言われている、ということを見落してはいけないと思います。

そういう風に言われた場合の「飢」というのは、「十二時」という現実的な時間が、これをかれこれ動かしているのではないけれども。現実に動かされる相対的なものではないんだけれども。――「飢」というのは、現実的な時間にこき使われている現実的なものではないんだけれども。――だけれども「不充飢」――「不充飢」とひとたび言うと、この「飢」は絵に描いた餅にめぐり会い、それによって救われる可能性を持たない。そういう場合には絵に描いた餅を食ってみたところで、飢えを止める力をそれに期待することは出来ない。なぜなら、

飢に相待せらるゝ餅なし、餅に相待せらるゝ餅あらざるがゆへに、活計つたわれず、家風つたはれず。

先にも言いました通り、仏語といま普通に使う言葉とはちょっと違っていることがあって、いま「相対」というところを、仏語では「相待」と書く場合と、「相対」と書く場合と二つあります。「相待」というのは他から期待され、もちつもたれつの関係でしか存在出来ないことです。「相対」というのは、同じ資格を持つ者として、どっちが上ということなく、しかしどっちも支配的立場に立つことは出来ずに存在することを言います。あえて言えば、サルトルなどのいう être dans と être parmi の相違と同じものでしょう。

この場合には、飢えを止めてくれるものとして飢えから期待される餅がない。確かにさっきも見ましたとおり、絵に描いた餅がある以上、本当の餅もかならずあるわけですが、ことが画餅ですから、空腹から期待されて、空腹を充すことが出来るような餅とはちがいます。なぜなら画餅は、「飢に相待せらるゝ餅」ではなく餅として期待される餅でもないからです。そういうわけで、絵に描いた餅では腹の足しにはならないというような考えでは、餅という概念は立てられても、餅は出てこないし、「画餅不充飢」という言葉の「活計つたわれず」――生きた意味合い、生命は伝わらない、「家風つたはれず」。その真意も伝わらない。――ここは「ゆへに」で一旦切れ、前に言ったことの根拠をあげているんですが、それが同時に下の理由づけにもなっている、そういう構文だと思います。

絵に描いた餅でも腹の足しになるんだ、という方へ考えを進めねばならないと、ここで道元は言うわけです。香厳智閑の言葉は同じ姿のままで引っくり返されたと言えましょう。

こういう例は「仏性若至――もし至らば、といふは、仏性既至――すでに至れりとなり」というような、これは『仏性』という巻の「古仏」の言葉の解釈ですが、そういうところにも見られます。

　飢も一条拄杖なり、横担竪担、千変万化なり。

飢えというのも一本の杖と同じようなものだ。これを横に引っ担ぎ、縦に担いでみる、それはどんな風にでも扱える。絵に描いた餅では充されない飢えというのはどういうものなのか考えてみよ、充される飢えもありはしないか、というのがここの意味だろうと思います。

　餅も一身心現なり、青黄赤白、長短方円なり。

「一身心現なり」というのは、いろいろ捉えようがあろうと思います。一つには道元の文章の好みで、前の行の「一条拄杖なり」の「一」の対句をつくるために「一身心現なり」といった。そういう解釈も下せないではありません。

しかしそれは文章の上のことで、内容から言いますと、一つの身を具え、心を具えてあらわれ出た現実的なものだ。——要するに餅とは一つの本質である。それが食える餅にもなるし、絵に描いた餅にもなる、そういう餅の本質がなかったら、本当の餅も画餅もない。「青黄赤白、長短方円なり」、これは別に文字にこだわる必要のない表現で、要するに、さまざまなあらわれ方をするはずのものだということです。

いま山水を画するには、青緑丹臒をもちひ、奇岩怪石をもちひ、七宝四宝をもちゐる。

「いま」というのは、「現実には」でしょう。山水——風景画を描くには、先ほどお話したような青緑丹臒を用い、また奇岩怪石——実際に奇岩怪石を用いることはないわけですけれども、丹臒は奇岩怪石の仲間を砕いて粉にして顔料にしたものです。それを用いる。「七宝四宝」というのも道元の文章の好みで、「七宝」は実際にあるものですが、「四宝」というのはまあ、「四宝蔵」といって経、律、論、ダラニを一括して言う場合もありますが、ここのはそうではないでしょう。「奇岩怪石」と対句にして「七宝四宝」と言ったわけです。要するに現実にある岩石鉱物宝石類ということです。

餅を画する経営もまたかくのごとし。人を画するには四大五蘊をもちゐる、餅を絵に描くためには、前にありましたように、餅と同類の粉のような、澱粉質のものを用いなければならない。「経営」というのは、人間の為業ということです。「人を画する」というのは、はじめは「人物画を描く」という意味で言い出されたものだろうと思いますが、あるものの絵を描くのはそのものをつくることだ、すべての現実存在を生み出すことが、結局「画する」という言葉で言いあらわされることだ、というのがこの巻の趣旨ですから、それを汲んで読みますと、人をつくることをさして言っていると考えられます。「四大五蘊」の「四大」というのは、「地・水・火・風」という大きな宇宙の構成要素を言います。「五蘊」というのは、仏教で人間を構成する要素とされる五つのもの、「色・受・想・行・識」、この五つです。「色」というのは人間の構成要素としての物質、つまり身体です。「受」は感覚、感受性のようなもの。「想」は表象をつくる力です。「行」というのはサンスクリット原語では「諸行無常」の「行」と同じで、一切の作為、行為を言いますが、五蘊の一つとしては、心の作用のうちの能動的なもの、としないと、他とつり合いがとれなくなるのじゃないでしょうか。そうしますと、普通情念と言われる心のはたらき、怒りとか、欲念とか、色情とかでしょう。しかし西洋で情念というのは、passio, pathos ですからむしろ受動的で、外から押しつけられ、人間が忍受しなければならないものです。いま解したように「行」としてそれらを見る見方とは、これは大分見方が違うことになります。「識」は、分別、認識、判断などのはたらきです。――この五つで人間は出来ているると見るわけです。

仏を画するには泥龕土塊をもちゐるのみにあらず、三十二相をもちゐる、一茎草をもちゐる、三祇百劫の熏修おももちゐる。

人間を画するのには、「四大」という自然の四つの大きな要素、これが結局、依報正報というときの依報、人間の生活環境ということになりましょう。それから「五蘊」——。「五蘊」の「蘊」はいま言い落しましたが、サンスクリットでの第一義は肩、それから集合体という意味を持ち、この派生的な意味を「蘊」と漢訳したのでしょう。人を描くには五つの要素の集ったものを用いる。次の「仏を画する」に用いる「泥龕土塊」というのは、土をこねてつくった仏像や、「龕」——仏像を安置する場所が実際にあるから、言ったものでしょう。

「三十二相」というのは、仏とか転輪聖王の持っている特別の相です。いろんな説がありますが、手のひら、足の裏に法輪の模様が出ているとか、指と指とのあいだに水鳥の水搔きのようなものがついているとか、螺髪だとか、白毫を眉間に持っているとか、馬陰蔵といって、ペニスが体の中に入っているとか、いろいろあるわけです。そういう三十二相を用いて描く。「一茎草をもちゐる」というのは、仏を描くためには一本の草を描けばそれでもいいんだ、というわけです。

「三祇百劫の熏修おももちゐる」――勘定も出来ないほどの長い年月にわたって積まれた修行をもこれがために使う。「三祇」というのは菩薩が生まれ変って仏になるための修行をする三種の無限に大きい時間をいう「三阿僧祇劫」というものがある、それの略。――ですから、「百劫」なんていう、これだけでもちょっと想像しがたい莫大な時間もその中には含まれてしまうわけですが、しかしこの表現は、もし親切に解釈するなら、「百劫」をかりに「一劫」として「三阿僧祇劫」を考えたという風に見るのがいいかもしれません。いずれにせよ莫大無限の時間です。そんなに大きい時間の三倍もある修行、そういうものを顔料として、すなわち素材として使わなければ仏というものはそもそも描き出せない。そういう考えが裏にあると思えます。でもこの場合の「画く」というのも、単に絵を描くことではなく、絵を通じて「現成」する、仏をリアライズするということを言っていると見なければなりません。しかしそれが、「一茎草」を顔料として済ますことも出来るという考えと両立していることを忘れてはなりません。

かくのごとくして、壱軸の画仏を図しきたれるがゆへに、一切諸仏はみな画仏なり。一切画仏はみな諸仏なり。

こういう具合にして、餅についても、山水についても、人についても、ここは仏が直接の考察対象になっていますから、仏についても、それらのものを絵に描いてきたので、と言うのですが、主格は何か。それは言われていませんが、直前に言われている山水画を描く人、人物画を描く人、人間をつくるもの、それらと同じで、人でありつつ全宇宙全存在であるところのものでしょう。しかしそれは「功夫辦道」する主体とも言い換えられるものので、仏即存在即仏道修行者という考えがそこに含まれていると思います。ここまでくると、「一切諸仏はみな画仏なり。」――どんな仏も絵に描いた仏でないような仏はない、それを逆に引っくり返して、「一切画仏はみな諸仏なり」――一切の絵に描いた仏はみんな本当の仏だ、と理の当然として言えることになります。

画仏と画餅と撿点すべし。いづれか石烏亀、いづれか鉄拄杖なる。

ここまで修行を積み考えを深めてくると、絵に描いた餅と絵に描いた仏とどれだけの違いがあるか。「撿点」というのは「点検」と同じです。

「石烏亀」の「烏」には意味がないという風に言っていいのかどうか、ともかく「烏亀」二字で亀、「石烏亀」で石でつくった亀です。

絵に描いた仏と絵に描いた餅と、どっちが石の亀なのか、鉄の杖なのか、まあ考えてみよ。仏と餅と、絵に描いた仏と絵に描いた餅と、そのどれが一体石で彫った亀という、いわば単なるイメージで、またどれが種もしかけもない鉄の杖だか、そういう判別がつくか。結局同じものじゃないか、実在として。

いづれか色法、いづれか心法なると、審細に功夫参究すべきなり。

「色法」の「色」は、この世の物的現実ということです。「色即是空」なんかの「色」です。「法」は前から申し上げてあるように、現実にある事物、現象。「色法」二字で「現実」と言い換えられるでしょう。

「心法」の「心」は、ときによると、「心」を、道元は否定することがあるので説明が面倒になりますが、この場合の「心」は変らない、この一番本質的なもの、という意味のそれ、前に見た「一性」・「一心」の「心」ととっていいと思います。

いま言ったような絵に描いたものと本当のもの、彫刻作品と材質そのものをむき出しにして、それを生かしてつくってあるもの、それは変易生滅するかりのものと、不改不変の本質的存在のあいだにある相違を分ち持っているようだが、果してそう考えていいか。その間に現実的存在としての差異があるか、つまびらかに考えてみよ、「審細に功夫参究すべきなり」というわけです。

恁麼功夫するとき、生死去来はことごとく画図なり、無上菩提すなはち画図なり。

「功夫」というのは「よく考える」ことです。そのようによく考えてくると、現実存在の生死、去来、つまり諸行の無常は、「画餅不能充飢」と言って問題としたときの絵と同じものである。

それどころか、「無上菩提すなはち画図なり」。――お釈迦さんが楽しく生きられる高貴な身分を捨てて、それを得るために苦労したという菩提、最上智は、「諸行無常」ということを根本認識としているのだから、その内容は要するにただの絵と等しい。そうは言ってもそれをむなしいと言うんじゃなく、存在として同一の性質を持つというばかりか、無常を無常として常を得る、空を空と知ることによって実を得る道であったと言っているわけです。

ここに立てば、何もかも同じだと言える境涯が開かれるのですから、こういう立場をニヒリズムだと言うことも出来ます。只管打坐――ただただ坐れ、――坐ると言っても、善知識という先達をもって、その指導のもとに坐るのでないと坐ったことにならないんだと言われますが、そうであろうとなかろうと、たとえば長い線香を一本立てて、その燃え尽きるまで何があろうと坐る、隣にトラックが突っ込もうと人殺しがあろうと、坐ることをやめないということは、坐ること以外のすべてを相対的に無価値な、その点で等価なものとみることになりましょう。坐禅のすごさは、一番、そういうところにあると言えるんじゃないでしょうか。一切のものは等価だということは、これはニヒリズムです。

おほよそ法界虚空、いづれも画図にあらざるなし。

「法界」というのは、法が支配している世界というばかりじゃなくて、法である世界ということです。しかし「法」は非在です。と言っても無だというのではなく、「非」、あるけれどもない、非実体的なものです。それで次に「虚空」という言葉が出る。

ここまでくると、飢えを充すものとして価値転換をされた「画餅」はふたたび、「非」、「空」になります。本物の餅も「非」、「空」になります。飢えもそれを充すという行為もそうでしょう。このころの道元は最初にも言いましたように「仏法は有部すぐれたり、……祖々正伝しきたれる法、まさしく有部に相応せり」(「供養諸仏」)とは考えていなかったと言わねばなりません。

古仏言、道成白雪千扁去、画得青山数軸来。

ここの「去」、「来」は冗辞ではないまでも添辞でしょう。「道成白雪千扁、画得青山数軸」だけでいいんだろうと思います。しかしそれだけでは七言の格好のいい句にならないので、去、来をつけたわけです。

「古仏」というのは誰か、注がありません。僕も誰の文句だか知りませんが、こういう風な、ごく直接な感じの詩の形で出てくるのは、他の例から、道元が実際に教えを受けた中国の禅僧で、この前もお話した如浄、その偈の文句のように思います。ただ、次の次の、この巻の最終段の冒頭に「先師道」という言い方があって、これは明らかに如浄ですから、そうだとすると、ここで挙示したのが如浄の語か、ちょっと怪しくなります。でもこれが誰かの詮索はともかくとして、「古仏いはく」。

「千扁」というのは四つの里に三百軒の家があると、これを一扁と数える。それが千あるのですから相当大きな空間を指して言ってるわけです。

「道成」というのは、「道成りて」あるいは「道は成ず」、どちらでもいい、要するに仏道が成り立つことを言うわけです。仏道はいつだって成り立っているわけですから、「道は成ず」と言い出すのは、「道が成じている」とわかったときは、という意味になる。

そうわかったとき、見れば、白凱々とした雪が、広大な空間を満している。それはどういうことかを、僕みたいな悟りも何もない人間が言うのはおかしな話ですけれど、一切の差異の相の否定、無差別世界を現前させる雪白なものの行き渡り、ということじゃないでしょうか。

それの対句として「画得青山数軸」。「道は成ず」、つまり釈迦牟尼仏が自分の道の成ったのを悟ったとき、この世の全存在の性質、価値のあいだの差別は消え、涅槃に入ることこそ救いだと知れたが、それと等しく絵の描けたとき、絵と実在のあいだの差異はなくなり、現実の「青山」が一軸二軸と数えられるようなものとして、つまり「画図」として目の前にあることとなった。「画得」と「道成」は、画得即道成の意味をこめた対句だろうと思います。

「青山」というのは、墓を建てる場所としての山という意味でも言われますが、この場合のはそうではなく、現実に見える青々した山ということでしょう。

これ大悟話なり。辨道功夫の現成せし道底なり。

道元は例によって評唱するわけです。これは大変な悟りの表現である、と。「辨道功夫」の「辨」は、正法眼蔵の場合問題があって、この場合は「辛」構えのあいだに立刀が入っていますが、そうでなく「力」が入っている場合があります。「辦道話」なんかのは「力」です。「辦」という字には、「わきまえる」のほかに「つとめる」という意味がありますが、「辨」だと「わきまえる」、「見分ける」、「心得る」、それに「割く」の意味になります。ところがむかしからの写本がそこまで、いつもいつも意識的に区別して写しているかどうか、確かなことは言えないので、それが困るのですが、ここのは、文字に忠実に解釈をすると、むしろ智的な、「身心学道」にあえて引きつけて言えば、「心学道」の方になります。

しかし「大悟話なり」に引っかけて言えば、身心学道でしょう。つまり「辦道功夫」でしょう。そのことが「現成せし道底なり」――現実化したところの言葉である。「底」というのは、「何々するところの」という意味の関係詞です。英語流に言えば that which とか、those who とか訳せる。この場合は、「道」が「いう」で、that which is said だろうと思います。

しかあれば、得道の正当恁麼時は、青山・白雪を数軸となづく、画図しきたれるなり。

「得道」というのは「道を得る」。そういうわけだから悟りを得たまさにそのときは、「青山・白雪を数軸となづく」。「青山・白雪」と言ったときは現実の青山白雪で、「数軸となづく」というのは、絵として扱うということです。ここは二度目の価値転換前の、最初のそれと同じ事柄が行われている場面、だろうと思います。

「画図しきたれるなり」――それは、「得道」は絵に描いてきたところのものなんだ。先ほどの言葉に戻して言えば、「画餅充飢」だというわけです。

一動一静しかしながら画図にあらざるなし。われらがいまの功夫、たゞ画よりゑたるなり。

すべてのものの動静はそうでありながら――「しかしながら」の「しかし」は反対をいうんじゃなくて、「しかありながら」、そうでありながらということです。あとの「し」は強めの「し」です。ものが動いたり静まっていたりする、そういうすべての存在の様態はそうでありながら、つまり現実でありながら、「画図にあらざるなし」――すべて絵だ。「われらがいまの功夫」――私がいまこうしてこういうことを考えている、その考えるという行為は、「たゞ画よりゑたるなり。」

ここでちょっと前回に言い落したことを言わなければならないのですけれど、道元のことを考える場合、鎌倉の執権時頼の所へ行ったそのことより、鎌倉から戻ってもう二度と山を出まいと誓ったこと、その方が大事だ、ということを申したはずです。「ただ坐っておれ」というのが彼の根本原理だったとも申し上げました。仏教者としてそれで済むのかという問題がそこに出てきます。それを言い落したと思うのですが、この場合、それに対する道元の答えとしては、「行持」の巻の次の言葉を引けると思います。

「諸仏諸祖の行持によりて、われらが行持見成し、われらが大道通達するなり。われらが行持によりて、諸仏の行持見成し、諸仏の大道通達するなり。」(『行持』上)

これは『遍参』の三段目のはじめの方に、「玄沙示衆にいはく、我れと釈迦老子と同参なり」、するとひとりの僧が進み出て、「未審、甚麼人にか参見する」とあるのと同じことで、この唐代の玄沙師備(げんしゃしび)という人は、漁夫だったのが急に禅僧になった人で、それが自分と釈迦牟尼仏とは一緒に修行しているんだということを言っている。道元の悉皆同参、同時現成という考え、つまり一切のものは同時に現実化され、ひとっところに参与して来て現実を形作っているという考えと同じもので、さらにそれが仏道の修行の領域に適用されると、いまの「行持道環――修行持戒の行きめぐり」の考えになるわけです。つまり私たちが戒を守って修行するので、むかしの仏祖たちの持戒修行も持戒修行として現実化される、ということは、もし私たちがなければ仏祖もないのだ、しかし仏祖があればこそいまの私たちもあるのだということで、その当為乃至理念即存在という原理がここ、画餅についての省察、「功夫」をも貫徹しているという風に言えます。

現実の動静は絵でないものはない。私たちがいまこうして仏道に達するためにいろんなことをしているのも、むなしいと言われている絵のおかげなんだ、およそむなしいとか、確かだとかいう差別はないんだ、というのが「一動一静しかしながら画図にあらざるなし。われらがいまの功夫、たゞ画よりゑたるなり」の意味だろうと思います。

十号三明、これ一軸の画なり。根力覚道、これ一軸の画なり。

「十号三明」というのは、仏教上の規定のしかたはいろいろありますけれど、仏を如来、善逝、世尊、などという十の呼び方がある、それが、「十号」です。「三明」というのは仏が持つとされる特別の通力です。天眼通、宿命通、漏尽通の三つで、天眼通というのは将来のことを見通す力。宿命通というのは、自他にかかわらず対象の過去を見抜く力です。漏尽通の「漏」は、「煩悩」の意味で、煩悩の無意味を知り、それを無くすることの出来る力、それが漏尽通です。要するに「十号三明」というのは仏というものの不十分ながらの定義、その輪郭規定です。それもただの絵に過ぎない。

「根・力・覚・道」というのはちょっと面倒ですけれども、第一の「根」は、やはり五根ですが、感覚器官および意識をいう五根ではありません。信ずる力、精進、心に思う力、禅定、智慧などの五つを言います。「力」はこの五根が発達して、仏道成就の妨げになる心的現象、嘘をつくこととか、怠りとか怒りとかを退治出来るようになったときのその力のことです。「覚」というのは実際に仏道修行に入ってから、現実の事物現象を智慧をもって観察し理解する力、「道」は八正道で、解脱し、清浄境に入るまでの正しい行為のしかた、抽象的ですが、ひとまずそう言っておきます。それも「一軸の画なり」。

そこで次に僕の好きな言葉が出てきます。

もし画は実にあらずといはゞ、万法みな実にあらず。

もし絵というものがリアリティーのないものだというならば、現実の存在——事物現象のすべてはみんなリアルではない。絵は絵としてまさにリアルだ。それを認める以上、万法のリアリティーを認めなければならない。逆に万法がリアルであるというならば、絵もリアルであると認めなければならない。絵はまさにリアルなのです。一切の事物現象もリアルである。

万法みな実にあらずは、仏法も実にあらず。

「法」という言葉は、サンスクリットに戻して言えば、どの「法」もダールマですから、この言葉はすぐわかります。けれどももし「万法」という言葉で言われるものが、現実の諸事物現象、はかない、移り変っていって滅びてしまうようなものをさし、「仏法」はそれに対して、「万法」の無常を把握し、それからの解脱の道——これも「法」と言えますが——それがもしリアルでないとすると、——つまり、「万法」と「仏法」を、二つながら「実にあらず」として等号でつなぐのはちょっとソフィスト的論法の感じがしますが、おそらく「万法」の「万」には、ことに「万法みな」と「みな」をつけて言っているので、「すべての」の意味を持たせていますが、——それが「すべての」である以上「仏の、仏である法」もその中に入らないわけはないという論理がはたらいて、このソフィスト的論法を成り立たせたのではないかと思います。別に道元を誣いるつもりではなく、道元にはインド渡りの詭辯的論法、「六合釈（りくがっしゃく）」と言いますが、それを退けながら、それに助けを借りたり、それで遊んだりする傾向が、確かにあるのです。しかし次の句が、それから彼を、またわれわれを、救ってくれます。

仏法もし実なるには、画餅すなはち実なるべし。

一切を統括する「仏法」が真実な実在するものなら、「画餅」だって当然その統括のうちにあり、従って現実である、実在するものだ、とこの言葉は語っています。だからこそ、つまりここにあるのは「信」であり、ソフィスティケーションではないからこそ、前の句に対して、この句が救いだと感ぜられるのです。そして前の句も、最前も見たように、むなしい方法をむなしいと知ることが、「実」を得、仏法を成り立たせる道だという、裏の意味に解せるようになります。従って「画餅」が飢えを充さないことはないということが、ひとりでに言えるようになります。

雲門匡真（うんもんきょうしん）大師、ちなみに僧とふ、いかにあらんかこれ超仏越祖之談。

「ちなみに」というのは「よって」ということで、何に「よる」のかというと、これは実は、「僧の「いかにあらんかこれ超仏越祖の談」と問へるに因り」と訓むべき文ですが、道元はこの「ちなみに」という訓み方が好きだったらしく、こういつも訓むのです。「超仏越祖之談」というのは、仏を超え祖を超えるということで、「仏向上事」とも言われることです。仏道を修行しながら仏を超えるというのはどういうことなのか、と聞いたわけです。

師いはく、糊餅。

この場合の「師」というのは、雲門匡真大師、九世紀から十世紀ごろいた唐の禅僧で、文偃（ぶんえん）というのがその諱です。それを「師」と言って、上の「大師」という主語を繰りかえし出しているのです。その人がそんなものは米の粉を練ってこしらえた餅と同じだ、つまり普段やっていることだ、とそういう風に答えたというわけです。

この道取、しづかに功夫すべし。糊餅すでに現成するには、超仏越祖の談を説著する祖師あり、聞著せざる鉄漢あり、聴得する学人あるべし、現成する道著あり。

実際に腹の足しになるような餅、「糊餅」が出来てみると、すなわち、現実世界が成り立つと、ということです。そこに仏向上を説く祖師も出てくるし、反面そんなことを受けつけない鉄漢も出る。「鉄漢」というのは、別にわからず屋という意味で悪口を言っているわけではないと思います。現実の一様相として、鉄でつくった人間、鉄を材料にして鋳造した人間の像のように、「超仏越祖」などとは無関係な存在ということで、それはそれで一個の真実在、つまりは仏法的存在でしょう。さらに「仏向上事」に耳をかたむける仏道修行者もあるだろうし、そのことを自分の言葉で言える人間、言えた言葉もある。——そこで前の「聞著」とこの「聴得」ですが、前のはただ耳に入ること、あとのはよく耳をかたむけて聞いて納得するということだろうと思います。「著」は前に出ましたが、「得」も同じように動詞に対する強めの助辞です、聴き得たととるべきではありません。

ここばかりでなく、正法眼蔵の中では、言うということが大変なこととされているということは前にも言いました。「むかしよりいまだ一語を道著せざるを、その人といふことといまだあらず。」『心不可得』という巻にある言葉ですが、この「その人」というのは言い換えれば「恁麼人」で、恁麼人というのは、「直趣無上菩提——まっすぐ無上菩提、仏智慧に趣く」(『恁麼』)人ということです。そういう人は、その人らしい、仏道の真髄をあらわす言葉をきっと言っているというのです。さらに進んで言えば、「諸仏諸祖は道得なり。このゆへに仏祖の仏祖を選するには、かならず道得せしやと問取するなり」(『道得』)

です。――要するにある真理が言えたか言えないか、そこが仏であるかないかを見分ける極め手だと言うのです。

これは道元ばかりのことじゃないだろうと思います。禅宗では「不立文字」ということを言いますが、それは字には書かないというだけで、不立言語というわけではない。問答は非常に大事なものとして千年も千五百年も記録に残されて伝わってきているわけです。「現成する道著あり」という表現もそういう視野の中で見なければならないはずの言葉です。

いま糊餅の展事投機、かならずこれ画餅の二枚三枚なり。

「展事」というのは、「ことを述べる」ということです。「ことを述べる」というのは「話をする」ということです。「投機」は「機に投ずる」。「機に投ずる」というのは、話がうまく合って意思が通ずるようになる、意気投合することです。この場合の問答でいうと、「超仏越祖の談」は糊餅に過ぎないよと言った、その答えを聞いてはっと悟る相手、――もしそういう相手がいれば、展事は成功し、うまく機に投じたことになるのですが、そういうことの起るのを大したことのように思うけれど、それも「この画餅の二枚三枚なり。」――「画餅」ということ、現実化された理念というものが、この現実裡に発現したものに他ならない。「二枚三枚」というのは、日常現実裡の現象ということの象徴的表現でしょう。

超仏越祖の談あり、入仏入魔の分あり。

現実裡には、「仏向上事」もあるし、また仏に入ることと並んで入魔の分もある――あまり仏の境地に入ろうとし過ぎて、魔境に入ってしまうということがある、ということは、あまり悟ろう、悟ろうとし過ぎるのは魔境だと言っているわけですが、ここでは上の「超」、「越」に対する「入」で、対句の形になっています。従って「入仏入祖」と言ってもよかったのに、それを「入祖」と言わず「入魔」と言ったのは、今度は「仏」と「魔」と、反対語で対句をつくろうとしたものだと思います。いずれにせよ、いろんなことがあるのだということで、それを仏道修行に密接な場所で言う、仏をつねに考えさせる言葉で語る、そのやり方がこの表現の性格をなしていると思います。尻切れトンボの話になりましたが、やり残した分は、話全体、いずれ本にして下さるということなので、その中で補足したいと思います。

以下会場では読めなかった部分、最後の段に入ります。きわめて美しい、しかも意味深い段なので、これを読まなくては「画餅」をとり上げた意味も半減しますので、――しかし出来るだけ簡単にやります。

先師道、修竹芭蕉入画図。この道取は、長短を超越せるもの、、ともに画図の参学ある道取なり。

「先師」は天童山の如浄です。この如浄に道元が弟子としてついたのは、日本の嘉禄元年（一二二五）、宋では理宗の宝慶元年のことです。その方丈に入室を許されたのが二個月後で、その後「身心脱落、脱落身心」の語によって、印可を得たとされているということは前にも言いました。最初に紹介した宝慶記という書物はそのあとですが、依然天童山にあったあいだに出来たものです。ただし年は変っています。さらに翌年、嗣書を如浄から授って、天童山を去る。すなわち安貞元年（一二二七　宝慶三年）のことです。

その如浄が、修竹という丈の高い植物と、芭蕉のような、枝葉ののさばったずんぐりした姿の植物がともに絵に描かれると言われたことがある、というわけです。「この道取は」、この言葉は、です。一方は長く一方は短いという、長短の点で一斉であることに拘束されていないものが、要するに長短不同であるものが、ともに絵になるということを考えよと言っている言葉だ、ということでしょう。

次の「修竹は長竹なり」はただの語義解釈だから省きます。

陰陽の運なりといへども、陰陽おして運ならしむるに、修竹の年月あり。その年月陰陽、はかることうべからざるなり。

冒頭の句は、いま省いた句のうちの「修竹は」を主格として持っています。それは陰陽の運行の結果であるが、またそれが陰陽を運行させるとき、それが長く生いそだつ時間的場である年月というものも成り立つ。確かにそうと認識できるが、それがどれだけ伸びるのにどれだけの時間が要ったかの測定は出来ない。今日の自記装置のようなものを頼りにすれば、記録は取れますが、肉眼ではやはり成長と時の関係を不断に追うことは出来ない。以下「大聖」というのは仏です。

大聖は陰陽を覰見すといへども、大聖陰陽を測度する事あたはず。

これは僕のいま言ったことです。仏でさえ、見るだけで測れないということになると、仏とは「理—性」である存在そのものだというこれまでにときどき述べて来た解釈に、一つの傍証が与えられはしないでしょうか。それは行動するものではないのです。

では一体「陰陽」とは何か。無論陰陽五行の説に基く概念ですが、ここでは簡単に、寒暖、乾湿、明暗などの、時の運行につれて生ずるあれこれの差異、相反する現象という風に考えればいいと思います。「修竹」はそういう「陰陽」の運行、時の「経歴」の結果ではあるけれども、その竹が自分の方から「陰陽」を、すなわち時を運行経歴させるとき、そこに修竹暦が成り立つ。それが「修竹の年月あり」の意味でしょう。「大聖」もそれをただ見るだけだ。「覰見」は単に「見る」ということです。

陰陽ともに法等なり、測度等なり、道等なるがゆえに。

ここの「等」はゼミナールの席上お話した等類としての「等」です。しかし陰陽二者ひと組の事柄だけがここでの問題ですから、「等」はなくてもよく、その二つは法、すなわち現象であり、測度すなわちはからいであり、道である、すなわち、普遍的理法だということになります。この理法だということを受けて、

いま外道、二乗等の心目にかかはる陰陽にはあらず、

がきます。外道は、バラモンなど、仏道以外のものの考え方です。「心目にかかはる」は、

五根にかかわる、すなわち感覚器官や意識と相対的なものであるのではない、ということを言っているのだと思います。

これは修竹の陰陽なり、修竹の歩暦なり、修竹の世界なり。修竹の眷族として十方諸仏あり。しるべし、天地乾坤は修竹の根茎枝葉なり。

外道二乗だって修竹を見、それについて考えることは出来るわけですが、ここで問題の修竹は、先師如浄の言った「修竹」だから、という条件が、第一句には隠されているでしょう。「歩暦」は暦数、修竹を根本に置いての天文学的計算。いま言う「陰陽」は、そういう具合に「修竹」を中心原理とした「陰陽」だから、そしてそれは「修竹の世界」、すなわち、「修竹」を考えると、たちどころにそれを契機として現成する修竹世界だから、言い換えれば、仏道の問題だから、それで、「外道二乗等の心目にかかわる陰陽ではない」と前に返ります。なぜならそれは、ある一つのものを中心原理として成り立つ「世界」で、「法身」だからです。そこから次の「修竹の眷族として十方諸仏あり」が出ます。

そこで、画餅を考える場合は、画餅即「仏法」で、即「無上菩提」即「法界虚空」であったように、修竹を考えているいまは、「修竹」がすべてで、「天地乾坤」は、修竹の部分だということになります。

このゆへに天地乾坤をして長久ならしむ。大海須弥、尽十方界をして堅牢ならしむ、拄杖竹篦をして一老一不老ならしむ。

仏、仏道である丈高い竹の地下茎、枝葉そのものと天地乾坤が見なされるので、この天地乾坤は長久でないわけにいきません。なぜなら修竹は仏、仏道として普遍永久のものだからです。「大海須弥」というのは頂上が帝釈天の居所のある最高天に達している須弥山という山を中心に、四大洲と言って四つの大陸を考え、この四大陸と須弥山のあいだに七香海七金山(しちこんせん)の円環と、その外をめぐる塩水の大海から成る「一小世界」の構造全体をこう言ったものです。その中に南閻浮提という一大洲があり、それがわれわれの住むこの娑婆世界ですから、要するに空想裡に描き出されたこの地球全体を「大海須弥」と言っているということになりましょう。「尽十方界」はそれに上下が加わるので、いわば太陽系宇宙全体でしょうか。そこらは簡単ですが、次の「拄杖竹篦をして一老一不老ならしむ」はどういうことか。

拄杖はまえから出ています。行脚の道具の杖。「竹篦」は禅院で修行者に指示したり、打擲して覚醒させたりするための道具で、二つで内外の用具ということになりましょう。「一老一不老」というのは洞山良价の語として記録されている文句ですが、洞山録でも説明し切れぬ文句とされています。僕は「一人は老練になり。一人は未熟のままでいる」という意味にとり、ここでは、あれやこれやさまざまに、それぞれの様態本性をあらわすに至るという意味だと解しておきます。

仏、仏道あればこそ特殊的存在は個々にそのものたりえもするのだ、ということでしょう。

芭蕉は、地水火風空、心意識智慧を根茎枝葉、花果光色とせるゆえに、秋風を帯して秋風にやぶる。

先に「修竹」を仏、仏道になぞらえたので、如浄道の中ではじめからそれと対比的に挙げられていた「芭蕉」を、衆生になぞらえるわけです。さきに「人を画するには四大五蘊をもちゐる」という句を読みましたが、それと同じことをもっと詳細に言ってるわけです。「四大」に対しては「空」を加えていますし、「五蘊」のうちの「意」と並べて、さらに心、識、智、慧を加えているわけです。

智、慧は智慧として一つのものでもありえますが、前の句が「地水火風空」と五つのものなので、これも二つに分けて考えるべきでしょう。そうすると、慧は意図、思考、理解能力などを言い、智はそのはたらきである知識とか認識とかで、これも同じときに見た「根・力・覚・道」という言い方に照らすと、「覚」ということになりましょうか。「慧」

が「力」のうちの一つだということは、すでに見たことです。しかしこういう風に整理が出来るのかどうか、いろんな立場、観点が仏教のうちにはあるので、同じ名で呼ばれながら少しずつ違うものはざらにあり、到底断定は出来ません。

「心意識智慧」というときの「慧」は「心」にそなわるその理法だとも言われます。「識」は「意」のはたらきです。ゼミナールでこれを認識、判断、識別などだと言いました。そうすると「智」と内容上重なってきます。

いずれにせよ、人間の生活環境と、人間の精神の本質と機能の全体ということです。「芭蕉」は、すなわち衆生は、そういうものを自分の「根茎枝葉」、すなわち部分とし、「花、果、光、色」、すなわち仏教用語で言えば功徳ですが、おのれ自身のはたらき、要するにおのれから生み出すところのもの、としているというわけでしょう。能力、機能、産出行為はあるにしても、いずれも時間的制約のうちにある相対的有限なものなので、——「秋風を帯して秋風にやぶる」。ここで道元は、現実の芭蕉のイメージに帰っているわけで、この移り行きは高度に詩的だと、僕には感ぜられます。それをさらに、「のこる一塵なし、浄潔といひぬべし」とほめるわけです。

仏、仏道に対して衆生の比喩として説かれはじめた芭蕉でしたが、秋風に吹き破られる現実の芭蕉に眼を戻すと、芭蕉はその葉を破られ、敗れるとき、そのことをおのが運命として引き受け、さからわずに亡びに帰してゆく、そうして寂滅の相を見せているというわけです。

眼裏に筋骨なし、色裡に膠膸あらず、当所の解脱あり。

僕はこの句についてはもう何度も話しているので本当は飛ばすべきですが、非常に感心している句で、この『画餅』の巻を今度あえてとり上げる気になったのも、この句がここにあるからだとさえ言えるくらいなので、また講釈します。

「浄潔といひぬべし」で文章は一旦切れていて、ここでは視線を広く遠いところに転じ、一般的なことを言い出しているのだと思います。

眼の中には筋肉も骨もない。眼を眼球ととればそのとおりです。眼の全体ととると、眼窩の骨がありますし、眼球を動かす眼筋もある。しかし眼球の運動は、意図したり努力しなくても、そういう意識を全然伴わずに、営まれます。眼を動かすときぎこちなさを感ずるのは、疲労しているとか、心理的圧迫が強過ぎるとか、病的な状態のときのことで、その動きの自由自在さはまことに「眼裏に筋骨なし」という表現がふさわしいものです。

「色裡に膠膸あらず」。膸は米扁あるいは黍扁をつけて書くのが本当でしょう。鳥もちのことです。しかしここではそれに限定する必要はなく、膠とともにそれに似た粘るもののことを言っているのです。それが色の中にはない。――東洋画では顔料を膠の水で溶して、それを絹本なり紙本なりの上に塗って絵を描く。従って顔料の中には「膠膩」があるわけですが、そこから放射されてわれわれの網膜を刺戟する色そのものは、それから「解脱」している。色そのものには、粘りついて、それをある場所に繋縛するものは入っていないわけです。それをこう言った。しかしまず「眼」を言い、それに作用する「色」を次に言うというこの運び方は、感覚論、色彩論の本質に即していると思います。

「当所の解脱あり」、その場所での、たちどころの解脱がある、眼のはたらきを考え、色というものの性質を考えれば、それは納得がゆくはずだというわけです。

なを速疾に拘牽せられざれば、須臾刹那等の論におよばず。

ここで視線はまた芭蕉に戻っていると思います。しかもなお迅速さということに、迅速に寂滅に入ろうという妄念に制肘されず、入滅を自然にまかせているので、そこではわずかばかりの時間を問題にし、それについての教理をつくるなどということに頭を使い、心を悩ますようなことは起らない。——とは言いますが、道元が、なぜ自分が儒道仏三教のうち仏教を特に尊重するかを説明して、刹那の重要性を次のように言っていることを紹介しておきます。

「この刹那の量は、たゞ如来ひとりあきらかにしらせたまふ。」「おほよそ壮士の一弾指のあひだに、六十五の刹那ありて五蘊生滅すれども、凡夫かつて不覚不知なり。」「一日一夜をふるあひだに、六十四億九万九千九百八十の刹那ありて、五蘊ともに生滅す。しかあれども、凡夫かつて覚知せず。覚知せざるがゆへに菩提心をおこさず。仏法をしらず、仏法を信ぜざるものは、刹那生滅の道理を信ぜざるなり。」（十二巻本『発菩提心』）

ところでもとに帰り、

この力量を挙して、地水火風を活計ならしめ、心意識智を大死ならしむ。かるがゆへに、この家業に春秋冬夏を調度として受業しきたる。

こういう力を用いて、です。「挙す」はとり上げるがもとの意味ですが、用いるとか述べるとかの意にも転用されます。次の二組の四字の名詞には、さっきと違って「空」「慧」が脱けていますが、こだわるには及ばないでしょう。文章の動きの捷く勁いことを選んだのだと思います。それにあとで四季の名を列挙しますし。――先に述べた「浄潔」な「やぶれる」能力、さからわず涅槃に入る力を用いて、大自然を生動させるし、人間精神を悠々たる死に就かせる、ということは、衆生もことごとく仏性を持っており、従って涅槃に入ることは出来るのであって、このことはいま考えている芭蕉に限って特に言えることというのではなく、すべての有限な現実存在について同様に言えることだというのです。

「この力量を挙して、活計ならしめ、大死ならしむ」と言っても、使役とか能動的作用とか、あるいは原因結果という関係ではなく、最初の「一法わづかに通じて万法通ず」の原理、悉皆同参同時現成の理によって、あることがどこかで可能であれば、他のどこかでもきっと可能だという、同参の理によってそうなのです。

「活計」はここでは、そのうちの「計」が冗辞化され、「生動」のような意味で使われています。「生動せしめ」。そしてこの「活計」と「大死」は相互に入れ替ることが出来る観念で、何も、自然の方だけ存続して、それが人間精神の死滅を可能ならしめる根拠となると言っているわけではないと、僕は思います。

そういうわけで「この家業に」、——芭蕉を擬人的に扱い、そのはたらきをこう言ったというより、「業」にのみ意味を持たせて言ったと見るべきでしょう。上の「この」は「これが」という主格だと思います。「これがその」、芭蕉がその機能において、です。春夏秋冬を「調度」、決ってそなわったもののことです。四季をつきものとして、天地自然の理から、受けてくる。「受業」は弟子が師から親しく仏道にたずさわる業、カルマを受けることをいう語ですが、ここでは「受」にしか意味は持たされていないと思います。つまりこんどは「業」が冗辞です。

いま修竹芭蕉の全消息、これ画図なり。

消息というのはおとずれとか便りとかのことを言うのがいまでは普通ですが、陰気の死するのを消と言い、陽気の生ずるのを息と言うそうで、結局生滅動静の全体を言います。「いま」というのはいま言った、ということです。いままで述べてきた修竹と芭蕉にかかわる事情のすべては、これも、絵だ。そういうわけだから、

竹声を聞著して大悟せんものは、

「聞著」は単に聞くということで、これはゼミナールのはじめに紹介した香厳智閑の開悟の機縁をさして言ったものです。「ものは」と言いますが「ものにとっては」。

竜蛇とも画図なるべし、凡聖の情量と疑著すべからず。

「著」は強めの助辞。竹の声を聞いて悟りが開けたような人にとっては、すなわち、自然の現象と仏法の理のあいだの隔絶を撥無し得た人間にとっては、竜も蛇も等しく絵であって、絵も、竜も、蛇も、その存在性のあいだに差異はないのだ。

「凡聖の情量」は難解ですが、普通「凡聖」は凡俗と聖者、「情量」は情識のはからい、慮知心の思量ということです。以下「と疑著すべからず」までの対格は、思想大系本で注

をつけそこないましたが、段首の「修竹芭蕉の全消息、これ画図なり」という言葉、結局挙示の先師道だろうと思います。全存在は長い短い太い細いの差異にかかわることなく等しく存在であり、存在として等しい、この考えを「凡俗や聖者の思量だろうなどと疑ってはいけない」。ここで「聖者」というのは、仏ではなく、まだ菩提は得ていない高位の修行者ということでしょう。

那竿得恁麼長なり、這竿得恁麼短なり。遮竿得恁麼長なり、那竿得恁麼短なり。

這と遮は同じく、近くを指す指示形容詞です。あの筍はあんなに長い、この筍はこんなに短い。次はその逆。——これはこれでこのとおり、あれはあれであのとおり、という、存在に対して測度を加えず、ありのままに受け取る態度の表明として言われています。長くのびた筍もずんぐりした筍も、現実の筍でありつつ、しかも絵なので、そこで、長いものを描いた絵、短いものを描いた絵が、ときているわけです。

これみな画図なるがゆえに、長短の図、かならず相符するなり。

最後の句のうちにある「相符」は相互符合などの略でしょう。相互にかならず、符合し合っているのだ。そこだけ読みますと、画題との意味で「相符するあるなり」と書き替えた方がいい句のように見えますが、次の句を読むと、画像に長短があるのはそれはそれでちゃんと相互に符合したことだという意味の表現だということがわかると思います。

長画あれば、短画なきにあらず。この道理、あきらかに参究すべし。たゞまさに尽界尽法は画図なるがゆへに、人法は画より現じ、仏祖は画より成ずるなり。

長画、短画はそれぞれ長いものの絵、短いものの絵ということでしょう。「尽界尽法」の「尽」は「ことごとくの」。二語で全現実存在ということです。「人法」は人なる法、人間という現実存在。

絵を中心題目としての思考の中では、すべては絵に帰し、絵から生まれるという思想です。それはゼミナールでも言ったと思いますが、この前の巻『都機』では一切が月だとされているのと同じ思考形式です。これは一切の差別見を撤廃しようとする仏教思想の一つの顕現のしかた、きわめて詩的で藝術的なそれだと思います。

しかあればすなはち、画餅にあらざれば充飢の薬なし、画飢にあらざれば人に相逢せず、画充にあらざれば力量あらざるなり。

「しかあれば」というのは、前段の「尽界尽法は画図なるがゆへに」を受けて言われたものです。「充飢の薬」、飢えを充して、「薬」は「癒す」という意味の抽象名詞だろうと思います、いわゆるくすりでなく。病いを癒すもの全般をくすりという立場からは、それでも構いませんが、「画餅」でなければ、飢えを充し、これを癒すはたらきはない。絵に描いた飢えでなければ、すなわち、画は実なりという立場で捉えられた飢え、すなわち普遍的問題としての飢えでないと、「人に相逢せず」、人と相逢い、展事投機がそこに成立する、他人の問題となることがない。それは不可能である。個人的な飢えはその人だけの問題として終ってしまう。そういうことを裏で言っているように思われます。

飢えを充すということも、絵に描いたそのことでないと、力はない。無効である。これらはすべて、問題は絵なんだという視野のうちに成り立っていることで、これから離れたわれわれの問題が、実際の餅であり飢であり充飢であることを妨げません。

おほよそ、飢に充し、不飢に充し、飢を充せず、不飢を充せざること、画飢にあらざれば不得なり。不道なるなり。

「に充す」は、「にあてる」でしょう。ですから、飢えたり、飢えなかったりすることを対象として行われることや、また飢えを充すことが出来なかったり、飢えていない腹をくちくすることが出来なかったりという、要するに飢えの問題は、それが絵に描いた飢えでなければ、成り立たない、「不道なるなり」、言えないことだ。飢えの理念が何よりまず先になければならぬということを言っているのでしょう。

しばらく這箇は画餅なることを参学すべし。この宗旨を参学するとき、いささか転物物転の功徳を、身心に究尽するなり。

「這箇」はこのもの。何をさすかというと、いま「飢に充し、不飢に充し、飢を充せず、不飢を充せず」と言ったときの、それらの「飢」「不飢」にあてがうもの、それを「充す」か「充さない」かが問題になるところのものでしょう。それが「画餅」だということを考えよ、というわけです。

そういう「宗旨」、根本理念を認識究明するとき、「物を転じ物に転ぜられる功徳――能力効験を」、物をああも見こうも見、ああも使いこうも使い、こだわりを持たず、物に動かされているかのごとく行為し得る力を、ということでしょう。それをわが「身心」において「究尽するなり」。とことんまで究め尽し、達成することが出来るのだ。「画餅」では腹の足しにならないというところにとどまっていては駄目で、「画餅」とは何か、「餅」とは何か、飢えとは、飢えていないとは、またあてるともみたすとも訓める「充」とはどういうことか、物事をあらゆる面から徹底的に考え抜いて、物からの、差し当たりは「画餅」ということからの、自由を得ることが問題だ、ということになります。

この功徳いまだ現前せざるがごときは、学道の力量いまだ現成せざるなり。

「現前」で言っているのは、現にすでに成り立っている、既成事実としてあるということでしょう。「現成せざるなり」は、達成されていない。努力目標、当為の未成就を言っていると思います。

この功徳を現成せしむる、証画現成なり。

「現成せしむる」という、この連体形止めは道元が愛用する語法ですが、ここでは、前の行の「いまだ現前せざるがごときは」と対句になっていて、これも「現成せしむるがごときは」の略された形だろうと思います。

それが「証画現成なり」。この「証」は「証菩提」・「証果」の「証」と同じで、はじめにも言いましたが、「画」についての完全な認識の達成ということだろうと思います。それの「現成なり」、現実化されることなのだ。――「物を転じ物に転ぜらる」、画を転じ画す。

に転ぜられるという功徳、能力効験が現実化されるとき、こういうことになるというので

絵をむなしい虚偽と言って見限ってはいけない。絵に描いた餅も、餅の問題を担っている。それは飢えを充しうるものの意味を考えさせる上で、本物の餅と変りはない。それは「画餅」を実餅と等しく見るということで、「画餅」に転ぜられる、支配されることではあるが、そうなってこそ、「画」の真面目が把握される。そこで「画餅」を使用することも出来るようになる。最後の一句はそういう意味だろうと思われます。

仁治三年（一二四二）この年まだ道元は伏見深草にいたと奥書きから知られますが、歳は四十二歳でした。ときどき援用した十二巻本『発菩提心』はこの二年後ですから、寛元二年、はや越前吉峰寺に移ってから書かれたもの、『遍参』はその前年、寛元元年（一二四三）のもので、吉峰寺からは少し離れた別の郡下ですが、しかしやはり越前の禅師峰（やましぶ）という天台宗の古寺のあったところで書かれたとされています。われわれは道元の一つの転機における法語を読んだことになりましょう。

＊　四八頁　このことについてはもっと詳しく論ずべきだがここでは省く。簡単には本書一五五～一五六頁に記されている。

＊＊　五四頁　眼蔵に即するかぎりこう言えるが、永平広録では古仏のひとり。二六七頁註参

看。

正法眼蔵（第六十一）竜吟講読

演題には思想と行動という風にありますけれど、行動の方は、あまりお話できないんじゃないかと思います。というのは、私、歴史学的な訓練を受けたわけでもないので、第一方々で大事にしている資料に当らせてもらう資格がないし、道元の行動をかりにお話しようとすれば、他人の研究の受け売りにすぎないようなことをすることになる。他人の書いたものの受け売りは極めて嫌いな質でして、どうしても道元の思想について主にお話することになるだろうと思います。

しかし道元が一体いつ頃の人なのか、そういうことを若干輪郭でもお伝えしなければならないわけで、そのくらいなら他人の研究の受け売りでもいいでしょう。それどころかこういうことは人の智慧をかりずにはやれるわけのものでありません。

道元は千二百年ちょうどに生まれました。というのは、十二世紀の最後の年に生まれたというわけです。一生の間にやった主な行為ということになりますと、何と言っても中国へ四年間実地に仏教の勉強に行ったということがその第一だろうと思います。帰国して、初め、宇治の辺りに精舎を営みますが、天台系統の迫害にあって、都の近くから退かなければならなくなって越前に行き、永平寺の基を築くわけです。

永平寺という名前がつく前でしたけれども、鎌倉に一度出て、北条時頼に会います。その時にどういうことを話したのか、いろいろな説がありまして、ちょうど承久の乱の後で、三上皇が島流しにあうというようなことがあったんで、そういうことについての自分の考えを時頼に伝え、政治家としての心得を説いたんじゃないかという説もあります。大分後の話ですけれど、足利義満と相国寺の義堂周信のあいだにあった関係のように、と言いますが、ここでは反対に道元がまず説いて、時頼がそれを受け入れて、そして時頼があるいはそうする決心をしたかも知れないようなこと、政権を朝廷に返すというような問題、そういうことについて、道元が北条時頼に意見を述べたんじゃないか、そういう見方もあります。

しかしこれについては、宝治元年（一二四七年）、後深草天皇の四歳の誕生日に、道元が、禅院の習慣に従って行ったお祝いの上堂語がありまして、それによるとかれは釈迦牟尼仏を政治的君主より上に立てていることが明らかですから、いま言ったようなことはなかったろうと断定してよかろうと思います。しかし本当に重要なのはそういうことではなく、むしろ半年程鎌倉にいて越前に戻りますが、越前に戻った後、もう再びこの山を下りまい、という誓いを立てた、そっちの方にあるのではないかと思います。

このようにして、結局、道元の行動の問題は、むしろかれが行動しなかったことにあるのではないか、それが僕の結論ということになります。

道元は二十四歳から二十八歳まで四年間中国におりまして、最後に、天童山の如浄という和尚の下で悟りを開いたということになっている。その天童山の如浄という人が道元に何を教えたかといえば、只管打坐、ただただ坐禅せよということです。ことばのことになりますけれども、打坐の打は打算の打と同じで、下についた文字が行為であることを表わす接頭辞です。ですから打には別に意味はない。坐るだけです。ただ坐れ、そのためには身心の繋縛を脱していなければならないが、坐によってこそ身心の繋縛は除かれる、そういうことを教わった。道元もそれを正法眼蔵の中でしきりにくり返すわけです。けれども道元の考えでは、悟りのくるのを待って坐禅しているんじゃいけないんで、坐禅の中にすでに悟りがあり、悟ってもなお坐禅しなければならない。修行と証悟を一緒にして、修証と言いますけれど、修証は一等なりと言って、修行を積むのは悟りを得るためではなく、修行を積んで悟りを得てもなお修行しなければならない、そういう考えです。その両方が一つのこととして実現される場と言いますか、それが坐ることです。道元は坐禅という言い方も好みません。禅という名を付けるのを好まない。禅宗という宗旨が特別にあるわけではない、そういう考え方です。ましてや、やれ曹洞宗であるとか臨済宗であるとか、そのほか三つ、そんな五家の別というようなものは全然問題にしない。禅も禅宗もないし、ただ仏の道があるだけだ。そういうことを考えたのが道元という人です。たとえどんなにいいことを勧めるにしても、政治家なんかと会って、何か勧めたりする。そんなことは道元の考えのうちにはなかったと思っていいわけです。

そこで坐るということの意味合いですけれど、坐るというのも、道元の説くところによると、ただひとりで坐っていたのでは駄目なんで、必ずいい師匠がいなければならない。善知識というのは、別に今日いう知識には関係がなく、ただよい仲間、よい先達という意味です。そういうものがあって、その誘掖を受けながらの坐禅でなくてはいけない。ですから僕なんかには、そういう打坐を解釈する資格すらないわけですけれど、ともかく何時間か、坐っているあいだは、どんなことがどこで起っても全部等価で、そんなものにかかずらってはいけないわけです。火事が起ろうが人が殺されようが、そんなことは全部、さもあらばあれ、というわけです。そういう不思議な考えに徹するのが坐禅ということではないか。道元は無論そうは言っていません、僕が考えるのですけれど、坐ということを実際にしてみると、すべてのことは等価になってくる。そう考えなければ坐っていられないことがわかる。そこから出てくる行為の方針は任他（にんた）とか遮莫（しゃばく）とか書かれて、正法眼蔵の中に頻繁にあらわれます。いま申し上げた「さもあらばあれ」——それはそうでもあろうが、そのままにしておいてという方針。それが世界観としてはどういうことになるのかというと、すべてのことは、全部、随時随所に何一つ隠されることもなく一緒にあらわれ出ている、遍界不曾蔵、悉皆同参同時現成という、そういう考え方ということになりましょう。間違ったこと、足りないことがあっても、それにこだわって完全を求める必要はなく、そんなことはしなくても、存在の方がそもそもその全容をいつでもあらわしている。自分はその中心にいる。そういうことになれば、どういうことでも、それはそれとして、ただ一途に坐るという生き方が容認されますし、逆に坐らなければそういう真理すらわからないということになる。なぜかというと、不完全なものを完全にするために、あるいはそうとは知らないで外にあるものを、完全なものにせよ不完全なものにせよ追い求めていたのでは、こういう存在観はついに自分のものにならないからです。そうすると、そういう行為むしろ不行為こそ正しいものということになってきます。そういう存在観を証拠立てるその、実現すること、として「坐」はある。

ではそういう考え方の基本にあるのは何かと言いますと、それが仏教が他の宗教と違う点だと思うんですが、仏陀というのは、もうこの頃は常識化されましたけれど、悟った人というのであって固有名詞ではない。悟った人というのは最上智を得て、存在の本質をすべて知り尽した人という意味です。だが、その智慧というのは、釈迦牟尼その人がそれであるところの智慧である。その一方、その智慧の捉えたものは全存在の意味、様相、法則、宇宙の理法であるから、智慧である釈迦牟尼仏はそれ自身宇宙の理法であり、宇宙そのものであるということになります。それは尽十方界真実人体、真実人の体ということばで言いあらわされますが、そういうことになりますから、孫悟空はどんなに暴れても、お釈迦様の掌の上から逃げられない、という寓話も出てくるんだと思います。しかも道元は、釈迦牟尼仏に見えることは釈迦牟尼仏になることだ、一切の菩薩——菩提を求める人間の成仏は釈迦牟尼仏になることで完成するという考えでいるのですから、釈迦牟尼一尊にこの世の中、宇宙はなってしまう。存在全体が釈迦牟尼仏になってしまう。無論道元もなるわけです。ですから道元が坐っていて、その周囲に宇宙全体が現実化されているという考えを表明しても、ちっとも道元は理論的に破綻した主張をしているわけではないし、己惚れかえっているわけでもない。

こういうのが道元の宗教でして、釈迦牟尼仏に還るのがかれの問題なんです。しかし還ると言っても還った時にそれになるんですから、その時、時間はなくなって、今という時も還るもないわけです。そういう永遠の存在の中で、それになるために不断の修行をするというのが道元の存在観であり宗教思想だと思います。

そこでさきほどの紹介のことばの中にあったことにふれるんですけれど、物好きでお水取りなんかに参籠して外陣に坐っていますと、内陣と外陣との間に狭い入口があって、そこに白絹の幕が垂れている。中を練行衆が襟高の衣で下駄の足音をたてて駆けまわっている。そのあいだ中練行衆の影が白絹の幕につぎつぎと映ってゆくのが見える。影法師ということばがありますけれども、ただ、坊さんの影が道に映っていた、あるいは壁に映っていたというだけでは、影法師という単語はできなかっただろうと思います。やっぱりこういうお水取のような特別な行事があって、そこでの印象が当時の人々にとても強かったんで、影法師というようなことばも成り立ったんじゃないかと思います。

そういうことばができるくらいだから、奈良時代の仏教には、ずいぶん演劇的な要素が多かった。大仏開眼の盛儀というようなことを言いますが、宗教的な有難さということもあったでしょうが、演劇性が随分濃く強くあったと思う。そういうものが仏教のうちからだんだん抜けていって、仏教が本当に仏教になったのが、どうも鎌倉時代ではないかと僕は思います。仏教になるということはどういうことかというと、親鸞のように阿弥陀仏に帰依し奉るということがあって、理念的な存在の力をかりて仏教を仏教にするということもありますが、日蓮も、道元も、釈迦牟尼仏に還ることで仏教を仏教たらしめようとしたわけで、これが鎌倉仏教の特質だと思うんです。

釈迦牟尼仏に還るということが、どういう手続きでできることだったかについて、すこし細かくお話したいと思います。細かくお話するについては、いつも道元のことが問題になるときそう思うのですが、ただ、道元概論をしてもしかたがない。道元の思想は、すでに申上げました通り、只管打坐、ただただ坐れということと、それから、その方針を支え、かつその方針によって証明されるように、この世のことは何も隠されていず、すべては表面に現実化されている。すべては相互に対応し合って、現実化されている、そしてこれは今まで言いませんでしたが、何かが原因で、何かが結果だという、そういう原因が結果に優先するということもない。たとえば、早春、梅に花が咲きますけれども、梅の花が春を起すのだという考え方を、道元は、師の如浄の偈を引いてするわけです。そのような相互触発の関係でこの世の一切が成り立っている。仏教では因果ということを言います。道元も、人間の業に対する酬いという意味の因果の理をみとめないと、仏教は成り立たないとまで言っているのですが、一方仏教は、一切縁起生の説をとっているわけで、この世は空だというのは、そこに何もないと言うのではなく、すべてのものは何か因があって果として生まれたもので、この世の本質はそういう関係である、非実体的なものであると、いうわけです。それが仏教の考え方ですけれども、道元はそれを、今言ったような一切のものの同時現成という存在の相互関係ということで把握していたと思います。

それでは、そういう思想がどうこの巻に表現されているか、それを見るためにプリントしてお渡ししてある正法眼蔵の第六十一巻『竜吟』の講読に入りたいと思います。これも、ことばに密着して読まないことには道元の思想はわからない、ことばに囚われず、ことばから脱落してことばを使った人の思想に対してはかえってそうする他ない、そう思いますのでこう致します。

舒州投子山慈済大師、

これは諱を大同という唐の坊さんです。九一四年に九十六歳で亡くなりました。この頃にはもう唐は亡びて、すでに遼が国を建てていましたが、日本でいうと延喜の帝の時代です。慈済大師というのは諡号です。

因僧問、（ちなみに僧問ふ）

舒州の投子山に住持している慈済大師に対して僧が問うたということです。「因に」というのは、あるとき、いわれがあって、この人を相手にというような意味、というかニュアンスをこめてこう読んでいますが、漢文訓読法を適用すれば、次のように僧の問えるに「因り」と訓むべき字の筈です。

枯木裏還有竜吟也無。（枯木裏、また竜吟有りや）

この僧の問いの訓みにも問題があって、伝統的に「ありやいなや」と訓んで来ていますが、中国語学的には、下の「也無」は、これで一つの疑問詞。「竜吟有りや」だけでいいんで、「無や（いな）」と読むべきではない。

師曰、我道、髑髏裏有師子吼。

底本を作った人は、「我が道は」と言っているようですが、僕はそうではないと思います。「我はいう」だと思います。道元ではしばしば道という字が「いふ」の意味に使われていて、仏のことばが仏道だ、そこまでいくのです。

また「師曰はく」も、さきの慈済大師を受けてこう言っているので、一文の中で同じ主格が繰返されているのです。

さて内容ですが、枯木の中で竜の吟じているのが聞えるというけれど、一体そんなことがあるだろうか、とひとりの雲水が投子大同に聞くわけです。「還(また)」は語法上は押しかえして、念を押すため、事実関係の上では振りかえって、そんなことが一体というような意味を持ちましょう。そうすると「師曰はく、我はいふ、髑髏裏に師子吼有り」。ここで「師」というのは伝燈録という釈迦牟尼以下の祖師たちの語録、祖師たちの言葉だとか行状だとか、どっちかと言えばことばを多く書きとめた書物がありますが、その中では話の主人公になった時、大体「師」と言われます。主人公たる祖師の師をとったもの、ここでは大師の「師」をとったもので、自分の師というわけではない。ここのも道元自身の先生という意味での「師」ではありません。この「因みに僧問ふ」と言ったときの僧に対しての師、あるいは大師を略してそう言ったものです。

「師子吼」というのは、獅子が吼えるというだけの文字ですけれども、それはどなたも御存じのように、釈迦牟尼仏の説法が獅子吼です。実に、インドの比喩というのは、僕たちにとっては常識はずれと言いたいところがあって、お釈迦様としては随分やさしいことを説いたはずですのに、その教えの説き方を獅子が吼えるようだと言うわけです。実際インドのもの、たとえばタゴールのギータンジャリなんかを読んでも驚くんですけれど、大雨沛然と降る嵐みたいな天候が実に喜ばしい慰めの象徴になる。風土というものが、文学的比喩、想像までを規定する争われない証拠だと思うんで、ついでに言っておきます。それで、髑髏の中で仏さんが説法している、これはそういうことを言ったものです。

枯木死灰の談は、もとより外道の所教なり。

「枯木死灰の談」というのは、はっきりした典拠は求められませんが、枯木死灰のように、情念だとか欲望だとかを拭い去り消し去ってはじめて天に生まれるという、そういうバラモンの考え方がある。それを指して言っているんだろうと思います。
「外道」というのは、仏教に対してその他の教えを外道という。ですから、バラモンと決らないわけですが、今言ったように説くバラモンは実際いたようです。だが、そう言ってしまうと、外道と自分たち仏教徒とが、枯木という言葉を共有して、同じ意味をそれに持たせているように聞えますけれど、それはそうじゃないはずだというのが次の一節のもつ意味です。

外道のいふところの枯木と、仏祖のいふところの枯木と、はるかにことなるべし。

枯木というものを、仏教徒以外のものは、現実にある枯木のことばかり考えていて、言わば枯木の哲学的な意味合いを考えようとしない、ということを言うための段取りとしてこう切り出したわけです。

外道は枯木を談ずといへども枯木をしらず、いはんや竜吟をきかんや。

すでに、竜吟が枯木のうろの中で聞えるというそのイメージと言いますか詩的なヴィジョンも、ついに仏教内のことであって、外道の知ったことではない。

外道は枯木は朽木ならんとおもへり、不可逢春（ふこふしゅん）と学せり。

これはさきほど言ったように、外道は枯木というのは生命を失った樹木だと思っているという指摘で、現実にしばられた見解の持主、それが外道だと言うわけです。「不可逢春と学せり」というのは、朽木ですから、当然春がきても芽を吹き、花が咲くということがない。「春に逢うべからずと学せり」。「学せり」というのも道元の特別な使い方で、学ぶと言ったんではなくて、考えるという意味に使っています。

仏祖道の枯木は海枯の参学なり。

この「仏祖道」の「道」は間違いなく「いう」という意味です。仏祖の言う枯木は「海枯の参学なり」。海枯というのは、「海枯不到見底（海枯るるも底を見すに到らず）」の海枯であって、「見」というのは見るという意味でもありますが、「現」と同じようにも使います。これをまた道元は「到」の字を省いてしまって「海枯るるも底を見ず」。と言いかえ、海というものは非常に広く深くて、いつまでたっても水がなくならないからその底を見るわけにはいかないという意味を持たせています。

「海枯不見底」——これは『遍参』という巻に出ていることばですが、こういうことばで道元の言いたいのは、水が枯れていっても底が見えないような、無尽蔵に水を湛えていることこそ海の本質だということだったでしょう。さらに「枯」というのが、普通言うような、「朽ちてしまう」、「枯れてしまう」という意味とは違うということを言うためにこう言うのです。「仏祖道の枯木は海枯の参学なり。」両者を通ずるものとして「枯」の意味を考えよ、という断言です。「参学なり」というのは、師に参じ、道を学ぶというのがもとの意味で、これも「……ということを研究するのだ」ということです。

これもまた道元の特徴でして、「枯木は海枯」、あるいは次に出るように「海枯は枯木」という具合に、一つのことを反対側から見ても、自分の言ったことはやはり通ずる、それは普遍的真理である、真実であるということを言うために、主語と述語、主語と客語をひっくりかえして、言いなおす。そういうことをしょっ中します。

海枯は木枯なり、木枯は逢春なり。

今お話したように、「海枯るるも底を見すに到らず」ということがあるので、海が枯れるとは言っても水がまったくなくなるのではないし、それと同じように、木が枯れても、その木は春に逢うんだ。木が枯れるということは、多量の水のある広大な海の場合いつまでたっても底を衝くことがないように、春に逢うということを否定しない。排除しない。そういう風に考えを進めてこういうのです。

木の不動著(ふどうじゃ)は枯なり。

「不動著」の「著」は助辞で、上のことばを強めるものです。木が動かないことを「枯」というのだと言うのです。ですから、すべての存在に木という呼び名をつけて、あるいは

木という概念で統一して、それらはすべてそういう名の自然存在だという立場で統括すれば、

いまの山木、海木、空木等、これは枯木なり。

そういうことも言えてくるんじゃないか。これは「木の不動著は枯なり」というのが、まだここに響いてきていますから、山・海・空などの自然存在はいずれも不動のもの、それ自身不変の本質的存在であると、表象されている。そこからして

萌芽も枯木竜吟なり。

となります。

「竜吟」というのは、「萌芽も枯木なり」と言っただけでもいいんだと思いますが、この萌芽という表現の中にはものの動き、気配と言ったものがありますので、ただ不動著の枯木だけ取り立てたのでは表現として足りないところがある。それで竜が吟ずる、竜がうそぶくという句をくっつけて、「枯木竜吟なり」と言ったんじゃないかと思います。

百千万囲とあるも、枯木の児孫なり。

囲というのは樹の太さを測る単位です。五尺という説もあるし、たった三寸という説もあるし、一抱えのことだという説もあってはっきりしません。けれども、ともかく樹の太さのことを言っている。百千万抱えもある活気の失せていない樹木も、それは生木であって枯木ではないと言って度外視するわけにはいかなくて、「枯木の児孫なり」。枯木の萌芽ということがあり、枯木も春に逢うということがある以上、枯木の児や孫も当然あるわけで、そういう子孫だと言うのです。

枯の相性体力は、仏祖道の枯椿(こしょう)なり、非枯椿なり。

この「相」は様相という意味です。やはりうつろい変ってゆくものですが、もののアスペクト、あるいはアピアランス。「性」というのは前と同様本性ということで、エッセンス。「体」というのは、そのものを実体として見た時、本性というと抽象的なものですけど、身体というと具体的にあるもので、つまりお釈迦さんというと死んでしまってもういないわけですけれど、それが仏像として祀られる、礼拝される、それはかつてあった釈迦牟尼仏の姿を写したものというばかりでなく、そうした具体的姿を持った仏が現にあるという信仰をあらわすもので、それによって象徴されたもとの存在が体です。真実人の体というときの体です。「力」というのは効力の力でしょう。およそ枯れるということの様相、それから本質、そして身体、その実体的な様相、それからそのはたらき、というようなもの、つまり枯れたものですからそういうものはすべて持っていないはず、相と体はあるのかも知れないが、まあ性もあると言っていいかも知れないけれども、力なんかはあるはずがない。にもかかわらず、それがあると見られる。これが「仏祖道の枯椿なり」で、「仏祖の言った意味の枯椿である」ということになります。「椿」はボックイのことです。「枯れたボックイである」。枯れボックイであると言いきりますとそれに囚われてしまう。それではいけないので、それを否定して「非枯椿なり」。これも金剛般若経の一句、「若見諸相非相即見如来」についての道元の解釈を思い出せば、少くとも類推できることです。つまり、普通の漢訳仏典からの理解のように、「諸相を非相と見れば」とはとらずに、諸相と非相がある、その両方を見ると、とるのです。これは二種の現実存在を並列的に見て言ったわけですけれども、これは一つのボックイを対象にして、それを実相とも非相とも見るというわけです。

山谷木あり、田里木あり。

これは、木というものにはいろんな存在の場所、様相があるということでしょう。そういう現実の樹木を表象として念頭に置いて書いた文章にここはなってきていて、「山谷木」というのは山や谷などに生えている木。そういう木は現実の呼び名では松とか栢とか言われる。

山谷木、よのなかに松栢と称ず。

この「栢」というのは、柏の俗字ですが、カシではありません。コノテガシワ、ヒノキ科の常緑喬木です。漢和辞典を引くとカエのことだとありますが、日本のカエは中国にはないと牧野富太郎さんは言っています。

さてそのコノテガシワですが、正法眼蔵の中にこの字を使った『栢樹子』という名の巻があります。そこに趙州真際大師(じょうしゅうしんざいだいし)という人が出てきますが、この人もやはり唐代の、とても偉い禅僧で、正式には六十ぐらいになってから出家した人ですが、非常に単純卒直、即物的な人です。真際大師は「狗子仏性」、犬に仏性があるかと人が聞くと、「ある」。また違う修行僧がきくと、こんどは「ない」という。まあそういう人で、これは相手によって法の説き方を変えるというのとは違って、対象に囚われたものの考え方を嫌って、単純な無言のやり方でそれを否定して見せたわけでしょう。一度わしが言ったからと言って狗子狗子言いなさんなというようなものだと思います。

この人がコノテガシワの樹が成仏すると言ったわけです。成仏とはどういうことかというと栢樹子がやることだ。栢樹子はいつ成仏するのかというと虚空が落ちた時。では虚空はいつ落ちてくるのかというと栢樹子が成仏する時だ、と人をからかったような論を張って、かえって相手の蒙を啓こうとした。そういう人で、栢というのはなかなか大事なイメージです。

田里木、よのなかに人天と称ず。

「田里木」というのは普通の里の木ということです。村里の木。それを「世の中に人天と称ず」というのは、村里に生えている木を、人々が「人天」と本当に呼んでいるという意味ではないでしょう。「人」というのは人間のことです。「天」というのは天部です。この上に仏界に昇るまでのいろんな段階があるわけですけど、——樹木は山の上、谷間、人里に生え、それぞれ松とか柏とか樫と言った名を持ち、個別性を持っている。さらに、この世界に人間、天部があるように、この世界に具体的に存在している。要するに至るところに具体的な形を具えた個別がある。そういうことを対句で、比喩的に言ったのが「山谷木、よのなかに松柏と称ず。田里木、よのなかに人天と称ず」だと思います。この場合山上谿間の木の方には植物名を用い、人里の木の方には人天と、概念的なことばを用いたのは対句為立てで、やはり道元好みの修辞法と言えるでしょう。

依根葉分布、これを仏祖と称ず。

根に依って葉分布す、です。どういうことかというと、つまり樹には根があって、そのおかげで木の中を養分が流れて葉が茂る。そういう自然の組織、生気、活動、これが仏祖だ。つまり、田里木、あるいは山谷木というような実体性をもった個別の存在の代りに、今度は樹木一般を考え、それに根があるんで水分や養分が維管束を伝わって吸い上げられ、木を生かすということをここで言ってるわけです。それで、枝もわかれる。問題は根でもなければ葉でもない。それからそこを伝わって流れる水分でも養分でもない。しかし、それらすべてが活動し、そこで樹木が生きるということもある。そういう非実体的な生動する物事、縁起の縁ということになりましょうが、これが仏祖だ。

さきほどから再々申し上げたように、仏というのは仏の智慧であり、仏の智慧がつかんだ全現実の様相、真理である。その真理、様相をどう言えばいいかと言えば、一切縁起生である。その考えがここで、このような描写的表現になって出たのではないかと思います。

本末須帰宗、すなはち参学なり。

「宗」というのは元のもの、大本ということです。つまりこの世に枯木がある。生木がある。山谷木がある。田里木がある。そういう「末」のものの「本」として「木」があるが、それのさらに大本は何か、そう考えてゆくと、植物の生態にぶつかる。それを「帰宗」と言っているんだと思いますが、この訓みは「本末須く宗に帰せよ」でしょう。この至上命令に応ずることが、とりもなおさず仏道を学ぶということである。

かくのごとくなる、枯木の長法身なり、枯木の短法身なり。

しかしそう言ってしまって、すべてが抽象的に言いあらわせる単一のものだ、それが世界を覆いつくし抱きとっていて、何も他のものはなく、特異性も個性もないのかというとそうじゃない。「枯木の長法身なり、枯木の短法身なり。」この長短ということで個別性があるということを言っているんだと思われます。『画餅』という巻で、長い筍、短い筍を存在の種々相の比喩として使っているくだりがあることなどから、そう思われるわけです。ところで「法身」というのは何かというと、十五歳の道元の一大疑問をあらわすことばの中にも用いられている「法性」、「性身」と同じ、というかそれを同一化したものです。

法がそのまま身体的に具体化されたもの。宇宙の理法の認識者であるとともにその理法そのものである釈迦牟尼仏が、しかも身体的な存在として思いえがかれている。一切は、それと同じように、個別相をもってあらわれた枯木であり、それがそのままいま言う法身だというのです。

上の「かくのごとくなる」というのは、以上述べたようなもの、ということで、「本末すべからく宗に帰せよ」という定言命題であらわされる「参学」までふくめて、単に「松栢」と言われる無情無心の存在、「人天」、人間や神様のような有情、さらに「仏祖」など、一切存在の多様性は、ということでしょう。しかし、それは抽象的法則でもなければ、誰かが説法してはじめてあることになる底のものでもない。まさにすべて法身たる枯木としてある。しかもその枯木に長いのもあれば短いのもある。つまり、一切法を包括する仏法というものがある。あるけれども、それが実際に存在している姿は一切諸法として、さまざまな個別性、個体性を体現しながらあるのだ。「仏祖」や「参学」までがその一環に他ならない。それが「枯木の長法身なり、枯木の短法身なり」の意味だと思います。

そこで少し考察の道筋が変る。

もし枯木にあらざればいまだ竜吟せず、いまだ枯木にあらざれば竜吟を打失せず。

これは竜吟というような生動するものがそこにある以上、木の方も生きていると考えた方がいいのではないか、そういうことだと解釈することも可能です。しかしこれはそうでなく、枯木だからこそ竜吟があるんだ。また竜吟がしなくなるんだ。これは論理ではありません。投子大同が言ったことを自分がどう解釈するかを語ることが問題なのです。こういうのを評唱と言います。

道元はここで評唱をやっているわけで、単に論理的に分析するのではなく、投子大同の言ったことに即して自分の解釈を展開することが問題なんですから、枯木ということにイメージを限定して思考を進める必要があります。その立場から、「もし枯木にあらざればいまだ竜吟せず」ですから、枯木だからこそというわけです。「竜吟せず」というのは、つまり、「あらざれば……せず」ですから、枯木だからこそそこに竜吟があるんだということでしょうけれども、またすぐ反対のことを言う。「いまだ枯木にあらざれば竜吟を打失せず」。この「打」というのはさきほど言いました打算とか打坐の打で、下の文字が動詞だということを示す接頭辞です。従って「竜吟を失わない」。枯木だからこそ竜吟があるんだ、枯木だからこそ竜吟がしなくなってしまうんだ、あるとないとが同時に成り立つというのだと思います。

幾度逢春不変心は、渾枯の竜吟なり。

この「心」も「こころ」と読んでいいのか「しん」と読んでいいのか、ちょっと疑問のあるところですけど、「心」というのは仏心、それから事理相性とわけた場合の理・性を心と受けとって心性という言い方がある。また直指人心見性成仏とも言いますが、この言い方では心は性のありかです。本質的なもの、仏の覚、仏の覚があらわしている宇宙の真相、そういうものを心と言う。三界唯心とか一切法一心とかいう場合の心がそれです。身体というものは、老いたり、病気になったりするけれども、「心」はそうではないという考え方から出た命名でしょう。

ここでまたちょっと傍道に逸れますけれども、「三界唯心」とは言いますが、唯心論的になってしまってはいけないと道元はしきりに言います。「即心是仏」も同様で、心をそういう風に見るなら、この世界の中の無機物をも心としてみとめなければならない、この世界の中には心でない無機物である本質的存在もあると知るべきだ、そういう風に言うわけです。仏道の研鑽ということも、「身心学道」と言い、身の方を先に立てて言います。修行者である以上、心だけに頼っているわけにはいかない。そこで、今の場合もやはり普遍の性質というようなものを考えて、それを「心」と言っているのではないかと思います。「幾度か春に逢ふも心を変ぜず」というのは、何年たってもいま言った本質的なものは変らないということで、そういう様相であるのが「渾枯の竜吟なり」。

「渾枯」というのはすべての枯という意味です。渾身の力をこめての渾と同じです。

道元は、表面的全体をあらわす「遍」、あまねくと対比的に使っていて、「渾」で、そのものの丸々全部というような意味を語らせている。これは、道元自身にそういう説明があるわけではなく、読んでいるうちにそういう感じがしてきただけですが、たとえば、眼蔵の中の『観音』という巻をお読みになれば、誰でもそう考えるのではないかと思います。

すべて枯というものは、枯木の中で竜が吟ずるという風に、場所と主体とが別にある、動作が主体と別にある、というものではなくて、枯ということ、木が枯れているということがすなわち竜が吟じていることだ、枯ということ、竜吟ということの本質はそこにある、そう言っているのだと思います。

「幾度逢春不変心」は、「春に逢いて」というよりも、「春に逢うも」と訓む方がいいんじゃないでしょうか。また下三字も「変らざるの心」の意味で使っているでしょう。何度春に逢っても、変らない本質的なもの。不変の本質をここで考えると、それは「渾枯の竜吟なり」。すべての枯れるということが「竜吟ず」ということなんだ、それがことの本質であって、このことには少しも変りがない。「渾枯の」の「の」は主格をあらわす助詞です。これは、仏法というものが変らないと言っていることと同じだろうと思います。自然の理法というのは、同時に仏教の法でもあるわけですから、ただそれだけが仏教の法ではないということが別にありはしますけれど、そうだとすればこう言えるに違いありません。

　宮商角徴羽に不群なりといへども、宮商角徴羽は竜吟の前後二三子なり。

「宮商角徴羽」というのは、中国の音楽の基音五つの名前です。「不群なり」というのは、それと群れない、その仲間ではないという意味。これは特に音楽に限定して考える必要はなくて、単に音という意味で言っていると考えていいことです。通常の音とは違う。けれども逆に、「宮商角徴羽」と言われる音は、「竜吟の前後二三子なり」。「二三子」の「子」は接尾辞で、ものを数えるときの一個、二個の個と似た文字です。「前後二三子」で、前後にある、本体そのものでない、いわばおまけのような二、三のもの、特殊な二、三の場合ということです。

　このあとの方は明らかに音楽を問題としていて中国音楽の優れた音程も、竜吟に較べてみたら、とても太刀打ちなどできるものではない、と言いかえうることを言っていると思われます。

　ここで道元が、なぜ自分は仏教を選んだか、それをどう考えているかにふれて、少々お話したいのですが、道元は、仏教が、ほかの儒教とか道教とか、あるいはバラモン教だとかにはない考察対象を持っているということ、それは刹那というものだということを、十二巻本眼蔵の『発菩提心』の巻で強調していますが、ここのくだりでも、儒教は礼楽を尊びますから「宮商角徵羽」と言ったとき、当然儒教が念頭にあったはずで、それに対する仏教の優位、より包括的な仏教の立場を、これで暗示しようとした、ということが言えはしないでしょうか。

しかあるに、遮僧道の枯木裏還有竜吟也無は、無量劫のなかにはじめて問頭に現成せり、話頭の現成なり。

「遮僧道」の「遮」は、この、という指示形容詞。従って、三字で、この僧のいう、という意味です。「還」については、さっきも言いました。修行僧が、枯木のうちなんかに、一体竜吟なんぞあるんだろうかと、訊きかえしたというわけです。道元は単に、投子大同ばかりを持ち上げずに、問いを発したその修行僧のこともまた推重賞揚して、「無量劫のなかにはじめて問頭に現成せり」。

「劫」というのは、四十里四方くらいの大きな石があって、そこに三年に一度天人が舞い降りてきてごく軽い衣の袖でこすって、ついにその石がすりへってなくなるくらいの時間、というのだから、これはもう気の遠くなる程永い永い時間のことです。そういう時間の単位が、また数えきれない位ひきつづいた時間のなかでも、今迄になかったような問いだと言うのです。「頭」は物をあらわす助辞です。問いに、問いとして初めてあらわれ出たものだということでしょう。次の「話頭の現成なり」は、「話」のあらわれ出たものだ、話として、観念や内界の消息を伝える言語表現として現実化されたものだという意味だと思います。話頭を転ずるが、話を変えるの意味だという例を考え合せればいいわけです。

それに対して、投子大同は次のように言った。

投子道の我道髑髏裏有師子吼は、有甚麼掩処なり、屈己推人也未休なり、髑髏遍野なり。

「我はいふ、髑髏裏に師子吼あり」、この大同和尚の言うところは、「甚麼」の、どんな、掩われたるところかあらん、掩われ、かくされた、この獅子吼のとどかないところなぞありはしない、そう言っているわけです。つまり釈迦牟尼仏の説法が逆に宇宙の全体を掩いつくしているのだという意味です。

「屈己推人也未休」の「屈己」は「己を屈する」。己を屈して人を推すこと。「也」は文章の間に入ると強めの助辞になります。己を屈し人を推していまだやむことなし。「屈己推人也未休」というのは、中国で普通に使うことばだそうで、それを聞きおぼえてきて道元は使っているわけです。自分はわざと遠慮して人にやらせる。「未休」でしきりにそれをする、しかしここでは「未休」だけに意味を持たせて、「いまだやまざるなり」、仏の説教というのは、いつになってもやむことなく続いている、そういう意味です。こういうことば遣いを道元はよくするという例証までに、日本語の例でもいいんですけれど、ここが中国語を、その一部だけ活用している例ですから、よそでもさんざ使ったことばではありますが、中国語の例で申します。

『仏性』という巻の中で、道元は「衆生快便難逢」ということを言っています。「快便」というのはどういうことばかずっとわからなかったらしくて、岩波文庫版に入っている正法眼蔵などでは「便」の代りに「鞭」という字を当てています。しかし、これは京都大学の入矢義高さんに教わったことですが、「下坡不走快便難逢」ということばが中国にあって、「坡」は土手、「快便」は便船のことだそうです。従って、「土手を下って走らないと便船に間に合わないぞ」ということばのようです。それを道元は中国で頻繁に聞いていたわけでしょう。それが日本に帰ってきてから『仏性』の巻を書くとき甦って、「衆生快便難逢」ということばになる。実はそこで必要な字句は「衆生難逢」だけで、「快便」はいらない。ここの「快便」は無駄なことばで、僕は冗辞と名付けていますが、道元はこういうやり方をしばしばする。この「屈己推人也」もそういう冗辞の一種だと思う。

「髑髏遍野なり」。いまや枯木から髑髏に話は移ったわけですが、髑髏と言い枯木と言い、生命を失ったものだという、そういう点で共通したイメージです。ところが、さきほども言ったように、枯木というのは海枯であり、木枯であり、等々、また山木であり海木であったりしたように、髑髏というものも野に遍く、いたるところに転っている。つまり、「甚麼の掩ふ処かあらん」で言われたのと同じことです。髑髏がいたるところにあるんだから、その中でのお釈迦様の獅子吼もいたるところに聞える。それが「髑髏遍野」の意味です。それで、ここで段落が切れると思うわけです。

この巻で道元の言いたかったことは、要するに釈迦牟尼仏の説法、説法という釈迦牟尼仏の提示した存在の理法はいたるところにゆき渡っているということなのです。これを仏教に限って言えば、仏の教えは、いたるところに通用し現に活動している。抽象的包括的に、そして今風に言えば、そういうことだろうと僕は思います。

香厳寺襲燈大師、因僧問、如何是道。師云、枯木裡竜吟。僧曰、不会。師云、髑髏裏眼睛。

香厳寺襲燈大師(きょうげんじしゅうとうだいし)という人は、師から与えられた問いに答えられなくて、いくら本をよんでも適当なことばは見つからず、それで例の「画餅飢を充す能はず」という文句を吐いて、一切の蔵書を焼き、泣く泣く師の寺を出て、由緒ある寺がいまは廃寺となって遺っている山中に入ってしまう。そして、ある日のことそこで掃除をしている最中、偶然だかわざとだか、箒で石ころを飛ばすと、それが竹林の中に飛んでいって、カラッと音をたてた、その音をきいて、にわかに悟りを開いたということで有名な、あの唐末の禅僧です。伝燈録によって細かく言うと、竹に石があたって音がした時、思わず笑っちゃって、それで豁然大悟したというのですが、道元はそこまでは引照していません。この人が悟道のあとで、ある僧から、「如何ならんか是れ道」と問われた。

ここでいう「道」というのは、正法眼蔵の別の巻に、菩提を「ここには道といふ」とあって、菩提のことを道とも言うのです。菩提は智慧のことです。仏の智慧が菩提。菩提を得ると、つまり仏陀になると、それにいろいろな修飾語がつく。たとえば、無上正等菩提とか、同じことなんですが、阿耨多羅三藐三菩提とか、これはどこにあっても何に対してでも等しく通用するこの上なく優れた完全な智慧というようなことですが、大事なのは菩提です。菩提は bodhi と言いますが、菩提を得るというのは、元来は死んでしまうことではなくて、智慧を得ると言うことです。仏教の場合は、どういう智慧が一番大事かと言いますと、「苦集滅道」と言って、この世は苦だ、苦の世界だ、苦であると認識して、苦にはどういう原因があるか。集とは原因のことで、その原因は何かということを認識して、「滅」はそういう原因を滅すようにはたらく智慧を得る。そしてそれが得られるように正しく道をふんで努力する、それが四諦と言って四つの真理。この全体を獲得することが菩提を得るための豫備段階です。それが実際に行われるのは nirvāṇa、涅槃に入ること、焔が吹き消されるように消えてなくなって行くことにおいてなのです。で、ここの「道」も、このことを言っているのだろうと思います。

香厳襲燈大師は生没年がよくわかりません。それで歴史的な論証はできませんが、おそらく、投子大同の言った「我道」の意味が禅門でたびたび問題とされ、後代の香厳智閑――襲燈大師の法諱は智閑というのですが――智閑もそれについていろいろ考えていたのでしょう。修行僧のひとりが、菩提であるところの「道」とはどういうものか、と訊ねたときのことです、智閑は「枯木裡の竜吟」と答えた。これは当然、投子大同と僧との問答を知っていての答えなんでしょうけれど、枯木裡の竜吟を言うんだと言って髑髏裏の獅子吼だとは言わなかった。「師子吼」と言ってしまうと、それだけで釈迦牟尼仏の説法すなわち仏智の開演ということになって、同語反覆になりますから、そうは言わない。それに相手は「不会」、わかりません。そこで今度は香厳智閑が「髑髏裏眼睛」と言うわけです。前の投子大同の問答には「髑髏裏師子吼」とあったんですが、今度は「髑髏裏眼睛」。「眼睛」は眼の玉のことです。されこうべの中に目玉がある。

眼睛というのは仏教、そして道元の考えの中では実に大事なものでして、正法眼蔵という表題に用いられているのもそれです。

この「眼」とはどういう意味か、いろいろ言われておりますが、眼は人間がものを見るのに必要なもので、しかも特別努力をしないでもものは見えるし、眼の玉は誰でも楽々と動かせる、そう言ったものです。そこで人間にそなわる認識力、智慧とまで拡大して解釈される。正法眼蔵というのは、正しい法にのっとった認識の蔵、集められたものという意味です。もっとも、この場合、「眼蔵」というときの「眼」には大事なものという意味も重なってきていはしないかと思います。仏法による物の見方を編集した大事な書物というのが正法眼蔵という書名の意味ではないかと思うわけです。そこで「髑髏裡眼睛」、――つまり髑髏のようなすでに死んでしまったもの、無機物と化したものの中にまで釈迦牟尼仏の認識ははたらいている。道というのはそういうものだ、というやりとりがあって、この答に対しても恐らく相手の修行僧は「不会」と言っただろうと思いますが、そこは打ち切りにして、こんどは禅宗史の次の局面。

後有僧問石霜、如何是枯木裡竜吟。霜云、猶帯喜在。僧曰、如何是髑髏裏眼睛。霜云、猶帯識在。

「後に僧の石霜に問ふ有り」。石霜というのは八八八年に八十二歳で死んだと言いますから、わが国では宇多天皇の寛平の御代というわけです。この石霜という祖師にこの問答の意味を尋ねた修行僧がまたあったわけです。「如何なるか是れ枯木裡の竜吟」、つまり最初の問いと同じです。

「猶喜を帯する在り」、この「喜」というのは、元来は仏の法に逢うのを喜ぶことを仏教的に喜と言いますが、ここでは、どうも普通言う喜びで、喜びという感情がある、というのではないでしょうか。「枯木裡竜吟」というのは、今まで道元も評唱し、僕も紹介説明を加えて、そこに自然の生態とか、生のさまざまの様態、物の生動の理法とかというものを読みとってきましたけれど、しかし、更に徹底して考えると、「枯木裏の竜吟」などというイメージ乃至物のつかまえ方には、まだ感情がまつわっている。だからよくない、そう石霜は言うわけです。すると今度は香厳智閑のことばをまたその修行僧が引き合いに出して、「如何なるか是れ髑髏裏眼睛」。あの香厳智閑の言ったのは、一体どういうことだったのだろうと訊く。それに対して石霜は「猶識を帯すること在り」と答える。

「識」というのは、喜怒哀楽よりもっと智的にはたらくもので知覚作用、認識作用、また意識活動というようなものです。人間には六根という外界を受けいれるはたらきを持つものがあって、眼、耳、鼻、舌、身、意の六つがそれです。このうちの最後の「意」のはたらきが識です。これは主として分別などの理智的なはたらきの意味に使う語でして、慮知心のはたらきということになる。それでいかん、と石霜は言うわけです。そういう風な、枯木裡竜吟という問題に対する評唱のしかたもあるということを、道元はここでこの問答例を引いて示しているわけです。

これについて、また少しあとになって、問題にする人が出てきた。

又有僧問曹山、如何是枯木裡竜吟。

曹山というのは、洞山良价という人の弟子で、洞山良价の教えを世の中に宣布したので曹洞宗という名称が出来たと言われている、その人です。八四〇年乃至九〇一年在世ですから、投子大同より二十年ばかりあとの人ということになります。

ここで道元は、こうして曹山の言葉を引き合いに出して、一見曹山を重視しているようですが、この人をあまり高く評価していないことは他のところ、たとえば『仏道』の巻をよく読むとわかります。

実際、ここの問答のことばづかいを見ても、いうことが理窟っぽくなってきていて、詩的なイメージで考えを伝えるということが、それ以前の祖師たちより少いと言えそうです。問題の内容は前からの問答で言われていたことの蒸し返しにすぎません。「如何なるか是れ枯木裡の竜吟」という問に対して、

山曰、血脈不断。僧曰、如何是髑髏裡眼睛。山曰、乾不尽。僧曰、未審、還有得聞者麼。山曰、尽大地未有一箇不聞。僧曰、未審、竜吟是何章句。山曰、也不知是何章句。聞者皆喪。

こういう問答がつづく。

石霜は、「猶喜を帯する在り」と言ったんですが、そこを曹山は「血脈不断」と答える。「血脈」というのは、おうちの宗旨が禅宗の方は家の葬式で見たことがあろうかと思いますが、血脈という字を書いた紙を、和尚さんが亡くなった人の額に乗せます。これは、釈迦牟尼仏からの悟りの伝統がそこに伝わってきていて、この死者は涅槃に入るという意味なのです。従ってここで「血脈不断」と答えたのは、悟りはそうやって伝わってきているんだ、と言ったということです。「髑髏裏師子吼」と同じような意味ですが、それをもっと明示的に言ったわけです。

「如何なるか是れ髑髏裡眼睛」と問われて、こんどは「乾不尽」。

「血脈不断」の「血」という文字にその液体としての性質を保たせたまま考えれば「乾不尽」という表現の意味もわかってきます。これは「乾くこと尽きず、ことごとくせず」で乾ききることはないという意味です。いつまでたっても濡れている。やはり釈迦牟尼仏の教え、つまり存在の理法は、絶えることなくつづいているんだ、というわけであります。曹山がそのように、かなり明示的にものを言うんで、修行僧の方の反問もまた、理窟っぽくなる。「竜吟」というのに対して、「また聞き得る者有りやいぶかし」。「枯木裡の竜吟」なんて、一体聞えるんだろうか、と問う。この僧は、仏法とか釈迦牟尼仏の教えに対して、疑いを持っているわけではなく、なお一層、それを学びとりたくて、こう質問するわけでしょう。すると「尽大地に未だ一箇の不聞のもの有らず」。「不聞あらず」というのは、日本語でもそうですが、中国語にも、動詞だけでその動詞の意味することをする人をいう場合はいくらもあります。たとえば、歌よみと言えば歌人のこと、屑拾いと言えば、屑を拾う人のことであるのと同じように、——と言って、これらは目的格の名詞がついていますが、そうでなく、「受付け」とか「見張り」とか、これらはみなそういう役をする人のことで、それと同じように、新到と言えば新しくきたもの、新参者のことです。「不聞」というのも不聞なる人をさして言っていましょう。「一箇」というのはひとりのことで、全世界中に、それを聞かないものなんかひとりだってありはしないんだ、と言うのです。もし聞えると言うのなら、一体どういう文句の歌が歌われているのか、それがわかるはずだろうと言うんで、「いぶかし、竜吟是れ何の章句ぞ」。どんな文句なのか。次の「也」は、これが文中文頭にきますと、強め、の間投詞のはたらきをすることはさっき言いました。誰だって聞いているさ、と言った口の下から、どんな文句なんだか俺は知らないよ、と答える。すると、「聞く者皆喪しぬ」。「喪」というのは逃げ出すこと。だが、呆れ返って逃げ出したんじゃなくて、曹山の答に含まれていた弟子に対する假借のなさ、問題にじかにぶつかって分らせようとする烈しい態度、それに恐れをなして逃げてったと言ってるのだと思います。

いま擬道する聞者吟者は、吟竜吟者に不斉なり、この曲調は竜吟なり。枯木裡、髑髏裡、これ内外にあらず、自他にあらず、而今而古なり。

「擬道する」とは「いはんと擬する」で、ここでは「いふ」と同じことになります。「聞者」の下についている「吟者」は、「聞者」と次の「吟竜」双方が、今の場合共通の評唱の対象だということを示す文字づかいで、句全体の意味は「聞者は吟竜に不斉なり」ということだろうと思います。従って、最初の問答の聞き手、つまり投子大同に問いをかけた修行僧を、「吟竜」すなわち吟ずる竜、うそぶく竜という、この世の存在の理法を体現したものと肩を並べて同等に扱えるものではないんだ、と言っていることになります。「この曲調は」は、ここに奏でられている音楽は、ということ。どんな章句だ、というようなことが問われるべきものではなくて、竜が吟ずるところのもの。生動する宇宙の理法そのものだというわけでしょう。一方、「枯木裡」とか「髑髏裡」とかいうのは、内とか外とか、あるいは、それ自身とかその他のものとか、そういう空間的な差異を持つものではないという意味で、「内外にあらず、自他にあらず」。そして「而今而古」、今も昔も等しくつづいているものだ。

猶帯喜在はさらに頭角生なり、猶帯識在は皮膚脱落尽なり。

「猶帯喜在はさらに頭角生なり」。これはさきほどこの喜びを感情的なものだと言いましたが、本当に悟達して、感情、欲念に煩わされないようになれば、それこそ真実人です。真実人というのは、最初申し上げましたように、釈迦牟尼仏のことですが、真理を体得した人。それになれるわけなんですが、感情に左右されるようでは「頭角生なり」。頭に角が生えたものだ、けだものに等しいというのです。感情があるようでは畜生、異類に類するというわけです。

「猶帯識在は、皮膚脱落尽なり」。これは難しいところで、僕も断案は下せません。皮膚が落ちてしまう、つまり、識すなわち慮知心、分別に頼っているようでは、そもそも人間として体をなすものとは言えないということでしょうか。それとも、皮膚を剝ぐように、身についた識など脱落し去るべきだ、業識――人間がかれ自身の業、行為語話が原因で、いやもおうもなく抱き味わわねばならない意識、というと、それはすでに迷いの形をとりますが、その意識の迷いは、これを断たねばならんと言うのでしょうか。多分あとの解をとるべきだと思うのですが、思想大系本の注に「脱落尽は当為の表明」と書いただけだったのは、わかりにくい不親切な注でしたので、この機会にはっきりさせておきます。

曹山道の血脈不断は、道不諱なり、語脈裏転身なり。

「道不諱」は、言いてかくさず。言いて忌まずでもいいかと思います。つまり、「血脈不断」という曹山の答は、言うことを遠慮なく言い尽している。言い足りないことなんかない。「語脈裏転身なり」は、『梅花』という巻を読まないと、本当にはわかりませんが、仏祖と仏祖とがお互いに問答して、その問答で相手が悟ったかどうかを判断して、仏教は伝わっている。その問答の言葉の脈絡の中で転身が起る。転身というのは、普通の生身の人間が仏心を得るということです。

乾不尽は海枯不尽底なり、不尽是乾なるゆへに乾上又乾なり。聞者ありやと道著せるは、不得者ありやといふがごとし。尽大地未有一箇不聞は、さらに問著すべし、未有一箇不聞はしばらくをく、未有尽大地時、竜吟在甚麼処、速道々々なり。未審、竜吟是何章句は、為問すべし。吟竜はおのれづから泥裡の作声挙拈なり、鼻孔裏の出気(すいき)なり。也不知是何章句は、章句裏有竜なり。聞者皆喪は、可惜許なり。

最初の「底」というのは、「そこ」——何かの入れものの一番下の平らな部分のそこではなく、関係代名詞の一種で、「……のようなもの」という意味です。「海の枯るること尽さざる底のもの、がごときもの」ということになります。先ほども言ったように、乾いても乾いても乾ききることがない。乾ききらないということがすなわち乾くという現象の真相であって、さらになお、乾くということがつづいていくわけです。

ここでちょっと注意しておきたいのは「不尽是乾」と言ったとき、道元は「不尽」で水の尽きないことを言っていて、曹山の「乾不尽」の「不尽」、すなわち「何々しきらない」という語の使い方とは違う使い方をしている、らしいということです。「是」は「何々である」というコプラ――繋辞です。

「乾上又乾」、これは仏向上――仏のさらに上、という語法と同じような出来のことばで、上には上があるということになるだろうと思います。これを曹山の言葉と結びつけて言えば、なるほどそうには違いないが、世は仏の説いたままのもので、仏の教えに絶えるときはないと言って安心していてはいけない。向上の一路をたどるべきだ、という批判を含んだことばと言えるだろうと思います。乾いても乾いても乾ききらないという消極的な見方ではいけなくて、乾くが上にも乾くと積極的に解さなければいけない。

「道著せるは」の「著」は接尾辞です。ですから「言ったのは」ということ。実際にそれを聞いたものがあるのか、というのは、聞けなかったものがあるのか、というのと同じで、その答は当然「尽大地未有一箇不聞」となると思います。不得者は不得聞者、聞きえざる者の省略形です。「尽大地、未だ一箇の不聞の者有らず」と言われたら、「さらに問著すべし」。なお問わなければいけない。曹山と一僧との問答に、道元がもどかしさを感じていることが、こういうところから窺えます。

「未だ尽大地有らざる時、竜吟甚麼の処にありや」。これは、父母未生以前のお前は何だ、朕兆未萌以前のお前は何だ、また、母胎内から出る前の西も東もわからないうちのお前の本分は何だったのか、という定式となった問いがありまして、さきほどの香厳智閑が師と仰ごうとした祖師、潙山霊祐と言って、この人の在世時はわかっています。七七一年から八五三年。その人からかけられて香厳智閑が苦心をかさねて答えを見出そうとした問い、しかし、何としても答えの見出せなかった問いはこういう型のものだったのです。この全世界がまだ生じないうち、と言えば当然竜も枯木もありはしないんだけれども、そういうとき竜吟――仏法の真相、真理は一体どこにあったのか、あらわれていたのか、とこういう風に問うていかなければいかん、そう道元は説くわけです。

「速道」は、「速やかにいへ」です。命令形ですが、それを「なり」で受けている。さっきの「脱落尽なり」もなりで結んでありますが、それを命令形ととってもいいだろうということは、こういう用例をもととしても言えます。「未だ尽大地有らざる時、竜吟甚麼の処にありや」と問うて、相手に速く言え、と答を求めるわけです。そういう風にしなければいけないところなのだ、と道元は批評するわけです。

「未審、竜吟是何章句は、為問すべし。」、為問というのは向って問うという意味です。これはちょっと、僕のつけた注に訂正の必要があるのではないかと思います。人に向って問うのが普通「為問」です。従って、この問いに向って問う、さらに問うということで、

「さらに問著すべし」と同じ言い方と解釈した方が、つまり注で言ったところよりもっと簡単に考えた方がいいだろうと思うのです。

さらに反問しろ。――なぜ反問しなければならないか。この場合の、問いに向って問うという時の最初の問は、「未審、竜吟是何章句」です。それに向って問い返せというのですが、なぜそうしなければならないのかというと、竜吟には文句などあるもんじゃなくて、「おのれづから」、ひとりでにこの自然の中にあって声が生じてきて挙拈しているものだ。「挙拈」の「挙」というのは、あげる、問うという意味。「拈」もとりあげるということです。つまり声を出して問いかけているんだ、ということ。特別のものではなくて泥裡の声、自然の声だというわけです。

「鼻孔裏の出気なり」、鼻の孔の中から空気が出るようなものだ。つまり自然の生態なんだ。そこでこんどは曹山に味方して、「また知らず是れ何の章句かを」、章句なんか知りゃしないと曹山は言ったけれども、その意味は、竜が章句を唱える、吟ずる、ということなんかありゃしないと言ったのではなくて、章句の中に竜がいる、つまり、「髑髏裏眼睛」とか「髑髏裏師子吼」とかいうのと同じことを言ったので、まず仏法があり、その中に竜だとか、吟だとか、眼睛だとかが存在し、それがまた仏法の姿だと言ったんだと言うのです。

「聞者皆喪は、可惜許なり」。「許」は助辞です。従ってここの意味は、聞くものが、皆曹山の教えず、悟らせようとする態度に恐れをなして逃げ出したのは、まことに惜しむべきだ、ということでしょう。
すべて、仏法とは何か、それは果して宇宙を貫いて古今に亘ってあるものなのかどうか、そこのところを考えるのが大事だ、というのが、これまでの評唱をまとめて考えなおしたときのその抽象的な意味ではないかと思います。

いま香厳・石霜・曹山等の竜吟来、くもをなし、水をなす。不道道、不道眼睛髑髏。只是竜吟の千曲万曲なり。猶帯喜在也蝦蟇啼、猶帯識在也蚯蚓鳴。これによりて血脈不断なり、葫蘆嗣葫蘆なり。乾不尽のゆへに。露柱懐胎生なり、燈籠対燈籠なり。

「竜吟来」というのは、思想大系本の頭注に書いておきましたように、「来」は物ごとが向うからこっちへくることを示す助辞で、「これまでの竜吟ということは」、つまりこの竜吟に関する古来の問答は、ということで、それは「くもをなし、水をなす」、雲霧のごとく、流水のごとく豊かに歴史を潤おし貫流している。
歴史と言いましたけれど、道元に歴史の観念はないのではなくて、「香厳も時なり、石霜も時なり」という風に、歴史の中に、そう言った祖師達がいたということを認めています。ただ、石霜も香厳も、大悟した時に釈迦牟尼仏になっているので、その大悟の時に時間がすべて撥無される。時間がないのではなくて、大悟の時にそれが撥ね出されて無くなってしまう。歴史観念はないのではなく、それも成仏とともに撥無されてしまうというだけのことで、「くもをなし、水をなし」も、歴史の中に実在し、歴史を構成していると読むことのできる表現だろうと思います。

「不道道、不道眼睛髑髏」。さきほど「道」とは何かと問題にしたけれど、そんなことも言わない。「道を言はじ、眼睛髑髏を言はじ。」「道」とか「眼睛髑髏」とか、そういうことを言う必要はないんで、「只是れ竜吟の千曲万曲なり」。この「曲」には、紆餘曲折などというときの曲の観念は当然入っています。けれども、「吟」という言葉に結びつけて、曲調の曲という意味が、もっと根本的にはこめられているだろうと思う。「竜吟」というのは、さきほどから再々申し上げるように、仏法そのものの発動ですから、そういうものが紆餘曲折し、千篇一律の反対で、豊かな曲調、個体的変化の諸相を見せながらつづいてきている。

「なお喜を帯びるや蝦蟇啼く」、「なお識を帯びるや蚯蚓鳴く」は、よく言う「花は紅柳は緑」とその発生基盤は同じで、世界に対する態度が同じとも言えましょう。感情が蝦蟇にあるので蝦蟇は啼くのだ。「識」というのは、さきほど慮知心などの智的なものに結びつけて説明しましたが、そういうものをミミズに使うのは、おかしいようですけれど、そのあとで断案は下せないと言った「猶帯識在は皮膚脱落尽なり」、あれをここに持ってき

て突き合せるとわからなくもありません。「識」、「慮知心」にしばられているようだから
ミミズが鳴くということもある。つまり、一切有情が、生命を保って、情にからまれたり、
考え悩んだり、それらしい生態を示すということがあるのは、前を受けて「竜吟の千曲万
曲」、仏法のあらわれだというのです。

「これによりて血脈不断なり。葫蘆嗣葫蘆なり」。「これによりて」は上の竜吟によりて、
です。「血脈不断」はここではただ持続して絶えないというだけのことで、血脈は冗辞化
されていると言っていいでしょう。そういう持続の中に「葫蘆嗣葫蘆」ということがある。
「葫蘆」というのは夕顔のことですが、「葫蘆嗣葫蘆なり」は、一つのものが、同じもの
のあとを継いでそれになるのだということで、竜吟のおかげでそういうこともあるのだと
言うのです。「乾不尽のゆへに」、竜吟すなわち仏法が、乾き切るとき、尽きるときを持た
ないからだ。これは上の「葫蘆嗣葫蘆なり」の理由をあらわすと同時に、下の「露柱懐胎
生なり、燈籠対燈籠なり」にかかっていっています。露柱も生命を懐胎することがある。
法堂の円柱も哺乳類のような生殖様態を示すことがあるし、燈籠と燈籠が夫婦になること
もある。「対」というのは配偶となるということで、つまり、無機物とか有機物とかの区
別なしに、一切のこの宇宙全体の生命、生殖はつづいていくのである。これこそが仏の教
えであり、仏教的な宇宙の相である、ということになりましょう。

この『竜吟』という巻で道元の言いたかったのはまさにこのことだっただろうと思いま

す。そうでありながら、しかしそれを明示しないところに、禅宗的と普通言われる表現の特別の性格がある、ということもついでに悟っていただきたいと思います。情識を否定しながら、全生物界の存在、持続を肯定どころか謳歌している道元をさえ、僕はこの巻を読むと感じとれるように思うのです。

正法眼蔵（第二十三）　都機講読

正法眼蔵のお話をするんですけど、いまも唐沢先生*がおっしゃられたように、道元の思想がこうだということを概論的にお話してみても、そう特別のことはない。「只管打坐」、ただひたすら坐れ。これが根本で、次いで一言で言えば、「さもあらばあれ」の考え、それはそうとして、仏に至り、仏を超える向上の一路をたどる、――錯ちは錯ちとして、それにこだわらず、それをこそせねばならないということ。これを実践面とすればもう一つ、哲学面で、存在観における偏界不曾蔵の考え、宇宙全体を通して、隠されているものはかつてなかったし現在もない、そして一切は同時現成である、すべてのものは同時に現実化されてあるんだ、過去のものは過ぎ去ってしまって今ないとか、これからあらわれるものはまだないんだとか、そういうことはない。すべてのものが、悉皆が、同時現成という形で現実化されている。この二つ、ただひたすら坐るということを基礎にして、自分の実践上は「さもあらばあれ」、間違いがあっても、間違いは間違いとしてさらに先に進む。それから悟りと修行とは別のもんじゃない、悟りえたからもう修行しなくていいということはないんで、最初の発心がすでに悟りなのだから、それに基く修行の中には悟りがあるが、しかし悟ったあとでも、なお限りない修行の必要がある、修証は一等である。この辦道話の考えを加えて、これを道元の実践論として強調する。あとの方を強調するひとの方が多いでしょうが、それと今言った存在論について講釈することで大体、道元の思想としては言うべきことは尽きてしまうと言っていいんじゃないかと思います。

しかしそういうことだけでしたら、道元も過去の思想史上の名士としてどんどん古くなる一方のわけですが、それがそうでない。なぜそうなのかと考えて行くと、問題は表現の問題に、表現の世界の消息にかかわってくると思います。道元の用いたのは言語表現ですから、つまり言葉の問題になる。言葉を逐一たどるということで、道元の考え方ばかりじゃなく、かれの精神の姿そのものもはっきり見えてくるだろうと、そういう風に思います。それでともかく言葉を一々たどって、正法眼蔵の思想的真髄に迫る、そういうのが自分のとるべき道だと自分では思うわけです。

こんなことは私事ですけど、今の唐沢先生の紹介にもあったように、世に専攻と言われるものを全く別の方面に持っていた僕に、正法眼蔵の注釈なんていう、大変なしごとの依頼があったのは、それも、僕がそういうやり方で眼蔵を読んでいるということを誰かが知っていたからでしょうが、僕がそれをまた引受けたのは、そういう言葉を通じて道元へというやり方こそ、今になっては道元に対してとりうる唯一の態度、それこそやらなきゃならない唯一つのことで、一語一語に注をつけ、注でないまでも、読み方の道筋をはっきりつけながら読んで行く、自分にもひとにもその道筋が分るようにしながら読んで行く、それこそ必要だと思っているところへ、その依頼があったから引受けたんで、今日お話するのも、そういうことの実践の一つになります。

では、なぜ、今日、何巻もある正法眼蔵の中から、特にこの『都機』という巻を選んで講読するのか、そのことも前置きの一部としてこれから話しておきたいと思います。大体正法眼蔵について僕が最初に書いた、『透体脱落』という文章の中で、『眼蔵』というものを自分はこういう風に受取っている、として書いて行った、その内容が、非常に多くを、この『都機』という巻の与える印象に負うているのです。ですからはじめてお目にかかる皆さんの前でも、自分がどういう風にして『眼蔵』に入って行き、それを読んでいるかということを具体的に紹介するためにも、この巻を選ぶのは便利だし、いわれもある、と思うのです。

いま「つき」と言っていますが、漢音で読めば「とき」と読む、しかしこの文字が、あの遊星の月を指して用いられているということに間違いはありません。万葉がなでも月と言うために都紀と書いたり、都奇と書いたりしますし、第一、内容から見て、この巻は月を題材にして、それによって宇宙の真相の認識を論じた章ですから、都機は問題なく月だと思います。

ただ、この『都機』の巻の前に『全機』という巻があって、そこで全機関現成ということが論ぜられています。生も死も、またすべてのものが、それとして、あらゆるはたらきの現実化されているものであり、またあらゆるはたらきを現実化するものである、そして、それらは、どれも何か他からの制肘を受けているようなことはなく、逆にすべてを発動させうるものとして存在している。そういう思想が述べられていますが、その標題の全機の全、すべて、まったし、と言うのと同じ意味が、都という字にはあります。都はすべて、総、凡の意味を持つ字で、都機と全機は同義語だと言えます。『全機』の中で抽象的に論じた全機関現成ということを都機すなわち月に即して行うということが、この巻にこの題のつけられた理由ではないかと思うのです。

大体僕が、最初眼蔵をこういう風なものだと受取ったその内容というか印象も、やはり月の光に似ていました。明らかに存在はする。しかし実体として存在するとは言えない。摑えようと思えば掌から逃げる。しかも太陽の光のように熱があるわけでもない。しかし明るくて、闇の中にあるものを、眼に見えるものにする力がある。そういう輝き実在しながら無でもあるようなもの、『眼蔵』が説くのもまさにこの月の光のようなものである。そういう感じで、最初僕は『眼蔵』について書き、その中で、そういうように自分の印象を記しもしたわけです。

しかしそう書いているうちに、そういうことばかりではなくて、『眼蔵』に示されている道元の言語表現というものは、日本の文学には、他に類がないと言っていいくらい、非常に強い意志で高鳴っている文章だ、そういうことが次第に意識に上って来て、その文章でも、結びはそれへの讃歌となりました。ですから、月光のように冷徹な微光を放つ無の思想・空(くう)の感じというだけでは、『眼蔵』の印象を言いつくしたことにはならないんですけれど、しかしそういう一面の性格のあることは疑えない。そういうことがあって、皆さんに最初にお目にかかる機会に、この『都機』の講読をまずやろうと思ったわけです。

次にある意味で言えば、道元の思想家として、あるいは思想表現をする人間としての缺陥とも言えば言えるわけですけれど、どの篇も、一番根本的な道元の考えを語っていて、西洋の哲学者のように、次第に思想を発展展開して行って、体系的に次第に規模を大きくして行く、前には言わなかったようなことがあとから出て来て、しかも前のものの部分となり、それを鞏化して結局、全存在と拮抗するものとしての自分の姿をあらわす、そういうことが道元にはありません。ですからこの『都機』という巻のなかからも、やはり道元の思想のすべてが、読み方によっては抽き出せるという風にもかえってなります。と言った口の下から、また修正のような補足のようなことを言わねばならないことに気がつきますが、何しろ道元はそういう具合の表現者ですから、かれについては、これでもうすべて言いつくしたというようなことには、何度かれについて述べてみても、やはり、どうもならないんで、何度でもまた取り上げ、やり直さなきゃならないということが起ります。それで前置きとして今まで言って来たようなことも、ただの前置きとしてもそれだけでは不十分だ、と、そういうことになって、これは、いきなりテキストについて、言葉をたどりながら、道元の考えを手探りでたしかめて行くのがもっともいい、そういうことになりますので、ここですぐ講読に入ります。

諸月の円成すること、前三三のみにあらず、後三三のみにあらず。円成の諸月なる、前三三のみにあらず、後三三のみにあらず。このゆえに、釈迦牟尼仏言、仏真法身猶若虚空。応物現形如水中月。（釈迦牟尼仏言はく、仏の真の法身はなお虚空のごとし。物に応じて形を現すこと水中の月のごとし。）

ここから入って行きます。

ここでも道元の表現の特性は、たった四行のなかですけれど、随分はっきり出ていると思います。その一つは対句的表現ということです。対句的表現というのは平安朝の文学にはあまりなくて、そういうものが一番出そうな枕草子にも見当りませんが、中世になると急に出て来ます。道元が正法眼蔵を書いたのは、平家物語のできたと推定されるころと時期的に同じなんで、同じ一種の文章理念が、平家物語の作者をも、道元をも支配していたということが、今言った対句の頻発や、文章の声調を極度に重んずる点や、漢語好みなどから読みとれます。それは道元ほど独特の高邁な思想をもったひとでも、その時代の文章理念からは逃げ切れないものだということを語っていて、そういうことが眼蔵を読んで行くうちに次第に見えて来ますが、ここもその対句的表現の頻発の目につく件りの一つです。

それからもう一つ、純粋に語学的な関心から言っておきますと、この「円成すること」。ここには「こと」が入っているんで、それほど問題があるとは思われませんが、「こと」をとっちゃった「諸月の円成する、前三三のみにあらず、後三三のみにあらず」という形、これも、道元が頻繁に用いる措辞で、こういう体言止めや連体形止め、これもやはり中世になってはじめて、もっとも和歌のなかでは、平安朝の文学にもあるわけですけれど、散文表現のなかでは、中世になってはじめて急にさかんに用いられるようになったものだと思います。というのは、平安朝時代は和歌がまだ健全で、それが代表する韻文と、散文のあいだには混淆の餘地などなかった。そのために平安朝の女流の文学は、いま読むと、散文として非常に純粋だと感ぜられます。歌が一方でさかんな生命力を持っていたため、散文の純粋も逆に保たれたと、そういう風に言えるのじゃないかと思われることですが、それと反対に、中世では短歌ばかりでなく、歌謡的なもの、訓読漢文の朗詠風なものなどが散文のなかに流れ込んで来て、語りものの成立を助けている。散文の側から言いますと、散文自身が、言葉の音楽的使用に野望を抱いて、さきにも言った声調、そういうものの効果をしきりに望むようになって、散文としてはかならずしも純粋とは言えない独特の文体を生んだ、そう言えると思います。

「諸月の」、ここは「こと」が入っていますけれど、「諸月の円成する、前三三のみにあらず」というような文体を、道元が再々用いるのは、いま言ったような、韻文的効果をねらった散文の形だと言えます。

その一例と見られる個所ですが、その中にある「諸月の」。大体、月はもともと一つしかないものなのに、これを「諸月」と言うのはどうしてか。そこに、第一、われわれはひっかかりますが、それはあとを読めば分ることで、それを先廻りして言うのは、自分の立てた方針に反くようなことですが、便宜上、今言いますと、今日の月と昨日の月、また明晩の月、これはそれぞれ皆別のものだ、そういう考えが底にある表現です。道元はしきりに、前後際断ということを言いますが、そういう風に言いあらわせる存在のとらえ方、それから来ている表現だと思います。ものごとには本当は前中後の三際、三つの局面と言いますか、時期と言いますか、それがあるのが普通で、三世もその一種です。それを、前後際はなく中際だけがあるという意味で、前後、際断と言います。しかし、本当はこの言い方はおかしいんじゃないでしょうか。本当は前後際で切って、断と改めて言う方がいい、際という字には別に、切る、切れるという意味はないので、そう思いますが、ともかくそういう前後際断という考えが、眼蔵の中を、しきりに行き来していますので、それを引合いに出して、この「諸月」という表現を理解したらいいんじゃないかと思います。

それから「円成」。これは無論丸くなること。円として成就すること。ですから新月が段々三日月になり半月になり、満月になって行く、あらゆる形の月が満月になる、その過程と、抽象的には言えることを、「諸月の円成すること」という風に言っているわけです。

次の「前三三、後三三のみにあらず」。道元は中国に行って、実地に中国の僧侶について禅修行を積んで来たので、中国の俗語が随分眼蔵の文章のなかには入っています。しかしその俗語のうちにもこの「前三三、後三三」などというものはないと、入矢義高さんは言っておられました。それでこれは全く僕の独断的解釈ということになるわけですが、「三三」という言葉で何を言ってるのかというと、数字であらわせるような量的なもの、そういうことではないかと思います。「前」、「後」とありますが、前の三日とか、あとの三日とか、そういう風に数字であらわされる日にちのことじゃない。そういう意味で、「前三三のみにあらず、後三三のみにあらず」。つまり月が満月になって行くのは、日数を重ねて、あるいは次の十五日で欠けてゆき無月となる過程も同じ筈ですが、それは日数の問題、日にちで数えられるようなことではないんだ、そのなかに、時の経過というようなことまで含めて考えた上で、数字であらわされるようなことではないんだ、月が満月になるということは、――そう言うかわりに、「前三三、後三三にあらず」です。

「のみにあらず」の「のみ」が、では何かという問題が、そこで起ります。しかしこれはさっき申しあげた、声調を尊ぶという文章理念が、ここでものを言っているということが一つ。もう一つは、「のみにあらず」ということで、それだけではないんだ、もっと他の場合もそうなんだ、だから同じ比喩的表現で言えば「前六六にもあらず、後六六にもあらず」とも言えると言うかわりに「のみにあらず」と言っているのだと、考えていいのじゃないでしょうか。何しろ、典拠の明らかでない言葉なので、そう解釈したって構わないとも言えましょう。あとに豫定している質問の時間に、皆さんの方からそうじゃないんじゃないか、自分にはこう受けとれるという説がありましたら、お聞かせ願いたいと思います。

それから「円成の諸月なる、」これがまた読みとばしちまえばそれっきりです。だけど「円成の諸月なる」というのはどういうことなのか。円成というのはさっきも最初の句で読みましたように、丸くなるという形式的なある過程、現象、あるいは、月なんかについて行為とか行動とかいうのはおかしいかも知れませんけれど、そういうものをあらわす抽象名詞です。それが諸月だ、複数の個体だというのはどういうことか。

対句的表現ということをさっき申しましたけれども、これも対句的表現の必要上おかれた言葉です。では無意味かというとそうではないんで、僕の理解のしかたですと、これは、諸月が円成するという、月というものを主格においといて、円成というそれの行為、行動、造作がそれとは別の、それにつくものとして言われる表現、そういう表現にあらわれる一方向的な認識ではいけないという考えをあらわすための表現で、円成という造作の方から、諸月という実体を考える。述語の方から主格を考える、その必要があるということを語る暗示的表現だと、僕は見るわけです。ものごとについては主格と、それからそれのはたらきの両者から、これを見なければならない。あるいは他動詞でつながれた主格と客体がありましたら、同じ動詞を通じて客体の方から主体を考察することも必要だ、そういう考えが道元にあって、それでこの対句が、一面には無論さっきも言ったように、時代的な文章構成法上の要請に基く措辞ではありますが成り立ったんだろうと思います。だから現実の現象から言えば、「諸月の円成すること」と、全然同じことを指しているととっていいわけです。ただそれを両面から全体的に考察せよ、その必要があるということを、道元はこの言葉で示唆しているんだという風に思います。

この「円成の諸月なる」、これは言うまでもなく連体形止めです。さっき「円成すること」の「こと」を省いた形を道元はしばしば用いるということを言いましたが、これはその一例です。この文が名詞句となって主語を形成し、一種のまたぎの効果をあげつつ、次の「前三三にあらず云々」の述語部分にかかって行ってるわけです。ではその効果はどういう性質の効果かということも、道元をただ思想家宗教家としてだけ見るんではない立場からは、やはり考える必要がある。少くも自分がそれからどういう印象を受けたかという、その印象の内容を考え、それをそれとして自覚する必要があるだろう、と思います。「諸月の円成すること」というのは、これは第一句ですから、問題をはっきり提出するために、表現が実体的になることを厭ってはいられない。そういうことで「諸月の円成すること」と置きましたけれど、第二文でさらに「円成の諸月なること」という風に「こと」をつけて言ったのでは、実体性が重なり仏教で言う無あるいは空、ことに禅宗の立場からはもっとも重要と考えられている、それを説く著述の中で、第一、文章自体、矛盾を犯したことになる、それで今度は「こと」を省いた。しかし連体形止めの文を名詞扱いして、これを主格とするという第一文の裏を支配していた意図は第二文でも依然としてはたらいていて、そこで「こと」の脱落がかえって強く可感的になり、またぎもかえって強く感ぜられます。見えない形で断絶があり、その断絶を越して上の句と下の句がつながる。言ってみれば文章を書く上での無の実践ということになりますが、そういうことが、ここから読みとれます。

次に「このゆへに」とあります。どのゆえだか、それが言えなきゃ次の釈迦牟尼仏の言葉を読んでもしかたがないわけですけれど、ここで、何も月が新月半月等々から満月になる過程ばかりを考える必要はないので、月の呈するさまざまな形、というのは数量的に規定されるもの、従って局限されるもの、ということになりますが、それらのすべてがそれなりに「円成」なのだ、満ち足りているものなのだ、だから、という風に、この「このゆへに」の意味を汲みとれば、次の言葉の出るわけが分ります。つまり、次の句を読んでも構わないことになる、その資格ができたことになる。

釈迦牟尼仏言、仏真法身猶若虚空。応物現形如水中月。

この「釈迦牟尼仏言」は金光明経の天王品にある句ですが、道元というひとは、いろいろ仏典とか、中国の祖師の言葉を引用しますけれど、道元独特の曲解というものがあって、それだから出典で前後の文章を確めなきゃならないということもありますけれど、反対に確めてみても大した意味がないことにもなる。強い信に貫かれた曲解だからです。そういうところでは、出典の穿鑿も大して意味がない。意味があるとすれば、それは道元がどういう風に曲解したか、あるいはどういう風に書きかえまでしているかという、そういうことが確められる点でですが、テクストのその件りの理解のためには大して役に立たないことが多いのです。

一般的に言って断章取義を積極的に活用するのが道元のやり方でして、ここも前後に顧慮することなく、これだけの文句を、そこに道元が読みとった意味はどういうものかという関心から解釈するだけで十分だと思います。「仏の真の法身はなほ虚空のごとし、物に応じて形を現すこと水中の月の如し。」この法身というのにまず問題があります。仏とは何か、ということは、最近のようにサンスクリット原典から仏教を考える立場が強まって参りますと、たとえば仏陀にしましても、これは、悟ったひとということだ、あるいは目ざめたひと、智慧あるひとということだ、そういう見方が常識化されて来ました。仏教というのは他でもない、そのひとの持つ智慧のことである、正覚というのはまさにそのひとの認識の内容を言うのだ、ということに、それからなって来ます。「法身」の法は、この認識にあらわれている存在の理法を言うので、仏陀が何に目ざめているかと言えば、この理法に目ざめているのです。ところでこの「法」は、仏教の説くところでは、実体性のすべて否定された存在のしかたで、すべては縁起、他に因があり、それによって起るものであり、そこで言われる「よる」ということ、すなわち縁という字であらわされるものこそ存在の本質、すなわち法だということになります。この場合、かような「法」を体現するものと考えられた「仏」、それが法身仏です。それは同時にその「法」を認識する智慧でもあって、正覚がすなわち「法身」だと言えるわけですから、これも実は実体性を持たない。しかしそういう空なる存在は、衆生の情識からは信仰の対象にしかねる。そこで、仏というものを一つの体と考えて、法身仏と言いながら、実在する個体を思いえがくわけです。結局そうなると、仏教も実体ある存在を信じているわけで具合が悪いのですけれど、仏を信仰の対象とする以上は、それもやむをえない。のみならず無明に沈んでいる人間、衆生もこの現実の中にはたしかにあるわけで、実在する実体としての仏というものを消し去った光景をかりに想像すると、この衆生の無明が世界を覆っているような具合になる。

そういう衆生全体と拮抗して世界を全円に持って行く、最高の智慧の具現者としての仏、そういうものが考えられないと、宇宙像の平衡が失われる。そうして表象されるのが、別の見方から考えた場合の法身であるわけです。

が、しかしそれではいけない。そういう実体主義的な考え方をするのはいけないと言っているのが、この「仏の真の法身はなほ虚空の如し」という言葉です。しかし、「仏の真の法身」という言い方は、ある意味では、重複語法で、重複というのは、この場合、矛盾です。なぜなら、仏というものが一つあって、それにそれとは別の法身というものが具わっているというのがこの言い方が裏で表象していることです。ところが、法身の「法」は、諸法実相などという場合の法とは違っています。仏法というときの法です。存在の根本的な理法としての法、それがさきにも言いましたように、仏の認識内容であるとともに仏そのものであるわけですから、仏、あるいは法身、そのどちらかで用は足りるわけです。それを「仏の真の法身」とあえて言うのは、仏を法から離れて、一個の別存在と見ている点で矛盾ですが、ここの言廻しを親切に解釈しようとすれば、「仏がその存在を示す場合のそれがあらわしている真の姿」、そう読むのがいいということになるんじゃないかと思います。

それは「なほ虚空の如し。」大空のようなものだ。法身と言う以上、人間はどうしても自分の体になぞらえてそれを考えるわけで、丈六の巨体で、紫磨黄金に輝くとそれを考えたところで、それが有限の大きさしか持っていない、物質的存在であるのに変りはありません。しかしそういう具合にでも法身を考えなきゃ、法身というものをわざわざ立てた意味がなくなる。だから一旦そう言っておいて、それを今度「虚空の如し」と否定的に言うわけです。つまり捉えどころのない、存在の全体を覆う巨大なものではあるけれど、実体性のないものだ、そういう風にこの至大の存在の実体性を否定するわけです。しかしそんなものが法身、身であるかという疑問が起る。起るけれども、その人体のそれによく似た実体性と、虚空とか、空、無とかいうような非実体的なものとを同時に思いえがかぬ限り、宗教としての仏教、単に仏の智慧の内容という意味でいうのではない仏教は、成り立たないんじゃないか。そのむつかしさをあらわしているのが、この八字だと言わば言えます。

こういう難問を避けるために、衆生の願いなり期待なりに応じて、なんらかの形をあらわすものとしての仏というものも考えられる。それを応身仏と言いますけれど、それがここに出て来て、「物に応じて形を現すこと水中の月の如し」となるわけです。しかし「物に応じて形を現すこと」が「水中の月の如し」というのは、実はおかしいんじゃないか、そういうことがまた考えられる。月はそうどこにでも、なんにでも応じてその姿を映し出すわけじゃありませんし、他方法身が一旦虚空になぞらええられたなら、それと釣合う言い方は、法身は「水の如し」でなければならないんじゃないか。「雲をも月をも映す水の如し」と言うんならば分る。それをなぜ「月の如し」、「水中の月の如し」と言うのか。そういう疑問が起ります。しかしここにそう書かれてある以上、なんとかしてこの言葉を、このまま、理解とは行かないまでも、解釈しなければならない。

ではどういうことになるかというと、月は水に映れば姿をあらわす。しかし地面だとか、岩場だとかには、光こそ宿っても、月全体の影は映らない。そういう意味で言っているのではないか。ものの形を損わず受け入れるものとしての、虚空と水の相似性が、いま問題にしている表現の根拠ではないか。無抵抗な宇宙同様、光に対して、これを乱反射させるということのない鏡のようなものとしての水、均一な平面であってしかも器によってどうとも形が変って行くものとしての水、そういうものと、水はここでは考えられている。そうとればここの一見不斉合な表現もまんざら分らなくもない、ということになるんじゃないでしょうか。

いはゆる如水中月の如々は水月なるべし。

またそこで、道元の独特な言葉の使い方の説明をしなければなりませんが、この「いはゆる」というのは、普通言う「いわゆる」じゃない。「言われているところ」の意味です。「いわゆる」と普通言うのは、一般にひとが言っているところのという意味です。自分では直接そういう言い方を考え出したわけじゃないし、かならずしもそれに従いたくないけれど、一般にこういう具合に言葉が使われているという意味で、「いわゆる」というわけでしょう。道元の場合はそうじゃなくて、自分が言ったことについて「いはゆる」と言う。ここは経文の文句なので、経に言われてるところの、の意味で「いはゆる」と言っている。「如水中月」という言葉の次の「如々は水月なるべし。」この「如々」という言葉は真如という風にも言って、真実がありのままにあらわれたその姿を言いますが、それがまた単に「如」とも言われる。この文章の「如々」は、要するに「如水中月」という言葉のうちの「如」をさしてこう言いかえた、というか、「如水中月」ということの真の意味は、という意味でこう言ったととるべきでしょう。この「如」は、水と月とのあいだに成り立つ一つの関係をあらわす言葉じゃなくて、水と月とのいずれもが、また両者の結びついたものが、「如」という存在様態で存在している、水と月というものと、「如」は別に離れたものじゃない、離れていたのにあとでくっついて両者の関係の姿となる、そういうものじゃないんだということを言っているわけです。そしてそういう存在様態をとって「水」があり「月」がある、「水月」があるというのが真如、すなわち、「如々」だというわけです。一切存在の様相は「如」あるいは「如々」だというかわりに、

水如、月如、如中、中如なるべし。

——そういう風に説き進めているというか、書き進めているのだと思います。
最初の「水如」というのは、「如水中月」四字のうちの「加水」をひっくり返したものだということはすぐ分ります。それから「月如」は四字のいちばん最後の字を頭にもってきて、二字だけにして、「月如」と言った。それも比較的簡単に分ります。「如中」は、あ

いだの水を抜かしてこう書いたわけです。「中如」は「水月」という、とかくひとが実体的と受けとりがちなものを排除したあとに二字天地転倒させて成り立つ、全く空なる言葉です。

しかしそれでは、抽象的、非実体的なものだけが重要なことかというと、そうでもないんで、すでに「如々は水月なるべし」という言い方でそれは言ってあります。やはり最初に「諸月の円成」と、「円成の諸月」、その二つの表現に触れてお話しましたように、「如水中月」四字のあらわすことを、この四字の順で考えるだけでは足りないので、言葉の組合せを一度こわし、あらゆる組合せをこころみて、そしてそれらの言いあらわす事柄を囚われぬ眼で見てみよ、問題にせよ、そういうつもりで、「水如、月如、如中、中如なるべし」と言われたのだと思います。ですから、

相似を如と道取するにあらず、

という言い方が出て来る。似てるということが言えるためには、一つのものともう一つのものが別々にあって、その二つを比較するということがなければなりません。他者同士の関係の設定ということがあるわけです。しかし「如」というのはそういうものじゃない、ということを、「如と道取するにあらず」と言っているんだと思います。「道取するにあら

ず」の「取」は、「とる」という風に解釈してはいけないんで、これは助辞です。何々してのけるというような、強め、動作完了の語気を動詞に添える字ですが、動詞ではありません。しかし「道」は動詞です。これを道元は非常にしばしば「言う」という意味に使っていてここもそれです。それをもう一回言い直して

　如は是なり。

この「是」は「これ」という意味ではありません。正しいという意味でもありません。道元がこの「是」を全体としてどう理解していたかには問題がありますが、ここは簡単で、これは、英語で言えば to be 何々であるという意味です。日々是好日というときの「是」で、文法で繫辞と呼ぶものです。そこで「如は是なり」は、如というのは「である」ということだという意味になります。なんであると言っているのかというと、「物に応じて形を現す」ということが、「水中の月」であると言ってるわけでしょう。

　仏真法身は虚空の猶若なり、この虚空は猶若の仏真法身なり。仏真法身なるがゆへに、尽地尽界、尽法尽現、みづから虚空なり。

道元はいまの金光明経の言葉を下からたどっていますが、「仏真法身――すなわち仏身――は虚空の猶若なり」。「虚空の猶若なり」が、「猶若虚空」という、仏典の言葉を倒置したものだということはすぐ分ります。

ではその意味はどうなのか。それはこういうことじゃないかと思います。仏の真の実体的存在は、虚空がそれであるところのもののようなものだ、それは猶若という形で存在している。「如は是なり」の考え方をここにも応用してそう言うわけです。虚空がそういうものとして存在しているところのものと同じだ。猶若というのも、「なほごとし」という、何か主体があって、それと何かの客体をとり上げて比較するとき、そのことをあらわす言廻しとして使うのが普通の字ですが、ここではそれとは違うわけです。猶若と言っても比較するもの、されるものを別に必要としない、それ自体である存在の形式のわけです。ですから仏の真の法身は虚空であるということと同じことになります。それがここの意味だと言っていいでしょう。ですから、次の「虚空は猶若の仏真法身なり」という言い方も出て来る。大空を今とりあげてみると、それは猶若という形で存在する仏の真の姿なんだ。その次の行の最初にある、「みづから虚空なり」、全宇宙、全事物現象、全顕現、全活動、そのすべては、それ自身虚空だ、空（くう）だ、そういう言い方も次いで出て来るものと思います。「仏真法身なるがゆへに」は「仏の真の法身なるがゆゑに」ですが、この文は上に主格が略されています。「虚空は」が。もっとも略されていると言っても、この行の頭の「虚空は」がここまで響いているわけですから、略されていると思うのは、文の流れが今式の句読点やまた鉤括弧のために、とぎれとぎれに、ぶつぎりにされるからで、道元の修辞法のせいではありません。

「虚空は仏の真の法身なるがゆへに、尽地尽界尽法尽現みづから虚空なり。」

「尽地尽界尽法尽現」、今しがたすでに説明してしまった字ですが、ここの「尽」はことごとくという意味です。全地、全界と言っても同じことです。この「界」は、存在とか、宇宙とか、そういうものを、空間的に考えた場合のその存在の姿、いわば場が「界」です。「地」という言葉でも、なにも地球だけを考えているわけじゃなくて、宇宙存在全体という意味で「地」と言っています。「地」と「界」とは、そういう意味では、別のものをさしているわけではない。

それから「尽法尽現」、この「法」はさっきの「仏真法身」の「法」とは違うでしょう。仏教というのはすなわち仏法であり、すなわちそれが仏だという等式は、仏教の根本のわけです。仏の教えは存在全体を統べている理法であって、その理法がまた仏自身である。人格的に考えれば、その法を認識して、実践しているものが仏だということになりますが、そういう等式が成り立っている。その「法」とは、しかし、これは違うんで、諸法実相なんかの「法」だろうと思います。もろもろの事物、現象というようなものが、この「法」だと思います。それは根本的な理法があって、それによって発動せしめられたり、現実化されたりしたものということで、定めという意味のダールマ、「法」という言葉が両者に共通に用いられているわけです。諸法実相という言葉も、これを一語、一概念と見るときは、「諸法」の実相性という意味、もろもろの事物現象は、そのまま真実であるというそれらのありようという意味で、いわば「諸法」全体を貫くその性質の意味で言われているのです。正直なところ、この二つの「法」のあいだで起る混乱、また「識」と言っても、六根のはたらきの意味の識もあるし、六根のうちの意根のはたらきを識というという用法もあって、こういう混乱が仏教書を読んでむずかしいものにしているという点は認めねばなりますまい。もっとも「法」について言えば、二つの「法」が相即関係にあるということが、仏教を、というか仏教的思惟を宗教として独特のものとしているということも、あるわけで、一概に非難もできませんが。

次に「尽現」というのは、この金光明経の第三句目に「物に応じて形を現す」、その「現」がここに持って来られたに違いありません。また別の言い方をすれば、仏法という一つの根本的な、全体を律する法があって、それによってもろもろの現象が起って来る、その場合の「あらわれる」というそのこと、現実の活動と言い直してもいいことですが、ですから前の「尽地尽界」で、実体的な存在を問題にしているのに対して、ここでは、法だとか、縁起、因だけでも、その結果である果だけでもない、その二つのあいだで縁って起るという、この生起を言うのが、この「現」、あらわれる、じゃないか、そう思うわけです。

こういう抽象的なもの、機能的なものをこの「尽現」が言っている。ですからこの存在の、目に見える実体的なものも、それが置かれる場も、そこに起ること、つまり現象も、生起という運動、造作も、次の行で言うように「みづから虚空なり。」それ自体虚空なのだ、ということは空（くう）だということでしょう、そういう風に言いあらわされる。

そうすると、今度は、仏の真の法身が、「尽地尽界尽法尽現」だと、そういうことになる。ですから実際に、現実的な全一存在の他に仏というものはないんだという考えが、ここにすでに含まれていると言っていいと思います。その点をここの金光明経の言葉に照し合せると、道元の考えは釈迦牟尼仏の言ってることを裏切る結果になっていると言えます。そういう結果になるのは、道元が釈迦牟尼仏の考えに遡った上、それをさらにつき進めようとするから、じゃないでしょうか。

『仏向上事』という巻がありますが、向上というのは、いま向上心という風に普通使われて、上にあがって行くこと、あるいは根源にさかのぼることを向上と言いますけれど、中国の俗語で向上というのは、より上、以上、無上ということなんで、「仏向上事」というのは、仏以上のものになることをいうわけです。その「仏向上事」が道元の目標なんですから、いま言ったような、言葉は悪いですけれども、仏を裏切るというようなことが起っても、不思議はない。「殺仏殺祖」、仏を殺し祖を殺すとさえ言うのですから。仏に近づき、仏に随順し、仏になればいいというもんじゃなくて、仏をさらに越えなきゃいけない。「仏向上事」という考えはそれを言ったものです。そこから経文の曲解も当然出て来る。

現成せる百草万象の猶若なる、しかしながら、仏真法身なり、如水中月なり。

この件りはいまの抽象的説明ですでに用が足りてるわけですが、言葉の問題としては「しかしながら」の問題があります。いまのように説明したら、しかしながらと言うべきじゃなくて、そのままで、と言うべきじゃないか、というひとが出はしないかということです。しかし、原文は「しかしながら」になっているので、そのわけを考えなきゃなりません。「しかしながら」というのは、そうでありながらということです。そして「しかし」の下の「し」、これは強めの「し」です。「しか」は、「しかり（しかあり）」とかいう場合の「しか」で、そう、ということ。漢字を充てるとすれば、「然」という字が充てられるところです。「しかながら」という言葉も他に用いられている例があって、それからすると、これは「そうでありつつ」ということです。

さてそういうことになりますと、すでに説明したことだとは言ったけれど、やはりここの「現成せる百草万象の猶若なる、」も説明の必要が出て来ます。すなわち、現実化されている「百草万象」、これは草と象で森羅万象すべてをあらわしているわけです。その数を言った百とか万とかいうのは、有限数じゃなくて無限数です。どれほどあるにしても、ある限りのということです。そういうこの地球上の諸存在が、「猶若なる」すなわち、それなりにそれであるところのものとしてある。この場合の「猶若」は、一行前の「仏真法身は虚空の猶若なり」の「猶若」と同じ使い方で使われていると思います。「なほ何々のごとし」という形で存在するところのものだ、それなりのある姿をとって存在するものだというのが、猶若という言葉の意味だと思います。根本的なある理法があって、現実化されたこの地球上の諸存在、諸物象が、そういう形の存在としてあるのは、しかしながら、そうでありつつ、仏の真の法身である、そういう意味にここは読めます。

次の「如水中月なり」という句は、これも、「水中の月の如くなり」という風に分析的に、月を実体化するように読みかえては本当は、いけないものでしょう。現実化されている森羅万象は、とりもなおさず仏の真の姿だ、という風に、さっきから述べて来た通りの条件つきでですが、恒常不変の実体のように考えるのではなく、ものに応じて姿があらわれる、そういう風な、縁起生の形で存在の知られるものと考えられなければならぬ、それがここの意味じゃないかと思います。しかしここで月という言葉、いなむしろ月の影像が、道元の表現意識を占めたんで、次の表現の主格が「月」になる、という風に想像していいのじゃないでしょうか。

ここは簡単な文ですけども、それでもやはり、つっついていると問題の出て来る表現で、月のときはかならず夜にあらず、夜かならずしも暗にあらず、ひとへに人間の小量にか丶はることなかれ。日月なきところにも昼夜あるべし、日月は昼夜のためにあらず、

日月ともに如々なるがゆへに、

——ここを読点と読むか、句点と読むか、問題があります。僕はここは「日月ともに如々なるがゆえに」で切る、ここに句点を置いて、前に言ったことの理由を述べたものと読むのがいいんじゃないかと考えます。問題は前にもあって、「月のときはかならず夜にあらず」、この「月のとき」の「の」、これは所有を表す格助詞の「の」で、月が持っている時、月が管掌する時、あるいは、月の占有しているものであるところの時、そういう意味で言っている「の」でしょう。月が出ているときというんじゃないだろうと思います。そういう時は、かならずしも夜とは限らない。この「かならず」も、次と同じく「かならずしも」とした方が分りいい句です。文章を勝手に改竄することが許されるなら、ここなんか、否定体を作る強意辞の「しも」を入れて、その上「月のときはかならずしも夜なるにあらず」としたいところです。

しかし次は違います。単に「かならずしも」と「しも」が入っているせいばかりでなく、「暗」が「夜」と違って形容詞だからです。ここの「にあらず」は、さきのように、「(夜にある) にあらず」かも知れないなどと考える餘地はないのです。

「夜かならずしも暗にあらず。」これは比較的簡単で上から、月というのはかならず夜出るものじゃないんだ、しかし夜も、これを暗いものと決めてかかっちゃいけないんだ、そういうことでしょう。簡単といま言いましたけれど、これは反自然的なことで、簡単なのは文章だけです。意味は一筋縄では行きません。だから「ひとへに人間の小量にかかはることなかれ。」そう言わなければならなくなるわけです。一途に人間界の小さなものの考え方にばかりひきとめられていてはならない。「人間」はひとではありません。人間世界です。「小量」の「小」は「少」字で書くこともあります。「量」は、これははかるという、一番もとの意味で使っていましょう。思字を上につけて、思量と熟す字です。せせこましい人間のおもんばかりに拘泥してはならない。ひきずられてはならない。

「日月なきところにも昼夜あるべし」、これは、月については分りますが、日の方については、スラッと分るとは言えますまい。太陽が出て明るいのが昼なんですから。しかし太陽のことを考えれば、昼というものを考える必要はないかというと、そうではない。そういう意味では昼は太陽から独立した一つの存在だ。多分道元はそう言いたいので、そう考えれば、分らないではありません。「日月は昼夜のためにあらず。」この「ために」というのは、「に向って」という意味の「為」の字を充てて、中国文の書き方から来たものと考えられますが、意味は、昼とか夜とかいう区別がつくように、昼夜がそれとしてあるために、昼夜が昼夜としてあるために、日月はあるのではない、ということだろうと思います。

というわけは、「日月ともに如々なるがゆへに」と次にその理由が述べられるからです。僕はここを句点に打ちかえて読みます。月も日もそれ自身あるがままで真実であるところの存在だからだ、それ自身真実であって、その他に、何かになって、あるいは何かの力を藉りて存在するというようなものではないからだ。真理の体現された姿が、真如とか、如々とかいうものですから、それが何かに依存しているというわけはない。何かに依存しているんだったら、欠けたところがあるわけで、従って一つの存在の姿として、全円をなすということはない筈です。従って、真実ってものが、もし本当に真実であるとすれば、それが全体を覆って、その他には何もないような、そういうものでなければならない。「日月ともに如々なるがゆへに」というのは、月も日も、そういうものとして真実であって、その他の何かに従って存在するようなものではない、それだけでそれ自身の全体を覆いつくしているものなんだと、そういう考え方をしているわけです。今日の天文学の知識とは矛盾しますけれども、日とか月とかいうものを、ちょうど仏が存在するという具合に、日は存在する、月は存在する、昼も夜も同様に存在すると考えるわけです。存在するということにかけては、仏も日月も昼夜も変りはないわけで、存在というものだけがそこで問題になって来る。

仏教の立場を、道元はそういう風に理解して、日も月も、仏も如々だ、先程見た表現で言えば「如水中月の如々」だという風に考え、そこから、すべてはそれ自身として、全体で一なる存在だ、と考え進めて行くのじゃないかと思います。

そういうことがないとすると、仏教的な悟りということも成り立ちません。かりに仏の言葉を知ることができたにしても、それとは別ものである日や月のことは知らないということが、そういう場合にはあるかも知れず、そうすると、完全な智慧である仏を知ることで自分も完全な智者になるという考え方にひびが入る。どうしても仏を知るということは、同時に日月を知るということでなけりゃならない。そうであってはじめて、正覚とか、大覚とか、サンボーディというものが可能になる。

と言って、こうして日や月の、仏と同時現成、同参の存在を肯定するからと言って、それを仏だと規定するわけではない。こういう、形式論理からすると受けとりにくい考え方を、たって説明しようとすれば、仏とは存在だというところに帰着するのじゃないでしょうか。「仏真法身猶若虚空、応物現形如水中月」と言ってる考え方も、帰するところはそれだと思います。それが具体的には、水、月、虚空、法身、仏という風にあらわれ、それらの空なる根柢となっている。もし思辨や表現の必要がなければそういうことは起らない。空なる存在があるだけだろう。そう道元は僕たちに語りかけているのだと思います。

では、思辨や表現はなくていいのか、ない方がいいのかというと、そうではなくて、正法眼蔵の中には、たとえば『心不可得』の巻に、「むかしよりいまだ一語をも道著せざるを、その人といふこと、いまだあらず。」言えないようなやつは一人前じゃないんだ、とか、『道得』の巻には、「諸仏諸祖は道得なり。このゆへに仏祖を選するには、かならず道得也未――どうだ言へるか、――と問取するなり。」とか、言われていて、言語表現が出来ないようではいけないとされています。また、「菩提心をおこすこと、かならず慮知心をもちゐる」（十二巻本『発菩提心』）とも言われるのですから、思辨もなくてはならぬのです。

そこで問題はどうなるかというと、口ではきっぱり言えなきゃいけないけれど、不立文字、文字に書くことはしない、そういう考えなんだろうという答えが出ます。中国の古い祖師たちを考えるとたしかにそう考えていいんで、そのひとたちの語録はいろいろ残っていますが、自分で書いたのは特別のもの二三の他はない。中国禅宗の中興の祖というか、二度目の初祖とも言っていい六祖大鑑慧能は、読み書きさえできないひとだったと言われています。耳で聞き、口で言う言葉、問答は非常に重要だが、文字は必要じゃない。そういう言語観、表現論の成り立っているところ、つまり問答の場では、この仏と日月とが別であるかどうかということも、あっという間に、ああそうかと、納得の行く場面があるんだろうと思います。それを道元がこうやって和文の示衆という形で、文章に書き残しているために、機に乗ずればさっと分る筈のものも、くだくだしい説明の手続きをとらないと分らないという厄介なことが起ってくるのです。最初に「さもあらばあれ」ということが、道元の基本的態度の一つだと申しましたが文字に書き残しはしたけれども、それはそれとして、本来不立文字であるべき世界の消息なんだ。文章のひとっところにとどまって、それが正しいとか正しくないとか、分るとか分らないとかいうのはとるべき態度ではない、さもあらばあれと言ってつねに先へ進まなきゃならない。こういうことは眼蔵の読み方についても言えるんだと思います。ただしそれは修行者のとるべき態度で、われわれはあくまで言葉にこだわって、道元の思想の核心に逼るというやり方をする他ありません。

さて本文に帰って、

一月両月にあらず、千月万月にあらず。

さっき「如々なるがゆへに」の下に来るべきものを、読点じゃなくて句点だろうと僕が言ったのは、その前の「日月なきところにも昼夜あるべし、日月は昼夜のためにあらず」という考えの理由づけとして、この句乃至文はあるのだと考えられるからだとさっき申し上げましたが、だからと言って無論そこで切っちゃって、あとと無関係というんではありません。「がゆへに」と言って、前に支援を与えつつ、同時に同じ考えを、うしろに響かせている形だと思います。

この「一月両月、千月万月にあらず」は、これがやはり道元の日本語を変だと言う一つの場合だと思うんですが、何か省かれた主格をこの上に考えないと、文章として不完全です。「一月両月にあらず」は、属詞と否定の繋辞から成る述語ですから、上になんか主格が必要なわけです。それを何かというと、やはり「月は」ではないでしょうか。さてそこで「一月両月」というのは、一月、二月、むつき、きさらぎという暦の上の月の呼び名じゃなくて、空に出る月のことだろうと思います。ただこの巻の最終段に行きますと、その月というのが、「正好修行これ月なり、正好供養これ月なり」という風にありますし、現にその前には「第一月、第二月」とも言われているんで、そっちの月は暦の上の月に違いありません。そういう風に同じ文字が同じ一つ主題を究明しようとする巻の中ですら違う意味に使われているということがある、やはり注意しなきゃならないことの一つです。

月の自己、たとひ一月両月の見解を保任すといふとも、これは月の見解なり、かならずしも仏道の道取にあらず、仏道の知見にあらず。

月というのは、けして、一片の月、二片の月あるいは千個の月万個の月と言えるようなものではない、この「にあらず」は「においてあらず」の意味です。そういう形であるんじゃない。それは月の方で、「月の自己」、月が自分勝手に、一つの月とか、二つの月とかという変化、展開を遂げるという考え方を保任、というのは、道元がよく使う言葉で、保護任持などという語の省略形とされている保任ですが、本来は、大切に、責任をもって維持するという意味です。それをここでは、これも道元がよくやる流用例で、単に持つ、抱く、の意しか持たされずに使っている。一つの月、二つの月という見解すなわち考えを抱くのです。そういうことがかりにあっても、「保任すといふとも」というのは、普通は逆接の副詞と言いますか、矛盾した接続を現す副詞の言えども
と同じです。それを「いふとも」と言ってるわけです。そう考えるにしても、それは月の考えである。仏の考えではない。

「仏道の」はやはりさっきの「月のとき」という、その「の」と同じで、仏道の持つ、掌握するという意味だと思います。結局は「仏道における」ということです。「道取」は、「取」はさっきも出ましたが強めの助辞で、ここに別に意味をおく必要はありません。仏教における言葉ではない。「道取」というと、言いとったこととも日本語では読めますけど、ただ「言ったこと」「言いえたこと」「きっぱりと言えたこと」という意味で、結局、言葉ということ、言語表現ということです。かならずしも仏道における言語表現ではない。さっき説明に手間どってごたごたしちゃった、日月と仏とを一致させる考え方も、普通一般の存在観から言えば成立不可能なんですけど、仏道の道取としては可能だ、仏道における知見としても可能だということになろうと思います。さて、「仏道」というのは、仏の言葉、すなわち仏の教えでありますけれど、「菩提は天竺の音、此には道といふ」（十二巻本『発菩提心』）ということもあって、仏智そのものを指すともとれるわけですから、結局ここの五字「仏道の道取」は仏の言葉、仏智に根ざす言表ということになりましょうか。

しかあれば、昨夜たとひ月ありといふとも、今夜の月は昨月にあらず、

そういうわけだからして、たとえ昨夜月が出て、また今夜月が出ているとしても、今夜の月は昨日の月ではないのだ。それからまた

今夜の月は初中後ともに今夜の月なりと参究すべし。

これが最初お話した、前後際断という考え方の非常に端的に出た場合です。「初中後ともに」というのは初夜のうち、夜ふけてから、それから明け方の月と、そのどれもが今夜の月という以上今夜の月は今夜の月であって、宵の月、深夜の月、有明けの月という風に分けることはできない、昨日の月と今夜の月は違うかわりに、今夜の月は今夜の月として全一のものだ、そういうことだろうと思います。

これは今まで考えたことがなかったのですが、こういうことを道元が言ったのは、有明けの月とか、春の夜の月とか、君待つ宵の月とかいう風なことが、しばしば歌われた平安風な文学、あるいは文学心情、そういうものを否定しなきゃならないと秘かに考えていて、そしてこう言ったんじゃないでしょうか。無論それだけが動機じゃありませんでしょうが。今このときまで考えもしなかったことで、全くの假説ですが、声を出して読んでいるうち

に、どうもそうではないかという気がして来ましたので、言っておきます。

月は月に相嗣するがゆへに、月ありといへども、新旧にあらず。

この「月は月に相嗣するがゆへに」も、ここで句点で切れるととりたいところです。切れっぱなしになるという意味じゃないですけれど、標記法としては句点がいいんじゃないんでしょうか。ですからいまの「参究すべし」の下の句点を、読点において、その句点をここに持って来た方がいい、そう読むわけです。

全部これ、丸も点もない古文なのでそれにどう点、丸をつけるかというのは、かなり各人の読み、乃至成心に当然左右されて、点だから間違い、丸だから間違いと言うんじゃありませんが、そのどっちかじゃない方がいいんじゃないかと言いたいことはしょっ中起ります。

この「相嗣」というのは弟子が師匠を継ぐ、継ぐことで弟子は師匠になり、師匠は弟子と合体する。それが相嗣です。そういう具合にして師資相承して行くんですから、師匠からもう悟りができてるという印可を与えられた弟子は、師匠であると同時に、その師匠の前のすべての仏祖たちを通じて、というか、仏祖たちと同一化されて、実は釈迦牟尼仏その人だということになる。私が悟りを得たと私の師匠から言われることは、私が釈迦牟尼仏になった、釈迦牟尼仏にそう言われたに等しいのです。「仏祖の往昔は吾等なり」。仏祖が昔あった姿はいまのわれらの姿と同じである、いなむしろ、仏祖は昔われわれだったのだ。「吾等が当来は仏祖ならん」。「当来」というのは将来、まさにきたるべきものです。そういう言葉が『渓声山色』の巻にありますが、この道元の言葉から、いま言った考えを引き出すこともできますし、「相嗣」というのはそういう考えから生まれる言葉だということも出来ます。

「月は月に相嗣するがゆへに」。月は月である、月の本質は月であることに存するからということでしょう。宵の月、有明けの月なんていうのは問題にならないにしても、三日月だとか、半月だとか、満月だとか、そういう風な呼び方すら、仏道では成立たないのだ、月だけがあるのだ、月があるだけだということだと思います。

「月ありといへども、新旧にあらず。」これは今言ったことと同じことを言っているので、月が出るということがあっても、それは新月というものであったり、旧月ということは言いませんでしょうが、満月をすぎて段々に欠けていく別の月というようなものではないんだ。ただ月は月としてだけ存在するのだ、と、そういうのが、この言葉の意味だろうと思います。

この段で道元の言っているのは、月と言えば月ですべて、月の諸相などという差別相はない、ということは、すべては仏だと言いかえることも出来ることだが、しかしその仏は

虚空のごときもの、非実体的なもの、空なんだ、存在は空として全一なんだということだろうと思われます。続けて、

盤山宝積禅師云、心月孤円、光呑万象。光非照境、々亦非存。光境倶亡、復是何物。

この盤山宝積禅師というのは唐代の禅僧で、道元はこのひとの語を、眼蔵の中で両三度引いていますが、一つはここ、もう一つは『仏向上事』に引かれている「向上の一路は千聖も伝へず」という語、――この「向上」については先程もうお話したので、いまはやめます。ただどんな仏祖も教えてくれない修行のしかたとして「仏向上」ということが考えられているという点に目をとめて下さい。それからもう一つは『出家功徳』に引かれるものですが、これは長文句なので今は割愛します。こういう例からも、この盤山宝積が、道元の特別尊重していた祖師のひとりらしいということは分ります。

「盤山宝積禅師云はく、心月ひとりまどかにして、ひかり万象を呑む。ひかり境を照すにあらず。境また存するにあらず。ひかりと境とともに亡ずれば、またこれ何物ぞ。」

この偈の前後を抜き書きして来ましたので、その一部だけでも黒板に書こうと思いますが、このひとは、ものごとのあいだに区別をつけてこだわりとどこおるということを非常に嫌ったひとらしいのです。禅僧ですから、それはそうあるのが当り前ですけれど、特に

そうだったらしくて、ある雲水が、定めし仏道の意味で言ったんでしょうけど、道とは何かときくと、「出」とだけ言った。どうも和尚さんの言うことは分らないから、もう一回言い直してくれと言うと、今度は「去」。これも中国語で書いてあるから、「去れ」と言ったんだか、「去る」と言ったんだか分らない。あとのように直説法にとるのは、前の語が、道は出るという形であったところのもの、出て来るところのもの、そう言ったと考えてこうとるわけです。乃至去るところのものだ。これは、仏道というものを、仏道ばかりでなく、何ごとをも、それをどういうものと規定し実体化するのを、そもそも嫌ったところから出た答えでしょう。仏性は来という形で存在するという考えは、道元自身の考えとして、『仏性』の巻に述べられています。

この偈に先立つ示衆の言葉にもやはりそういう性格は具わっていて、まず、「心もし無事なれば万象生ぜじ。」心に何も、構えたことがないなら、外界にもどんなことも、ものも、あらわれはしないだろう。それから「意玄機を絶せば」、玄機というのは最奥微妙のはたらきということです。「玄」というのは奥深いという意味、「機」ははたらき。しかしここではかならずしもそう上等の意味で言っているのではなさそうです。根本のはたらき位の意でしょうか。それを断てば、「繊塵もなんぞ立たん。」ごくこまかい塵だって、どうしてたつわけがあろう。元来、「道本無体。」道というのは元来実体性のないものだ。——こういう考え方をするひとだったのですが、それがこういう詩的な表現をしているわけです。このあと「道に因って名を立つといへども、道もと名無し。」というように続き、少し先に最前言った「向上一路、千聖不伝」が来ます。そしてこれは「学者形に労き、猿の影を捉へんとするが如し。それ大道に中、――中というのは半ばということでしょう、――それ大道に中無し。また誰か先後あらん。長空、際を絶つ、なんぞ称量を用ゐん。空すでにかくの如し。道またなんぞ説かん。」そうさらに続き、「心月孤円云々」がそのあとに来るという順になっています。

「心月孤円」と始めたのは、全体を頌古、拈古と言う、その最初の挙示というものです。以下が評唱。評唱の二行目に「孤円といふは虧闕せざるなり」とありますが、これは道元の考えで、挙示にある「孤円」はひとりまどかということです。では心月とはどういうものか。それは、道元の評唱でもなかなかしっくりした解は出ていないと言えると思いますが、心と月と二つに別けて考えてもいけないし、心であるような月、月であるような心と形容語と主要語ととってもいけず、あるものがあって、それを心と見れば心、月と見れば月、そういう一つのもののことだと考えればまあ近いでしょう。それが、他に何もなく、それ一つまどかにいる。心と月が別々にあるんじゃない、相対も相待もない、そしてまどかにひとり存するというのが、心月孤円の大凡の意味じゃないかと思います。

「光万象を呑む。」月の光が、心の光がと言っても構わないわけです、森羅万象を呑みつくしている。そういう情景を考えてみますと、光が境を照す、つまり境の上に覆いかぶさっているわけではない。しかし月光が輝いているのは、境あればこそなのですが、境は光の中に隠れてしまっていて、眼界に存在しない。

境というのは、仏語で、六根ということを言います。さっきもちょっと言いましたが、六根というのは眼、耳、鼻、舌、身、意。身というのは六根の一つとして言う場合は器官としての触覚、皮膚感覚をつかさどる器官のわけです。その上が五官に相当していて、六つ目が意、これは思慮分別の主体です。これらのはたらきが識で、眼識から始って意識までの六識となります。要するに、こういう具合に人間の側に心理的、感覚的、智的、いろいろなはたらきがあり、それに対応する外的存在として六つの境がある。

眼根のはたらきが捉える対象は色、耳のそれは声、鼻のは香、舌根の捉えるのは味のわけです。意根のはたらきが捉えるものは、では何かというと、法だとされています。六境をまとめて言うと色声香味触法。月光が万象を呑みつくしている光景を考えると、それはそのうちの色と法でしょう。ですからこの偈に言う「境」は六境そのものではありません。「色」と「法」の代表する外界、対象界ということです。そう言えば当然、月光もそのうちに含まれるので、ここでの境は、地上の外形ということに、限定して考えざるをえません。

ところで、その外形は月に照されなければ見えて来ない。逆に外形がなければ、これに反照されてはじめてそれと見える月光も見えて来ない。こういう風に、光にも、またそれに照される外界にも存在性が認められないとすると、一体そこに残る、乃至成り立つのはなんなのか、そう反省をせまるのがこの盤山宝積の偈だと思われます。このあとに、盤山自身、剣を擲げうって空に揮う譬えを持ち出して、及不及を論ずるなかれと言っているところをみますと、ここに成り立つのは、言詮を絶する空、そういうものじゃないかと思います。

これは道元自身の表現ではありませんでしたのに、かれの拈挙した盤山宝積のこの偈が、非常に強い印象を二十年程前の僕に与えましたため、冒頭お話したように、正法眼蔵を考えようとすると、光それ自身であるような無の感じ、と当時は書きましたが、いまも言いましたように、無とは言いきれない、恐らく言ってはいけない、空の心象に襲われるのが常例になったのだと思われます。

いまいふところは、仏祖仏子、かならず心月あり、月を心とせるがゆへに。月にあらざれば心にあらず、心にあらざる月なし。孤円といふは、虧闕せざるなり。両三にあらざるを万象といふ。万象これ月光にして万象にあらず。このゆへに光呑万象なり。万象おのづから月光を呑尽せるがゆへに、光の光を呑却するを、光呑万象といふなり。たとへば、月呑月なるべし、光呑月なるべし。こゝをもて、光非照境、々亦非存と道取するなり。

この「仏祖仏子」ですが、元来は仏と祖とは別で、仏と祖師をあわせて仏祖と言います。しかしここは、仏祖と仏子、仏であるところの親と、仏であるところの子と、そういう風な意味合いで言っているのじゃないかと思います。

「必ず心月あり」。この場合の心月とは何か。次に「月を心とせるがゆへに」とありますので、月であるところの心という意味で使っているように思われます。しかしそういう規定も、本来不必要だということは、すでにお話しました。あるものを心と見ればそれは心、月と見れば月、心月は不二だということが、「仏祖仏子」、仏道を究めようとする人々には、かならず問題となっており、その答えも出ている筈だということがこの一文で言われていると、説明できましょう。「心」の字、これはこころと読んでも、僕は構わないんじゃないかと思います。ただそのこころを生臭い、たよりない、うつろな凡俗の個人的こころと同一視してはいけないということはありましょうが。「月にあらざれば心にあらず、心にあらざる月なし。孤円といふは、虧闕せざるなり。」ひとりまどかでいるということは、相対相待を超えているので、それを「虧闕せざるなり」、欠けたところはないと言いかえることは可能でしょう。

「両三にあらざるを万象といふ」。一つ二つという風に勘定できないもの、万とも勘定できないもの、すなわち全存在とでも言うしかしようのないもの、それを万象と言うというのは、さっき見たことで、ここも同じですが、次に「万象これ月光にして万象にあらず。」

こう言われているのは、有限数としての万が潜在的に復活していると言っていいでしょう。個々別々の無数と言っていい程の数のもの、それがここの「万象」のように思われます。その万象は、しかし月光だ、だからこそ「このゆへに光万象を呑むなり。」光が万象を呑むというような言い方ができるのも、万象が万象として、月の他に独立して存在してはいないからのことだ、これはそういう意味だと思います。しかしそれをさらに「万象おのづから月光を呑尽せるがゆへに」と言って説明し直す。「光呑万象」というのは、万象が被動的存在、月光が能動的存在というのではなく、万象が月に照されると、おのずから、能動者となって月の光を呑みつくす形になる。ところが「万象これ月光にして万象にあらず」なのですから、光が光を呑みつくしたと、表現し直せるわけです。だからそこでふたたびこのことを、「光万象を呑む」と言って念押しする。

少し戻りますが、その前の行の下の方に、「月光を呑尽」とある。その呑尽の尽は、呑みつくすという日本語の読み方で正しく反訳できますが、次に書いてある「呑却」の却、これは強めの助詞で、意味はありません。別に呑んでどこかへやっちまうというような意味があるわけじゃないのです。あえて言えば、呑みきる、そういう風に言いかえられる言葉だろうと思います。そういうことをもう一回言い直して、「月呑月なるべし、光呑月なるべし。」月が月を呑むんだ、光が月を呑むんだ。前の方の句は主客の別の否定ということで解釈できますが、光が月を呑むとはどういうことか、説明の必要があります。光の主体の月から、光という放射現象が生じている、あるいは産物が生まれている。それを産物の方から、その母体を呑んじゃう、と言うのです。これは六根が六境をとらえるために六識が発動する、六根の縁として六識があるという場合に、六識が六根を呑んでしまうというのと同じことで、言えなくはないことです。なぜなら、六識という縁がなければ、六根は六境をとらえることができないのですから、根は識の支配下にあると言えるからです。光と月とがそれと同じ関係になってるんだというのが、「光月を呑む」という言い方の意味ではないでしょうか。主体もその放射物、乃至主体の存立を保証するその作用も区別はないのだということになると、光という作用と、それを受ける境の別も同様に否定することができ、「光、境を照すにあらず。」さらに進んで、境、すなわち感覚や思量分別の対象としての事物現象、すなわち通常の現実世界が、これもなくなってしまう。「境また存するにあらず。」そう言えるようになる。この言えるようになるわけだ、というのを、「道取するなり」と言うわけです。

得恁麼なるゆへに、応以仏身得度者のとき、即現仏身而為説法なり。応以普現色身得度者のとき、即現普現色身而為説法なり。これ月中の転法輪にあらずといふことなし。たとひ陰精陽精の光象するところ、火珠水珠の所成なりとも、即現々成なり。この心すなはち月なり、この月おのづから心なり。仏祖仏子の心を究理究事すること、かくのごとし。

「恁麼」は、そんな、そういう具合の、という意味の不定形容詞です。辞書によると「どんな」という疑問詞の意味もあると書いてあるものもありますが、それは間違いだそうです、中国語学者によると。一方「得」というのは得る、可能になるということですから、三字でそういうことが成立つ、ということになりましょう。それで、「応以仏身得度者のとき、即現仏身而為説法なり。」そういうことが言えるようになる。この文のうちの前の一句は略して読んだ方が分りいいので、今は飛ばします。そういうことが成立つので、すなわち、というのは、その場で、立ちどころに、ということです。仏身をあらわして、為に法を説くということが起るのだ、つまり仏が、仏というのは、再々言いますように、非実体的な存在、智慧そのものだという考えですから、それが、仏身と呼ばれるようなものにせよ、ともかく体をあらわして、そしてひとのために法を説くというような、ありえそうもないことが起るのだというわけです。

というのは、つまり光と、それから境、地上の外形は別のものだ、お互いに入れかわることはできない、一方は一方を映すという形で、実ははねつけているんだ、一方は一方を照すという形で、実はその外にとどまっているんだ、そういうようなことであったら、つまり主客の相対、分裂というものがあるのだったら、仏が生身の体をあらわして、法を説くなんてこともあるわけがない。そのあいだの存在同士の相互交替、互換と言いますが、あるいはあるものがそのもののままで他のものに変化するというはたらき、つまりいまし方言ったような、月が月を呑む、光が月を呑む、そして光は境を照すんではない、境は照されるのでもなし、そもそも存在しない、そういう風なことでなければ、「立ちどころに仏身を現して、為に法を説く」というようなことは起らない、そう言ってるのだと思います。

では「為に説法するなり。」この「為」は、「説法を為すなり」とも読めはしないかという説もあろうかと思いますが、仏典全体の為字の使い方として、元来「に向って」の意の助辞だったのが、「ために」「人のために」という意味に用いられ出した「為」、さっき和語の「ために」「昼夜のために」に触れて言ったのと同じものととるのがいいでしょう。

それから、あいだの、飛ばした、「応以仏身得度者のとき」の者、これは「応以仏身得度者」という法華経の文句をそのまま持って来たからついているまでで、この場合には要らないのです。つまり「者」は冗辞化されて、まさに仏身をもって得度する場合と訓めばいいということになります。さらに一歩進んで、「以仏身」も次句との関係では要らなくなり、つまり冗辞化され、「まさに得度すべきのとき」という文が作られているのだと見られます。この「得度すべきのとき、すなわち仏身を現して為に法を説くなり」という文を成り立たせる理由づけとして、前の「得恁麼なるゆへに」が言われているわけです。

「者」はいまも言うように冗辞ですが、それは、得度すべきもの、という風にものと訓んだときは冗辞となるわけですが、者は得度すべければ、のば、場合をあらわす助辞とも訓めます。しかしそうであっても、「のとき」と重複しますから依然として冗辞のわけで、要するにここに見出されるのは道元独特の文章法の一つ、仏典なり、祖師なりの言葉を、自分の必要とする語句を中心において、その前後とともに断章する、あの方式なのです。で、そこをもう一回読み直しますと、そういうことが成り立つので、仏が得度する場合、身たる仏として、ために法を説くということも可能になるのだという意味になると思います。

さて今まで説明しませんでしたが、ここの「得度」という言葉、これも妙な字で、「度」は渡に通じ用います。それはいいのですが、渡しうる、彼岸に渡しうるという風に、ここでは他動詞のわけです。しかし普通は、戒を受けて得度する、という風に言う語で、この場合は、渡りうる、生死の海を越えて彼岸の、涅槃に渡りうるということです。「度」はこの場合は自動詞です。ですから道元がここで引いている仏典の「得度」は、通語の得度とは違うのだということを、はっきり記念しておく必要がありましょう。

ついで「応以普現色身得度者のとき。」ここでは「応」も「者」とともに除いて考えた方がいいんで、「あまねく現るる色身をもって得度するとき」の意味です。その場で、あまねくあらわれるところの色身をあらわして、ために法を説くのだ。この「普現色身」という四字が、落着きが悪いんですけれど、前の「即現仏身」という言葉と並べてみますと、あまねくあらわるる色身としか読めないのじゃないかと思います。「応以」の以、何々をもってというこの副詞を生かすためには、どうしても、その下の「普現色身」の「色身」まで行かなければならない。そうすると、「普現色身」の「普現」は、前の「即現仏身」との関係などからも、「あまねく現るる」と訓む他、訓みようがないんじゃないかと思います。「色身」は物質的身体ということで、肉体というのと同じことです。色というのは質礙（ぜつげ）と説明されており、形状質量を持っていて、自在でないもののことです。

「これ月中の転法輪にあらずといふことなし。」法輪を転ずるというのは釈迦牟尼仏の説法のことです。法輪の輪は、昔のインドの鉄でできてて、小さな鉾がぐるりに生えたわっぱの形の武器で、投げて使ったものでしょうけれど、それに世界を征服する力があると見立てて、説法の比喩に使ったものだそうです。法というのは事柄が仏法圏内のことだということをあらわす限定辞でしょう。仏法が、全世界を征服して、真理による世界経営が可能になる、そういう願望から出て来た比喩的語法です。ですからいまの句は、「これ月の中の説法にあらずといふことなし」と言いかえていいわけです。「これ」は上の句で言いあらわした事柄をさしますが、発語の助辞でもあるでしょう。指示形容詞とは言いきれますまい。仏が仏としての生身の体をあらわして、説法するというのは、とりも直さず月の中で仏が説法しているということだ、すべての現身説法はそういうものなんだ。そういう意味だと思います。ところでその月というのはすなわち万象でありますから、万象即仏、そういう円環というよりむしろ、生動する球体の合同する世界であると思います。

その次の「たとひ陰精陽精の光象するところ」、この「光象」はまさかこうぞうとは読まないんだろうと思いますが、陰精陽精は月と太陽のことです。光象するというのはさっきの盤山宝積の偈の二句目の「光呑万象（こうたんまんぞう）」という言葉の頭と尻尾をとって作った言葉で、それを動詞として、万象を照す、光として万象にはたらきかける、すなわち、「光呑万象」四字全体が持つ意味、すなわち照すという意味に使っているのじゃないかと思います。放光現象を約めたものじゃないか、という地口でも飛ばしたくなりますが、そうじゃありますまい。ただ結局は照すということだという点では僕の七面倒臭い解も、この地口も一致します。たとえそれが月と太陽とが照すところ、すなわち自然界であっても、「火珠水珠の所成」、なすところ、現出せしめるところ、非自然界であっても、「即現現成なり。」「即現現成」の即現は、いま見てきた法華経からの引用句、「即現仏身」の即現、それに現成がついたものです。火球というのは火焔宝珠という、よくお稲荷さんの狐が足でおさえている、ああいうのが火焔宝珠ですね。それから水珠ということは仏教用語としてこういう単語はないんですけど、五重の塔の上の九輪の上にのっている宝珠、あれを水煙と言います。あれもやっぱり一種の火焔宝珠なんですが、それを水珠とここでは言った。「火珠水珠」、こういう風に言ったのは、文章の声調を重んずる文章理念から出てきた同語反復的表現で、ここでは意味より調子が重んぜられているわけです。

「即現現成なり。」何がかというと、説法する色身仏がです。「現成」というのは、現実化ということですが、現実化という作用、機能であると同時に、現実そのものでもあるということで、仏説法、仏身は、自然界、非自然界の別なく随所の現実だと言ってるわけです。

「この心すなはち月なり、この月おのづから心なり」「この心、この月」というこの言い方は唐突ですが、冒頭の挙示の「心月孤円」の「心月」を受けて言ったものでしょう。意味はすでに説明したことと同様だと思います。そこで次の「仏祖仏子の心を究理」、この「究理」の読み方も本当はよく分らない。究はぐう、究尽などと読んでいますので、これもぐうりかというと、そうじゃなさそうです。道元は、まさに仏教者ではありますが、中国に行ったときが、朱子の歿後二十三四年というときですから、仏教以外の儒学や道教を問題にする態度を、そもそも不純な、不徹底的な行き方として批判していながら、その一方で、自分では随分朱子学と共通の用語法を採用しています。そういうことがあるんで、この究理だって、かならずしも仏語としては読まず、漢音で読んでいいんじゃないかと思います。

しかし理に限って言いますと、これは性と同一化され、また理性と熟して、不変の真実、真理、本質などの意味になり、そうすると仏語です。ものの性質も性ですが、滅びちゃうような、まあ現実のものは諸行無常で、みんな滅びるわけですけれど、そういう諸行諸法の性質までを性というわけじゃありません。しかしすべては滅びるんだということは、これはやっぱり理、諸法の性、真理としてあるわけです。滅びるものの性質は性ではないけれども、それが滅びるものだということは、それらのものの性であるわけです。「究理」の理からそういうことが考えられます。「究事」の事は事相と熟しまして、理と相対し、移り変り、滅びるもの、生じたり、育ったり、衰えたり、滅びたりする。そういうものが事でありまた相で、事相と熟します。しかし事相をそういう意味の語とするのは仏教ですから、読み方の問題に帰って言いますと、「究事」はぐうじと発言したくもあるわけです。こういうことに何か断案が下せるものかどうか、私は関心を持つだけで、自分では調べようも分りません。

さて「心を究理究事することとかくのごとし。」ですから、これは不変の法則、本質の面で考えたり、あるいは遷移衰滅するもの、現象的なものとして考えたり、両面から徹底的に究めぬくこと、そういう努力がこれまで述べて来たような具合になされて来た、仏と仏道修行者によって、と言われているわけです。ここのことは、ただ「究理」とだけあったのでは、以上のような解釈を下すことも、むつかしいかと思われますが、「究事」まで付いていますんで、やはりこれは理性と事相の両面で究めること、本質と現象と、両方の面から考察することだということになると思います。

さて、そこでちょっと想像説を述べさせてもらいたいのですが、さっきも言いましたように、「この心すなわち、この月おのづから」という個所はいかにも書き出し方が唐突です。これは三行前の「得恁麼なるゆへに」以下、前の文の「即現現成なり」までが、あとからの書き込みで、そのために文章の流れが中断され、この唐突さが生じたのだと考えられないでしょうか。

聯想が、突飛なようですが、校正刷に沢山書きこみをしてその作品をこしらえたバルザック、フランスの小説家のバルザックの作品を読みますと、しょっ中そういう場所にぶつかることがあり、そういう場合にはこういう風に想像すると疑問が解けるという経験を、バルザック読みとして時々致しますので、正法眼蔵も論文ではなく文学ですから、ここでこういう風に言わしていただきたく思うのです。

それはそれとして、この段で道元の書いているのは、盤山宝積の考えの解明ではなく、盤山宝積の偈を種に使って、解明されて行くかれ自身の考えだと言えるのではないでしょうか。伝燈録で、盤山宝積のこの偈の前後の文を全部読んでみても、道元がこの評唱で言っているようなことは言っていない。こんなに具象化され、対象化されて、思辨を待ち受けるような世界を造り出してはいません。「剣を擲げうちて空に揮ふが如し。之に及ぶ及ばざるを論ずるなかれ」と言うのですから、「仏祖仏子の心を究理究事することかくのごとし」と言うのとは、反対だとも言えるわけで、この一句は道元の自画自賛みたいな言葉だと言えそうです。

これから講読の後半に入るわけですが、時間の制限もあるので、つづく二段は省略し、時間があまったらまた採り上げるということにして、三段目の円覚経の文句の提示につづいて始められている長い、大事な件りを先に読もうと思います。あいだの二段は第一段と同じようなことが繰返されているにすぎないとも見られるのでそうさせていただきます。

この第四段目は、自分が歩くと月が動いているように見える、そういう極く卑近な経験を喩えにとって、そして、動くのはどちらが動くのかを、どうしてもきめたい、そういう風に出る、事物に対する差別観、区別の意識、それを退けて、全体が一つであり、全一のものとして真理を体現している、そういうものを悟得するところに、読むものを導こうという趣旨で書かれていると思います。本来全一の総体的存在であるものを、相互に孤立した、別々な要素に分ける差別的態度の愚かさ、不当さ、それをここで道元は言っているのです。

釈迦牟尼仏、告金剛蔵菩薩言、譬如動目能揺湛水、又如定眼猶廻転火。雲駛月運、舟行岸移、亦復如是。

金剛蔵菩薩、金剛蔵というのは、菩薩が仏になるための最後の修行をする、その修行の方法を蔵という。ですからこの菩薩は誰とは言えないわけで、円覚経には円覚菩薩とかなんとか、菩薩にしてはおかしいと思われる名を持った菩薩が出ます。いずれも、人格的存在ではありません。元来菩薩というのは菩提を求める薩埵ということで、仏智を求める衆生、人間ということです。よく大士ということを言いますが、これは摩訶薩埵、偉大な人間ということで、やはり菩薩のことです。「譬へば動目のよく湛水をゆるがす」、あるいは「湛へたる水をゆるがすが如く、また定眼のなほ」、ここは対句としてはおかしいんですけれども、「なほ火を廻転するが如し。」前の句では眼と対象界との相対性、仏語では相待、を言っているのに、あとの句では、両者のあいだの断絶を言っているわけです。しかし全体としては、相待的関係の指摘で、次は「雲馳せて月運り、舟行きて岸移る、またまたかくの如し。」となります。

いま仏演説の雲駛月運、舟行岸移、あきらめ参究すべし。倉卒に学すべからず、凡情に順ずべからず。しかあるに、この仏説を仏説のごとく見聞するものまれなり。もしよく仏説のごとく学習するといふは、円覚かならずしも身心にあらず、菩提涅槃にあらず。菩提涅槃かならずしも円覚にあらず、身心にあらざるなり。

この「演説」というのは、さっきの転法輪と同じことです。
仏の説法に、雲が馳せると月が動くように見える、船が行くために岸が移っているように見える、という言葉があるが、それを「あきらめ参究すべし」、あきらめは明らかにするで、参究も同じことです。参究は参学究尽の略で、究め尽すことです。参学というのは、善知識について道を学ぶことで、非常に大事なことですが、ここでは添辞化されています。参究、これもさんきゅうであって、さんぐうではないでしょう。「倉卒に学すべからず。」あわてて、いいくら加減にその意味を学ぼうとしてはいけない。

今飛ばした節の中ですけれど、問答の終ったすぐ次の行に「造次」という言葉があります。普通この言葉は造次顚沛という風に使って、あわただしいとか急なとか、そういう意味ですけれども、道元はそれをそういう意味には使わない。造作というのと同じ意味に使うのです。「未円なり。円後なり、ともにそれ月の造次なり。」これを、造次顚沛の意味にとってそこを読んだら、なんのことやら分らない。月の造作なり、月のやることだととれば分る表現です。しかしそれにもかかわらず、造次顚沛の語のあわただしいというニュアンスもまったく失われているわけではないので、無為——はからいも造作もない理想的状態に比すれば、造作にはあわただしさが伴う。そういう種類の行為、造作、しごとだという意味合いを少しかぶせて、造次と使っている。ここもそうでしょう。しかし造次顚沛の意味に使っている場合は、一つもないんじゃないでしょうか。こういうことは辞書を引いても分らないことなんで、何遍も何遍も眼蔵を繰返し読むうちに、そうだったかと納得の行くことです。いま倉卒という言葉が出たんで、独特な用語法の問題として、それだけちょっとさかのぼって言っておきます。

「凡情に順ずべからず。」この凡情は、凡俗の情、有情の情、情識ということです。情識とは思量分別ということ、つまり慮知心です。それを持つものが凡俗、有情。この場合、分別があるということを、いい意味で言ってはいないわけで、有情とはそういう浅はかな慮りのある衆生ということです。ここも、凡情と言って凡情のひとを言ってるでしょう。「に順ずべからず」は、それに倣ってはいけないということですが、凡俗なる情識に従ってはいけないと端的に言っているのではないだろうと思います。「しかあるに、この仏説を仏説のごとく見聞するものまれなり。」この初めの仏説は仏の説でしょう。けれども次の仏説は、仏が説くという意味で、主語と動詞から成る文じゃないかと思います。

この仏の説いたところを、仏の説くように見聞するものは少い。「見聞」と言うけれど、これは知覚の問題じゃなくて、理解するという意味だろうと思います。次の行の「仏説のごとく」も、仏がお説きになっているそのように、の意で、これを参学習得するのが、この「学習する」です。これが「するといふは」と続いているのは、文の頭の「もし」から来て、もし学習するならば、学習せばという意味で言われているのだと思います。でなければ、段末の「身心にあらざるなり」を「身心にあらずと知るをいふなり」とでも読まなければならないでしょう。「円覚かならずしも身心にあらず、菩提涅槃にあらず。」円覚というのは円満な悟り、円満具足の大覚、大いなる悟り、特にそれを実体的に見ていう名で、これを一心とも言うそうですが、ここでは特に実体性を強調する必要はなさそうです。

もしこの「雲駛せて月運り」、めぐるというと、どうも長い時間が豫想されるので、文字としてはめぐると読むべきでしょうけれどかりに動きと読んでおきます。「雲駛せて月うごき、舟行きて岸移る。」この言葉を仏の説いている通りに解く、見聞、学習するなら、円覚という釈迦牟尼仏の悟りも、一心という風に見られたものも「かならずしも身心にあらず。」この「にあらず」は、「において あらず」ということで、身心にかかわることではない、なくなる、ということだろうと思います。それは身心を挙げて行う学道によって得られるものだが、その身心にはかかわらないと言うのです。この段だけでは解釈上、なかなか断案の下せない文章ですが、終りから二段目、「しるべし、如来道」で始る文章の中の「月の一歩は如来の円覚なり」を読むとこういう風に解釈できます。――「菩提涅槃にあらず。」菩提というのは、最上智とか、覚とか、道とか言われるもので最前言いましたように非実体的なものです。そしてその意味、具体的内容が音訳で言えば涅槃、意訳でいえば寂滅です。しずかなる無化とでも言えましょうか。従ってこれもものではありませんで、非実体的なものです。しかしここではそのことに問題はなく、「円覚」というものがかならず菩提涅槃にかかわるとは決っていないというのが、一文の趣意です。「円覚」は

「月運」にあるかも知れないのです。次は逆を言って、「菩提涅槃かならずしも円覚にあらず。」この文はいかにも難解なのですが、前に「円覚」はかならずしも菩提涅槃を内容として成り立っていないという考えを暗示していますので、その裏としてこれが言えた。

もう一回言い直しますと、菩提というのは智慧、完全な智慧のことで、覚と言いますけれども智慧と言い直せるものです。これに対して涅槃というのは、迷いから覚めたこの智慧がこれこそもっともしあわせな人間の存在のしかただとしてつかんだもの、そしてそれは同時に、智慧の全幅を領するものです。つまりそれになったその内容です。そしてそれが「円覚」のわけです。サンスクリットのニルヴァーナという、焔がフッと吹き消されること、またその状態、日没の状態を言う言葉ですが、寂滅がそれに与えられた漢訳、こういう状態を人間の最大の幸福と考え、またすべてについてそういう風に考える智慧を持つこと、それが菩提で、それを体あるものと見たとき、円覚と言うわけです。同じ智慧と言っても、ここに至るための智慧は般若、サンスクリットではプラジュニャー、般若波羅蜜多、彼岸への智慧と言われるもので、いわば方法手段としての智慧です。

雲が走ると月が動くように見えるし、舟が走るんで岸が動くように見える。そういうものごとの相対性に目ざめてみると、円覚というのはかならずしも菩提涅槃とは限らず、こういう物理現象も円覚だ。菩提涅槃だけが円覚ではない。そうは限定できないというのが、「菩提涅槃かならずしも円覚にあらず」の意味だと言えるだろうと思います。

しかし次の「身心にあらざるなり」には、特別の意味はなく先行する「円覚かならずしも身心にあらず、菩提涅槃にあらず」と対句じたてにするために置かれた句のように思われます。強いて意味をつければ、「菩提涅槃」も、修行者にとってかならずその身心をあげての修行で得られるものではなく、且つ身心を救うものでもなく、「雲駛月運、舟行岸移」の宇宙的相対性こそ、菩提涅槃なのだ、そういうことになりましょうか。断定はしませんが。

いま如来道の雲駛月運、舟行岸移は、雲駛のとき月運なり。舟行のとき岸移なり。いふ宗旨は、雲と月と、同時同道して同歩同運すること、始終にあらず、前後にあらず。舟と岸と、同時同道して同歩同運すること、起止にあらず、流転にあらず。

はじめの「いま如来道の雲駛月運舟行岸移は雲駛のとき月運なり、舟行のとき岸移なり」は別に解釈する必要もないことで、訓読してみるだけでいいでしょう。ただ、「雲駛月運舟行岸移」と言っただけじゃ、雲駛と月運のあいだにある関係、舟行と岸移のあいだにある関係が日本人には分らない。中国人にも分らないかも知れませんが、この中国文では、あいだにあるのが因果関係か、併列関係か、前後関係か、それは問われていません。それを道元は、「のとき」と訓むのだと限定して、ここには同時的相関関係があらわされているという解を示すわけです。

雲の駛せるとき月が動くのである。舟が進むとき岸が移るのであるという、「いふ宗旨」、この宗旨は意味、根本的な意味ということです。そこで言われている根本的な意味は、雲と月とが同じとき同じく道ゆく、あるいは歩をそろえて動くということだが、この場合、そこに成立っているのは、両者の「始終」「前後」の関係ではない、どっちが始めでどっちが終り、どっちが先でどっちがあとという関係ではない。そういうことが、前後も始終もなしに、前後際断された形で、つまり前もあともないその場こっきりのこととしてある。その場こっきりと言うけれども、その場というのが、前にもあとにもズーッと広がって行っている。而今即尽時、結局、それが尽界として、全現実として認識される、そう道元は考えるわけです。

また動く舟と岸とが、「同時同道して同歩同運すること、起止にあらず、流転にあらず。」起止というのは始って、そしておしまいになるということ、流転は不断の変化をとげて行き終るときがないということでしょう。ここも前と同じことを言ってるわけです。事実としては、雲が消えて、月がひとところにじっとして照り輝くように見えるとき、舟が止って岸が動いているようには見えなくなるとき、そういう時、また事がありはするが、問題は物事の相対性ということにあって、このことは恒常的な存在の様態としてありつづけるというのが、ここの、ここまでの意味です。

たとひ人の行を学すとも、人の行は起止にあらず、起止の行は人にあらざるなり。起止を挙揚して人の行に比量することなかれ。雲の駛も月の運も、舟の行も岸の移も、みなかくのごとし。おろかに少量の見に局量することなかれ。

たとえ問題が、人間の歩行ということであって、それを研究する場合でも。学すというのは、研究考察するというような意味です。そういう場合でも、月と雲、舟と岸の関係と同じで、あるとき始ってあるとき止るというような形であるんではなし、また逆に、あるとき始って、あるときになると止っちまう、そういう行は「人にあらざるなり。」ここは文章の無理があって、この「起止の行は人にあらざるなり」は、上の「人の行は起止にあらず」と対句をつくるためにこうした形をとらされたにすぎません。ここは本来「起止は人の行にあらざるなり。」こう書かれるべきだった文章なんじゃないかと思います。

そこのところを最初からやりますと、たとえひとの歩行ということを研究、考察する場合でも、そもそもひとの歩行というものは、起るとか止まるとか、そういう属性を持ったものではない。起るとか止むとかいうことは、そもそもひとの歩行にかかわること、属性ではないのだ。これで前に考察したことを、逆に考察し直して、自分の言おうとすることが、どちらから見ても言いうることだということを示すわけです。

「起止を挙揚して人の行に比量することなかれ。」挙揚は、ここでは取り上げるというだけのことです。始るとかおしまいになるとかいうことを取り上げて、そういうものがひとの歩行に比べうるものだと思いはからってはならない。「比量」というのは比べると思いはかるの合成語ですが、比べて思いはかるではなく、比べられるものとして思いはかるという意味を持たされており、どっちかと言えば、比較することなかれ、と言っているのに同じととっていいところです。

雲が駛せるのも、月が動くのも、舟が行くのも、岸が移るのも、「みなかくのごとし。」つまり、起止、流転、前後、始終などの見地から見てはならないというそのことは、これらのことに関してみな同様だと言うのです。

量という字の意味の一つが慮りということですが、この慮りを去らなければいけないというのが、道元の主張のいくつかある重点の一つです。しかしこの量という字を、道元ほど沢山使った文章を書いたひとも、少いんじゃないかと思います。ここは、しちゃいけないという意味で、否定的に量を使っているんですが、肯定的に使っているところも沢山あります。道元というひとは、ここは簡単な「雲駛せて月動き舟行きて岸移る」という程度のことですが、こういうところからも宇宙現象とか自然現象とか、そういうものに対するひろく深い関心のあったように思われるひとだということが言えます。量的考察はそういうひとのものの考えについてまわるもので、道元自身、自分にそういう傾向の強いのを知っていて、餘計、はからいというものを退けたんじゃないか、そういう具合にさえ僕は思います。

『夢中説夢』という巻がありますが、その中で悟りというものを、天秤ばかりの両方の重さが釣合った状態になぞらえているところがあります。重さが釣合えば、天秤ばかりは平行を保って、分銅の重さも、皿の重さも消えてしまって、位置のエネルギーだけがそこにあることになる。なんにもなくなる状態が悟りなんじゃなくて、重い物をしたたか背負って、それに耐えられるだけのものが、力が、自分の中に出来る、そうして平衡のとれた状態が、悟りである。悟りとは、重くのしかかって来る苦しみや悩みの拘束力とか支配力とかいうものを脱することで、そういうものを無にしてしまうことではない。重量の支配力を脱したはかりの平衡状態は、まさに生きた人間の悟りの比喩となりうる。こういう言い方など、ちょっと他の宗教思想家なんかやりそうもないことで、単純には違いありませんが、こういう物理学的な比喩が出て来るのが、道元の特徴の一つです。そういうことをするひとだからこそ、かえってこの量という言葉であらわされるようなものごとを退けるということも多いんじゃないか。そう思うわけです。

「おろかに少量の見に局量することなかれ。」少量とはさっき、第一段で小さいという字で「小量」と書いてあったのと同じです。この句も分るようでいて、ちょっとやはり曖昧さの残る行文じゃないでしょうか。「少量の見に」というのは、狭い了見ということです。精しくは、了見の狭いものの見解ということで、少量のというのは、そこまで考えると、少量のひとのの意味だということになります。さっきの「凡情に順ずべからず」の凡情なんかと同じ使い方で、凡情と言って凡情の持ち主をさす、少量と言って少量の持ち主をさす、そういう使い方だと思います。愚かに了見の狭いものの見解で局限されたおもんばかりをする。局量の局は限るでしょう、狭くということです。限って考えることはいけない。さっきのものを当てがってそれと比べられるものとしてという比の字と結びついた比量という場合とは少し違う二字の結びつきです。見にというのは、見に向ってということでしょう。見によってと言うんじゃなくて、それに当てはめるような具合に、その方向でということじゃないでしょうか。

雲の駛は東西南北をとはず、月の運は昼夜古今に休息なき宗旨、わすれざるべし。舟の行および岸の移、ともに三世にかゝはれず、よく三世を使用するものなり。

雲が流れて行く場合には、東西南北いずれの方へも動くものだし、月が移って行くのも、昼夜古今にわたって休むときがない。そういうことの「宗旨」、この宗旨は、数行前の「宗旨」とはちょっと意味が違うようで、あのときは根本的意味という意味でしたが、このは、この休息のないという事実、事実を宗旨というのは矛盾のようですが、一番簡明な言い換えをすれば、そうなると思います。そういう真理を体現する事実、それを忘れないようにしなければならん。

　雲が走る場合、どの方向に決って走るというようなことはないし、月も昼間は見えないけれど、そのあいだだって動いているのだ。「雲駛せて月うごく」ということは、あるときあるひとが経験してそれきり終ってしまう、そういうものごとではない。雲が動くとき、月が動くというこの相対的関係の不変性、それを「わすれざるべし」というわけです。

　次も同じことで、舟が動くことと岸が移ること、これは両方とも三世、三世というのは過去、現在、未来、その三つのときです。そういうものにかかわりなく成立つことだ。時間的条件に拘束されないことだ。それどころかかえって、「よく三世を使用するものなり」、かえって過去、現在、未来の三つの時を、自分の方から動かしている。この「使用する」というのも、一種の仏語でして、自分の能力で積極的に何かを使いこなすことが使用するです。三世の方に拘束されるんじゃなくて、すなわち、過去世にはあった、現在もある、未来にはないだろうとか、過去世にはなかったかも知れないがとか、そういう風なものではなくて、舟が行くとき岸が移るということの関係は、三世全体を支配しているものなんだ。それを「三世を使用するものなり」と言っているわけです。


　　このゆへに直至如今飽不飢なり。

ここで「このゆへに」というのは、別に原因結果の関係をあらわしているのじゃないと思います。「直至如今飽不飢」は、訓読すれば、直ちに如今に至りて飽きて飢えず、そうなります。「直至如今飽不飢」というのは、これはだれか祖師の語録の中なんかにありそうな言葉の気がするんですが、出典は明らかでありません。中国俗語としてこれを読めば、直至如今はずっと今までという意味になるそうです。ずっと今まで腹一杯で、空腹でなぞない。「よく三世を使用するものなり」という前に言った事柄を、この言葉で言い直しているわけです。

「このゆへに」は、ですから事実に即する因果関係の表明じゃなくて、上のようなことが言えるので、直至如今飽不飢と言えるんだ。表現同士のあいだに撞着はないのだ、ということを言うために「このゆへに」と言った、そう思えます。言いかえると、「このゆへに直至如今飽不飢なり」は、そのうちの「このゆへに」を生かそうとすれば、「直至如今飽不飢なるなり、直至如今飽不飢の道得あるなり」、下句をそう書きかえなければなるまいと思います。

それにしても「直至如今飽不飢」は、七字全体、その意味が、ここで必要でもあれば、生かされてもいるかというと、やはりどうもそうは言えない。「直至如今」、四字だけがここでは必要なのじゃないでしょうか。ずっと今までそうなんだ、というだけのことではないかというわけです。しいて七字全部を生かそうとすれば、「飽不飢」を欠けるところない、円満具足の姿でいる、というような意味に解して、そういう事態が今までずっと続いて来ている、そういう意味に読むことになると思いますが、そしてそういう解釈を注には記しましたが、今こうやって大きな声で解釈をつづけていますと、道元のいつもの断章取義方式の表現法で、「直至如今」だけが、ここでは活用されているのではないかと思えて来ました。この語は『仏性』の巻にも「いたづらに画餅一枚を図す。用作什麽。これを急著眼看せん、たれか直至如今飽不飢ならん」という風に用いられていて、そこの文章は、竜樹尊者が法座の上で、円月の相を現じたという話に付けた評唱の一部ですが、その月の姿を呈した尊者をあらわそうとして、ただ輪を一つ描いてみたってしょうがない、その仏法上の意味合いをこそ絵にしなければならないと、抽象的に言えば言っている件りで、「用作什麽、なんになるのか。きっと眼をすえて見ると、餅の絵だ。誰の腹の足しになるというのか。」と言っているわけです。

そこでは「直至如今」が冗辞、ここでは「飽不飢」が冗辞だろうと思うわけです。ついでながら、今の『仏性』の急が別に急速にというわけでなく、きっと見ると日本語でもいう、動作表現における強めであるのと同様に、この「直至」の「直」もただちにではなく、単に至るということを表現する上での強めだということです。さっき言ったことを語学的に少し詳しく穿鑿したまでですが。

しかあるを、愚人おもはくは、くものはしるによりて、うごかざる月をうごくとみる、舟のゆくによりて、うつらざる岸をうつるとみゆると見解せり。もし愚人のいふがごとくならんは、いかでか如来の道ならん。

愚かなものが思うのに、「雲駛月運舟行岸移」という仏の言葉を、「仏説のごとく」、仏の説くような意味にとらないで、雲が走るので、それで本来は動かない月が動くと見る、ここの「みる」は、落着きが悪いですけれど、眼に見る、見えるの意で言っていると考えていいでしょう。舟が走るので、それで本来動いてない岸が動くように見えるんだ、そういう風に愚人は見解、つまり解釈する、と言ってるわけです。ここも道元の文章の変なところで、「しかあるを、愚人おもはくは」と言ったら、「と見解せり」は不要でしょう。「くものはしるによりて、うごかざる月をうごくとみる、舟のゆくによりて、うつらざる岸をうつるとみゆる」、下がなければここもみゆじゃなくみるがいいでしょう、みるで切ってしまえばそれですむ。「みゆる」と置くので、主格の判断だということを示す述語が必要になる。しかしそのために置かれた「と見解せり」は、愚人という主語を直接受ける上では自然ですが、「おもはくは」を冗辞にしてしまう。

「もし愚人のいふがごとくならんは、いかでか如来の道ならん。」実際お釈迦さんは、因果関係をここに打ち立てているのだろうと思いますが、道元はそれをそうじゃないと言っているわけです。「いかでか如来の道ならん。」如来というのは仏ということと同じです。tathāgataというサンスクリットがあって、そんな風に行ってしまったもの、内容不定の副詞と過去分詞の合成です。これで仏を言っている。苦の世界を脱して行ってしまったひと。ところがtathāgataの、行けると訳せば訳せるgataの頭にāという接近運動を現す接頭辞をつけて、tathā-āgataこれをこの如く来たれると解する。そこから如来という訳語が出た、tathāgataだったら「如去」、実際この訳語もあります。つまり悟りを得て苦の世界は脱したけれども、しかし寂光浄土へ行っちまうひと、また反対に、衆生を済度する役割を荷ってこの世に来たひと、あとの意味で、如来という。大乗仏教の国ではそういう受取り方をしているわけです。もっとも道元が「如去」ということを言っている個所も眼蔵の中にはあります。たとえば、『恁麽』の巻など。しかし一般に、中国および日本では、仏は如去じゃなくて、如来、この世を済度するために来たひとと受取られていると言えます。

いま言ったような、一番素直な解釈を道元は退けて、それがどうして仏様の言葉であろうかと言うわけです。この道は言葉、言ったところという意味です。

仏法の宗旨、いまだ人天の少量にあらず。たゞ不可量なりといへども、随機の修行あるのみなり。たれか舟岸を再三撈攎せざらん、たれか雲月を急著眼看せざらん。

「仏法の宗旨、——仏の説きたもうた法の根本的な意味合ひ、それは、——いまだ人天の少量にあらず。」いまだとありますけれども、これもこだわれば、いつになったらそうなるということもないわけのことを言っているのですから、いまだというのは単なる強めの助辞です。強いていまだを生かすとすれば、「人天の少量なりしことあらず」、という風になると思います。仏法の根本的な意味合いというのは、人天すなわち人間と天部です、前世のいろいろな行いが原因となって、のちの世に何かに生まれ変る、その場合に人間に生まれ変るものもあるし、天部に生まれ変るものもある、しかし天部は、三界に住むもので仏と人間のどっちに近いかと言えば、人間に近い。そういうものの「少量」。ここの「人天の」は人天のはからいのごとき、のような意味でしょうか。同時に人天の脱しえざるというような、強い意味合いも持たされているように感ぜられますが。

それはともかく、「人天」と言っておとしめるような言い方には、矛盾と言えば矛盾がありあます。なぜかと言うと、すべてひとが発心修行するときには、すでに悟りは得ているのだ、「初心の辦道すなわち本証の全体なり」なのですし、悟りを得たものはすなわち仏のわけですから人天という風に、仏になれない、仏と別なものときめてかかったような表現は出来ない筈だからです。それをこういう風に表現するのは、道元にみずから高しとする意識乃至無意識があったか、衆生済度の念がまだ強くなかったか、いずれにせよ大乗の行者としての矛盾、不徹底を、言わずして語るというものでしょう。あるいは、「人天」

の天もただ声調上、習慣的に言われたことで、実は人だけが問題だったのだということも言えるかも知れません。そうなれば話は別、ひとと仏ということになれば、少くもあいだに修行の時間という隔壁、見えない、且つ通過可能なものですが、ともかく隔てがあるからです。

「たゞ不可量なりといへども」。不可量ははかるべからず、はかりえない、たゞはどうかかって行くか、ちょっと摑えがたい副詞ですが、これは「たゞ随機の修行あるのみなり」と、一句おいてうしろにかかるととっていいのじゃないでしょうか。要するに「不可量なりといへども」は挿入句だと見るわけです。ここまで来て、ここから類推すると、さっきの「いまだ」は、一つの試案として考えたように「いまだ少量なりしことあらず」、強いて生かして考えれば、と言って、試みた解釈が、とるべきもののように思われます。「いまだ」という言葉が道元のうちに、というか、筆の先に生まれたとき、そういうことは、人天のはからいではかられるような少量だったことはかつてなかったんだ、そうまで断定的に考えたわけではなかったかも知れませんけれど、そういう過去からの一貫した人智の歴史のようなものが、かれの頭のなかをかすめて、それとの対比で言った、書いたととれば親切でしょう。「いまだ」という言葉が書かれた以上、ただの強めととるより、こういうように解釈した方が親切でしょう。補足しておきます。

「不可量なりといへども、ただ随機の修行あるのみなり。」これははかることのできないようなものではあるけれど、「いへども」とここでは言われていますが、ここにあるのは矛盾した関係ではないんじゃないでしょうか。道元はこの矛盾した関係をあらわす副詞、と言うんでしょうか、西洋文法風に接続詞と言いたいところですが、順当な関係をあらわす副詞を逆に用いている場合がかなりあって、それも漢文の構造を考えてみると、何々と言えどもという場合、漢字でその文字が書いてある場合もありますが、それが実際には欠けていて、日本人が読み下し文をつくるとき、はじめてつける場合がいくらもある。ならば、なればに関しても事情は同じでしょう。そういう中国文の構造に引かれていて、言えどもと、なればとの違いに神経質でなかったということが、道元にはどうもあるらしい。英語の if を考えてみても、if のあとが何々であるからという意味の、何々ならばか、それとも、たとえ何々ともか、解釈上疑問が起ることがときどきある。フランス語の si では、その度合いがもっと大きいようです。しかしあれは日本語の方が、その区別について神経質過ぎるんで、道元の場合も日本語の文脈より、中国語の構文に引かされていて、こういうことが起ったと、どうやら、言えるんじゃないかと思います。

はかることのできないようなものであるけれども、ではなくて、であるから、だからこそ、「随機の修行あるのみなり。」あとのようにとることができるわけです。随機は機に随って。機は、根という字と結びついて機根、縁と結びついて機縁、その機根機縁、両方含めての機じゃないかと思います。機根というのは精神のはたらき、精神の能力。機縁というのは機会というのと同じように、何かのことが、うまく起ったり行われたりするためのきっかけ、能動的な作用をもつ機会、それが機縁でしょう。機縁をこういう風に考えれば、機根は機縁の一種と考えることもできます。そういうそれぞれの機縁に従っての修行があるばかりだ。そうしてみると、という假定があって、次の句が言われるわけです。

だれが一体こういうことがある以上、舟と岸との関係を「再三撈攎せざらん。」また雲と月との関係を「急著眼看せざらん。」撈攎の撈は、このごろ使わなくなりましたが、魚をとることを漁撈と言うでしょう。水のなかに入ってものをとること、あるいは鉤で引っかけてとることが撈、攎は振る、ゆするということで、両方合わせると、つかまえようとして引っかけてみたり、揮ってみたり、努力するということです。だれが舟と岸との関係について、繰返し繰返し労力を傾注して参学究尽しようとしないだろうか。それから「急著眼看。」これはさっき『仏性』の巻の一節を引いたとき言いましたように、急と言っても別に急いでという意味ではなく、きっと、きっと見るなんかというときのあの「きっ」です。次の「著眼看」は目をつけて見るです。きっと目をすえて見る。これは別に月と雲とに実際に目を向けることを言うんじゃなくて、その問題にしっかり目をすえて見るということです。しかし、「舟岸」の方に「撈攎」と言い、「雲月」の方に「著眼看」というのは、それぞれ縁語じたてだということは言えます。これは見落さない方がいいことで、道元にはこういう文章の遊びがかなりあるのです。しかし無論本旨は、これらの「舟岸雲月」を如来の道として精魂を傾け、注意を凝して考究せよということです。

しるべし、如来道は、雲を什麼法に譬せず、月を什麼法に譬せず、舟を什麼法に譬せず、岸を什麼法に譬せざる道理、しづかに功夫参究すべきなり。月の一歩は如来の円覚なり、如来の円覚は月の運為なり。動止にあらず、進退にあらず。すでに月運は譬喩にあらざれば、孤円の性相なり。

「しるべし」というのも、そこに知るべしがあれば、下の「道理、功夫参究すべきなり」という命令法は不要だというのが、今日の文章論だと思います。しかし、これが道元ばかりでなく、古い説示によく見られる文章構成法なわけです。

「しるべし。」こう命令されているのは、一山の雲水たち、修行者たちです。これは最初に言うべきでしたけれども、眼蔵はごく少数を除けば示衆という形ですべて書かれていて、僕たち、仏道外の俗人が読むために書かれたものじゃないのです。そればかりか、すべての仏道修行者に読ませるために書いたんでもなく、道元の弟子たちだけに読ませるように書かれたものです。ですから、たとえば身心と言っても一般人間の身心じゃなく、道元のもとに集った仏道修行者のそれを言っているわけです。そういう限定つきの所論だということは、銘記する必要があると思います。しかしそういう風に書かれた本であっても、これだけ後世まで伝わってきて、おおぜいのひとの読むに耐えるものでありつづけたということは、道元がそれ目当てに書いた仏道修行者というものが、その内容上、非常に広く、大きく、普遍性を持つものだったということを意味するでしょう。これには別の考え方もありますが、ともかく道元が後代の智性の検討にもなお耐えうるものを書きえたことの理由として、そういうことを、一つ考えておきたいと思います。自分の弟子たちだけに読ませるものとして書きつづけた道元のこの著書が、かえって仏教の束縛を脱した考え方をなしえているわけは、道元が、傘下の仏道修行者たちを人間的に拡げるために、精神的に解放するためにこれらのものを書いたからではないかと見られる、むしろそう見なければならないわけです。修行一途の人間が、さっき例に引いたように、天秤ばかりの平衡状態にたとえられるものとして悟りということを教えられたり、それから別のところにある記述ですけれども、解脱を目の動きにたとえたりもしている。それは目が、人間のあらゆる器官のうち、もっとも努力感なしに意志をもって動かせるものだという発見というか確認から出ていることですが、そういうところは、仏道修行者たちのうちに人間的な自覚をよみがえらせるため、とは言いませんが、そのきっかけになったことには違いないのです。

　さてこの「什麼法」ですけど、道元はこの什麼を、どんな風のものと規定はできないが、何かある、というような意味で使っています。什麼は元来疑問詞なので、それをこういう風に不定辞として使うのは、恣意的な使用法でしょうが意味は間違えようがありません。

雲をなんらかの「法」、法というのは、ここでは諸法実相などというときの法です。現実の事物、現象。どんなものにもせよ、なんらかの現実存在に比べたりすることはしない。月でも舟でも岸でも、それらをそうは扱わない。なぜそう扱わないのか、そのわけを、「譬せざる道理」を、「静かに功夫参究すべきなり」、静かに考察してみるべきである。ということは、雲は雲で、さっき「月は月に相嗣す」という言葉があったように、雲は雲に、舟は舟に、岸は岸に「相嗣」するわけで、つまり、それぞれのものとして存在して、他のものに侵されることがなく、他のものに依存するということもない。言いかえれば、日月が如々であったように、雲も舟も岸も如々としてあるんだ。そこで「月の一歩は如来の円覚なり、如来の円覚は月の運為なり」という風に、なるのだろうと思います。「月の一歩」というのは、月のほんのちょっとした動きでもということでしょう。月の動きの一歩は、と言うけれど、一歩二歩という数にこだわる必要はありません。前から数的考慮というものは退けられている。要するに月が動くということは、宇宙的真の姿であって、それ自身如来の円覚、円満具足した悟りなんだ。自然のありのままの姿は、取りもなおさず仏智なのだ、ということになるのじゃないかと思います。

「如来の円覚は月の運為なり。」運為という言葉は用例のない言葉で、運行の営みという意味で使っているかという程度にしか分りません。けれどもこれは、前にあった「月運」と同じことを言っており、月のめぐりなすことと言いかえられるだろうということには、疑いの餘地はないでしょう。結局は月の動きそのもののことです。しかしそれは動いたり止ったり、進んだり退いたりという、そういう変化の相においてあることを本質とするものじゃなくて、円覚というものは一つしかなくしかも全体であるようなものだが、それと同じように、月の動きも円覚になぞらえられる理・性だ。「動止にあらず、進退にあらず。」この「にあらず」もにおいてあるにあらずでしょう。さらに月が動くということは、何かの比喩として言われることではない。それ自身如々であるところのことなんだ。真理の具体的に体現された、ほかに何を考える必要もない、それだけで満ち足りている一つの様相なのだ。そういうことになりますので「孤円の性相なり。」この孤円は盤山宝積の「心月孤円」の二字を持って来たもので、それを「孤円の性相なり」と用いている。主格は何かというと、先行する「月運」だろうと思います。

月の運行ということが「孤円の性相なり。」すなわち、ひとりまどかである、二つ三つあるんじゃなくて、一つだけで円満具足している、それが「孤円」ですが、そういう事柄の性であり相である。別の言い方をすれば、さっき出た「究理、究事」、あの理と事である。不変の本性であるとともに移り変り生ずるかと思えば滅びるもの、そういうものである。従ってそこは、月の運行ということ、月が動くという事実そのもの、そのこと、それ自体が、月がそれだけで円満具足しているという事柄そのもののあらわれである、意味であり、現象である、そういうことになろうかと思います。月の動くという運動が、孤円、ひとりまどかな存在の姿の意味であり顕現であるという風に、ことを引っくり返して説明しているのだと思います。

しるべし、月の運度はたとひ駛なりとも、初中後にあらざるなり。このゆへに、第一月、第二月あるなり。第一、第二、おなじくこれ月なり。正好修行これ月なり、正好供養これ月なり、払袖便行これ月なり。

「度」はさっき得度の例で説明したのと同じで、渡るです。月が動き渡って行く、それがたとえ駛、馳せるという言葉で言われるような事柄であっても、始めがあり、中程があり、後があり、それで終るというようなものではない。初中後、結局三際ということですけれども、局面をそういう具合に分けて、それをたどる形で変化して行くものではない。局面の推移ではない。そういうことに、抽象的にはなるかと思います。

「このゆへに」。われわれの形式論理では、「しかるに」と言うべきところのようですが、「第一月第二月あるなり。」月が欠けていたのが次第に丸くなって来て、半月たつ、それからまた欠けて行って半月たつ、そういうことで第一月第二月が生ずるのだが、一月一月でそれらは完成していて、さらにそれが繰返されるだけのことで、初から中に、中から後に、そして無に帰して、別のものが改めて始るというわけではありません。生ずると言っても、そういう観念が成立つというだけのことで、そこに生まれ死ぬものはなんにもない。ただ月の満ち欠けがあるばかりです。だからこそ、一つ目の月、また二つ目の月がある。もし月の運行というものに「初中後」があって、一サイクル一サイクルで終ってしまうなら、いつも別の月が、第一月、第一月、第一月と続かねばならぬ。全一のものがあるから、個別が成立つという風にも言えましょう。

「第一第二おなじくこれ月なり」とだから言うわけです。「第一、第二」は無論暦の上の「第一月、第二月」で、下の「月」は、そうではなく、空にかかっている月のことです。むつき、きさらぎも、空にかかった「月」だと言うのです。

『有時』という巻が正法眼蔵のうちにありますが、そのなかで述べられている考え方が、「おなじくこれ月なり」という表現の中に窺われます。時というのは過去から現在を通じて未来にと流れて行く一本調子の流れじゃなくて、昨日が今日になり、今日が明日になるように、明日も今日になり、今日も昨日になる。また明日が昨日になり今日が今日になる。こういうことを道元は時の経歴と言っています。

時はちょうど空間のようなもので、どこかに飛んで行ってしまうということはなく、偏界不曾蔵の現実をその中に抱いていて、現実は時なのです。そのなかの諸法もそれぞれに時だという意味で、「松も時なり、竹も時なり。青原も時なり、黄檗も時なり」と言います。空間は、一筋に、過去から未来に向けて流れて行きはしない。時間もこれをかすめすぎて、どこかへ行ってしまうわけではない。その点は地球を包んで成り立っている空間と同じで、要するに時間と空間はその輪郭が一致しているわけです。ただそれが不動の姿でそうなっているんじゃなくて、過去が現在になり未来になるように、未来が過去になったり、現在になったり、現在が過去になったり、また当然未来にもなる。そういうように時は生動している。なると言いましたけれど、実際は誰も、春が夏になるという言い方はしない。ただ夏が来た、夏になったと言うだけ、それからも分るように、春が終って夏が来るというのでは、そこに切れ目ができる。時を流れ、移り変るものと考えたのでは、どこかに時でないものが顔をのぞかせる。しかし実際にはそんなものはないんで、ただ不断の時の経歴というものがある。そしてあるときそれが春の相を呈し、あるとき夏の相を呈するというわけです。春は春として、経歴する時のなかを経歴しているとも言えるでしょう。生きて動いている。夏は夏としてその時の中を動いている。これを経歴と言います。

「おなじくこれ月なり」というのは、一月が終って二月が始る、そういうことを言うと、月と月のあいだに境い目ができて、それは何月にも属さない、瞬間かもしれないけれどもそういう時が出来る。それではいけないので、「第一第二おなじくこれ月なり」と言う。時があって、そのなかを月とともに歩む第一月第二月が経歴している。違う月が来るわけじゃない、空にある月と同じで、一つのものだと言うのだと思います。「正好修行」、正好というのは何々するにまさによしで、まさに修行するによし。修行に好都合だということです。次は、「正好供養これ月なり。」、供養に好都合だ。しかしここでも、例によって、「正好」は冗辞、供養も修行もこれ月なりという意味で言われていると思います。どんな人間の行為も、すべて全円であり、それ自身として成り立っており、他とのあいだに先後、依存の関係はない。そこで「払袖便行これ月なり。」「袖を払うてすなはち行くこれ月なり」、これは、馬祖道一のもとで、百丈懐海と西堂智蔵、南泉普願、三人の弟子が、南泉というのはあの猫を斬った話で有名な南泉ですが、四人して月見をしていたときの話にひっかけて書いているわけです。馬祖がそのとき「ちょうどこんな具合のときはどうしたものだ」と急に言い出します。西堂がそれに応じて、今の「正好供養」という返事をする。百丈が「正好修行」という返事をし、南泉はひとり、袖を払って便ち去る、原典では「行」ではなく、「去」となっています。この話を受けて書いているわけで、師馬祖道一の評するように、南泉はこうして、いついかなる場合でも、現実の事象にこだわらぬことを行為でもって示したわけです。

ついでだから言いますが、「異類中行」、これは菩薩が人間界に済度のために出て行くことをいう言葉ですが、異類の中に行く、自分とは違うものどもの中に出て行く、というのが、南泉の修行の目標、そして実際その性格でもあったようです。

供養とか修行とかにこだわりを示すのに比べると、この南泉の、何物にもこだわらずに身一つで、何があるか分らないものの中に入って行くという態度は、ひときわすぐれているように見えるが、それも月、これも月、すべて人間の行為である、それとして全円の行為である、そう言えるということだと思います。

円尖は去来の輪転にあらざるなり。去来輪転を使用し、使用せず、放行し、把定し、逞風流するがゆえに、かくのごとくの諸月なるなり。

この「円尖」の円は月の丸いことで満月でしょう。尖はとがった月で、上弦下弦の月。月が丸くなったり欠けたりするのは、去来、ものごとの去ったり来たり、要するに、時のうちにおける変化。その「輪転にあらざるなり」——時間の中で変化するその様相、次第ではないのだということでしょう。「輪転」というのは、転法輪とは別のことで、これは去来ということ、つまり時の中での変化が、転々、輪の廻るように続けられる、それを輪転と言ったのだと思います。「去来の」ののは、これもさっきののと同じで、「去来」ということに具わった、具わったと言ってもここは変化が問題ですから、の為すという意味でしょう。月が丸くなったり、あるいは欠けたりするということは、時の中における変化の、移ろい行く相ではないのだ。そのことが為すところの、見せるところの様相ではないのだ。

次の「去来輪転」というのは、去来すなわち時の中でなされる変化、それを目に見えるものとしたところの相のことで、この相、すなわち輪転を使用し、とつづいて行きます。

この「去来輪転」は、去来が主格、輪転が述語というのではなく、去来なる輪転の意の四字一語だと思います。時の推移につれてものごとが転々変化する、その様相を思うままに行使し、あるいは思うままなる行使の一つの形体として、行使しないということもある。「使用し使用せず」、あるいは「放行(ほうあん)し把定(はちん)し」、放行把定というこの言葉は、ずっとあとの清朝の用例では役所なんかの警備のしかたで、勝手に入って行かせることと、把定、入らせないで引きとめる、そういう風に使われたようです。そういう、日常用語として、この語も昔からあったのでしょうが、いつごろからということは分りません。宋代の語録にはたしかに出ていますが、禅語としてです。そういうことは少々おかしいんで、禅というのは日常用語を自由自在に使うことで、その境地を端的に表現した一種の精神運動だったから、唐代あれほど活気をはらむことができたのだと思うのですけど、この語については、今のところ用例に即してその証明のできないのが残念です。「放行」は手を放して自由に振舞わせる。「把定」はしっかり抑えつけること。修行に結びつけて言うと、修行、修行と一途にこりかたまることをやめて、自由自在に行動するようにしむけることが放行、把定は主として坐禅にかかわって来て、じっと坐らせる、坐断させる、坐禅一途にさせる、そういう師家の指導のしかたを言います。ここではそれを一般的に使っていて、時の中における変化の相を、生ずるままにさせたり、生ぜぬようにしたり、思うままに処置するという意味で使ったわけです。「使用し使用せず、放行し把定し」。しかし本当に意味があるのは、「使用し」と「放行し」でしょう。こういう言い方で、満ち欠けを承認し、それに身をまかせるとも形容できる月の運行のことを言ってるわけです。

「逞風流する。」これは風流をたくましうすると普通訓みますが、逞は本当はほしいままにすと訓むべき字です。もう一つの風流というのはいろんな意味のある言葉ですが、ここでは、礼法に拘泥しないことを風流という用法に従うのがいいと思います。風流をほしいままにする。つまり方式にこだわらず自由自在に振舞うと言うのですが、ここでは三字で、上の「去来輪転」という対格を受けた他動詞に用いられているわけです。「逞風流する」全体でそうなのか、例の断章方式で「逞」だけを活用しているのか、意味はどちらでも同じようなものですが、問題がないとは言えません。いまのところ、「風流」、方式にこだわらぬを副詞句的に使って、方式にこだわらずほしいままにすると、前に立てた解によって読む方がいいように思われます。さてそうしますと、今度は「放行」と「逞風流」の関係はどうなるのかという問題が出て来ます。なぜかというと「放行」は自由にさせる、気儘にさせるで、放任ですし、「逞風流」は、こちらの思いのままにするで、支配だからです。

文法的に言えば、前者は使役の動詞——させるというのだから、自由にさせるのだけれど使役と被使役の関係です。奇妙ですがそうなりましょう。あとの「逞風流す」は他動、能動の動詞です。こっちの自由に扱うと言うのですから。

しかしこれらは言葉の上でこそ反対のこととしてあらわされていますが、これらの動詞のあらわす動作、行為の主体も対象となっているものも、この場合、恣意だのはからいだのを持たない自然現象です。ですからここでは放任も支配も、使役も能動も同じことになります。そういう風に事態がなっているので、「かくのごとくの諸月なるなり。」

これの主格はまず、前の行の「円尖は」だと見るのが順当でしょう。しかし意味の上で、ずっと前、この段の初めの「月の運度は」をも、主格としてとっているように思われます。つまり「月の運度は」は、「たとひ駛なりとも初中後にあらざるなり」という文の主格であるとともに、この句の主格にもなっていると考えるのです。あいだの「去来輪転を使用し」以下、「逞風流するがゆえに」までの主格は、このテクストですと、上が句点で切れていますが、無論「円尖は」です。そしてこの「ゆえに」で終る文は、下の「かくのごとくの諸月なるなり」の理由を示す文であるのは勿論ですが、同時に、ここに句切れがあって、上の「去来の輪転にあらざるなり」の理由を、ここから反転して示しているという風に思われます。

では、「かくのごとくの諸月なるなり」の「かくのごとくの」は、何かというと、これは、よくある恁麼のと同じ意味で、ここでは、これも「円尖」を受け、丸かったり尖ったりしながら、満月だったり弦月だったりしながら、それぞれ独立した「諸月なるなり」、いずれも完全な月であると続いているのじゃないかと思います。

しかもこういうことが月の運行の様相であり、意味合いだとして、段首の主格「月の運度は」がここにひびいている。ここにあるのは、そういうポテンシャルとして残していたものを現実のエネルギーとして顕在化する文章構造とでも言うべきものではないかと思うのです。月の運行は、局面を分けての初中後と移って行く推移現象ではなく、それぞれ独立した様相の作る全体である、と言うと、飛躍しすぎていると思われるかも知れませんが、「遅風流するがゆえに」までの句、いわば挿入文を根拠として言えば、月の諸様相自体が月の諸様相を発動させているということを語った一段ということになるでしょう。この挿入文は前半でお話した第二段の、「得恬廳なるゆへに」以下、「即現々成なり」までと同じような性質、機能を持っていると思われます。

さて自然の理法、すなわち運動は、その思うがままに行われている。しかし、さっきも言いましたように、はからいのない自然の運行は、それゆえそのなかの諸現象をそのありようのままに、ありうるままに発現させている、というのがこの影像の意味でしょう。そしてそれこそ道元が「円覚」と見たものなのです。

ここの巻末に仁治癸卯と寛元癸卯と、同じ干支で二つの紀年が記してありますのは、この仁治四年という年に改元があったからで、元号は違っても同じ年です。この年道元は四十四歳でした。

今日読みのこした二段も、今まで聞いて頂いた読解方式でやれば、大体分ると思いますが、語句の上で、いくつか、それだけでは足りないものがありますので、残った時間を利用して、前の一段についてだけ、補足しておきます。

古仏いはく、「一心一切法、一切法一心」。
しかあれば、心は一切法なり、一切法は心なり。心は月なるがゆへに、月は月なるべし。心なる一切法、これことごく月なるがゆえに、遍界は遍月なり。通身ことごく通月なり。たとひ直須万年の前後三々、いづれか月にあらざらん。いまの身心依正なる日面仏月面仏、おなじく月中なるべし。

ここの古仏は誰か分っていません。と言うことは「一心一切法、一切法一心」という言葉の出典が分らないと言うことですが、大体如浄、道元の師匠の天童山の長翁如浄と見ていいのじゃないでしょうか。古仏というのは古の、昔の仏ということですが、道元は教えを受けた如浄を古仏と呼んでいます。禅宗では坐禅する建物を選仏堂と言っているくらいで、だれでも可能性としては仏になれる筈なのですが、古仏と呼ばれるひとはそうはいない。宋代では如浄の他は圜悟克勤（一〇六三―一一三五）と宏智正覚（一〇九一―一一五七）のふたり。曹渓古仏まで四十代の古仏と言うときのような、釈迦牟尼仏の前から数えて、このひとまで、西暦六三八年に生まれ七一三年に死んだ中国禅宗の六祖の、この大鑑慧能までをひとまとめに数えるような場合は別として、唐代ではこの曹渓古仏の他、その弟子の南陽慧忠とか雲巌曇晟、黄檗希運、趙州従諗、玄沙師備など、十人位しかいません。臨済義玄など無論そう呼んでもらえませんし、南陽慧忠の兄弟子の青原行思なども、青原高祖と呼ばれながら、古仏とは言われていない。道元は曹洞宗という呼称を認めていませんが、曹洞宗の祖とされるひとで、道元がその語をたびたび拈挙している洞山良价、このひとも、少くも眼蔵の中では古仏とされていません。そういうわけですから、これがかりにも古仏と言われるひとの言葉なら、出典もすぐ分ろうと思われますのに、それがそうは行かないのは、道元が聞き覚えて帰国した天童山如浄の言葉と見なすのが、むしろ順当ではないかと思うわけです。

「一心」というのもさっきも言いましたように、円覚のこと。円覚と現実の一切の事物現象は等号でつなぐことができるというのが、この句の意味でしょう。順序が逆になりましたが、すでに「月の一歩は如来の円覚なり」などという句に即して、説明したことです。

それから少々先の「直須万年の前後三三」。この「直須」というのは、「ただちにすべからく」と訓んで来た措辞ですが、ここではそれでは通じません。そこで辞書に当りますと、「直」はたとえ、假定の副詞とありますし、「須」は「是」と同じという説明があります。「須」にはなお必要とするという意味もありますが、「直須」と熟すると、たとえ万年かけても、万年であってもとなり、同じような意味になりましょう。しかしここでは「直須」は冗辞、「万年」だけが断章使用されているのだと思います。

「万年の前後三三」。万年のうちのいずれかの年の意でしょう。それも「月」だと言うのです。これは、天体の月で、暦の上の月ではありますまい。「正好修行これ月なり」などの句で説明したことと同じことがここでも言えると思います。神無月、霜月なども空に見る「月」だというわけです。そこで今度は、前の行の「心なる一切法、これこと〴〵く月なり」。これも、同じことを言った語です。その下の「遍界は遍月なり」も言っていることは同じで、「遍界」はあまねく全世界、それも月だと言うので、月の上の「遍」は冗辞とは言えませんが添えた文字、添辞です。「通身こと〴〵く通月なり。」文字の使い方という点では、この「通」は前の「遍」と同じです。ただニュアンスは違っていて、遍というのは全体を覆ってあまねく。「通」は、全身を通して、つまり内面的徹底性を言う語のように思われます。それはここではあまり問題にならないことですが、たとえば『観音』の巻などでは「渾」とともになかなか大事な差異をつけられた言葉として使われています。

　それから次の行の下の方の「身心依正」。これは仏教用語ですから、とくに僕が注釈する必要はないんですけど、依正は依報正報を略した文字です。依報正報というのは、前世の報いによって何かに生まれ変る。それが正当な因果関係で生まれ変って得た身心が正報、従って大体衆生、つまり人間をさすことになります。依報の方は、そういう人間がよりどころとするもの、生活環境が依報です。それをここのように「身心依正」というのは、同語反覆語法です。そこでこの四字、あるいは「身心」を除いた「依正」二字で、人間の全現実ということになります。「その前後三三二」、任意のどの年も月でないものはない、時間の全体が月だ、そういう考えを述べて来て、「身心依正なる日面仏月面仏、同じく月中なるべし。」身心依正は今も言いましたように、人間の全現実ということですが、それを日面仏月面仏に結びつけますと、人間のという限定辞はとれてしまって、現実のということになるのでしょう。現実の天文もという意味で、「身心依正なる日面仏月面仏」と言う。この場合、「面仏」二字は冗辞化されていて、「日面仏月面仏」は単に日月ということです。「同じく月中なるべし。」同じようにともに月のなかにあるのだ。「なる」は「にあるなる」の意です。

生死去来ともに月にあり、尽十方界は、月中の上下左右なるべし。

生きるとか死ぬとか、行っちまうとか来るとか、そういう衆生のなす、見せるあらゆる変化の相、それらもすべて月にあるのだ。「に」はあきらかにあり場所を示す助詞で、月のなかにある、月に包摂されているのだ。つまり月を主題とした思考のなかでは、すべてが月だという意味になるということでしょう。しかしそれで仏とか仏法とか、そういうものが排除されて行くわけじゃなくて、すべては「一心」すなわち「円覚」に、すなわち仏に包摂される。そういう風に考察は進められているのだと思います。
「尽十方界は」。「尽」はことごとくの、「十方」は東西南北上下乾坤艮巽を言うと言いますが、要するにあらゆる方角ですね。すなわち四字で全世界、それは月のなかの存在だ、というのが「月中の上下左右なるべし」で、地球も太陽も、この月のなかに抱きとられてしまうわけです。

いまの日用、すなわち月中の明々百草頭なり、月中の明々祖師心なり。

日用という言葉の意味は日常の必要品、入用品のことです。それがここに突然出て来るのは、半ばは日月を問題にしていたその縁語として出て来たんだろうと思います。いま自分の身の廻りにある日常必要品のたぐいも、とりも直さず月のなかにある「明々百草頭、明々祖師心」だ。これは中国の、出家じゃありませんが悟りを得ていたとされるある居士、と言うより、その居士をやりこめたその娘さんの言葉の中にある文句で、明々百草頭というのは、一つ一つ明らかに見てとれる百本の草、頭というのは名詞に添えて言う助辞です。「明々祖師心」は、祖師たちの心も、何もそう掴まえにくい、常人を越えた悟りなんかというものの充ち満ちたものではない、ちょうどこの地上に、いろんな草が生えていて、それが一々見てとれるのと同じように、はっきり読みとれるものだ、見てとれるものだということでしょう。龐居士という、この言葉を遺した人物は、あるとき坐禅のついでに、娘さんに、昔のひとがこう言ったが、お前はどう思うかと訊ねるのです。すると娘さんは、いい年をして何言ってるの、と答える。そこで居士が、私についてはそう言えるかも知れないが、という気持から、もう一回、お前はどうだいと訊ねる。すると娘さんは「明々百草頭明々祖師意」と答える。それで父の居士は笑うのですが、この娘さんは、「明々」だけきかして、分りきったことよ、という意味で言ったのでしょう。そういう風に自在に使われて来た言葉ですが、道元は、それをさらに月のなかにある、ほかのものと紛れることなどない個物だという風に活用しているわけです。全体通して、さっきも言いましたけれども、月を主題とする考察のなかでは、月がすべてを抱きとり、全時間全空間を占める、要するに存在のすべてとなるということ、それが説かれているのだと思います。仏道、仏法、仏そのものもその外にはない、そういう考えでこの段、そしてこの巻全体は書かれていると思います。

どうもテクストに即しての話というのは、餘程長時間、ときどき黙りこんでしまうのを許してもらって、得手勝手に続けないと、かえって上滑りするばかりで、著者の思想の深みを取り出して見せる機会を摑みそこなったまま終るという欠点もなくはないんですけれど、逆にそういう思想の根源の核とでもいうものに近づく道は、テクストの言葉の密林をかき分けて進むやり方に対してしか与えられないと思われます。局部的な鋭い分析で、そういう核を明らかにすることも出来なくはありませんが、そういうことの可能なのは文章に書く場合で、声に出してやるのでは、第一そう繊細なことは出来ませんし、あえてやっても、なかなか聞きとってはいただけまいと思います。きょうはこれだけやって、まだ一節やり残しになりましたが、テクストをたどることで著者の思想の核心にせまるというやり方に道をつけることだけはどうやらしたんだということで、お許しいただこうと思います。

＊一七四頁　唐沢正国氏。当時長野県伊那小学校々長、上伊那教育会々長。
＊＊　一七六頁　『寺田透評論』第一期Ⅱ所収。
＊＊＊　一八三頁　典拠はかならずしもなくはなかった。碧巌録第三十五則に「文殊前三々」と出ている。しかし文殊は実在したとすればインド人の筈だからかれ自身がこう言ったわけではない。そこでやはり中国での一般的な実際的用例が問題となる。
＊＊＊＊　二六一頁　別の一段は、それを次篇「眼蔵参究の傍」の主題とすることで缺を補った。
＊＊＊＊＊　二六二頁　『眼蔵』でなく、永平広録には上堂語の三五一に『洞山高祖古仏』とある。

眼蔵参究の傍

中国の禅僧の詩偈と問答の言葉は、全く独特の表現理論の上に立つものぢやないかと、かねがね思つて来た。

理由は、詩偈も問答も、いづれも意味なり自分の信ずるところなりを相手に伝へようといふ目的でなされる言語活動である。しかし明示的に伝へるための努力はそこには全くなく、かへつて意味や所信が明確に捉へられて、師家のそれらが弟子の中で単に反覆されるだけに終り、理論とか綱領とか、およそ打立てられたものとして形骸化するのを恐れるかのやうに、暗示的ですらない、伝達拒否の不思議な性格を持つからである。意味や所信を伝へるためのものであるのに、伝達の円滑を擯ける飛躍と背理に満ちたこの文体は、詩にも散文にも属さず、無論雄弁でもない。これは西洋で昔から考へられて来た言語表現のどんな様式にも分類されない様式で、かういふものを独特と言はなければ、独特なものなんてないと言ひたい位のものだ。

正法眼蔵『都機』の巻に挙示されてゐる唐の投子大同と一修行僧の問答はさう異彩を放

つものではないが、これをなんとか片づけておきたい個人的な理由もあつて、ここに引用、むしろ挙示させてもらふ。

舒州投子山慈済大師、因僧問、月未円時如何。師云、呑却三箇四箇。僧云、円後如何。師云、吐却七箇八箇。

いま参究するところは、未円なり、円後なり、ともにそれ月の造次なり。月に三箇四箇あるなかに、未円の一枚あり。月に七箇八箇あるなかに、円後の一枚あり。呑却は三箇四箇なり。このとき、月未円時の見成なり。吐却は七箇八箇なり。このとき、円後の見成なり。月の月を呑却するに、三箇四箇なり。呑却に月ありて現成す、月は呑却の見成なり。月の月を吐却するに、七箇八箇あり。吐却に月ありて現成す。月は吐却の現成なり。このゆえに、呑却尽なり、吐却尽なり。尽地尽天吐却なり、蓋天蓋地呑却なり。呑自呑他すべし、吐自吐他すべし。

道元はこの問答を、およそ月が問題である場ではただ月といふことだけがあるのであつて、新月半月下弦上弦などの諸月の別など問題でない、月は森羅万象のすべてを尽すものであり、月すなはち円覚であるといふ、この話の前段に掲げられた、恐らく師如浄の言葉である「一心一切法。一切法一心」と同じ意味を語るものととつてゐる。道元の評唱自体が、「月に三箇四箇あるなかに、未円の一枚あり。月に七箇八箇あるなかに、円後の一枚あり」といふ具合に禅語的だが、これを抽象的一般的に、といふ今日的な表現様式に従つて書き直せば、目下の問題は月の満ち欠けだが、満月も月、その前後の欠けた月も月で、すべて月の為し生すところであるといふことにならう。ところでその月が満月の前には三つ四つと月を呑んで円くなつて来るし、後では七つ八つと月を吐き出して欠けて行く、といふのが投子大同の所言だつた。三四七八といふのは要するに不定有限数のといふことで、これらの数字の特殊個別性に意味があるわけではない。新月は他のものを取つて半月になり満月になるのではなく、どれも月であり、すべては月のこととしてあるといふのが、この意味である。「呑却は三箇四箇なり。このとき、月未円時の見成なり。」月未円時が現実化されるのだと語るあとの句は、未円時といふ限定をはねのけて未円なる月がしかも月そのものとして現実に成立つ、存立すると語つてをり、「月未円時の月見成なり」と書かれてもいい句である。そしてそれはさらに「呑却に月ありて（月）現成す、月は呑却の見成なり」と言ひ換へられる。月の満ち欠けは月のことであつて、月にかかはることは、（今日の天文学の知識とは相容れないにせよ）月がすべてやつてのけるのだ。その変容といふ現象、機能もさうだ。そこですべてといふ今出て来た考へを、道元は次のやうに発展させる。

「このゆえに呑却尽なり、吐却尽なり。（――尽は目的格の名詞である。すべてを呑みつくし、すべてを残りなく吐き出す〕。尽地尽天吐却〔――この尽は形容詞〕なり、蓋天蓋地呑却なり〔――両句とも正式漢文の語順をとらず、上四字が目的格。そして今言はれたことがさらに一般的な形でかう言はれる〕呑自呑他すべし、吐自吐他すべし。」

ここまで来ると天地自然の生動だけがこの宇宙、すなはち全一なる存在のうちに、そのものとして存在するといふ考へ、といふよりむしろ光景が、われわれのうちに現前するのが見られ、それを円覚と呼ぶ立場にわれわれの思ひをも導くが、道元の評唱がそれをわれわれに教へたとか暗示したとかいふ風には思へない。投子大同の文句もそれを暗示したわけではなく、かれの言つたのはただ月だけにかかつてゐた。

しかし、投子と修行僧の問答は、文字に記録されただけのものである筈がなく、道元の評唱も書かれただけのことである筈はない。

といふことはこれらの問答、のみならず、評唱も、雲水たちがそれらによつてつねに師の前でそれぞれひとりのかれら自身に戻るやうにしむけられたのである以上、示衆形式の評唱も、けして同じ形で繰返されることのない、唯ふたりの人間のあひだにそのとき特殊的に現実化された言語関係であつて、その一方がゐなくなれば全体が形骸となる他ないやうなものが、それらに伴ひそれらを生動させてゐた筈だといふことである。かれら師家や雲水がもはやその場にゐなくなつたとき、これらの問答や評唱は、他にどうありやうもないそれだけのものとなるが、参学問法の現場では、これらは、これらによつて切り開かれた新生面によつて光を添へられなほ発達進展の勢ひを見せる生成途上のものだつた筈である。

これらがこれらだけのものとされる危険のあるとき、すなはち金科玉条のやうにこれらを見なし、これらを考究の対象化する人間が現れるとき、不立文字の断案が下される。しかし不立言語といふことはそのときでも言はれない。忘れてはならないことがそこにはあり、文字化されたそれらの言葉をいぢりまはすものの救ひは、ひとへにその求道の志と、かれがこれらの問答、評唱の記録によつて新天地を打開しうるか否かにかかつて来ざるを得ないだらう。

以下も正法眼蔵を筋道として書いて行くが、眼蔵の中に、ことの他文学的香気の高い巻がいくつかある。いづれも古仏と言はれるやうなひとの詩偈を材料にとつて道元が自分の考へを展開、すなはち評唱してゐる巻である。特にかれが先師古仏と呼ぶ如浄の詩偈の引かれる『梅花』の巻や、唐代の祖師では同じく古仏とされる趙州従諗の問答と詩偈が拈挙される『栢樹子』*の巻などがその代表例として記憶に浮ぶ。

趙州録が本書には収録されるさうだが、この表向きは素朴で平凡さうでありながら恐しく徹底した人物だつたらしい、趙州といふ、八世紀末葉から九世紀のほとんど全部を生き切つた祖師と道元がどういふ具合に関係してゐるかを考へるのは面白い。一面非常に肉的である禅宗のことだから、道元も、趙州のことは、その血髄をともにした師如浄を語るときほど熱烈な言葉では語つてゐない。如浄の資となつた道元は、原理的には、趙州の資となり、釈迦牟尼仏の資となり、かくて釈迦牟尼仏となつた筈だが、やはり趙州は、しきりに想起される祖師といふわけではなかつた。もつとも言及の回数の多い祖師は、如浄を除けば、当然のこと大鑑慧能であり、ついで洞山良价である。それら程でないが薬山惟儼や百丈懐海、馬祖道一、玄沙師備などであり、これらの名は、趙州の名と援用される頻度においてひけをとらない。

しかしこれも如浄を除いての話だが、趙州ほど、その全人格が読者に伝はつて来るやうな形で引照される祖師は他にないといふことが、われわれの注意をひく。同じ古仏でも慧能はその美挙佳話、傑出した点こそ度々顧望されるが、趙州はそれと違つてなんといふことのないその平生の行実全体が拈挙されるのだ。

南泉にはじめて見えたとき、お前は有主沙弥か無主沙弥かと尋ねられた趙州は、有主沙弥ですと答へた。ではその主は誰か訊かれて、まだ春浅くお寒いのに、和尚さまは御機嫌うるはしく祝着に存じますと答へて、南泉を主とすることを言外に語つた。かういふ趙州のいつもかはらぬ平常さが、道元には嬉しかつたのではあるまいか。（道元はこのときの趙州を六十過ぎの晩学と考へてゐる。）

有名な狗子に仏性ありやの問答で、あるときは有と答へあるときは無と答へる、仁を見て法を説く、と言つたのでは中らない、あくまで拘牽をきらふ誘掖の自在さ、それがまた誰にでも茶をのんで行けと言ひ、どういふ訪ねやうでも、求法のために訪れた雲水には隔てなく接する無差別と表裏一体の生き方の濶達さが、緊張をほぐしてくれるかれ自身には欠けたものと道元には思へたのかも知れぬ。

「烟火、徒に労す、四隣を望むことを」で始る趙州の平常詠も、道元にとつては、清貧のうちに、わづかの門弟とともに、世間から孤立して修行する古仏の勝躅ばかりでなく、それにもましてなつかしい、安心の行く貧乏暮しの風懐の表現と思へたのではなからうか。「饅頭䭔子、前年別れき。今日思量し空しく津を嚥む。持念少く嗟歎頻りなり（――持念は持念者の意で、ことは正法の受持憶念のひとの乏しいことの嗟きである。それが同時に修行者を敬愛保護する俗人の無いことへの歎きになつて行く率直さを見ねばなるまい）一百家中善人無し。来れば祇道ふ、茶を覓めて喫せんと。茶を得て噇はざれば、去りて又嗔る。」

かういふあけすけさが道元にはないのだ。

＊　二七三頁　筑摩書房刊世界文学全集36Ａ『禅家語録Ｉ』。

発表・収録次第

一、道元略伝。『画餅』講読。一九七三年十一月二十日及び二十七日朝日ゼミナール「日本仏教・この人と思想」第九・十回（大阪）。七四年十二月朝日新聞社刊同名書収録。

二、『竜吟』講読。一九七三年十月二十一日大東急記念文庫文化講座講演「思想としての日本仏教」第四回（東京）。七五年五月同文庫刊同名書収録。（但し前半道元概説に類する個所のうち道元略伝と重複する件りは割愛した。全容は思潮社刊『寺田透評論』第二期Ⅷに再録。）

三、『都機』講読。一九七〇年十月三十一日上伊那教育会講演（長野県伊那市）。七四年六月岩波書店刊『道元の言語宇宙』収録。

四、眼蔵参究の傍。一九七二年十二月筑摩書房「世界古典文学全集」36A月報46所掲。『道元の言語宇宙』に収録。

言ふまでもなく本書では右の諸書発行後学び知つたところにより、また本書を独立の書物とする必要から若干補修訂正を施してある。

正法眼蔵（第十八）観音講読

この巻は眼蔵の中でも特別密度の高い、同じことになるかも知れませんが硬質の文章、つまりは思惟の緻密で硬度の大きなはこびを味わわせてくれる巻で、僕にとっては大変気に入りの巻です。それを、こんど機会を得て、過去になんどかやったように、講読体の形で解明していくことができるのを大変うれしく思っています。

巻末にありますように、仁治三年四月、というと一二四二年にあたりますが、その夏安居開始後二十六日目に書き上げられたもので、道元はこの年、四十二歳でした。七十五巻本眼蔵によりますと「古鏡」直前におかれていますが、「古鏡」は前年九月の執筆、そのあと、その年のうちに「仏性」「行仏威儀」「神通」、翌年に入って「大悟」「坐禅儀」「仏向上事」「恁麼」「行持」「海印三昧」「授記」など重要な巻々を書いたそのあとで、これを書いたとされています。しかも「行持」「海印三昧」「授記」とこれは同じ四月の執筆である上、「授記」の翌日これを書いたという到底信ずるわけに行かない多産さの中でこれは生まれました。

さて冒頭名の出る雲岩無住大師。このひとは諱を曇晟といって、七八二年から八四一年にかけて、この世にあったひとです。薬山惟儼の法嗣ですから、青原下三世と数えられます。無住というのは、はっきりそう書いてあるわけではありませんが、亡くなるとすぐ、唐の会昌元（八四一）年に、武宗の朝廷から下された贈り名、そういうふうに景徳伝燈録の記事は読めます。

次に出る問答相手の道吾山修一大師は、諱を円智といって、七六九年から八三五年にかけて在世。やはり薬山の法嗣で、曇晟には兄弟子――法兄に当たります。修一は大和九（八三五）年、唐の文宗のとき、死ぬとすぐ贈られた大師号のようです。

ここにある問答は、伝燈録十四の雲岩曇晟の章にその前半だけ出ています。もっと古い朝鮮でできた祖堂集という祖燈録には、雲岩ではなく道吾の章に、随分違った形で、素朴でもあれば、ごたついているともいえる形で出ています。道元が引いているのは宏智広録二の頌古――昔の禅人のことばや行実をとり上げて褒めたたえる偈のことですが、その頌古の一つ手前に、その材料となったというか、契機となったというか、そういうはたらきをする、ものごとを述べる拈古（ねんこ）というものがある、昔のひとのことばや行実をとり上げることそのことを拈古というのですが、漢詩でいえば序に当たるところ、そこにこの全文が出ています。

宏智というのは、これが号というか名で、諱は正覚。一〇九一年から一一五七年在世の宋の禅者で、道元が古仏と呼んでいるひとのひとりです。

联燈会要という祖燈録の一つにもこれと同文のものが、その巻十九、道吾宗知――円智と言わずそう諱をしるしていますが、その章に見えています。しかしこれはこの祖燈録の成立年次からいって、宏智の拈古より新しく、これを採録したものに違いないと思われます。そこでこんどは宏智の典拠がなんだったかということになりますが、私にはそれは調べる手続きさえわかりません。祖堂集のものを修訂したものでもありましょうか。

ではまず、その問答。最初、雲岩が次のように道吾に尋ねたというのです。

> 雲岩無住大師、問道吾山修一大師、大悲菩薩、用許多手眼作麼。道吾曰、如人夜間背手摸枕子。雲居曰、我会也、我会也。道吾曰、汝作麼生会。雲岩曰、遍身是手眼。道吾曰、道也太殺道、祇道得八九成。雲岩曰、某甲祇如此、師兄作麼生。道吾曰、通身是手眼。

この大悲菩薩というのは次の段落で道元自身いってるように観世音菩薩のことです。慈悲門の主尊ということからこう言います。観音さんが「許多の」どれほどの、数の手眼をはたらかしてどうしようというのか。そう雲岩はいったわけですが、これ、祖堂集では、道吾が「雲嵓に問ふ」となっています。「千手千眼、如何。」つまり話題となっているのは千手千眼観世音なのです。普通ただ千手観音といいますが、千手千眼というのが本来の呼び方です。千本の腕をその数だけそなえた観世音像も実際に造られて、唐招提寺などにその作例があるのは皆さん御存じでしょうが、普通は中央の合掌する二本の他、左右に二十本ずつ、四十二臂というのが儀軌できまった、というか許されたことです。この四十本の腕の手の平に一つずつ眼が具わっていて、その手の平の一つひとつが衆生の経巡る二十五有をあずかり、かれらの救済にあたるので、四十かける二十五、千で、千手千眼となるという考え方です。二十五有というのは、地獄、餓鬼などの六道のうちの四道、閻浮提などの四洲、これが人間界の八有で、あと天部の十七。

その千という数の概念が生きていて、この雲岩の問いの「許多の手眼」が出て来ます。すると道吾が答えて言うには、「それは普通の人間が夜、くらがりで、手をうしろに廻して枕を手探りするときと同じことさ。あちこち動かして摑まえようとするのさ。」「手を背にして」というのがよくわかりません。同じ闇の中のことですが、手を前に伸ばして探るより一層むつかしい藝当だというニュアンスがあるのでしょうか。祖堂集ではただ「燈なき夜、枕子を把著するごとし」です。把著の著、枕子の子、いずれも接尾助辞で、著の方には強めのはたらきがありましょう。ここでは「把」——手探りより大分しっかりした動作で、つかみおおせる、つかんじゃう、と言っているのです。観世音菩薩のはたらきにつけて言えば、救うべき衆生を探しまわるか、救いとりえたかの違いがここに出ていると言えましょう。

祖堂集ではそこで雲岩がすぐつづけて、「云。汝、還知不。」——「云へ、汝、また知るや」と言い、それに答えて道吾が「我会也、我会也。」——「わかってる。わかってる。」

というわけですが、宏智広録では雲岩がそう言います。この「也」は強い断定の助辞というより、語気をやわらげる、普通は語句の中間にはさむ、いわゆる襯字（しんじ）の「也」に使い方が似ているように思います。

それに対して道吾が、「汝、そもさんか会（うい）す。」——わかるというが、そのわかりかたはどういう具合のものか。

雲岩が答える。「遍身是手眼。」この「是」は「である」という意味で、からだ中、どこもかしこも眼をそなえた手だ、というのです。これに対してさらに自分はこうだという意味で、道吾が「通身是手眼。」——「からだ中、一貫して眼をそなえた手だ」という。「遍」はひろくどこもかしこも全面的に。これに対して「通」は端から端まで全躰通して、ということで、この方がどこをとってもそこが眼としてはたらくという、ポテンシャルの大きさを感じさせはしないでしょうか。進んで言えば雲岩の言葉では、からだ中どこもかしこも一つびとつの眼、つまりからだに無数の眼がはりついているという感じですが、道吾は全身通して眼、からだが一個の眼になっているという感じがあります。

ところでこれは、最初の「人の夜間」と始まった問いに対する答えとして言われた言葉ですから、雲岩は、そうか、そうか、人間というものは満身すきまなく眼をつけているものだからな、道吾は、人間は満身一個の眼だからさ、と言ったことになります。

そしてそれが同時に観世音菩薩のありよう、はたらきについての解釈として、もっと前の「大悲菩薩、許多の手眼を用ひて、作麼」の問いに対する答えとして、そこに戻るわけです。

あえて言えば、雲岩は満身無数の眼となるという形で観世音菩薩に化した人間やそういうものとして自己を表象しているし、道吾は、いつでも観世音としてはたらける人間として自己を語っている、そういう差異がつけられるのではないでしょうか。「遍」と「通」を強く対比させて読むと。しかしここを祖堂集で読みますと、師、すなわち道吾が云う、「通身是眼。」「神山」と次にありますのは品の下に山を書く「嵒」を写し違えたのじゃないでしょうか、「神山云ふ、渾身是眼。」――道吾が「通身」と言ったというのは、宏智広録、祖堂集の二つに共通ですが、宏智広録では批判の立場でそう言い、祖堂集ではそう言ったのがかえって批判されるという違いがあります。たしかに祖堂集の雲岩のように「渾身」というと、全身を挙げてすっかりという語感がありますから、主躰性があり、同じく全躰というにしても、具躰的で、現実に力に満ち満ちた、満身眼である人間が、一個の眼であるように表象される人間が、そこにいるように思われます。こういうイメージを持ち出すと、それによって「通身」のイデーは批判される、それが自然に感じられます。この全身挙げて一個の眼というイメージは、多力な、迫力ある答えと言えましょう。

千手千眼大悲菩薩など、いまさら問題にするには当たらない、自分はすでに観世音であるという自覚、覚悟を言うためには、この方が力強く、気魄に満ちた、表現と言えます。

しかしこれを枕探し、というと話が下世話になりますが、さきのテーゼと結びつけると、「渾身」と言うのでは「摸す」にはうつりが悪い。この語のおかれる表現の場は、当然「把著」の方にひろがる筈で、そういう具合に「渾身、眼」なら、「枕」は、衆生の済度は、すでに刻々にできていることになります。

こうして雲岩は、「遍」と言ったとも「渾」と言ったとも記録されて、一方では道吾の「通」に見返られるし、他方ではその「通」を見返すことになりますけれど、大事なことは、観世音の菩薩行を、千個あるその手眼という像容に固定されたものでもって、かれこれ考えてはならぬというところにあると言えましょう。

この問題は祖堂録に次いで古い景徳伝燈録によれば一層あきらかになります。

道吾問、大悲千手眼、即箇是正眼。師曰、如無燈時、把得枕子、怎麼生。道吾曰、我会也、我会也。師曰、怎麼生会。道吾曰、通身是眼。

こうあるのですが、これはその雲岩曇晟の章に出ている文ですから、「師」というのは雲岩です。道吾が、千手千眼観世音のどの眼が本当の眼だと思うかと訊ねるわけです。すると雲岩が「如し、燈なきとき、枕子を把得――「得」も助辞です。やりおおせるというような意味合いを上の動詞に持たせますが、「著」、やってのける、やってみせる、というのよりは弱い——把得せんには怎麼生」「怎麼」というのは「どうか」ということで、作麼より行動の示し方は弱いように辞書からはとれますが、用例では大体同義のようです。「生」は句末助詞。「どうか、どうするか」。そこで道吾は結局、そうだそうだ、全身通して眼だったよ。観世音の千眼のどれが「正眼」かと考えるなんて愚なことだった、と、それに応ずるわけです。

ここには「遍」も「渾」も出ていません。それでいいので、それこそこの問答のあきらかにした真の意味だと、僕などは思います。

そしてそれを言ったのは、道吾山円智だというのが、すべての記録に一貫することです。しかもそれがもっとも明らかに語られているのが、この伝燈録の、本来、雲岩曇晟を顕彰するための章の中であることに眼をとめるべきでしょう。こういうふうにして、雲岩によって証悟を得た道吾は、兄弟子ではあっても、この場合は資、雲岩の弟子です。師資開悟の関係はこういうふうに身分、階級に束縛されぬ自在なものだということが、ここからは読みとれます。

禅の悟りということは、究極最後の、宇宙の根本的理法を躰得して、生死ばかりか一切の二元対立を超越する智慧の現成をわが身において自覚するというような大きな問題についてだけ言うことばではなく、つねに、あらゆる問題について、問答のあいだに、人間のうちに起ることなのです。

「通身是眼」ということを、問答相手の雲岩が教えたわけではないのに、道吾は悟ることができた。

それがこの問答の究極の意味だということを、雲岩も道吾も、伝燈録の編者も言わなかったのに、今度はわれわれが悟る。

悟りというものは、それをあると認めるかぎり、こういうふうに綿々不断、遍界無間(むげん)なのだと言っていいと、僕は思います。

さて本文です。「道也太殺道、祇道得八九成。」雲岩曰はく。「某甲祇如此。」大系本眼蔵では「殺」の代りに、画のこんだ異躰文字がつかってありますが、その方が俗字だそうです。「言ったな、大したことを言ったものだ。ただそれじゃ、まだ十の八九を言ったにすぎない。」他の本とは攻守立場をかえて、道吾がそう言います。「八九成」というのは「十成なるべきところを八九成」ということで、十中八九の八九というのに同じです。「成」には為上がる、まったしなどの意味があるので、それをひっかけてこういう解が出ます。

次の「某甲」は自称。「祇此の如(かく)し」と訓読せよというのが、このくだりに関するこの本の趣旨かもしれませんが、永平道元和尚広録の振りがなだと、「ししゅし」。うしろの方では「しにょし」と読むように振りがなをつけた個所もありますが、「如是」を「にょぜ」と読む読み方もありますのに、「是」を「し」と読ませるのですから、「如」を「にょ」と読んで、「にょこん」とも読む「如今」を、広録では「しゅきん」と読むのが常であるのに準じて「ししゅし」。「師兄作麼生。」師兄は兄弟子に対する敬意をこめた呼び掛けです。「ただもうこれだけのことさ。」

それからこの「祇」ですが、中華大字典なんかにも、この文字に「ただ」という意味があるとは出ていません。しかし中国語辞典には「只」と同じとして出ていて、「ただ」でいいのです。何を今更とも思いますが、念のためにつけ加えておきます。

以上の問答に対する道元の評唱。

道得観音は、前後の聞声まゝにおほしといゑども、雲岩道吾にしかず。観音を参学せんとおもはば、雲岩道吾のいまの道也を参究すべし。

直訳すれば観音を言ってのけたこと、観音について言われたこと、言いおおせたこと、観音論、というのが「道得観音」の意味で、それが声に出して述べられるのを耳にすることは——これが「聞声」という措辞の意味でしょう——、この問答の前後を問わず、そのときどきに多いけれど、それらは雲岩道吾の問答には及ばない。観音について学ぼうと思ったら、——この「参」は参禅の「参」で、自分から進んでその物事に加わる、かかわって行くというのが本来の意味でしょう。「参究」でも同様です。雲岩道吾の「いまの道也」、今読んだことば、——この「也」は引用文の中にあった「也」をそのまま使ったもので、ここでは単に添辞になっていて、意味もはたらきもありません。「道」は言ったこと、ことば、思想、教え。それを考究せよ、というのです。

いま道取する大悲菩薩といふは、観世音菩薩なり。観自在菩薩ともいふ。

「道取」の「取」も「得」と同じような助辞。特に「言いとる」などというのではありません。観世音と観自在では、言葉としては意味が随分違いますが、あとの方が新訳でかつサンスクリット原語の意味に忠実のようです。この原語はアヴァローキテーシュヴァラというのですが、これは二語の合成語で、前のアヴァローキタは、見られるという、受身の意味を持つ形容詞。あとがイーシュヴァラ、何々することができる、有能な、などという意の形容詞。あるじ、王などという意味の名詞にもなります。二つ合わせて「見る能力ある、見ること自在な」の意だと言いますが、前が被動的意味の形容詞なので、詳しくは、何々が見られるについて自在な、というのではないでしょうか。そこから観自在の訳語が出ます。観世音の方は、アヴァローキタのあとにつく形容詞をアスヴァラととったのではないか。悉曇文字が違っていたか、それとも読み違えか分りませんが、そうとったのではないかと言われています。これは声のあまり高くない、音声のはっきりしないという意味の形容詞で、それを世の声と補って考え、観世音という訳語がついた。観自在でも観世自在というふうに考えて行ったのでしょう。

アヴァローキタ avalokita、イーシュヴァラ īśvara が結びつくとアヴァローキテーシュヴァラ Avalokiteśvara となるのは連音の音韻変化でしょうか。

漢訳法華経普門品には、この問題に関するくだりに、「善男子よ、若し無量百千万億の衆生ありてもろもろの苦悩を受けんに、是の観世音菩薩を聞きて一心に名を称へなば、観世音菩薩は即時にその音声を観じて、皆（ことごとく）解脱を得しめん」という文が来ています。この「音声を観じて」というのが「観世音」という反訳名の根拠、というか、その反訳名に根拠があるゆえんの提示なのでしょうけれど、中村元氏の反訳などで見るかぎり、これに相当する文はサンスクリットにはないようです。

そこでアヴァローキテーシュヴァラを観世音と訳すについて、その菩薩の功徳を説明して、その内容を漢訳名として持ってくることの釈明が、ここでは経の本文そのものになっているということになります。

声と色、聴覚と視覚の感応相通ということは、道元和尚広録にもそちこちに見出される、禅とはかぎらず、仏教における認識獲得、開悟のための大きなめど――これを書きあらわしているのじゃないかと思う「目途」という文字を近頃よく見かけますが、めどはむしろ「目所」と書くべきじゃないでしょうか。目のつけどころ。餘計なことのようですが、言葉のことで、気になっていることなので言っておきます。――貴重な方法でして、観世音という命名もなおざりには出来ない、捨てるわけにはいかないやり方だと思われます。

きょうの話の主要人物のひとり、雲岩の法を嗣いだ洞山良价というひとにも、この問題に関する実に典型的な言葉があって、まず、かれは雲岩にこうききます。「無情の法を説く、――心のはたらきを持たぬものが仏法を説くということですが、什麼人か聞くを得る。――どんなひとなら聞けるのか。」すると雲岩が「無情の説法は無情であってこそ聞ける」と答える。「和尚には聞こえますか。」「私にもし聞こえたら、私は無情のわけだから、私の説法を君は聞くわけに行くまい。」「そういうことだったら、もう私は和尚の説法をききますまい。」こう言った洞山は、自分は無情の説法をこそ聞きたいのだということを仄かしたのでしょう。すると雲岩が言う。「我説くも汝尚聞かず。いかにいはんや、無情の説法をや。」このあとに、洞山の声色感応相通に関する認識表明の偈が出ます。

無情の説法とは思議すべからざるもの。「若し耳を将って聴かんとすれば終ひに会し難からん。眼処に、――言いかえれば視覚のはたらきに属する領域のうちに、声を聞かば方に知るを得。」

これは眼蔵四十六の「無情説法」から写しとったものですが、最後のところ、原典だろうと思う伝燈録では「方に知る可し」となっています。眼蔵の引用の方はきまりきったことを言っているように聞こえて、問題にする餘地がありますが、きょうの話の本筋ではなく、この知覚機能の感応相通の説明だって、観世音という名の成り立ちの詮索から始めて、随分横道に入ってから出て来たことなので、この、話は今は切り上げます。

次に、

諸仏の父母(ぶも)とも参学す、

とあるのは、大系本(岩波思想大系『道元 上』)の頭註にも書いておいたように、観世音に六種あるうちの一つ、准胝観音、これを真言宗では七倶胝仏母と言っている、七倶胝は七億、それほど大きな数であらわされる広大な存在たる仏の母、それを恐らく念頭において言っています。だから「とも」。他宗の教義だからこう言ったのだと思います。

諸仏より未得道なりと学するなかれ。過去正法明如来也。

諸仏に比べて、まだ道——菩提を得ていないというように考えてはいけない。過去、正法の世に生き、修行を積んだものとして当然成仏すべかりしものなのに、今に菩薩としてあるというにすぎない。明くれば成仏し、如来と言われるようになる、と、この句は言っているのでしょう。「明」は特にあすではありませんが、日が変ればいつでも、そういう意味だと思います。

しかあるに、雲岩道の大悲菩薩、用許多手眼作麼の道を挙拈して、参究すべきなり。

「しかあるに」は、前と矛盾したことを言い出すためにおかれる副詞句、接続句ですが、ここではそうでなく、以上のようなことだから、それに則して、という意味でおいたもの、眼蔵にはしょっ中出る癖のある措辞です。「挙拈して」は、拳して、拈じて、と、そのどちらかで言うのが普通でしょう。とりあげてよくよく考えきわめるべきだ。

観音を保任せしむる家門あり。観音を未夢見なる家門あり。雲岩に観音あり。道吾と同参せり。たゞ一両の観音のみにあらず、百千の観音、おなじく雲岩に同参す。観音を真箇に観音ならしむるは、たゞ雲岩会のみなり。所以はいかん。雲岩道の観音と、餘仏道の観音と、道得道不得なり。餘仏道の観音はたゞ十二面なり、雲岩しかあらず。餘仏道の観音はわづかに千手眼なり、雲岩しかあらず。餘仏道の観音はしばらく八万四千手眼なり、雲岩しかあらず。なにをもつてかしかありとしる。

前段で僕の示した解釈と違って道元はここで、どちらかと言えば雲岩の方の肩を持ち、ひき立てています。それは次の段に入ると一層よくわかりますが、雲岩が、観世音について、定説にこだわらず、道元がいま「挙拈」していたように、一つの重大な問いを出したからです。

その観音に関して定説通りにこれを祀り、信じている宗派がある。それが今読み上げた冒頭の「観音を保任せしむる家門あり」の意味です。「保任せしむる」の「せしむ」は道元はこの、普通は使役か尊敬の表現につかう助動詞、公卿日記の漢字文によくある「令」の字を持ってくるとわかる措辞ですが、それを単に「する」という断言的表現ですむ場合によく使っています。ここもその例。そうして観音信仰一途の宗派もあるし、「観音を夢にもまだ見たことのない、観音と無縁の宗派もある。」しかし「雲岩にはちゃんと観音がある、道吾と同参せり。」このあとの方は、観音が道吾とともに雲岩のもとに詰めかけた、そこに顕在しているということでしょう。無理な解でないことは次の「たゞ一両の——一つ二つの——観音のみにあらず、百千の観音、おなじく雲岩に同参す」を読めばわかります。真の信仰を持って修行をすること、また真摯な坐禅は、過去の、ばかりではなく、現在、未来のあらゆる仏祖とともに修行し、坐禅することだというのが道元の主張で、それをかれは、玄沙師備の「我と釈迦老子は同参なり」という語をひいて眼蔵五十七「遍参」の巻で詳しく説いています。唐代中国の禅者と釈迦牟尼仏が一つところで坐禅し修行するというのですが、そういうように「同参」というのは大事な、しかし特異な考え方で、ですから雲岩のところへ詰めかけたといっても、雲岩ひとりがすぐれていて、他は指導される立場にあるというような関係ではありません。玄沙師備も、釈迦牟尼仏と一緒に修行するのです。

「観音を真箇に観音ならしむるはたゞ雲岩会のみなり。」

この最後の句は、冒頭の拈古の中の「雲岩曰、我会也、我会也」の引用です。雲岩がみずから問題を出し、みずからその答えを悟った、その悟りこそ、観世音を真の観世音にするものだ、というのです。「真箇」は、以前、いろんな論説文によく見かけた単語ですが、その「箇」は対象をはっきりさせるための指示詞です。

「所以はいかん。雲岩道の観音と、餘仏道の観音と、道得道不得なり。」「雲岩道の観音」と言ったときの「道」はまず「の言った」の意味で、その悟りに現れた、ということになりましょう。「餘仏道の」はそれとは違って、「他の仏門の、他の仏教宗派の」ということで、これは六道などというときの「道」、ガティ、たどりつき通りすぎて行くところと解釈される「道」です。次の表現は「十分に言いおおせたものと、言いおおせないものとの関係、それほどの相違だ」ということでしょう。眼蔵第三十三の「道得」という巻の冒頭に、「諸仏諸祖は道得なり。このゆへに仏祖の仏祖を選するには、かならず道得也未――道得せりや――と問取するなり。」とあるくらい、「道得、言いおおせる、はっきりした認識、理解を持ち、それを言語表現に移せた」ということは重要なこととされているのです。もっと先に、「またざるに現成する道得あり。心のちからにあらず、身のちからにあらずといへども、おのづから――これは「おのづからの」ということでしょう、あるいは、おのずから言ってのけるということがあるというふうに「道得」を動詞として扱う読み方も出来ましょう。――道得あり。すでに道得せらる、に、めづらしくあやしくおぼへざるなり。」最後の「道得せらるるに」は「道得ができてみると」という、日本文法でも西洋文法でもある、受身の形の動詞が可能をあらわす場合だろうと思います。

次のくだりの「十二面」は十一面観音の本面を合わせた数。「千手眼」についてはもう言いました。「八万四千手眼」の「八万四千」は仏典で最大数ではありませんが、はなはだ多数をいう数字です。何しろ仏教は、三阿僧祇劫などと言って、無限の三倍などということを考えるのですから。その程度にしろそれ程の数の眼を持つ観世音を考えて、それを普通の観世音と見て、それとは雲岩の観世音は違うのだということになります。「なにをもってかしかあるとしる。」

次の段でその理由が述べられます。

いはゆる雲岩道の、大悲菩薩用許多手眼は、許多の道、たゞ八万四千手眼のみにあらず、いはんや十二および三十二三の数般のみならんや。

ここの「許多(こた)の道」というのは、「許多というのは」ということでしょう。数を訊ねているが、「のみにあらず」――それだけを内容としているものではない。まして「十二および三十二三の数般」、この「般」は種類のことで、種類からいって、さっきの「十一面」の「十二」やまた「三十二三」などと数で言えるものではない。そういう数種類に限られるものではない。この「三十二三」の「三十二」の方は首楞厳経の巻六にいう、観音菩薩の三十二応——詳しくは妙浄三十二応入国土身。衆生の機根の種類に応じて、観世音が三十二種の身を現ずること、仏如来にも天部にも八部衆にも人間にも、また人間のうちで童男童女非人にもなって、救済に当たることを言います。三十三身は法華経普門品に説くもの、執金剛身になることだけ、楞厳経の三十二応身より多いようです。

——そういうふうな観世音の種類、数だけでおしまいではない。「許多」、などと問題を立てているが、数に拘束されてはいないというのです。さらに数を成立させるに必要な具象的、実躰的、という条件のもとにあるものでもなく、量や形へのこだわりを捨てて考えるべきものだ。

許多は、いくそばくといふなり。如許多の道なり、種般かぎらず。種般すでにかぎらずは、無辺際量にもかぎるべからざるなり。用許多のかず、その宗旨かくのごとく参学すべし。すでに無量無辺の辺量を超越せるなり。

どれほど沢山なのかなどというが、それは「如許多」、そんなに沢山の、と言っているのだ。すなわち、いくつなどということに制約されないものだということである。沢山だろうが、少かろうが、数の定不定にはこだわらないものだ。次の「種般」は二字でも種々ということに違いなく、六観音ばかりでなく、化身、応身の諸観音、そういう限られた種類のものではなく、種類には拘束されない、だから「無辺際」、無限の数量にのぼるかも知れないし、そうでないかも知れない。どれほど多くのものをはたらかせてどうするのかという問いに現れた「手眼」の「かず」は、数知れず数限りなく、限度知れず限度なしで、数量とか限界とかは超越してしまったものなのだ。

いま雲岩道の許多手眼の道を拈来するに、道吾さらに道不著（だうふぢや）といはず、宗旨あるべし。

以上のような雲岩のいう「どれほど沢山の数の観音の眼か」という問い、それをかれがこのように持ち出したのに対して、道吾は言えない、答えられないとは、一向に言おうとしなかった。「さらに」というのは、大変な問いなのに一向お構いなく、という意味合いのものでしょう。この「不著」の「著」は作也、成也と解釈される動詞。助辞ではなく、動詞です。してみると何か、そこにはいわくがあるのだろう。

雲岩道吾は、かつて薬山に同参斉肩より、すでに四十年の同行として、古今の因縁を商量するに、不是処は剗却し、是処は証明す。恁麼しきたれるに、今日許多手眼と道取するに、雲岩道取し、道吾証明する。しるべし、両位の古仏、おなじく同道取せる許多手眼なり。許多手眼は、あきらかに雲岩道吾同参なり。いまは用作麼を道吾に問取するなり。この問取を、経師論師ならびに十聖三賢等の問取にひとしめざるべし。

はじめにある伝記的事実については私はたしかなことは何も知っていないので、かえってこれに学ぶ位のことですが、道吾の方は薬山より十八若く、一年おくれて死ぬ。雲岩の方は三十一若く、七年おそく死ぬ。そういう年齢関係で、景徳伝燈録によると、道吾はごく年若くして薬山につき、たちまち「密契心印」――ひそかに心印に契うとあります。曇晟の方は「はじめ百丈海禅師に参じ、いまだ玄旨を悟らず。左右に侍すること二十年、百丈帰寂、師乃ち薬山に謁す」とあります。そこで「言下に契会す」、師の「会」にかなう、師の理解と合致し、印可を得たわけですが、道吾とは生まれ年から来る差十三と、百丈山にいた二十年、それを足し算したひらきはあるわけで、「四十年の同行」というわけにはいかないように思いますが、さっき見ました五十七「遍参」にも、「雲岩道吾等、在薬山四十年のあいだ功夫参学する、これ遍参なり」とあります。

「薬山に同参斉肩より」というのは、今の「遍参」の文句にもありましたことを指していて、「同じく――あるいは、同に――参じて、肩を斉しくせしより」で、次の「古今の因縁を商量するに」は厄介ですが、古今のさまざまの因縁を思量考察して、ということだろうと思います。因が因として果を結ぶためには、縁という目に見えない能動的関係作用がはたらかねばならず、こうして結ばれた果がまた因としてはたらくわけですから、「古今の因縁」というのは古今の一切の事柄ということになります。それを「商量」——分析や綜合の手つづきをとりつつ考察判断する、別のところではやっちゃいけないとされていることをするのですから、「事柄」は「問題」となります。

そういうことをしつつ、ものにせよ、事にせよ正しくないものはのぞき、正しいものはそれを正しいものと、条理にかなうように、明らかにする。「恁麽」はそのような。そのように。そういうふうにやって来て、この問答をしたこの日は「いかほど多くの観音の眼か」という言い方、問題提起があり、その際、この日は雲岩が問い、道吾がその意味合いを明らかにするという関係になった。「証明する」は眼蔵で頻発する連躰形どめの文で、それで名詞句扱いされ、その事、その事について「しるべし」とつづいて行きます。今言ったように問題提起者曇晟、応答者道吾という関係だが、実はそれはふたりの古仏といわれるような立派な祖師が、「おなじく同道取」——おなじくともに、どちらが問い、どちらが答えたという区別など無意味な関係で言ったこと、そういう場における「いかほど多くの観音の眼か」という問題である。「許多手眼は、あきらかに雲岩道吾同参なり。」この日は「観世音はいかほど多くの眼をはたらかせてどうするのか」と雲岩の方から道吾に問いはしたが、この問答に雲岩と道吾は同じ資格で参加している。一方が教えを乞うもの、一方が教えるものという一方的固定的関係ではない。
次の「経師」は経文を解く専門家。「論師」は経文研究書を研究する専門家。「十聖三賢」は最後身の菩薩になるまでの夥しい修行の階程をふみつつある菩薩たちです。

この問取は、道取を挙来せり。手眼を挙来せり。いま用許多手眼作麼と道取するに、この功業をちからとして成仏する古仏新仏あるべし。使許多手眼作麼とも道取しつべし、作什麼とも道取し、動什麼とも道取し、道什麼とも道取ありぬべし。

この問い、「はたらかせてどうするのだ」は、今まで問題としてきた言葉、「許多」を持って来たもの、「許多手眼」と言ったその手眼を持って来たものだ。「手眼」ははじめに言いましたように、千手観音とはいうが、その千本の手の手の平についている眼が大事なので、それから推して、単に「眼」といっていいこと、正法眼蔵の眼と同じ、すべてを見る至極大切なものというふうに解釈を進めてもいいものでありましょう。「許多手眼」と言った際の「手眼」であると同時に仏眼睛でもあるのだ。「道取」はここでは「道得」と同じように使ってあって、だから次の「いま云々」も出て来るわけでしょう。この手柄、いさおしといえるような行為、「功業」をたよりとして成仏するものが、昔も今もきっとあるに違いない。「成仏する古仏新仏あるべし」はいわば倒置法による修辞で、「古仏新仏の成仏あるべし」と言っていいところだと思います。「用」は「使」と言ってもいいし、「作麼」は「作什麼」と言ってもいい。「作」は為すということで、何をなすか、どうするか、です。また何を動かすか。何と言うか。この三つの什麼は疑問代名詞目的格、「作」「動」「道」は他動詞です。

それを上から、「道取し、道取し」と受けて来て、最後に「道取ありぬべし」と、動詞「道取」を名詞に変換して、表現に変化をもたせる。このあたり、詩歌を無要のわざと言ったことと裏腹の道元の面目を示しており、後代の俗人に愛読者を沢山持つゆえんの一つを見出すことが出来ます。

道吾いはく、如人夜間背手摸枕子（にょにんやかんはいしゅもちんす）。いはゆる宗旨は、

この「いはゆる」は言われているところの、の意です。

たとへば、人の夜間に手をうしろにして枕子を模揉するがごとし。模揉するといふは、さぐりもとむるなり。夜間はくらき道得なり。

「夜間」というのは暗いということをいっているわけだ。

なを日裡看山と道取せんがごとし。

「夜間はくらい」というのは昼ひなか山を見るという言い方が、明るいということをいうのと同じだという意味でしょう。勘でいいますと、この四字句の表現は俗世間の文句か、禅語録の中の文句か、多分成句なのだろうと思われるのですが、出所がわかりません。しかし意味は誤解のしようもないようなので先に行きます。

用手眼は、如人夜間背手摸枕子なり。これをもて用手眼を学すべし。

「これをもて」は、上の、観世音が手中の眼をはたらかすのは、一般にひとが闇の中で手をうしろに廻して枕を探るのと同じだから、それに拠ってということでしょう。それによって「用手眼」の意味を学びとれ。

夜間を日裡よりおもひやると、夜間にして夜間なるときと、撿点すべし。すべて昼夜にあらざらんときと、撿点すべきなり。

これは日常生活裡にあってものを考える上で、非常に重大な注意すべきことを言っているように思います。昼日中、闇を考えるときは、それが暗いということしかわからない。暗黒の概念しか持てない。反対に、闇の中では闇の中を「おもひやる」ということはないわけで、どちらを向いても闇に直面し、まごまご、ぶつかりたくないものにぶつかり、捉えたくないものを捉えるということが起る。これはもう実践の世界でしかありません。さらに、「すべて昼夜にあらざらんときと、」このあとには前の「夜間にして夜間なるときと」が略されているのではないかと思います。抽象的、概念的世界にあるのと、困難に満ちた現実の中にあるのと、どう違うか「撿点」、つぶさに調べてみよ。

人の摸枕子せん、たとひこの儀すなはち観音の用手眼のごとくなる、会取せざれども、かれがごとくなる道理、のがれのがるべきにあらず。

これは信の上に立って思惟するひとの、思惟にあらわれた逃れえぬもの、必然の承認の典型的な表現のように思われます。

ひとが闇の中で、手をうしろに廻し、枕を探るという場合、その「摸枕子」の挙動はそのまま観世音菩薩が手の平の眼をはたらかせるのと同じだということを、「たとひ」、「たとひ」はここにかかるのです。ついでに言えば道元はいつも「たとひ」といって、「たとへ」とは言いません。たとへ合点しなくても、そのような理窟であること、筋合いであること、それは不可避のことであり、なんとしてでも承認、受容しなければならないことである、そう道元は言うのです。

いまいふ如人の人は、ひとへに譬喩の言なるべきか。又この人は平常の人にして、平常の人なるべからざるか。もし仏道の平常人なりと学して、譬喩のみにあらずは、摸枕子に学すべきところあり。枕子も咨問すべき何形段あり。夜間も、人天昼夜の夜間のみなるべからず。

雲岩が「如人——もし人の」といったときの「人」はただのたとえか。それともそれは現実の人間をさしており、同時に現実の人間と考えてはならないものか。そこでこれを仏門に入り、修行にはげむ、仏教界の現実の人間であると解し、けして単に比喩ではないとすると、今度は枕を探るという表現に考察すべきことが出てくる。枕にも、それはどんな部分から出来ているかと、明眼のひとに訊ね、相談すべき点がある。「何形段」は、本来「何」は、この構文なら不要です。しかし「何形段ありや」と「咨問すべきあり」という構文の組み換えの可能に気づかせる、そういう構文法、レトリックだと思われます。「夜間というのも、人間界、天部の、すなわち現実、日常の夜間ばかりをさしているのではない。」三界、すなわち欲、色、無色の三種世界は、非想非非想処に至るまで、いずれも有情の経巡るところとして、仏界に対すれば日常現実世界です。仏界の夜間も考えてみねばならぬということになります。

あえていえばそれが観世音菩薩がその救済の行に出ることを思い立つ契機でしょう。

しるべし、道取するは、取得枕子にあらず、牽挽枕子にあらず、推出枕子にあらず。

これは問題ないでしょう。

夜間背手摸枕子と道取する道吾の道底を撿点せんとするに、眼の夜間をうる、見るべし、すごさゞれ。手のまくらをさぐる、いまだ剤限を著手せず。背手の機要なるべくは、背眼すべき機要のあるか。夜眼をあきらむべし。手眼世界なるべきか、人手眼のあるか、ひとり手眼のみ飛霹靂するか。頭正尾正なる手眼の一条両条なるか。

闇夜に手をうしろにまわして枕をさぐると雲岩道吾が言ったところ、「底」は何々するところの、何々であるところの、またそのものという意味をもってはたらく関係詞で、which、that which と同じようなはたらきをする、またそればかりでなく、いかなるという意味の疑問詞にも使う、唐代詩文によく見られる文字で、疑問詞が関係詞でもあるという点、中国語と西洋語の近縁関係を考えさせて、興味深い例だと言えます。それをつぶさに調べてみようとするなら、「眼の夜間をうる」、眼が昼の明るさでなく、夜の闇をわが世界として獲得した、闇と相逢った、そういうことをよく眼をこらして見なければならぬ。見過してはならぬ。「すごさゞれ」は上の「見る」の支配下にあって、見過すな、でしょう。道元は自由に既存の語を分解したり、合成したりして、しかし、その語の生きている世界、その世界でその語が持っていた意味、機能などを、追放したり破壊したりするのでなく、わがものとして保持させつづけて、それが読むものの脳裡で、面目一新して復活することを希求している、その可能性を確保もしていれば、信じてもいる、そういうふうに受けとれる文章法、修辞法をいたるところで活用しています。

ここはその小さな一例です。

「手のまくらをさぐる、いまだ剤限を著手せず。」「剤」には切りそろえるの意があるので、「剤限」をサイゲンと読む読み方には問題がありますが、意味は際限と同意と解することが許されましょう。これより先にはもう手をやれないという際(きわ)まで、探る手を伸ばすということはない。「剤限を著手」は「剤限に着手」と普通にはいうところでしょう。裏の意味は、探っても探っても際限はないのだということです。それが観世音菩薩の救済の行である。

この「剤限」につけた僕の頭註（岩波・思想大系）に「海印三昧」の頭註を見よとありますが、「海印三昧」の場合は、むしろ剤限内の意味に使われていて、それはちょうど、分際とか辺際とかいう言葉が、ある場、世界の境界の意味と、その場、世界そのもの、境界線のうちがわを指す場合と両方あることから説明のつくことです。

それとは別にこの第十三「海印三昧」には、今の「背手摸枕子」への言及もありますので、それをついでに読んでみましょう。

「三昧は現成なり、道得なり。背手摸枕子の夜間なり。夜間のかくのごとく背手摸枕子なる、摸枕子は億々万劫のみにあらず、我於海中、唯常宣説妙法華経なり。」

ここではかえって「摸枕子」が、「三昧」の出来具合、ありよう、いわばその生態を説明する言葉として引合いに出されていますが、「海印」というのはその表面では豊かに水を湛えた静かな海が、風を受ければ波立っていろんな相貌を見せますし、その中にさまざまのものを蔵しているのに、見ただけではそれがわからない、仏智をそういう海になぞらえて言ったことばで、禅定もそういうありようのものを海印定、海印三昧というのです。三昧、サマーディというのは一つにまとめること、集中、姿勢を正すことをいいます。こういう多様を蔵しつつ湛然端然とした仏のありよう、禅人のありようは、実現されたもの、現実態であり、成仏の証拠であるところの言明のありようそのものだ。また手をうしろに廻して枕をさぐるという困難な餘儀ないことの行われる夜の闇そのものだ。何も見えず、何もないような夜の闇であるが、闇の中にはこのように手をうしろに廻して枕を探す行為が隠れており、闇はその行為そのものなのだ。行為とそれの行われる場所の不二同一というこの境涯にあっては、枕を探るということの行為は、単に一万劫の一億倍の一億倍もある、長大きわまる時間、ではあるが所詮有限である時間の中だけで行われるのではなく、釈迦牟尼仏が「我、海中において、唯(ひとり)常に妙法華経を宣べ説く」といわれたときの「常」のように、無始無窮、恒常不変のことだといっているのです。

それはここ、「観音」の今読んでいるくだりでも同じことです。

これでおしまいという最後のきわに手をつけるということはないというのですから。

いつまでも続いている。

手をうしろに廻すということが、ごくごく大事なこと、どうしてもそれが条件としてなくてはかなわぬものだとすると、観世音に即していえば、手には眼がついているのだから、眼をうしろに向けるということの大切さがあってしかるべきだということになるのか。「背眼すべき機要のあるか」は「背眼の機要のあるべきか」と言いなおしていい表現でしょう。「夜眼をあきらむべし」の「夜眼」は夜ということと眼ということだろうと思います。

それを明らかにした上で、「手眼世界」と「人手眼」という問題を解けというのでしょう。

「手眼世界なるべきか」は、手眼――手についた眼、観世音の行、が世界にてあるべきか、なるべきかで、それだけで世界は出来ているのか、と言っているので、四字一句の手眼の世界、手眼である世界であってしかるべきだと言っているのではないように思います。それで、「人手眼あるか」、人にも手についた眼はあるのか、という問いが出てきます。観世音だけのことではないのか。しかしかりにそういうふうに一切が観世音の手眼ということになると、次の句のような疑問も出て来る。

ただ手眼だけが、轟きわたる雷を飛ばすのか。自然現象は観世音の手についた眼のはたらきなのか。「飛」は註にも書きましたが他動詞でしょう。次の「頭正尾正」は派生的用法で使ってあって、頭もしっぽも、全躰、まるまる、他でもなく、でしょう。そういうふうに手眼だけというものが、一つでも二つでもあるのか。「条」は細長いものをかぞえるときの数助詞です。「なるか」はこれも「にあるか、にてあるか」だろうと思います。

もしかくのごとくの道理を撿点すれば、用許多手眼はたとひありとも、たれかこれ大悲菩薩、たゞ手眼菩薩のみきこゆるがごとし。
恁麼いはゞ、手眼菩薩、用許多大悲菩薩作麼と問取しつべし。

以上のように、全存在一切が手眼という考えを持ち、その論理的意味合いをよく調べてみると、よしんばそのお方にどれほどか知れぬ手についた眼をはたらかすという事態が具備していてもその方がどうして大悲菩薩であろうか。大悲菩薩などというものは消滅してしまって、ただ手眼菩薩という名だけがわれわれの耳に入ってくるようなことになりはしないか。「たれかこれ大悲菩薩」の「これ」は「是」、漢文で「である」にあたる繋辞をここに当てはめれば一見厄介なこの文も諒解できます。

そのようないい方をするのだったら、「大悲菩薩、用許多手眼作麼」の代りに、手眼菩薩は、そんなに沢山の数の大悲菩薩をはたらかせてどうするというのだという問い方も出来るだろう。「手眼」が主であり、他の一切はそれがはたらかすものか、そのはたらきによって救われるものだから、大悲菩薩も、ちょうど、もとの大悲菩薩のはたらかす——「用」ですね——手眼のようなものになってしまう。だからこういう問いを出すことも出来よう、というのではないでしょうか。

しるべし、手眼はたとひあい罣礙せずとも、用作麼は恁麼用なり、用恁麼なり。恁麼道得するがごときは、遍手眼は不曾蔵なりとも、遍手眼と道得する期をまつべからず。〔ここの二つの遍は、どういうわけか、底本ではこれだけギョウニンベンに書いてありますが、他と同じシンニョウの文字に直しておきます。〕不曾蔵の那手眼ありとも、這手眼ありとも、自己にはあらず、山海にはあらず、日面月面にあらず、即心是仏にあらざるなり。

「罣礙」は般若心経にも出る言葉ですが、網をかぶせて行動の自由をうばうこと。観音の手についた眼は罣礙されることなく、自由自在にはたらくものだが、そうだとしても、はたらかせてどうするというのだという、そのはたらかせ方は、恁麼に用う、用うること恁麼で、ああいう、そういう、用い方のあるもので、個別的、指示可能なものである。そう心得ねばならない。そういうふうに言ってのける場合は、この「ごときは」は、漢文で文の頭につく「如」で、「もし」とも訓めるもの、ここも、もしのニュアンスで言っているると思います。そう言ってのけるなら、遍く存在する手の平の眼は、一切がそうであるように、かつて隠れていたことがなく、いつも露堂々と、誰の眼にもまのあたりありありと見えており、到るところに手眼があるとあえて言う時期を待ってくれるわけがない、言う前にすでに見え、わかっているもので、いまさらのようにそう言う必要はない。しかしそういうかつて隠れていたことのない、いつだって現れ出ているあの手眼、この手眼も、それをひとが自分だと言うわけにはいかない。山や海のごとき地球の表面、大自然だと言うわけにもいかない。太陽や月と言うわけにもいかない。「面」は馬祖道一の「日面仏月面仏」という語を借りたためについている添辞です。次も「即心是」は添辞で、「仏」と言うわけにもいかない、でしょう。「即心是仏」は華厳経などに基づく古い言葉ですが、達磨大師の法系でこの語を最初に使ったのは、これも馬祖道一だとされています。「即心即仏」がその元来の形だったろうともいいます。

自分でもない、大自然でもない、日月でも、仏でもない、では何か――道元はそれを言いません。言うことはそれを「罣礙」すること、染汚することになるからです。

しかし講読などと称して解釈を買って出たものとしては言わざるを得ぬ。では何でしょうか。それは全存在が生きてはたらいている、そういう事態を持ちこす力、「全機現成」にとっての縁そういうものでそれはある。大悲菩薩の如許多の手眼とはそういう、能動的で無形の形成作用のことだといっているのではないかと思うと言っておきます。

　雲岩道の我会也、我会也は、道吾の道を我会するといふにあらず。用恁麼の手眼を道取に道得ならしむるには、我会也、我会也なり。無端用這裡（しゃり）なるべし、無端須入（しゅにふ）今日なるべし。

雲岩の言うわかったわかった、は、道吾の言ったことがわかったというのではない。「道吾の道を我会」の「我」は添辞です。次が厄介な言い方ですが、はたらかせ方はこうだと相手の言った手についた眼のことを言葉にあらわしていう、その「道取」、その言ったところを、わが「道得」、真の悟得の表現、証明としようとすると、その「道取」、言表のしかたは、わかったわかった、という形になるのだ、というのだと思います。こういう口のきき方は、どうというひっかかりもなく、どうということなく、こういう場合に——「這裡」に使うのだ。次は「端なく須ず今日に入る」で、どうってことなく、今日という日を迎えてしまうという意味の、恐らく日常口にすることばで、ここで必要なのは「無端」だけだと思います。

第三の「仏性」の巻に「衆生快便難逢なり」ということばがありますが、入矢義高さんが教えて下さったところでは、「下坡不走、快便難逢」、土手を早く走って降りよ、さもないと便船に間にあわないぞという句のうちの下半分を借用したものだそうです。これは、伝燈録をみますと、その巻二十三、青原下七世の明招徳謙の言葉の中に出ています。徳謙が、明招院という禅寺の初代住持に招かれた際の言葉だそうですが、「希にても一箇の下坡不走のものに逢はば、快便、逢ひ難からん。同生同死のものあらば、何ぞ一展するを妨げん。」「一展」は坐具を一度ひろげて、その上に膝をつき礼拝すること。自分に対する一展を妨げないというので、弟子たるの礼をとらせてやる、と言ってるわけでしょう。ここでもこれに先立つ「下坡不走、快便難逢」は比喩的に使ってあるようで、はじめの「下坡不走」は目的のために精進努力しないもの、の意味でしょう。それに対して「快便」は私の指導誘掖ということではないか、言った場合が場合だから、そうじゃないかと思います。道元の場合は、「難逢」だけが必要な文字で、衆生というものに出会うのはむつかしい、それだけのことをいうのにこういう言葉づかいをしたわけです。それと同じ修辞法で、要するに何も特別のことはないのだ、「無端」なのだということを言うために、「無端須入今日」と六文字を使ったものと見ます。次、

道吾道の你作麽生会は、いはゆる我会也たとひ我会也なるを罣礙するにあらざれども、道吾に你作麽生会の道取あり。すでにこれ我会你会なり、眼会手会なからんや。現成の会なるか、未現成の会なるか。我会也の会を我なりとすとも、你作麽生会に你あることを功夫ならしむべし。

そこで道吾の言った、君はどんな具合にわかったのかだが、これは、言われたところの、「いはゆる」、わかったわかったは、その言葉は、たとえ私はわかったで言われたそのこと、これは言葉ではなく、事の方でしょうが、それを拘束しはせず、自由に振舞わせ、どのような活用も許すものだから、訊いてみなくてもいいのに、道吾は「君はどういうふうにわかったのだ」と訊いた。それは疑問ではあるがここに成立つのは、私はわかった君はわかったの関係、我汝の一致融合である。こういうことになれば眼がわかった手がわかったということ、一切のものに「わかった」ということが、ないだろうか。これは、何かが問題になると、それが存在のすべてだという考えのすすめ方で、かつて眼蔵第二十三の「都

機」の講読をしたとき、指摘したことです。その講読は、法蔵選書の一冊として出してもらった『正法眼蔵を読む』（本書所収）に入っていますから、この点の詳しい解説は省略します。

しかしまだここでは、一切会ということを強くはっきり押し出すことはせず、それは「現成の会」か「未現成の会」かと、再検討にゆだねます。すでに現実化されているものか、まだのものか。雲岩が我会也と言ったときの「会」は、我の会、合点であって、雲岩ひとりに、発語者ひとりに結びつけられた有限相対的な合点、会得であったと一往見られるとしても、道吾は「你作麼生会」という。道吾は道吾でひとりの「我」である、その道吾が「你」という。「你」と言って、その言うところの「你」を相手の「我」に一致させる。こういう関係のあることをよくよく考えよ。「功夫ならしむべし」——功夫においてあらしむべし、と言うのです。

こういうことになれば、「我会」は「汝会」であり、「汝会」は「我会」であるのではないか。およそ問答とはこういうものでなければならんというわけです。

雲岩道の遍身是手眼の出現せるは、夜間背手摸枕子を講誦するに、遍身これ手眼なりと道取せると参学する観音のみおほし。この観音たとひ観音なりとも、未道得なる観音なり。

君はどうわかったのかと道吾に訊きかえされて、雲岩のいう「遍身是手眼の」、からだ中どこからどこまで、手眼であるという言葉が出て来たのは、闇夜に手をうしろに廻して枕をさぐるという言い方の意味を、説明するに当って。「講誦」というのは経文の講釈、読誦をいういわば術語ですが、それを説明の意味に流用したものでしょう。そのために「遍身これ手眼なり」と言ったのだと解釈する、ここでは「参学」は解釈、釈義の意味に使っています。そういう解釈を下す「観音」というのは、要するに菩薩、まだ仏如来になれずにいる仏道修行者、そればかりが沢山いる。しかし最初の拈古のあとの評唱のはじめに、観音を「未得道なりと学することなかれ。過去正法明如来也。」と言っている立場上、こう言ったのをそのままほっとくわけにはいきません。「この観音、たとひ観音なりとも、未道得なる観音なり。」未成仏の「観音なり」とそこでつけ足します。

雲岩の遍身是手眼といふは、手眼是身遍といふにあらず。遍はたとひ遍界なりとも、身手眼の正当恁麼は、遍の所遍なるべからず。身手眼にたとい遍の功徳ありとも、攙（ざん）奪行市（だつあんし）の手眼にあらざるべし。

雲岩が遍身これ手眼というのは、手についた眼が、身の遍、からだの表面全部に当ると言っているわけではない。むしろその逆の様相の提示ではないかということは、最初に言いました。「遍」というのが、たとえ「遍界」、われわれの眼前にひろがる世界の全面をさすとしても、雲岩の言った「遍身是手眼」の語のうちの「遍」を冠した残りの語、すなわち「身手眼」は、(「是」はコプラだから省いて)ずばりそのものは、すなわち「正当恁麼は」、まさにそういうふうであるところのものは、だからといって、「遍」が、すなわち遍く行きわたるということが、遍く行きわたるところ、場所ではない。「遍」ということを単に受身で蒙る対象、被動的存在ではない。あってはならない。それも明々百草頭、明々祖師意の草のように、それとしてはっきり存立しているものである。逆にその「身手眼」にたとえ「遍」というはたらき、遍かるべき力量があるとしても、——「功徳」は英語でいえばヴァーチュー(virtue)でしょう。それがあるにしても、取引市場ですっかり利益をさらって行ってしまうような、他の迷惑を顧みぬ、専横な「手眼」ではないだろう。「手眼」が全存在を掌握支配するなどということはあるまい。

「攙奪行市」は、これを使った禅者はいますが、特に禅語と考える必要はないでしょう。月を考えれば、すべては月の問題で、一切は月として考えられる、「すでにこれ我会你会なり、眼会手会なからんや」という存在観からすれば、ここの「身手眼」の功徳の範囲を限定する行き方は餘計なはみ出しもの、それにひびを入らせた著語のようですが、やがて見るように、これは雲岩道の輪郭の中で考えればの著語です。

手眼の功徳は、是と認ずる見取・行取（あんしゅ）・説取あらざるべし。手眼すでに許多といふ。千にあまり、万にあまり、八万四千にあまり、無量無辺にあまる。只（ただ）遍身是手眼のかくのごとくあるのみにあらず。度生説法（どしやうせつぽふ）もかくのごとくなるべし、国土放光もかくのごとくなるべし。かるがゆへに、雲岩道は遍身是手眼なるべし。手眼を遍身ならしむるにはあらずと参学すべし。遍身是手眼を使用すといふとも、動容進止せしむといふとも、動著（どうぢゃ）することなかれ。

観音の手についた眼、それのはたらき、力はこれこれであると認識規定する、そういう見解、実践、説法はあるまい。「手眼の功徳は是を認ずる」の「是」は再々言った、何々であるというときの「である」です。ここでは補語を出さずにそれを使ったわけです。「手眼」ははじめから言われているように、「いかばかり多くの」で修飾されているもので、いくらでも大きい数に考えていい不定数のもの、というと、さき程の「たゞ八万四千手眼のみにあらず、いはんや十二および三十二三の数般のみならんや。……無辺際量にもかぎるべからざるなり。……すでに無量無辺の辺量を超越せるなり。」と矛盾します。

これははっきり矛盾と見て、そう指摘しておいた方がいいと思います。しかしそれはこの表現同士のあいだの矛盾で、実際に手眼がはたらく場合を考えれば、数を超越したものとしてではなく、無数の、「無量無辺にあまる」と修飾可能な、しかし個々のものの集合でしかありえない「手眼」としてはたらくのだ、それを、具躰的な局限された現実裡の場所で、と考えるべきではないでしょうか。

特に「観音力」という仏功徳はそういうものでなければならないと思われます。

道元の思想のうち、特にその存在論を、信に支えられたものというのはこういうところから言うことです。

「只遍身是手眼のかくのごとくあるのみにあらず、」ここでも、この六字の漢字句のうち必要なのは「手眼」だけです。「只遍身是」は添辞です。次の「度生説法」、衆生を抜苦の彼岸に渡すための、済度のための説法、すなわち仏の化度も、またそのおかげで発現する、たとえば、法華経化城喩品に説く「もろもろの国土中の梵天の宮殿」に添わる光明と同じく国土から放たれる光も、一々挙げてみれば、すべて具躰的なはたらきとして無量無数と形容できるが、しかし数え上げられるありようのものとして発現する。そういうわけだから、雲岩のいうのはどうしても遍身是手眼でなければならず、すなわちからだの表面全体が無数の眼であり、眼を、わがはからいでからだ中一面に行きわたらせるということであってはならない、そう理解しなければならない。遍しという力量、無量無辺を超越した存在様態を、眼に持たせることではないのだというふうに考究認識しなければならない。

ここでちょっとついでですが、「説法度生」と「放光」とは道元のうちで深く結びついたイメージらしく、眼蔵六十の「三十七品菩提分法」に、無上正等覚の「くらゐよく説法度生し、放光現瑞す」と言っているくだりのあることを紹介しておきます。「観音」のも、ここのも、度生の説法が、または単に説法が衆生を済度するとともに、国土の放光を引きおこす、または光を放って、国土に瑞を現すという言い方で、両者とも八字一句の仏徳讃美の表現と見られます。

次も「手眼」にだけ意味のある表現でして、それを、使用するとか、動かしたりじっとさせたり、進ませたりとどまらせたり、そういうことをすると言っても、きわめて多数と考えられながらも、しかし具躰的にはたらくものとして、個躰の集合、有限数たらざるを得ないもののことだから、そういうことがあるからと言って、実はひとからいわれて、でしょう。慌ててはならぬ。あたりまえのことだと思わなければならぬ。「動著」の「著」は強めの助辞です。

道吾道取す。道也太殺道。祇道得八九成。いはくの宗旨は、道得は太殺道なり。太殺道といふは、いひあていひあらはす、のこれる未道得なしといふなり。いますでに未道得のつゐに道不得なるべきのこりあらざるを道取するときは、祇道得八九成なり。

これは最後の一文をのぞけば、よくわかる解釈文です。最後も少しゆっくり読めば意味をとるのに迷うことはありませんが、一応解釈してみます。「未道得」、まだ言ってのけていない、言いあてていないとはいうが、あることを、とことん突きつめてみても言うことが出来ない――「道不得」です――言うことが出来ないで言いのこしをしてしまうなどということはあるわけがない、とにもかくにも言えはする、そういうことを言うときは、――「未道得」のありようを道得して言うときは、八九分通り言えただけだと言うのだと言っているのです。

これは無論ことば同士の関係の上からいえば詭辯です。そういう言い方をしなければならないわけはなぜかの説明が次です。

いふ意旨の参学は、たとひ十成なりとも、道未尽なる力量にてあらば参究にあらず。道得は八九成なりとも道取すべきを、八九成に道取すると、十成に道取するとなるべし、当恁麼の時節に、百千万の道得に道取すべきを、力量の妙なるがゆへに些子(しゃす)の力量を挙して、わづかに八九成に道得するなり。たとへば尽十方界を百千万力に拈来するあらんも、拈来せざるにはすぐるべし。しかあるを、一力に拈来せんは、よのつねの力量なるべからず。いま八九成のこゝろ、かくのごとし。

この「参学」はいままでとは意味というか用法というか、それが違っていて、同じ語の意味と用法とが眼蔵の場合同一の意味を持たないことはしょっ中あることですが、この

「参学」は今までの用法で「参学」と言われて来たことの結果、すなわち意味ということです。その意味は、たとえ十のところを十言ったとしても、言った当人の力量がすべてを言い尽くすには足りないものだったら、その言葉は、「参究」、きわめつくした言葉ということにはならない、というところにある。言ってのけられたところはよしんば八九分であっても、底本とは違いますが、ここに読点をおき、次の読点を省く方がいいと思います。言ってのけ、言いあてられるところは八九分であっても、ともかく言わねばならぬことを、その通り八九分言うのと、言えない筈のことまで口に出して完全に言いつくすのと、この二つの場合があるに違いない。「となるべし」は「とにおいてあるべし」だろうと思います。他でもないそういう場合。「時節」という語は移り流れ去ってゆく時と、その節目という二概念を現すと見るのが、この単語を重く使った場合にとるべき読み方ですが、ここでは単に場合。百千万成に、十成どころか、その十倍百倍千倍にも言ってのけ言いあてる形で言うのが本来であるのに、言わんがための、また言ってのけるための力量がきわめて大きく傑出したものである結果、かえって少しばかりの力量をはたらかせて、言わねばならないことをほんの八九分程度に言ってのけるということがあるのだ。それだけにとどめておくのだ。たとえばの話、東西南北天上地下の全世界を百にも千にも万にものぼる力をそそいで持って来るものがいたとする場合、「拈来するあらん」の「する」は連躰形ですから、そういうものがいるとして、でしょう。その場合、一の力で持って来られたら結構なことだが、百千万の力で持って来るとしても、持って来ないよりはましの筈だ。そういうこの場合、一つの力で持って来ることのできるものがいるとすると、それは、この「せん」も連躰形ととります。世間並みの力量ではない筈だ。言わねばならない場合には、完全には言えなくても、言えるだけは言う。それは十成にも等しいのだ。「八九成」ということの意味合いはこういうものだ。

この裏には、たとえ答えねばならぬことの八九分通りしか言わないにしても、それだけのことが答えられるのは言えたこと以上の力量を持つからのことと考えてよく、実際に言えることが、答えるべきことの八九分しかなかったら、答えたところは言う必要のあることの八九分にもなるまいという見解が含まれていましょう。また不完全な問題把握しかしていないものが、完全な問題把握をしたものであってはじめて出せる一見完全な答えを出しても、そんな上面のことは珍重するに足らぬ、という見解がひそんでいるとも見られます。ということは同時に、言われた言葉の表面ではなく、それを言った人間の中身が見抜けなくてはお話にならぬという考えをも語っています。

「道得」こそ肝腎なことだといっても、こういうことがそれに表裏して添わっているのです。ところがまたこういうこともあります。ちょうど次の節ですが、

しかあるを、仏祖の祇道得八九成の道をきゝては、道得十成なるべきに、道得いたら

ずして八九成といふと会取す。

一見問題がないようですが、「祇道得八九成」と言った道吾円智が「仏祖」と言いかえられていることを見落としてはなりますまい。これは、すでに引きました三十三「道得」冒頭の「諸仏諸祖は道得なり」の原則によって、道吾が「道得」せる「諸仏諸祖」のひとりと、道元によって認められたことを語るからです。そしてそれは、さきに道吾が「古仏」と呼ばれるのを見ましたが、その根拠を示すことでもありましょう。

また次の「道得いたらずして」という表現にも立ち止って考えねばならない要素があります。この「道得」は、道元自身がさきほど見たように「いひあていひあらはす」と、その意味を明らかにした「道得」を支え、それを表に押出し、その後楯になる「力量」のこと、「力量」と端的に言った方がよいのではないかという印象があるからです。

そう見なしていいように思います。「十成」というような概念を持ち出せば、「八九成」は「いたらない」ことにきまっていますから。

しかしそれを「力量」あるいは問題把握の程度、乃至さらに進んで真理認識の深浅にまですぐ持って行くのを道元はしていいこととは考えません。あくまで「道得」を立てるわけで、もし人間の中身とか「力量」とか、そういうものを評価の基準、認識や伝達の第一手段と見るようだったら、次の文頭の「仏法」は、実は下の「もしかくのごとくならば」

と天地して、「もしかくのごとくならば仏法、今日にいたらざらん。」そう読むべき文で、そういう困ったことが起ってしまう。

しかしこういうふうに前後の脈絡をつかむのは、自分で退けるためにこころみにやった深読みのようなもので、仏祖道吾がそれじゃ八九分言えただけだと批評したのを、本来十全に言いあてなければならないところを、言い足らないで、「八九成」しか言えなかったじゃないかと批判したのだというふうに理解しては、と表面の脈絡をたどるのが、順当な読みでしょう。そんなことでは「仏法」は今日まで伝わって来なかっただろう。

道元自身、退け、否定する事柄を、詳しくまず述べるということをしょっ中していまして、われわれ読者も、それに倣う必要のあることが、こういう具合に生じます。

仏法もしかくのごとくならば、今日にいたるべからず。いはゆるの八九成は、百千といはんがごとし、許多といはんがごとく参学すべきなり。すでに八九と道取す、はかりしりぬ、八九にかぎるべからずといふなり。仏祖の道話、かくのごとく参学するなり。

単に言葉の表面から摑める意味らしきもので、言った人物の力量を推断して、これを評価の基準としたり、それによって師資継承の関係を作ってはいけないばかりでなく、表面にあらわれたその意味の数量的性格を数量的に評価するようではいけないというのです。この考えの中には「仏祖」の言語表現もつねに万全ではないという認識がこもっていると考えていい筈です。さきほど言及した「海印三昧」には、「不言は不道にはあらず、道得は言得にあらず」とあって、「道得」は、いわば主我的で、つぶつぶと文字化されることの可能な、そして恐らくは主知的な「言得」とは違うとされています。そうしますと、ここで「道」「言」の区別をつけずに読んでいるのは不用意すぎるという問題がありますが、この句のうちの「不言は不道にあらず」は今の場合の、僕がつけつつある解釈に役立ちます。「言えなくたって、道得不道得というときの「道」であらわす言語表現が出来なかったことを意味しはしない」という釈明がそれから出来るわけですから。しかし「言得は道得とは違う」という断言に対してはなんらかの説明が必要と思われますので、これだけの餘談をしておきます。が、日本語で、話し言葉で話しまた書いている分にはその区別のつけようもなく、道元自身も再三見ました通り、「道得は太殺道なり。太殺道といふは、いひあていひあらはす、のこれる未道得なしといふなり。」と言っているのです。——さっき説明しおとしたようですが、この最初の句は「道得というのは、元来太殺道、大したことを言ったものだと言われるような物言いなのだ」ということでしょう。それにはまだ言えていない、言いのこされたものなどないのだ、そういうのですから、「道」も「言」も「いう」で通していいでしょう。

また三十三「道得」の冒頭に、これも再々読みましたように「諸仏諸祖は道得なり。……仏祖にあらざれば問取なし、道得なし。」とありますのを論拠に、今の「仏法もしかくのごとくならば、今日にいたるべからず」を解釈することも出来ます。なぜなら、「十言うべきところを八つ九つしか言っていない」という批評は、これをその言葉通りにとっていては、「仏法は今まで伝わっては来なかったろう」というふうにさらに批評されるばかりでなく、そんなとり方はそもそも仏法世界のことではないのだと進んで解釈できることになるからです。ここでは表面的解釈もいけないし、裏の事態を推断して、それによって解釈してもいけないのです。

もともと言いあて言いのけえているのが仏祖なのですから、その言葉はその形のまま尊重しなければならない。「いはゆる八九成は、百千といはんがごとし、許多といはんがごとく参学すべし」だからです。さきにすでに読みとった、数量的評価規定は超越しなければならない、ただし数量がなくなるのではない、という事態は、こういう表現をまるまる受けとることで明らかになります。「許多」はすでになんども出ましたが「どんなに多く」——分量を訊く疑問詞です。分量の多いことを豫想しての疑問詞ですが、「如許多」ですと「如許」がそんなにもという不定形容詞になり、そんなに多い。——「すでに八九成と道取す。はかりしりぬ、八九にかぎらず」「十成」かも知れず、その十倍百倍かも知れない。

こういうことも「仏祖の道得」をその形のままに聞きとってこそ考えられることだ。

次の「仏祖の道話」はこれでいいのでしょうか。「道話」という言葉はこの巻では不意に出て来たものなので、「道は」じゃないかと疑われますが、これは「古鏡」に一例、「これ玄沙の明鏡来の道話の七通八達なるとしるべし」という形で出ていまして、そこでは「道は」であるわけがありませんから、たしかな用例のある語だと言っていいわけです。しかし、駒沢大学附属図書館の館長をなさっていた加藤宗厚という方の労作『正法眼蔵要語索引』によって確めますと、この語の用例は厖大な眼蔵の用語群の中に、しかも同じ語をなんどでも使う眼蔵の中に、この二つしかないようで、やはりちょっと写し違えじゃないかという疑問はのこります。

「仏祖」の物言いというものはこういう具合に、そこに数量的表現があればそれをそのまま受入れて、その数量を超越した意味にまで解釈をおしひろげて、意味を考えるべきだ。

> 雲岩道の某甲只如是、師兄作麼生は、道吾のいふ道得八九成の道を道取せしむるがゆへに、祇如是と道取するなり。これは不留朕迹なりといゑども、すなはち臂長衫袖短なり。わが適来の道を道未尽ながらさしおくを、某甲祇如是といふにはあらず。

「某甲」ははじめに言いました通り、自称。「只如是」の読み方についても前に言いました。

「作麼生」も前から出ているので、今更とってつけたようですが、「作」は「為」、疑問詞は「麼」だけで、これは疑問の「耶」と同じように使います。「生」は句末の助辞。

雲岩のいう「私はお聞きの通り、これっきりだ。この一本槍だ。ところで先輩、あんたはどうなんだ」は、道吾のいう「八九分通りしか言えていない」という言葉を道吾が――次の「せしむ」も前に言った公家漢文の「令」にあたり、冗辞です――言ったから、――上の「道」は端的に言葉でしょう。それを言ったから、「お聞きの通り、もうこれっきりだ」と言うのである。――これから眼蔵独特のひねくれた表現になってきて、「不留朕迹」――「朕」は昔は貴賤を問わず一般に用いられた自称、一人称代名詞ですが、兆、きざしという意味も持つ、まあ、ここでは普通の語。「迹」はあと。はじめの徴候も、あとにのこる徴候も、ということじゃないかと思います。そういうものはとどまってはいない。という言い方で、言っても言わなくても同じような言葉だが、ということになって来ましょう。そうだけれども、とりもなおさず、腕が長いところへ持って来て、着物の袖が短いと来ている、出るものが出てしまう、言うべきことは言えている。この「臂長衫袖短」をそういう意味にとって間違いないということは次の文からわかります。自分が最前言った言葉、それは一見言い足りていないようだが、言い足りないまま言いやめるのを、そう自覚するために「私はお聞きの通り、これっきり」とみずからいうわけではない、――こうあるからです。「臂長衫袖短」は、道元が好んで典拠につかう联燈会要の二十五に、伝不詳、青原下七世の潭州伏竜という祖師の言葉として出ていますし、五燈会元という五種類の祖燈録を整理綜合した書物の十二にも、これも伝不明の石霜法永という南岳下十世の祖師の語としても見えていて、もしかすると、日常の諺かも知れません。伏竜の方を会要でたしかめますと、いずれは生地が出ちまうよ、というような意味じゃないか。というのは、ひとりの僧が伏竜に、長河を攪きまわして酥酪、つまりチーズを作ったり、大地を黄金にしたりするとしたらどうかと問答を挑んだとき、かれがこう答えたというからです。それに対して法永の方では、「いかなるか是、仏」と問われてこう答え、さらに「いかなるか是、祖師の西より来れる意」と問われると、「布袴膝頭穿、あなあく」と答えたと記されている。この問答ではふたつとも答えの意味は明瞭で、そんなものは、ひとりでにわかる、あらわれる、ということでしょう。「観音」のここに当てはめてぴったりで、眼蔵の渉典が联燈会要の方を挙げているのは感心しません。

道吾いはく、通身是手眼。いはゆる道は、手眼たがひに手眼として通身なりといふにあらず、手眼の通身を通身是手眼といふなり。しかあれば身はこれ手眼なりといふにあらず。用許多手眼は、用手用眼の許多なるには、手眼かならず通身是手眼なるなり。

「いはゆる道は」、言われたこの言葉は、この言葉で言われていることは。「手眼たがひに」、手と眼とがそれぞれ別々に、手とし、眼として、からだ中を頭の先から足の先まで、通してあるというのではない。手眼という一つのものの「通身」、からだ中通してのそのありようを「通身是手眼」というのだ。だから――ここで底本は改行していますが、原文がそうだったのではありますまい。段落なしの文として読めます。だから、「通身是」とはいうけれど、からだがそのまま手眼だというのではない。「身はこれ」の「これ」は「是」、であるです。そうではなくて、からだが一貫して手眼としての機能を発揮しうるということだ、この一は異だというのです。どの位沢山の手眼をつかうのか、そんなにそんなものをはたらかせてどうするのだと言われたように、手をはたらかし、眼をはたらかせることのいかばかり多いかが問われる場合には、手眼はかならずからだ中、頭の先から足の先まで手眼だという形で手眼なのだ。からだ全躰の機能が「手眼」なのだ。そう言っているのだと思います。

用許多身心作麽と問取せんには、通身是作麽なる道得もあるべし。いはんや雲岩の遍と道吾の通と、道得尽、道未尽にはあらざるなり。雲岩の遍と道吾の通と、比量の論にあらずといゑども、おの〳〵許多手眼は恁麽の道取あるべし。

どれほど多くのからだと心をそうしてはたらかせて、それでどうするのだ、と、かりに問われたとしたら、――身心学道という言い方でもそうですが、道元の場合、いつも先に出るのはからだです。「手眼」という代りに「身心」を問題としてこう問答をしかけられたとしたら、身心とは頭の先から足の先まで、からだ中がどうするかということそのことだ、この「是」もである、コプラ、だと思います。「作麼」、どうするかの「作」がここでは根本の意味を担っていて、からだ全躰がとりもなおさず「作」なるやというのではないでしょうか。「手眼」が「作麼」、「作」と等価におかれるもの、その機能において考えられるべきものだということになります。そしてさきの段の雲岩道の「遍身是手眼を使用すといふとも、動容進止せしむといふとも、動著することなかれ」とこれとが、ここで、大悲菩薩の手眼は、その機能において、はたらき、功徳において問題にされるべきもの、要するに機能、功徳であるという点で、一致します。

そういう「道得」、言うべきことを言いあて、言ってのけた表現もなくはあるまい。ここで「もあるべし」と軟げた言い方をとった動機は、一つには、上五字の漢字句が、漢文としては変則的だという意識にあったのじゃないかという疑いを僕は持ちます。

そうさえ推論できる位だから、まして雲岩の言った「遍身」の遍、道吾の言った「通身」の通は、一方は完全に言うべきことを言ってのけた語、他方は言い足りずにいる語と、そういう関係にはない。前者の「遍」と後者の「通」、この二つは比較考量――「比量」

の論においてあるもの――すなわち比較考量の対象たるべきものではないのだ。しかし――次の「おの〳〵」は、雲岩道吾めいめいに、ということでしょう、観世音菩薩の手についた眼の数はどれほど多いか、そのはたらきはどういうものかが問題とされる場では、――ここの「許多手眼」は上の「用」を省いてこう言ったものと思います。比較考量――「比量」の対象ではないものの、こういうふうの、「恁麼」の、相異る表現があってしかるべきだ。

この道元による評唱は、道元によく見られることですが、問答するふたりの両方を立て、その言うところの調和をはかる折衷的性格のものです。しかしここでは最後のところで、この示衆を読むひとたちに、それぞれの手眼の自分の身躰にとってのありよう、どういう身躰のありようとしてそれはあるかを、自分たち自身できめるように求めている恰好です。

そう読んでいいとしますと、われわれとしては「遍」に与するか、「通」に与するか、「渾」に与するか、「比量」の餘地がある、どころかそれを敢行しなければならないということにもなりましょう。

しかあれば、釈迦老子の道取する観音はわづかに千手眼なり、十二面なり、三十三身、八万四千なり。雲岩道吾の観音は許多手眼なり。しかあれども、多少の道にはあらず。雲岩道吾の許多手眼の観音を参学するとき、一切諸仏は観音の三昧を成八九成するなり。

冒頭の「しかあれば」は次の文の「雲岩道吾の観音は」にかかっている。ということは、この接続副詞句をいったとき道元の脳裡には雲岩道吾の観音についての問答があったということです。あいだに「釈迦老子の道取する観音」以下が入ります。ここでいわれているのは、釈迦牟尼仏が観世音のこういう種類を挙げているというのではなく、法華経普門品に説かれている、ということは釈迦牟尼の「道取する」に違いありませんが、観世音の功徳はということです。それは具躰的なものでして、千手千眼、十二面、三十三身、――この三十三身というのははじめにみた「三十二三」のうちの一つ、普門品に「善男子よ、もし国土の衆生、応に仏身を以って度すを得べき者ならば、応に仏身を現じて為に法を説くべし」とある応身以下、「応に執金剛神を以って度すを得べき者ならば、即ち執金剛神を現じて為に法を説くべし」までの三十三応身をいうもので、さっきは簡単な説明しかしませんでしたが、具躰的ながら多種多様です。いずれにしても計数できるのですが、「八万四千」は無限ではないが、大雑把には無数のと形容できなくはない多数。雲岩道吾の観世音は、どれほど多くの手中の眼という多数ながら数不定のもの、いや定不定にかかわらぬものとして提示されている。これが観世音について考える上ではもっとも大きな地平を開いていると見て、それを道元は、どの観世音論よりすぐれていると見なすのです。かれが哲学者に愛されるゆえんだろうと思います。

「しかあれども多少の道にはあらず。」――「許多」、どれほど多くのとはいうが、数の多少を問題にしているのではないというのです。そうではなく、雲岩道吾が「どれ程多くの手についた眼」という表現で問題としたかれらの観音について考察する場合は、あの仏もこの仏も、みな「観音の三昧」――これは観世音が三昧に入るというより、そのありようが三昧である、観世音であることに集中しきり、観世音として純一無雑であるということを言っているのでしょう。そういうありようの「八九成」を、八九分通りを「成」しているにとどまる。上のこの「成」は他動詞で、下の「成」、八九成を現実化しているというのです。「一切諸仏」でさえそうなのだというわけです。しかしそうはいうものの、さきほどの「仏祖の祇道得八九成の道をきゝては、道得十成なるべきに、道得いたらずして八九成といふと会取す。仏法もしかくのごとくならば、今日にいたるべからず。」の論理によって、それはそれで十成なのだ。完璧な「観音の三昧」の再現、具現なのだと言っているに等しいということになります。

観世音を真に観世音たらしめているのは雲岩道吾が「用許多手眼」といって観世音を問題にしたときのこの「道取」に現れた観音だというのが、この巻の一切の論の出発点であり、到達点です。

自分の信ずるものを、出来るかぎり限定せず、可能な内容の無限に多いものとして、その能うかぎり数多くのはたらきを、功徳を、信ぜよというのが、明示されていない結論と言えるでしょう。

しかしそう明示的に結論しては、真の信の趣意にそむくし、自分の信ずるものの内容を貧しくするのが落ちということもあります。その点で、雲岩道吾は比類なくみごとな提起を、観世音について、そればかりでなく、およその功徳を自分の信の対象としているもののすべてについて為していると見て、道元は「両位の古仏」に賞讃を捧げるわけです。その讃歎の論理的表現がこの「観音」の巻の性格だと言えましょう。

爾の時仁治三年壬寅四月廿六日示

はじめに言いましたように、西暦では一二四二年、伏見深草の興聖寺の夏安居中の示衆です。

次の追加文がどうして書かれたのかわかりませんが、四月二十六日、示衆としてこれを書いたあと、懐弉が五月十日に筆写するまでのあいだに、道元が、いろいろある観世音を主題とする考察の中から、特にこの道吾円智と雲岩曇晟の問答のみを取り上げた理由を説明しておく必要を感じた、ということだけは、疑いを挿む餘地のないことです。

私がこの巻を特に好む理由は、これがこの問答だけを考察対象として、他のいろいろ問答行履を捨てて顧みないため、そのことから来る思考の集中、それゆえの緻密さにあって、そのことは二十七の「夢中説夢」が僕の好きな巻であることについても同様です。考察材料の数が多いとどうしても行文が、思考の歩みが、自分の主張に好都合な点だけを追って行って、他の多くをつい黙過してしまう飛躍のため、疎散になるのが常です。それらにはそれらとしての意味、存在理由があるのに、です。

ところが道元は、自分の恣意的だと非難されるかも知れないこの選択の理由を釈明する必要を感じたのでしょう。

いま仏法西来よりこのかた、仏祖おほく観音を道取するといへども、雲岩道吾におよばざるゆへに、ひとりこの観音を道取す。

この「ひとり」につけた思想大系の僕の註は間違っています。われここにひとり、の意だと書いてありますが、「ただこの観音のみを道取す」と読むべきです。雲岩道吾の問答を見出した道元の喜び、得意にかぶれて、そういう読み違えをしてしまっていたのです。「この観音を」というのは今風にいえば「この観音論を」でしょう。

永嘉（やうか）真覚大師に、不見一法名如来、方得名為観自在の道あり。如来と観音と、即現此身なりといへども、他身にはあらざる証明なり。

真覚永嘉玄覚大師は六六三年から七一三年まで在世の、大鑑慧能の直弟子、法嗣のひとりです。この句は景徳伝燈録にのっているその証道歌の中のもので、「一法を見ずして如来を名よべば、方に名づけて観自在と為すを得」と訓むべきでしょう。「名」を「名よぶ」というのは普通しない訓み方かもしれませんが、これはただ名づけるというような第三者的な智的行為ではなく、念如来と言っているようなことだと思われるからです。そればかりでなく、伝燈録では「即如来」とあって、「如来に即くは」と訓むべきもののようです。そうしますと道元の解のように、如来即観世音とはならないように思われます。「一法」——どんな事物現象にも目をくれないで、如来に帰依すれば、それは「方に」——それはそれでちゃんと、観自在の名でもって呼べることだ。これは観自在という名の菩薩そのひとのことではなく、その菩薩が実践する精神的行為を言っていると読むべきではないでしょうか。なおこの解の翬化のために詳しく言いますと、「不見一法即如来」の前には「根境法中虚捏怪」という句があり、これは「六根の対象である事物現象の中にあって、いもしない化けものを無駄にでっち上げている」ということでしょうから、それとの対で、次の句「不見一法」はさきの訓みのようになる、あの解でいいのだと思います。

しかし道元は、「如来と観音と、即現此身なりといへど、」——これは、さっき法華経普門品中の句として読んだ「即ち仏身を現ず」に目をつけて言ったもので、観世音が救いを自分に求める対象に応じて、いろいろに身をかえて現れる、ただちに仏の身を現ずることもあれば、あるいは辟支仏の身を現ずることもある、そういうふうに個別差異相においてあらわれるが、観音は観音でありつつ如来、如来と見えたものは如来でありつつ観音で、「他身にはあらざる証明なり。」——道元は証道歌の文句をこのように解釈するわけです。

たしかにこれでは、観世音菩薩の功徳を、その無礙無量の姿で顕彰する上からは、不足があります。

麻浴臨済に、正手眼の相見あり。

麻浴和尚は伝不詳。臨済義玄は有名すぎるので、九世紀にいたひととだけ言っておきます。これは臨済が俗家に行って説法を請われてその席にあったとき、麻浴が、大悲千手眼、那箇か是、正手眼と不意に問いかけてきたのだそうです。すると臨済はしっぺがえしに同じ問いをかけ、「速道速道」、はやく言えはやく言えとせきたてる。すると今度は麻浴が臨済を説法の座からひきずりおろして、自分が坐ってしまう。臨済は近寄って行って麻浴に「不審」という。これを、こんにちはというような日常普通の挨拶語ととる解があるのですが、どうでしょうか。どう?というような挨拶というならまだわかる気もしますが、君のやり口がどうもわからんというのじゃないでしょうか。だからこそ「麻浴擬議」。何とか言ってやろうと麻浴がちょっともたつく。するとこんどは臨済が麻浴をひきずりおろして、自分が説法の座につく。麻浴は出て行ってしまうという、賓主互換の禅機を示して、臨済麻浴どちらも、大悲菩薩の正眼そのものであることを語る、というか、自分らの存在そのものの他に観世音の正眼を求める必要はない、すべてが自分らの存在に帰するという存在観を語る、身をもって語る話として有名です。

しかしこれら、永嘉玄覚まで含めて、三人の観音は、「許多の一々なり。」この「許多」は流用されていて、「多」だけに意味があり、多くのもののうちの一つだといっているような感じです。いかばかり多くのと言われるもののうちの一つと見ても、中身は同じことになりますが。

雲門に見色明心、聞声悟道の観音あり。いづれの声色（しゃうしき）か見聞の観世音菩薩にあらざらん。

雲門は諱は文偃。青原下六世で、八六四年から九四九年までこの世にあった、雲門宗の祖とされるひとです。そのひとの上堂語です。「この世の物象を見て心を、ものの不変不易の本性をはっきり見てとるということがある、またこの世の物音声音をきいて、仏智を悟るということがある。」そう言って、五燈会元によると、雲門は「手を挙起して曰はく、観世音菩薩、銭を将ちて餬餅を買ふ。手を放下して曰はく、元来祇是饅頭。」餬餅は胡餅と書いてある本もあり、そうすると胡麻をまぶした焼き饅頭。「餅」は日本のもちひとは違います。餬は捏粉ですから二字でやはり焼き饅頭。餅といったって饅頭といったって、蒸すか焼くかの違いだけで、穀物を挽いて粉にしたものを捏ねて、それから作ったものだとでもいうのでしょうか。観世音が銭を出して買ったからといって驚くことはない。それと同じで、見色明心、聞声悟道なんて、誰でも日常やってることだとでもいうのでしょうか。これにつけての道元の評唱。「いづれの声色か見聞の観世音菩薩にあらざらん。」

現世にある声音や色、形、そのうちのどんなものが、それを見たり聞いたりする観世音菩薩に、これもにおいて、ではないでしょうか。においてあるものでないであろうか。すべての声また色は、それを見聞きする、衆生の声を観る能力を持つという観自在菩薩においてあるところのものにきまっている。観世音の見聞に入らないような物質界、人間界の事物、現象はありはしないというのです。それを思えば、雲門がしたりげに餬餅を買う観世音を持ち出したのなどは、狭いところに問題を限定してしまっている、そういうのでしょう。

こういう事柄や話柄について、そのどの意味もなんとか読みとれるように、こうしてお話するのは、われながら妙な感じがするのですが、ともかく皆さんの批判に提供するという目標のもとに、できるだけ、読みとれるだけは読みとってお目にかける、それが講読者の役目と思って、さきをつづけます。

ここで道元の引いているいくつかの観音論の例が、出典として何を持つかということも、無論僕がすべて頭の中に入れていて、それに基いて皆さんにお話ししているわけではありません。眼蔵の出典渉猟ということは昔からつづいていることで、その一覧が、とても完全とは言えませんが出来ているのです。僕はそれを参照しながら、その案内によって典拠に当り、こうしてお話ししているにすぎません。

さきの麻浴臨済の観世音菩薩の正眼にかかわる問答は、いかにもすさまじいものですが、肝腎の観世音菩薩の正眼について直接に答えを提示しているとは言えないでしょう。

雲門文偃の上堂語も、今更言うまでもないようなことを、日常卑近な物象を例にとって言ったにすぎない。これらに対して、また、

百丈に入理の門あり、

百丈懐海はかつて雲岩曇晟の師だったひとで、雲門よりはずっと前、七二〇年から八一四年にかけて世にありました。道元の引くこの語は伝燈録六のその章に見えます。

「普請钁地の次、忽ち一僧の飯鼓の鳴るを聞き、钁頭を挙起し大笑して便ち帰るあるに因り、師云ふ、俊なる哉、此は是観音入理之門。師、院に帰るや乃ち其の僧を喚び、適来什麼の道理を見て恁麼なりしかを問ふ。対へて云ふ、適来只鼓声の動ずるを聞き、帰り去来て飯を喫はん、いざ、と。師乃ち笑ふ。」

「钁」は大型の鋤。また斫、切るという動詞でもあります。一山そろって勤労作業に出て、地面を切り崩していたとき、ひとりの雲水が昼飯を告げる太鼓が鳴るのをきくと、「钁頭」の「頭」は助辞でしょう。大鋤をその場に立てて、嬉しそうに大笑いして、早速帰って行った。そういう思いも寄らぬことが起ったため、師、百丈が言った。すばしこいやつだ。これこそ観世音菩薩入理の門だ。――「是」はコプラ（繫辞）。「である」。それに前の「忽ち」ですが、禅籍によくある副詞ですけれど、どこにかけて訳していいのか、はなはだ摑み難い。今の訳はかけ方は間違っていないと思いますが、間延びがした訳文になっています。本当はこれじゃ困るのです。

「入理」というのは、仏の化導のしかたを四つにわけていう四悉檀というものがありますが、そのうちの一つ、第一義悉檀を多分言っており、これは、第一義の理を説いて、証入させる教え方です。「入」はこれ一字ですでに悟りきることですが、証入とか悟入とかと熟しても使います。ここでは観音入理と一句をなしていて、観世音菩薩が、一心にその名を称えて、苦を訴える衆生の苦悩に出会って、「即時にその音声を観、皆、解脱を得しむ」とある普門品の文句をこの一句で要約し、それを、太鼓の音を聞くや、すぐ、これはもう昼飯だと悟って作業をやめ、食堂に向った修行僧の行動のたとえに使ったものだろうと思います。無論半分冗談です。

「入理の門」の「門」も、法門とか宗門とか家門とかいろいろ熟して使いますが、まず第一は入り口、初歩的段階、手引きなどを意味したものでしょう。それから、それを通って入って行った中の世界、そういう世界は他にもいくつも併立しているという認識があって流派という意味を持ち出す。宗門が宗派の意味に用いられるのはそこでです。それから各流派の持つ流儀、やり方となって来る。ここで百丈のいう「入理之門」の「門」はその使い方によると思われます。観音さんの流儀だなあ。

百丈は住院に帰るやすぐその修行僧を呼んで、さっきはどんな道理を見てとったからあしたのかときいてみた。作務に大分疲れて来て、腹も減った。日は天に高い。昼どきだ。今太鼓が鳴った。これらのあいだには連関がある。その連関を認識して行動を起したのだろうが、それについては、この連関の中にはたらく道理というものを見てとったに違いない。昼飯はかならず食わしてもらえるという認識もあったろう。これらを貫く道理としてどういうものを見たか、というのが百丈の問いだったでしょう。しかし僧は、ただきっきは、太鼓の音が起ったのをきいて、「動」は発也という解をとります。さあ帰るとするか。飯を食いに行くとしよう、そう思ったんです。そう聞くや百丈は笑い出した。

「帰り去来て飯を喫はんいざ」は妙な訓みですが、去来はさあ、といういざないのかけ声。あいだに「喫飯」をはさんで「帰去来」という形になっていまして、例の陶淵明の「帰去来辞」の訓み方、「帰りなん、いざ」を思い出させます。それを借りたのです。またこの僧の返事に、訳では「そう思ったんです」という言葉をつけましたが、原文には、それに相当する主文なんかついていません。原文の返事は従文だけで成立っているわけです。禅書の漢文にはこの手の構文が多いので、有名なあの「非思量」などもそうです。「不思量底、いかにか思量す」というひとりの僧の問いに、きょうの主人公の道吾雲岩の師だった薬山惟儼がそう答えたというのですが、これも完全な文としては「われ思量す、非思量と。」であるべきでしょう。しかし、誰もそういう形では問題にしない。従文の意味は「思量を非とす」というのじゃないかと僕は思っていますけれど、これをもし「吾思量非思量」と書いてみますと、「わが思量は思量に非ず」とも訓めるんじゃないかということにもなります。それから、百丈の笑いですが、これはもっともらしい理窟をつけなかった相手に、好意を持って笑ったんじゃないでしょうか。しようのない奴だと、同じ言葉であらわすにしても、それには親愛がこもっていて、軽蔑して笑ったのじゃないと思います。

さて、次。

楞厳会（れうごんゑ）に円通観音あり、法華会に普門示現観音あり。みな与仏同参なり、

「円通観音」というのは、楞厳経（りょうごん）――詳しくは、といってもこれも略称ですが、大仏頂首楞厳経。――道元和尚広録を編集した侍者義演がその第五の上堂語につけた割註によりますと、道元は円覚経や首楞厳経が禅門の所依の経であるかのように当時世間で見なされていたのを嫌っていたそうなので、ここをそう詳しく説明することもないと思いますが、その巻の六に、すでに見た「妙浄三十二応入国土身」の説明のあと、観音の「十四種無畏功徳」ということが説かれています。「観」、見ることですね。「聞」、聞くことです。この両者の「円通」が自力では得られなくても、観音の「観をもって観ずれば、かの十方の苦悩の衆生をしてその音声を観ぜしめ、即ち解脱せしむ」という第一から始まり、十三には「六根円通、明照すること二なく、十方界を含みて大円鏡を立て」などというふうに言われていて、――この「明照」の「照」は「てらしみる」でしょうね。しかしそう訓んでしまうと、「観」のモナルキーが成立ってしまいそうで困りますから、今は音よみのままにしておきます――この眼耳鼻舌身意、一切の感覚知覚の「円通」こそあの観世音の絶大な抜苦授福の力が発揮される上で、欠くわけに行かないそもそもの根本原理である、そう考えられているように読めます。「円通」というのは、一言でいえば、普通は異質とされているものが円満に疎通するということで、観世音はその力を「世尊」とともに具えているというのです。

「楞厳会」はその後楞厳経としてまとめられた教えを仏如来が説いた集会、「法華会」は法華経のそれ。今見た六根円通の法力を持つ観世音とは、法華経普門品に説かれる三十三応身をもって示現される観世音、これらはいずれも釈迦牟尼仏と一緒に行動なさるものだ、「与仏同参なり」。仏と同参なり。「みな」といいますが、これは上の二つを指しているのだと思います。

そしてそれが、

与山河大地同参なりといゑども、なをこれ許多手眼の一二なるべし。

山河大地とともに一斉に現前して来るものだとしても、それほど大きな功徳の現成であっても、そういうはたらきは、雲岩道吾の問答にあらわれた観世音の「許多手眼」、どれほど多くの功徳と言われたもの、無規定、無際限の功徳のうちの、一つ二つ、有限数の、それも大きくはない、しかしそれぞれに具躰的なあらわれと言えるだろう。

いま前の句「みな与仏同参なり」の「みな」は上の二種の観音だけにつけて言ったのだろうと言いましたが、この「なをこれ許多の手眼の一二なるべし」は、それを含み、それを越えて、さらに「百丈に入理の門あり」、永喜真覚大師の道をも統括し、出発点に戻っていると読むべきでしょう。

仏教でいう真理、全存在の真相は、「如」としか言えない、サンスクリットでタター

tathā、そのごとく、英語でいって thus、そういうふうにしか言いあらわせないもので、それをどういうふうに表現し、ひとに悟らせるかというところに、いわゆる禅問答も、示衆という説法も、功夫をこらしているのだと僕には思われますが、仏教的真理の一つの人格化として、大悲菩薩の存在様態もそういうふうでなければなりますまい。

道元はそのきわめて説きにくいことを大衆に悟らせるためにこの巻を今まで読みわけて来たような表現様式で書いたのだと言っていいのではないでしょうか。

正法眼蔵（第十九）古鏡講読

はじめに

もう何年もこうして人前で話したことがありませんので、声が続くかどうか、心もとないのですが、あらかじめその点は、ご勘辨願っておきます。広告では「古鏡」だけを読むようになっていますが、時間の都合によっては、「古鏡」の前にある「観音」、短いものですからこれを読もうと思っています。短いものとしては「梅華」のような巻もあって、道元というひとは正法眼蔵の中でも、後になりますと、自分が直接教わった、天童の如浄の偈を引合いに出したりして、非常に文学的な詩的な形で書くようになる、その例の一つとしていまいう「梅華」を読むことも考えたのですけれど、それより七十五巻本眼蔵ではすぐ前に置いてある、同じくらいの長さの「観音」を、もし時間があまったらですが、やる方がいいかと考え直して、その豫定でいます。

執筆順序からいうと、これは逆で、「古鏡」の方は道元の四十二歳の作、「観音」の方は四十三歳の作で、「観音」があとなのです。しかし思想の展開というような見地からしますと、かえってこの順がいいんだというような気もします。そういうことも、本当はただこの二巻だけでなく、眼蔵全部を読み通さないと、たしかにはわからない。ひとことで言えば、はじめのうちは無の思想家としてあった道元が、あとになると、たとえば十二巻本の中の「供養諸仏」では「仏法は有部すぐれたり」と言うようになって、有を肯定してくる。同時に浄土門の教えと同じような考えをのべるようになる、そういう変遷がありますが、そういうことがわかるためにも、道元がどういう思想家だったかを知るためにも、全七十五巻となお二十五巻書いて、全百巻としようとしたのが途中で死を迎え、十二巻で挫折したのだとされる、その十二巻の全部を通読しなければいけないのです。今申したような論証を要する問題はわきにおきましても、出家しなければ成道成仏は不可能なのだと説く「出家」という巻が、七十五巻本では一番最後におかれているという、眼蔵全体を修行僧たちへの示衆、教えとする立場からははなはだ奇妙な編成のしかたになっているのなども、全部を読み通さない限り、その奇妙さに気づかずに終わるのじゃないでしょうか。自分の気に入った巻だけを採り上げて、これが道元である、道元の思想であるというふうに考えることはきびしく退けなければなりません。道元の著書というのは、一字一句の中にも道元の全躰があると言われていて、私もそう考えますが、しかし生きた人間が考えるのですから、二十年、三十年とたち、その人が変わる間には、自分の考えに対する態度が変わってくるのが当然で、道元にもそれがあります。ですから、今度読む「古鏡」と「観音」にしても、これが道元のすべて、あるいは代表的なものだとして採り上げるのではないと思っていただきたいのです。ではなぜ「古鏡」、「観音」としたかというと、それは七回十四時間位の講読には、長さといい、篇数といい、まあ適当だろうという、まったく量的な理由からです。

では正法眼蔵第十九「古鏡」。

この題名についても、古鏡とはどうしてか、どうしてただの鏡ではいけないのか、ということがまず問題になります。全躰の目次を見ればわかるように、字面の整いということを道元は随分考えていたらしくて、ただの鏡では、どうしても鏡(かがみ)と読まれてしまって、斉合が崩れる。眼蔵には和訓でよむようにした題は一つもないのです。ただ第二十三「都機」が、これは万葉仮名で月のことで、和語の題をつけてありますが、それすらなんとしてでも漢字の題をつけようという意志を見せているわけで、全部漢語の題だといっていいようなものです。そうした配慮から鏡一字でなく、古をつけた。そうまず考えられます。もう一つには、昔のことをこれから述べるのだ、拈古を行うのだという、それをあらかじめ示すために古と置いたのじゃないかと思います。

西有穆山という鶴見総持寺二世の住持がいますが、この人に『正法眼蔵啓迪』という著書があって、大法輪閣から三冊ものの形で出ています。啓迪というのは道をつける、拓くということで、もとは全巻にわたって行われたのですが、いま出ているのはその抄本です。この人は宗門の人ですから当然全躰にわたり、仏教用語、禅語で説明をしていますが、ときどきおやと思うほど、斬新な哲学的見解を見せることがある。そこに「古鏡」啓迪も入っていて、穆山も、なぜ「古」なのかを問題にしています。要点は「仏法相伝の古鏡といえば、三界唯心、諸法実相の他にはない。これを正伝の鏡として、諸仏諸祖がことごとく世に出る。いろんなものが向うから来て映る鏡とは違う」、そういうところにありますが、僕はいま言ったように簡単に解釈します。

道元の正法眼蔵を書くについての文学的配慮というものは随分と大きかったということを念頭に入れておくために、また僕のやり方を承知していただくために、最初に話しておきます。

諸仏諸祖の受持し単伝するは古鏡なり。同見同面なり、同像同鋳なり、同参同証す。胡来胡現、十万八千、漢来漢現、一念万年なり。古来古現し、今来今現し、仏来仏現し、祖来祖現するなり。

諸仏諸祖というのは、読みなれた方には今更くだくだしいでしょうけれども、「仏祖」ということばで、道元は仏道の諸先覚を考える訳です。仏というのは、本当は釈迦牟尼仏ひとり。それに「諸」をつけていうのは、第一に釈迦牟尼仏に先立つ六人の仏がいたことも信ぜられていましたし、三世の諸仏ということもある。また仏を継ぐ祖師たちも修行を重ね仏道を得れば、みな釈迦牟尼仏にまみえ、まみえることで釈迦牟尼仏になる、仏になるという原理が道元にはありますから、諸仏諸祖といっても、仏とだけいうのと同じことです。そうであることがわかるように眼蔵は各巻通じて書かれています。

単伝というのは、水差しの水がもう一方の水差しなり器なりにあけると、そっくり入るように、師匠の考えがそのままそっくり弟子に伝わる、師と資の考えが完全に一致して、師ひとり、資ひとりの授受を通じて、釈迦牟尼仏の教えがのちに一筋に伝わってゆく。これが単伝です。しかし祖師のうちには、法を伝えた弟子、嗣法の弟子をなんにんも持っていた人がいます。そのうちのどれかひとりの弟子がそのまた弟子に法を授けて、それが今のひとりの祖師、たとえば道元に伝わって来ているのですから、「単伝」というのは厳密にいえば、その語を口にした人にとってのみのことだといわなければなりません。現に六、七世紀の頃、大医道信という東土四祖の弟子ふたりのあいだで、北宗禅と南宗禅に、禅はわかれてしまっているし、その三代あとでも、青原行思の法系と、南岳懐譲の法系に、六祖慧能の禅はわかれてしまいます。道元は青原の法系で、その十七代に当るのですが、そういう意味、その形での単伝です。

「受持」というのは、今いったようにして授けられたものを受け保つことで、受けるとわざわざいうところに、単伝の関係が表現されている訳です。そこで伝わってくるのは、本当は古鏡などではなくて、仏というものです。つまり、目覚めた智慧というものが伝わってくる。それをここでは古鏡と言いあらわしているのですが、鏡とはいいながら、この古鏡というものはどれほど実躰性の無いものか、それを次第にこれからお話ししていきます。

「同見同面なり」、これについて、僕は自分で「(鏡を)見ルモ同ジ、(そこに映った)面モ同ジ」と注(岩波思想大系『道元　上』)をつけています。どうして「同ジク見ルナリ」と訓んではいけないか。それは下の「面」まで動詞にとると、「同じくむかう」で「同ジク見ル」と同じことを言ったことになり、対句的表現にならないからです。だから「見」も名詞だろうと、逆に推定する訳です。

鏡を見るということも同じだし、鏡に映った人の顔も同じだ。これはしかし同見同面の古鏡なり、同像同鋳の古鏡なり、というべきところを、略してこういったものです。いきなりそういうと独断的ですが、だんだん読み慣れてゆくと本当にそうだと思われてくる筈です。

「同像同鋳なり」、この像と鋳に異説もあって、像というから鏡に映った像だろう、そして鋳は映るということだろう、というような解もあり、永平広録には「鋳」を鏡に像が映る意味に使ったとしか考えられない用例がありますが、ここもその意味にとると、かえってすっきりいくような感じがするということはあります。しかし「鋳」に映るなんて意味はないのだからしかたがない。鏡といっても、今の鏡のような水銀を裏に塗って光を反射するようにして造ったガラスの鏡ではないので、銅鏡のはずです。銅鏡の裏というのは、いろいろな装飾文、葡萄海獣文とか狩猟文とか、いろんな像が彫ってある。それを言っているのだろうと思います。そこに彫られている像、またそれを鋳出したということとそのこと、それらが全く同じの鏡である。差別相・個別相の中にあるいろいろさまざまの鏡ではない。誰の鏡だとか何時代の鏡とか、そんなふうな鏡ではない。

「同参同証す」、この参は参学でしょう。参学というのは、師匠のもとに参じて仏道を学ぶということです。証というのは証悟の証で、悟るということです。真理を明らめるために努力することと、それからその真理の把握ということというふうに言い直すことができるもの。

ここまできますと、上の二つの場合と同じようにこれをいきなり古鏡という言葉の修飾句ということは出来なくなってくる。しかし同見同面、同像同鋳の「同」の観念、同じという観念はこれまで色濃くはたらいて来ていますから、直接には結びつかない「参」「証」という名詞に出会って、鏡から離れることを強いられても、死なずに「同」という観念のまま参学、また証悟はすべて同じ釈迦牟尼仏に帰一するための努力であり、成果である、という具合に復活する。そうしてそこで、鏡より、仏祖の「同」としてはたらき出し、「同参同証す」といわれる。

これまで「なり」とあった述語が、ここでは動詞サ行変格活用の「す」、「同参同証す」に変わっているのも、そういう思考対象とその意味づけの中に起った展開の反映なんだろうと思います。

前の二つで鏡の性質を説明して、それが暗示する事柄をかりて、参学と証悟の性質を次に提示している訳です。こういう差別のなさを土台としますと、「胡来胡現」、この胡というのはエビスですね。中国から見ての異人種、おもに西域の民族です。その胡（えびす）が来ればそこに胡があらわれる。けして差別によってその相を歪めるとか、違ったものにして映しだすということはありません。明々白々にすべてありのままに映るというわけです。「十万八千」、この数がなぜいきなり出ているのか、こういうのが説明に困るところですが、これで十万八千という一つの数を考えるより、十八という仏教でいう多数、仏教はとても大きな数を考えますから、それに比べればごくごく小さいのですが、十八天とか十八神変、十八空とか十八願とかいろいろある、その十の方は一万倍し、八の方を千倍した相当多数の一つの型だと思えば良いと思います。それほど胡人を映したことがある。胡人の来・現はそれほどの回数にのぼっている。

これに対して「漢来漢現」、というのは、胡に対して中国の本来の住民の漢族、それが来て鏡を見ればそこに漢人があらわれる。「同見同面、同像同鋳」は空間内の対象物の多様と、それにもかかわらず、それらに対する認識、対応の平等無差別を暗示してきたものですが、「胡来胡現、漢来漢現」ということになると、今度は、ことは歴史にかかわってきまして時間という存在のもうひとつの要素を問題にしなければならなくなる。そこで、

「一念万年なり」。この一念というのは——念だけではそうではないのですが——一念というと一刹那。あるいは六十刹那をいうなどといろいろの説がありますが、要するにごく短時間、瞬時。それと万年——これも十万八千というのと同じような使い方で、何も万年きっちりでなくていいんです——きわめて大きな時間、この二つを結びつけて「なり」と言っているのをどうとるか。一念万年なりで、一念の中に万年に相当する時間が含まれているという単に時間についての形而上学的見解を示したものという解釈も不可能ではありますまい。しかしここは、いろんな多様なものがそれぞれにその姿を損われずに古鏡によって映し出され、把握されるということを言ってきているのですから、時間の最小単位としての一念と、最大量の万年とにおいて、上のようなことが同様同等に生じてきたし、生じて行く、ということでしょう。「万年なり」の「なり」は上の「胡来」以下の四句の四字句全部を受けているとみるべきです。

読みはじめからいろんなことを言ってしまうのは、あまり感心したことでないのですが、道元がなぜその当時の思想躰系のうちから、儒教でも道教でもなく、仏教をとったかというその動機を説明して、一念という最小時間の概念をとり上げて解答を与えている思想躰系は、仏教の他にないからだと言っていることは注意しておきたいと思います。十二巻本の「四禅比丘」。その中のことですが、道元は「孔老は三世をしらず、多劫をしらざるのみにあらず、一念しるべからず」といっています。このあとすぐ「一心しるべからず」と続きますので、迷わされますが、上からたどってくれば、過現未という長大な時間とごく短時間のことを言っているのはたしかです。ただ一つ仏教だけは、こういうふうに「多劫」とともに「一念」を考えているので、これをえらんだというわけです。

「十万八千」回にものぼる「胡来胡現、漢来漢現」は、万年にわたる時間の中でも、ほんの一瞬時のうちにも起るが、「古鏡」はよくそれに応じ、現実化してきたというのです。

こういう具合に時間の概念が導入されてきて、「古来古現し、今来今現し」といわれることになります。「現し」とサ行変格活用の語尾がここに置かれていますが、それは古来古現を一つの概念として把えて、それを動詞化していると見るべきでしょう。前の「同見同面、同像同鋳」が「なり」で結ばれていたのに対して、次の「同参同証」は「す」で受けてあった。その「同参同証」が分けて見るべきものでなかったのと同じようなことがここにあるのです。昔が来れば昔があらわれる、今が来れば今があらわれるというふうに原因、結果あるいは前後の継起をいうもののようにこれを見て、差別相の下において読むべきではないと思います。昔が来れば昔が、今が来れば今があらわれるという一つのことがそこに出現する、生起する。諸法実相という言葉がありますが、あれも諸法は実相であるという文ではなくて、諸法実相という一つの概念、一つの考え方、そういう存在のありようをいう一熟語なのです。いろんなこの世の現象や事物、そういうものは、すべて假りのもの、むなしいものではなくて、そのまま全躰として真実な姿をあらわしつつ存在しているという意味の一単語、一概念なのです。本当の姿はどうなのか、隠しているものはないかなどと考える必要のない存在の姿をいうのが諸法実相という言葉なのです。それと同じような、「古来古現、今来今現」の使い方だと思います。

だからこそ「仏来仏現、祖来祖現し」という言い方も出てきます。仏が来るといいますと、どこから来るのか、どこかから来るとすれば、仏のいる場所といない場所があることになって、仏の存在も尽十方界も両分され相対化されてしまう。そういうことであってはならないので、「仏来仏現」ということが一現象として古鏡の面に出現する、「祖来祖現」が古鏡の面に出現する、そういう読み方をすべきだと思います。つまり「胡来胡現、漢来漢現」の「来」、「現」とはここの「来」、「現」は違う現象を言っていると読むわけです。

還我仏性来。我に仏性を還し来れ、ということばが眼蔵第三「仏性」にあります。それを西有穆山は、「また我に仏性来る」というふうに訓んでいる。この還我仏性来の「還」は、この場合、中国語としては「我」という文字のあり場所からして、還せという他動詞としてしか読めませんが、そうすると、どこか他に仏性のある世界、仏性を握っているものがあって、そこから仏性を還してもらうという形になる。それでは一切衆生悉有仏性ということがいえなくなる。そういう考えから、西有穆山は「還」をまたと訓んで、「また我に仏性来る」と訓んだのだろうと思います。

この穆山の解釈は、中国語の解釈としては間違いでも、「仏性」のそのくだりの解釈、またそのくだりにおける道元の考えをつかむ上では正しいと思います。

しかし仏があるという言い方しかできないとすると、だいたい、仏教の世界観の特徴というのは、まず釈迦牟尼仏という人がいて、その人の聡明さは全世界を見通し、なんでも等しく当嵌る無上の認識智慧を、阿耨多羅三藐三菩薩を獲得するまでになった。その結果、その智慧は認識者の持ちものたることを超え、この世の法則そのものを躰現するものになり、さらに釈迦牟尼仏そのひとはこの世の存在全躰と等しくなる、そういう三位一躰にある。そういうふうに、ことに道元を通じて見た場合の仏教の世界観の特徴は見えるのですが、それだけに終始すると世界は動かなくなり、釈尊のいう理想境の寂静には違いないものの、死滅の世界になってしまう。釈迦牟尼仏は涅槃の究極理想であることを説いて入涅槃したが、それ以来、ずっと世界は生きて動いてきている。第一その教えが伝わってきている。世界を死滅の相において表象することは間違いです。そういう間違い、そういう非現実的なイメージを避けるために何が必要かというと、その世界の中での「来る」という現象、それが必要になるだろうと思います。「一念万年なり」のその一刹那という考えが重要なのも、時間の総躰と一致した、それからはみ出すものの何一つない全存在のなかを、それが経歴（きょうりゃく）し、動きまわっているため、かりに外にいる人が見たら、不動の全体が、その輪郭を保ったままで生動しているということになります。そういう全一の時間の中の一刹那のそういう「来」かた、それがどこから来るかといえば、その中からしか来ない、中から来るのですから、来るということは戻ることでもある。そういうふうな世界像がありますので、「仏来仏現、祖来祖現」の来・現という言葉は、「胡来胡現、漢来漢現」のそれとは同列には読めないと考えるべきだろうと思うのです。

しかしなお考えてみれば、「古鏡」というものを、絶対至上の、それと比べたり並べたりできるものは何一つ考えられない、宇宙というか、全存在の存在自躰といいかえられるようなものとすれば、この鏡面には、そこへ仏が来、仏が映る、祖が来、祖が映ると解釈することも許されましょう。しかしその「来」「現」は、「胡・漢」の「来・現」のように、「来(きた)れば現る」という、原因、結果、条件とそれに基づく発現ではなく、しいて訓読すれば、「仏来のとき仏現、祖来のとき祖現」というような、別の二つのことの一致、不分離の関係でなければなりません。しかしこの仏祖は、冒頭の「古鏡」を受持単伝するといわれた仏祖とは違って、超仏越祖とか、仏向上とかいうときの「仏」、「祖」、現実の人間の観念にあらわれた「仏」「祖」であるというべきでしょう。

「古鏡」はそういう仏祖には汚染されることがありません。無論「胡」、「漢」、「今」、「古」の色や形にしみをつけられたりすることはなく、玲瓏と、一切を包摂、超越しつつ存立するもの、あるとはいえ感覚、知覚の対象ではないのです。

第十八祖伽耶舎多尊者は、西域の摩提国の人なり。姓は鬱頭藍(うつづらん)、父名天蓋(てんがい)、母名方(ほう)

聖（しやう）なり。母氏かつて夢見（ユメミル）に曰はく、ひとりの大神

この「大神」を何と読むか、ここだけですと迷いが起りますが、このくだりの出典の景徳伝燈録でもこれは「大」という字に「神」が書いてありますので、やはりダイジンと読むしかないでしょう。「おおかみ」ではなく。

ひとりの大神、おほきなるかゞみを持してむかへりと。ちなみに懐胎す。七日ありて師をむめり。

これは「うめり」ですね。「うま」を「むま」、「うめ」を「むめ」というように、語頭の「う」のかわりに「む」を書いたものです。口でする話しかたがそのまま表記法に残ったわけで、示衆といって一山の修行僧、雲水達に説く、説法をもとにこの文章は出来ていますから、このような表記法も残るわけでしょう。次、

はじめて生ぜるに、肌体みがける琉璃のごとし。いまだかつて洗浴せざるに、自然（じねん）に香潔（きやうけち）なり。いとけなくより閑静（かんじやう）をこのむ、言語よのつねの童子にことなり。むまれしより一の浄明の円鑑、おのづから同生せり。

これは、今も言いました景徳伝燈録という、宋の真宗の景徳元年、一〇〇四年に出来た書物にほとんどそのままの形で出ている文です。伝燈録の方をちょっと読んでみます。「伽耶舎多（者）。摩提国の人なり。姓は鬱頭藍。父天蓋。母方聖。嘗て大神の鑑を持せるを夢む」。ここが眼蔵の方では「おほきなるかゞみを持してむかへりと」になります。「因って娠むこと有り。凡そ七日にして誕ちぬ。」これは伝燈録の文です。

七日で子どもが生まれるというのは、いかにも驚くべきことですが、これはもっとも古い朝鮮でできた祖燈録の祖堂集には出ていないことで、伝燈録がこういう奇蹟を書きのこしたのは、何によったものかの研究はのちに待つ他ありません。

次は道元の文章と同じで、「肌体瑩けること瑠璃の如し、未だ嘗て洗沐せざるも、自然に香潔。幼にして閑静を好む。語ること常童にあらず、鑑を持して出て遊ぶ」。

このへんのことは、御覧の通り道元はとり上げていません。ついでにこの伽耶舎多尊者の偈を書いておきます。

「有種有心地、因縁能発萌。於縁不相礙、当生生不生。」

偈というのはその人の思想の精髄をあらわした一種の詩です。この詩があらわしているのが、「古鏡」の性質とよく似ていますので読んでおきます。「種有り、心地有れば、縁に因ってよく萌を発す。縁に於て相礙せざれば、当に生ずべきも生、不生ならん」。種というものがあって、それを蒔くべき土地としての心があれば、そこに縁がはたらいて、それによってよく芽を出すことが出来る。この縁において、おたがいに他を邪魔するということがないならば、その時当然生まれるべきものは生まれる筈だが、その生は生ぜずに終る。生不生というのは、生と不生ではなくて、生ということが生じない。まさに生ずべくして、生不生なり。

これは仏教でいう一切は因縁生だという思想の一表現で、因縁生というのは、何かの因、何かの原因があって、何かが生ずることですが、そのとき実躰のない、目にみえない、ある作用がその原因にはたらきかけるため、原因は原因として結果を生ずることが出来るのです。その作用が縁です。これだけのことですと、そこに現出するのは「生」ですが、「縁」というものが妨げあわずに完全に作用すれば、「縁」を滅する「縁」、不生不滅を現実化する「縁」もはたらいて、生ずべきものの不生が生ずる。そういうことがあるというのでしょう。こういう事態を現前させる「種」というのは、いわゆる仏種で、最奥の真理、あるいはその認識というべきでしょう。

こういう「生不生」をイメージとしてあらわすものが「古鏡」なんだと思います。ここで正法眼蔵にもどりますが、第十八祖とは何かというのが次の問題です。

第十八祖という場合の勘定のしかたは、釈迦牟尼仏の直弟子の摩訶迦葉を第一祖として、それから十八番目ということです。摩訶迦葉というのは、いうまでもなく、お釈迦さまが霊鷲山(りょうじゅせん)の集会で、手にもつ花をひねったとき、微笑してその意味を悟った、そのためにお釈迦さまは自分の覚の内容が伝わったものと見て、これを付法の弟子としたという、あの人です。以心伝心のはじまりですが、それから十七人目が迦耶舎多。このひとの姓は鬱(うつ)頭藍(づらん)、これはサンスクリット名の漢字による音訳です。しかし次の父の名の天蓋(てんがい)、母の名の方聖(ほうしょう)というのは、いずれもサンスクリット名を、その意味をとって漢語に訳したものだろうと思います。「母氏」を「もし」と底本のように読んでいいかどうか、母氏というのは漢文の言い方ですね。漢音で読んだ方がいいんじゃないでしょうか。母君びとが「かつて夢見るに曰はく」。こういうふうには伝燈録にはなくて、かつて夢に「大神」、おそらく、バラモンの神だろうと思います。それが大きな鏡を携えているのを見た。そういう夢を見て子をはらんだとあるのです。これを夢を直叙せずに、「夢を見て曰はく」というふうに夢の話に言いかえずにはいられないのが日本人で、その説明、あるいは表現にあらわれる気の弱さ、逃げ口をつくっておいて物をいう、いわゆる合理化は、こうして並べてみますと、あまり嬉しいものじゃありません。

「ちなみに懐胎す」の「ちなみに」というのも禅書ではよく出てきますが、ちなみにとは元来それによってということです。だけど、ちなみにといって、何にちなむのか明示しないまま、ただ時間的に接近した関係を言う使い方が実際には多いのではないでしょうか。「七日ありて師をむめり」。これについてはさきほど説明しました。「師はじめて生ぜるに」、この言い方も実はおかしいので、しいていえば「生をはじめしより」でしょう。しかしそんな言い方は漢文にはなく、考えられるのは「初生」です。これを今のように直訳的に訓んだと見るほかないのですが、伝燈録にはこの言葉にあたる措辞はありません。

「肌体みがける琉璃のごとし。――伝燈録では「みがけること、瑠璃のごとし」です――いまだかつて洗浴せざるに、自然に香潔なり。いとけなくより閑静をこのむ」。心静かにのどかに暮す、煩わしいことをしない。そういうのが子どもの時から好きだった。これは普通の子どもとは違う点を強調しているのですけれど、そこも伝燈録ではさきに読みましたように、「鏡を持して出て遊ぶ」、持って出てというふうに言っていて、道元のいうような不思議な身につき方をした鏡ではなかったわけです。道元としてはしかし鏡を持って出て遊ぶという、その言葉の持つ不自然さは受け入れがたいものだったでしょう。その不自然さの中には仏教の重大な真実がこもっているにちがいないわけですから、それをなんとかして、不可思議を語ることにはなるけれど、なだらかな、抵抗のない形で日本語に移しかえたい。そうして書かれたのが、「持鑑出遊」という四字の漢語のかわりの「むまれしより一の浄明の円鑑、おのづから同生せり。」だったろうと思います。「おのづから同生せり。」こういうと、どういうことが起るか、そこにまた問題があるので、それについての解釈が次の段で述べられます。

円鑑とは円鏡なり。奇代の事なり。同生せりといふは、円鑑も母氏の胎よりむめるにはあらず。師は胎生す、師の出胎する同時に、円鑑きたりて、天真として師のほとりに現前して、ひごろの調度のごとくありしなり。この円鑑、その儀よのつねにあらず。童子むかひきたるには、円鑑を両手にさゝげきたるがごとし、しかあれども、童面かくれず。童子さりゆくには、円鑑をおゝふてさりゆくがごとし、しかあれども、童身かくれず。童子睡眠するときは、円鑑そのうへにおほふ、たとへば花蓋のごとし。童子端坐のときは、円鑑その面前にあり。おほよそ動容進止にあひしたがふなり。しかのみにあらず、古来今の仏事、こと〴〵くこの円鑑にむかひてみることをう。また天上人間の衆事諸法、みな円鑑にうかみてくもれるところなし。たとへば、経書にむかひて照古照今をうるよりも、この円鑑よりみるはあきらかなり。

こういうことは景徳伝燈録には全然でていません。これは道元独自の敷衍です。しかし伝燈録には「鑑」と書いてあるのを、自分は「古鏡」と題して、これから論じようとしている際ですから、「円鑑」と「円鏡」とは同義語であるとまず書く。そこに「奇代の事なり。」とあるのは、円鑑と円鏡とが同義語だということを、奇代のことといっているのでは無論なく、「浄明の円鑑」が新生児とともに生まれたということを奇代のことと言っているのです。「同生せりといふは」この「同生せり」は、伝燈録には書かれていないので、自分でいったことの説明です。「同生せりといふは」は、そうはいうものの、いうけれども、で、今の普通の表現では、同生せりというも、になるでしょう。こういうこのごろの文法の言葉でいう逆接、不順当な接続のしかたでいうべき文を順当な接続の文を作るのと同じ助詞、副詞でいうのは、道元のよくやることです。同時に生まれたというけれども。次の「円鑑も」の「も」もまた変な助詞で、尊者は母の胎から生まれたに違いないが、それと一緒に円鑑までが、という意味で唐突におかれたのだろうと思います。円鑑までが尊者と一緒に胎内から生まれたのではない、同時に生まれたのではあるが生まれた場所が違う。「師は胎生す」、胎生すというとおかしいけれど、生物の発生のしかたが四通り仏教では考えられていて、卵から生ずるもの、卵生とか、湿気があるところで生ずる、螢をそうだとしますが、湿生とか、もう一つ、他生といって、形に見えない原因で生まれて来るもの、それからこの胎生で、これは哺乳類が代表でしょう。尊者は無論それなのですが、出胎すると同時に、ただ「同時に」で、「と」が上にないのは、「師の出胎する」が連躰形止めのためだろうと思います。それと同時に、時を同じくして。

ところでこの同時という言葉がまた大事なもので、さきほど「単伝」にふれてお話しした、すでに悟っている師匠と、これから悟りを得る弟子とが、一杯の水を一つの器から他の器にうつすように、そっくり伝えることが出来る時の、その受取り方、伝え方は、釈迦牟尼仏が花をひねるのとそれを見て大迦葉が微笑する関係と同じで、あっという間もない、すぐのことです。すぐのことですけれど、同時ではない。「啐啄の迅機」という言葉があって、殻を破って卵からひよこが出る、そのときひよこが卵の中から殻を啐くのと、そこを母鳥が啄くのとは同時といっていいようなものですが、実は同時ではなくて、あるかないかの時間の差がそこにある。同時ではなく「迅機」なのです。目にもとまらぬ、測ることの出来ない短い時間をあいだにはさんで二つのことが相次いで起る。師と資の契合とか相契とかいう、継承に要する時間はまったくの同時ではなく、そういうものである。

ここの師の出胎すると同時にというのは、それを厳密にとればそれより短時間のあいだに、というか、まったく時間のずれなしに、ということになります。円鑑は母の胎内から尊者について生まれでたのではないと、特に道元は断っていますから、尊者の出胎と円鑑の出現は別のことです。別の二つのことがまったく同時に起るということがありうるか。偶然には、二つのもののまったく同時の生起発現ということもありえますが、一方が他を認識、あるいは覚知して、その結果起るという関係にあるときにも完全な同時ということがありうるか。

「円鑑きたりて、天真として師のほとりに現前して、ひごろの調度のごとくありしなり」。天真というのは、天台宗でいう天真独朗の止観、法の躰という名称から借りた語ではないでしょうか。修行者の機根と、仏法の真とが、修行者の中で、未分のまま、しかし証悟として成立っていることを言うらしいので、つまりありのままに、そうであって当然の、ごく自然なありようで、ということです。つづいて見るように非現実的なものが、しかし現実存在として、師のほとりに、身に添って、ありありとそこにあらわれでて、「ひごろの調度のごとくありしなり」。調度というのは例えば箪笥や鏡台も調度ですけれど、そういうのではなくて、かならず備えておかなければならないものという広い意味の調度です。箪笥や鏡台などのようになければなくても済む道具ではなく、箸や鉢、あるいは坐禅蒲団、そういう日頃必要で是非手もとになくてはならないもののように存在したのだ。「この円鑑は、その儀よのつねにあらず」、「儀」とは形ということで、その存在様態は普通の存在様態とちがっていた。まだ童子だった尊者がこちらにむかってくるとき見ると、両手に円鑑をささげてくるような恰好なのだけれど、その顔がかくれて見えないということはない。まだ子供の尊者の顔が透いて見える。「童子さりゆくには、円鑑をおゝふてさりゆくがごとし」。「おゝふて」というのは、負いて、負うてで、しょって行くです。しかし手を添えて背負うのではなく、背中の方にあるというだけのことでしょう。そのようだったけれど「童身かくれず」。この句がないと、尊者のからだが鏡を覆いて、つまり鏡を先立てて、向うへ行くかのようだったといっているかのようにも思えますが、そうじゃないわけです。

さらに「童子睡眠(すいめん)するときは」。このスイメンというのは、宋音でいったもので、中世では珍しくなかったのでしょう、謡曲なんかでも聞きます。「円鑑そのうへにおほふ、たとへば花蓋のごとし。」花蓋というのは仏殿の荘厳具で、仏像や身分の高い僧侶が法座に坐ったとき、頭上に吊るす天蓋のことです。そういうふうに円鑑が伽耶舎多尊者の顔のうえに平らに横たわっていた。

「童子端坐のときは、円鑑その面前にあり。おほよそ動容進止にあひしたがふなり」。動容というのは、普通、動く姿をいうでしょうが、「容」はここでは「雍」に通じ和なりとか、雍容という熟語になったりする「容」で、ゆったりやわらぐこと、でしょうか。下に進むと止まるがあり、これが対語なので、少し無理なようですが、そうとっておきます。この語は「観音」にも出ていて、前後の関係からは動いている時も止まっている時も、とるしかありません。いつでも尊者の行動の邪魔にならないように、その動作に従ってあらわれ続けた。しかしそういうふうに、ただ尊者の身に具わったものとして、いつも尊者についてまわり、しかし尊者の身をかくす衝立のようなものではなく、尊者を見る上では妨げにならなかったばかりでなく、というので「しかのみにあらず」。「古来今の仏事、」の「来」はなくてもよい文字です。古来という熟語があり、「来」によって、先の方からこっちへという動きを示すので「古来」とおいたのでしょう。

古来というと「今」にも何かの助辞をつけたいところですが、それをしない。対句じたてで文を進めていながら、不意にその方式をくずして、ぎくしゃくした形にするのも、道元がときどきやる文章技術で、これによって文章に刺激性をそえる効果があります。これもそれで、意味は、昔から続いて来ていて今も見られる「仏事」、すべて仏にかかわること、この仏事は今いう仏事ではありませんし、宗派によって違う意味をこめるようですが、仏のなすわざ、無論それを賞めたたえていうので教化などということにもなってきますが、それが第一義。また仏の徳をたたえ、それをあらわすための仏徒の行為、それが第二。また寺院内の行事行為で、仏法開示の功徳あるもの、これから、いま俗にいう仏事の意味が出たのでしょうが、これが第三。しかしここは次の行の「衆事諸法」をひきつけて考えますと、仏にかかわること、に限られましょう。「ことごとくこの円鑑にむかひてみることをう。」これは伽耶舎多ひとりに見えたというのではなく、誰でもそれに向えば見ることができる。透き通っている鏡なのに、影像がその上というか、その中というか、そこに見えるというのです。まことに不思議な鏡のわけです。

「また天上人間の衆事諸法」。この衆は沢山の、数の多い、複数をあらわすための「衆」です。諸法の法、これはさきほどいった諸法実相の法だろうと思います。一切の事物、存在、現象ということ。仏法という法がそれと並んであって、この諸法全部を包みとっているとも言えるし、統べているとも言えるのですが、この場合、前に「古来今の仏事、ことごとくこの円鑑にむかひてみることをう。」というのですから、衆事諸法にふれ、立会って済度に当る仏如来の姿も――法身こそ映らないにせよ――その応身は映っていたことでしょう。「天上人間」というのは、天上界、天部の諸神たちのいる世界と、それからまた前世の果報によって人として生まれ出ることのできたこの我々の世界、そこに起るあらゆる物事が、「みな円鑑にうかみてくもれるところなし。」これは鏡面に浮かんだ影像にかすんでよく見えないところはなかったという意味です。次の「たとへば」は、一つ例を上げてみるとというのですが、例という言葉も、なかなか簡単には解釈できません。違うものを持ってきて、そこに出来た二つ以上のものが同じような、もの・ことといえるかどうかが例ということの問題でしょうが、もともと別のものだからこそ、同じだとか似ているとか言えるわけで、たとえばというのは、例にはあげるけれど、この二つ、あるいはそれ以上のものは相互に異なるものなんだという、そういうことを同時に意味します。「たとへば、経書にむかひて」、経書は四書五経ですね。その次の「照古照今をうるよりも」、これは「う」までを読むと、「得」の字を当てるべき語で、「古を照らしみ、今を照らしみるを得るよりも」という漢文が下敷きになっていることがわかります。この「照」という字は、ただ照らすのではなく、見、知るために照らす、照らして見る、知る、ということです。四書五経をひらいて今のことを知る、それを根拠に知るよりも、むしろこの円鑑によって、そこに映し出されたものごとを見れば、ことの意味合い、真相が一層あきらかにわかる。「よりみるは」というのは円鑑によって見るということで、これも「拠円鑑」などというふうに漢文に書きかえれば説明のつく文句です。

こんなことはすべて伝燈録には出ていないことです。この円鑑がどういうものだったかを、道元は以下のくだりで説明していきます。

眼蔵特有の言語表現がゆたかにあらわれるのもこれからです。

しかあるに、童子すでに出家受戒するとき、円鑑これより現前せず。このゆへに近里遠方おなじく奇妙なりと讃歎す。まことに此娑婆世界に比類すくなしといふとも、さらに他那裡に親族のかくのごとくなる種胤あらんことを莫怪（もくゑ）なるべし、遠慮すべし。まさにしるべし。若樹若石（にゃくじゅにゃくせき）に化せる経巻あり、若田若里に流布する知識あり、かれも円鑑なるべし。いまの黄紙（わうし）朱軸は円鑑なり、たれか師をひとへに希夷（キイ）なりとおもはん。

そんな具合だったけれども、その子がある時家を捨て、僧となって戒をさずかると、もう円鑑はあらわれなくなった。「現前」というのは、「現」はあらわれるですけれど、「前」は副詞のまえではなく、前へ進み出るということ、これも漢語の動詞です。

正法眼蔵は和文で書かれているということが、その美点、特長のようにいわれますけれど、今まで再々見たとおり、裏に漢文のあることが稀でないということに気をつける必要があります。

「このゆへに近里と遠方と。」これも近いところは行政体の単位の名の「里」で示し、遠いところは漠然と方角をあらわす「方」でいうというような用意のもとにある語の使用でしょう。いずれも「同じく奇妙なりと讃歎す。」次の「この娑婆世界」というのは、仏の出世に会える南閻浮提のこと。娑婆というと苦の世界ととられていますけれど、娑婆世界であればこそそこに釈迦牟尼仏の出現を見、その教化にあずかって衆生は苦から救われるのですから、娑婆世界は実は、苦からの救いのある世界です。梵語でいうとサハー、これには「忍」という漢語訳が当てられていて、耐えしのぶところのという意味の形容詞とされる。そこから人間が苦に耐えてゆく世界という意に転化したのでしょうが、しかし梵語サハーは強力な、相手を征服するというのが第一義のようです。ここは簡単に人間世界ととればいい場合です。そこでは比べられる類例の数は少いけれど、ないわけではなく、「さらに他那裡に」、他那裡の「他」は「打」とも書くそうで、特にほか、よそという意味を加えて考える必要はないようです。どこかに。「親族のかくの如くなる種胤あらんことを莫怪なるべし。」文章が曲折して、語意が重複している厄介な文章ですが、世界のどこかに、このような血筋の親族がいるだろうことを怪しんではならん、そう続いているのだと思います。怪しんではならんというのは、不思議でもなんでもないものとして受け入れよというのではなくて、そんなことがあるかしらと、餘計な思慮は起すなということでしょう。「遠慮すべし」。そういうこともあろうかと遠いおもんぱかりをめぐらせよというのです。「まさに知るべし」。次の「若樹若石」、これは経典などによく見る言葉ですが、ここでは別に経典からの引用、あるいは経典へのほのめかしというふうにとらずに、もしくは樹、もしくは石、と素直に読んでおけばいいところです。この「若」と「或」は相通ずる場合があって、あるいは木、あるいは石に形を変えた経巻もある。この経巻は釈迦牟尼仏の教えそのものの意味でむしろ言っているでしょう。あるいは田、つまり農地、あるいは里、農地のそばの人が住んでいるところ、村、ですね。田畑や人里にひろまり伝わっている「知識あり」。ふつう知識とは仏教の方では善知識といって、すぐれた先達、良友という意味に使っていますが、平安朝のころの文献では、身分の高い坊さんの意味にも使っていた。ここは仏教上の先達ということでしょう。その前が経巻で釈迦牟尼仏の教えをい い、次に釈迦牟尼仏の教えを受けついでいる先達たちという意味で「知識」といったのだろうというわけです。次を見ますと「黄紙朱軸」ということばがあり、これこそ物としての経巻、黄色みを帯びた紙に書き写し、朱の軸に巻きつけたお経のことで、そういうものを別に持ってくるのに、「経巻」と前にいっているのは仏の教えそのものと見て間違いないでしょう。ところがそれを経巻というような具躰的なものをいう名詞で表現しているのですから、それとの対句の必然で、「知識」は、いま我々がふつうにいう抽象概念としての知識でありえないのは無論として、仏教に関する知識、そのある形などでもないと見なすべきだと思います。ともかく人。そういうものは、これらも「円鑑」だ。古鏡だ。そうなってくると、円鑑、古鏡という言葉で道元が何を言いたかったのかだんだんに見えて来て、それは仏性というようなものではないかと思われてきます。仏性というのは仏が仏であるために欠けてはならない仏としての本質、また衆生の中にあってかれらが仏になれるように、いわば保証してくれている素質のことです。円鑑、古鏡というのは結局それではないか。まだそう断定するのは早すぎるのですけれど、そうとだいたい察しがついてくる。この段のはじめの、伽耶舎多が僧になるや鏡の姿は消えたということの意味もこうなれば明瞭です。あるひとの仏性が、そのひとの人格として外にまであらわれるようになれば、仏性の表徴である円鑑は必要のないものに当然なるからです。この話は、伝燈録にも祖堂集にも書いてないことで、道元の独創と言っていいでしょう。この「古鏡」よりあとで書かれたものですが、第十六「行持」の巻には雲居道膺（どうよう）という青原下五世の祖師が、はじめは、「天厨送食」、天部の心づくしの食事の仕送りを受けていたのですが、洞山良价のもとに参じて大事を決し、悟りがひらけると、それから自分の庵に帰ったあと、天部はやって来なくなったという話が書いてあって、霊瑞、奇蹟といったものは禅者としての道元の退けるところなのです。その意味で神秘主義者ではないのですね。

さて次の「いまの黄紙朱軸」、これはすでに言いましたように物としての経巻。円鑑がそんなに普遍的なものなら、具躰的なお経は当然円鑑であると定義していい。「たれか師をひとへに希夷なりとおもはん。」この師というのは、これまでのところ伽耶舎多尊者を師とはいってきていませんが、祖燈録のたぐいでは、いろんな祖師それぞれについて、一章もうけて、その言行をしるしている、その章のあるじをかならず師と書く。法統の上ではその師匠にあたるひとが登場していても、それは住山の名などで呼んで、その章の主人公の弟子の方を師と書く。この方式に従ったもので間違いなく伽耶舎多尊者をさしています。「たれかひとへに希夷なりとおもはん。」「希夷」とは「老子」に出てくる言葉で、見ても見えないことを「夷」、聞いても聞こえないことを「希」というとあります。それを日常的に使って、聞いたことも見たこともないもの、不可思議きわまるもの。尊者を一途にそんなふうに思うものがあろうか。というのですが、これははじめの「しるべし」がここまでひびいて来ていて、「思うものがあろうか、ありはしないと心得ねばならぬ」という構文だと思います。「莫怪なるべし、遠慮すべし」というのは「希夷なりとおもはん」ものが多いだろうと豫測されればこそ言ったことばですから。

解釈しのこして来ましたが、「若田若里に流布する知識あり。」この「流布する」はかなり重い意味を托された言葉じゃないでしょうか。さっき「知識」につけた意味のように、すなわち仏教の造詣深い高徳の僧とこれを解釈しますと、そんなひとが「流布」などしているわけはない。流布しているという以上ありふれているわけで、ですからこの「知識」は、高僧にも劣らぬ仏教の造詣、信仰、徳操を具えた田夫野人ということだったでしょう。見たところあたりまえの田舎のおやじさんだが、仏教的に見て立派なひとがいくらもいる、というのが今の句の意味だろうと思います。あとまわしになりましたが、中上げておきます。

ある時出遊するに、僧伽難提尊者にあふて、直にすすみて難提尊者の前にいたる。尊

者とふ、汝が手中なるは、まさに何の所表かある。有何所表を問著にあらずとき、て
参学すべし。

「有何所表」は「何の表す所かある」という訓みも可能です。で、あるとき景徳伝燈録では、「鏡を持して出遊す」、鏡を持って出たとありまして、その前がさきに述べた「常童に非ず。」――その後に、「難提尊者に会うて得度す」とあります。この言い方は道元のただ「出遊するに」という表現と少し違います。道元の使い方では、何か遍歴、行脚を目的に家を出たとでもいう感じですが、伝燈録で読むと、ただいつものように子供らしく外へ出て遊ぼうとしたということです。伝燈録のいま読んだところは第十八祖の伝ですが、その前の第十七祖の僧伽難提尊者の伝にはもっと詳しい叙述がしてあって、難提尊者に伽耶舎多尊者が会ってした問答も出ています。そこを読んでみますと、「山舎の一童子円鑑を持して、直ちに尊者の前に造(いた)るを見る。尊者問ふ、汝幾歳なるや。曰はく、百歳。尊者曰はく、汝年尚幼し、何ぞ百歳と言ふ。曰はく、我理を会せされども、正に百歳なり。」こう問答をしているので、伽耶舎多はまだ子供ですし、「出遊」という表現も遍歴、行脚に出たとはとれません。「直にいたりて」という「直に」はただちにと読みたいところですが、すっと、まっすぐにということです。すっと進みでて、難提尊者の前に到る。「尊者問ふ、汝幾歳なるや。」そのつづきを読むと、「尊者曰はく、汝善機なりや。」善機という

のはすぐれたはたらきという意味です。すぐれた才能、それを具えたもの、結局、お前には才能があるのかということになります。そこで「曰はく」、しかしここで伽耶舎多尊者は直接には答えないで、「仏曰はく、もし人生まれて百歳、諸仏の機を会せざれば」、諸の仏の機ですね。今言ったように単に才能と解釈してしまうと卑俗になりすぎます。しかし仏の仏としての才能精神のはたらきには違いありません。「仏曰はく、もし人の生まれて百歳、諸仏の機を会せざらんは、未だ生くること一日にして、これを決了するを得るに若かず。」もし人が百歳まで生きたとしてももろもろの仏の智慧のはたらきが会得できないようだったら、一日の寿命しかなくても、その一日のあいだに仏機を「決了」、それはこういうものだと見極め、あきらかに知る、その意味合い、値打ちを把握する、それの出来たものにかなわない、それ以下である。如来がそう言ったではないかと伽耶舎多尊者が、難提尊者に逆襲したわけです。そこで「汝が手中なるは当に何の所表ぞ。」おまえさんの持っているものはいったいどういうことをあらわすものか。ここを道元は「何の所表かある」と言いかえて、それを「問著にあらずときさて参学すべし」という。問著の著は強めの助辞で、これを質問だと思ってはいけない。そうではないと思って、この文句の意味あいをよく考えてみよ、というのです。「参学すべし」は、師匠について仏道を学びとることをいいますが、ふつうに研究する、よく考える、さらにそうして摑んだ意義といった意味にも使います。問いを問いでないとして、それが一つの命題だと思って考えよ、というのです。「何のあらわす所かある」という一つの概念があるのだ、というふうに言っているわけです。概念とは、概念的とかいって悪くいわれますが、しかしいろいろと考えた上でまとめ上げた考えということですから、やはり大事なものではないでしょうか。道元もここでそういう扱いをしろというのです。すると伽耶舎多も問いに対する答えというのでなしに、偈を唱えます。

師いはく、諸仏大円鑑、内外無瑕翳。両人同得見、心眼皆相似。

諸々の仏にはそれぞれ大円鑑が備わっている。「内外無瑕翳」、鏡の内にも外にも、鏡自身にも、それが映しているもの、影像にも、なんの瑕もかげりもない。「内」というのは、いまのガラスの鏡にはあまり当嵌らない言い方で、銅鏡ですと影像は鏡の中の、底深くに見えます。それで言えた表現でしょう。「両人同得見」。鏡の表からも裏からも映ったものがみられる。鏡の表面を、二人が顔をならべてのぞくと、ふたりの顔が映るには違いありませんが、それを言うのじゃないでしょう。鏡ではあるけれど、諸仏の鏡は普通の物件ではなく、ものを映しはするが透きとおったものなので、その鏡をあいだにおいて相対するふたりが同じようにそれぞれの顔を映して見ることが出来る。一切無差別、不染汚の鏡については、そこまで考えていいのではないかと思います。その鏡に映ったところをみると、

「心眼皆相似。」よく心眼、心の眼などと言いますが、これは心と眼です。「有何所表」を一概念として受け取れというような表現態度があるかと思うと、心と眼という二つのものだという、こういう表現もあり、解釈するには用心が大事です。なぜこう言えるかというと、後に「心と眼とみな相似たり」という文がありますので、これで心と眼との二つだということが確定できるわけです。そうすると、心と眼とは似たものだ、物としての鏡を見て、そこに自分を見るのは眼だが、諸仏の円鑑を見て、そこに自分をも他人をも見出し、その心を見抜くのは心だ、眼が実際にある同質的なものを見る器官であるように、心は一切のものを知りうる人間の器官だという考えがそこに表現されています。相似たりということはどういうことか。「心と眼とみな相似たり」、そこにある相似るというのは、次の次の段に見える「相似といふは人の人にあふなり。」、そこで改めて取りあげられます。とは言いましても、「似」、似るという文字に会うという意味はありません。しかし値するの「値」には「あふ」という訓みがありますが、それは相値する、等価であるということから、合致というような意味になってきて、そういういわば局面で「似」と同じような意味を持ちだすと見れば見られます。似ているというのは同じ値のものの出会いだという、そういう根本的見解があって、「相似」は「相逢」だということが出てくるのじゃないでしょうか。「心眼皆相似」、人間の心と眼とはみな相似たもの、合同ではないまでも相似のものということだと、ここを道元は解釈しているのだろうと思います。伽耶舎多尊者のこの偈そのものに、今言ったような合同と相似のこまかい相違が詠みこんであったかどうかわかりませんが、道元はそのように解釈した、と言っていいのじゃないかと思います。

なお次回によく考えてみましょう。

第二講

この前の回に言いおとしたことを、おぎなうことからはじめます。最初の二行目の「一念万年なり」というところで、「一念」というのは一刹那乃至六十刹那のことだと申上げて、時間というものは、その大小にかかわらず、道元というか、仏教の思想躰系全躰のなかできわめて重要なものであって、ことに刹那は、儒教にしても道教にしても、ほかの当時の一番完備した思想躰系でさえ考慮の対象にしていない。ところが仏教だけは、この刹那というものを問題にしている。それが自分としては仏教に入った動機であると、道元が自認していることをお話しし、十二巻本の「四禅比丘」を引合いに出したわけですが、もっと適切な個所があるので、それを報告しておきます。これも十二巻本眼蔵の中の「発菩提心」。この名の巻は全八十七巻中に二巻あるのですが、そのあとの方、十二巻本の第四です。

「心および諸法、ともに自他共無因にあらざるがゆへに」

この「自他」の「他」は、眼蔵では「佗」という字を使うことがあるのですが、ここでは「他」。それが「自他共に因なきにあらざるがゆへに」ですから二重否定で、自他ともに、彼我ともに、どちらも、ということです。「心および諸法」、「心」といっても、個々の人間の心のような変化したり、消え失せたりするものでない、不改不変、本質的なもののことです。諸法というのは諸現象、諸事物また諸事件で、これは前回もいいました。それがつまり諸法で、こちらは変ったり滅びたりするもの、「事」「相」と言って「心」「性」と対比させることがあります。そういう二種類の様相が存在のうちにあるが、そのいずれもが原因なしに生ずるものではない、だからしてというわけです。この場の「自他」は心及び諸法の相互関係を言っているだけで、こういうことごとしい文字づかいをする程の意味はない、ただの副詞です。

道元は中国に行って一句として聞き覚えた言葉を、それがかりに今のここの例のように五字一句の言葉だったとすると、現在の表現のために必要なのはそのうちの三字だけの場合でも、あとの二字までつけて、五字句のまま使う。こういうとき、私はその二字を冗辞、むだな言葉と名づけて、思想大系（岩波）の頭注にもしばしばそう書いたわけですが、この「自他」も冗辞といっていいものです。どっちにもわけなんてないんだ、というような日常頻繁に使う文句があったのじゃないでしょうか。

すべてのものはそういうふうに相互に原因としてはたらくものがあって成立つものだからして、「もし一刹那にこの菩提心をおこすより」とつづきます。この「この」も、これは和語ですが冗辞でしょう。漢文で「これ」と訓む発声の辞というのがありますが、それを借用したものでしょう。ですからただ「もし一刹那に菩提心をおこすより」。くどいのをいとわずいえば、この「もし」も普通の日本文としては冗辞のようなもので、かりにということで、下に「おこすことありとせば」というように受ける文がないと中有に浮いてしまいます。かりに一刹那に菩提心をおこすというようなことがあれば、それからして「万法みな増上縁となる」、「万法」とはこの世のすべての存在、事物、現象、そういうものがすべて、将来、菩提心を起したその人に何かプラスのはたらきをして、その人を現世よりいいものに生まれかわらせるはたらきをしてくれる。例えば菩薩に生まれかわるとか仏に生まれかわるとか、そういういい恵みを与えてくれる。そういうふうによりよいものに生まれかわる機縁となる。読みかえします。

「心および諸法、ともに自他共無因にあらざるがゆへに、もし一刹那この菩提心をおこすより、万法みな増上縁となる。」

増上縁というのは、繰返しになりますが、一のものが一の結果を生むのではなくて、一の原因から二あるいはそれ以上の結果が生まれる。そういうふうな因果関係を現実化するはたらきです。

「およそ発心、得道、みな刹那生滅するによるものなり」。

菩提を求める心をはじめて起すこと、また菩提を得るそのこと。他でもないこの巻の冒頭で、道元は「道」とは菩提そのもののことだといっています。そういうもの、ことすべて皆、刹那というものが生じたり、滅びたりすることの結果である。さきの「一刹那」は副詞句として用いられていましたが、ここの「刹那」は主格の名詞だろうと思います。

「もし刹那消滅せずは、前刹那の悪さるべからず。」

もし刹那というものに発生とか消滅とかいうことがなかったなら、前の刹那に生じた「悪さるべからず」、悪が消えてなくなるわけがない。そうして「前刹那の悪、いまださざれば、後刹那(ごせつな)の善いま現生すべからず。」もしかりに刹那というものに消滅ということがなかったなら、悪いことがあった場合、その悪いことをのせた時間がいつまでも続いていて、次の時間の善が、現実にあらわれて来るわけに行かない。

「この刹那の量は、たゞ如来ひとりあきらかにしらせたまふ。」

今回、前置きとして読み上げたいと思ったのはこの句です。刹那というごく短い時間の量、それを時間の量として受け取っているところにも、道元の思想が二十世紀の今日にもってきても新しく見える理由の一つがあります。例えばベルクソンのいう純粋持続、そういう持続に活気をもたせるために必要なのも、その持続の中でのこの刹那というものの動き、経歴(きゅうりゃく)ではないかというのは前回すでにお話ししたことですが、その「刹那の量はたゞ如来一人あきらかにしらせたまふ」。「如来」というのは何度も繰返すことですが、かくの如く来るという意味で如来。このサンスクリット原語はタターガタ tathāgata で、本来の意味は、かくの如く去ってしまったもの、の意で、涅槃に入って、そのまま人間界から去ってしまった人のことです。「如」というのは、何々の如しという、その「何々の」

のない「如し」で、「如去」も去るが如しではなく、内容の規定のしようのない存在がそういうあり方のまま去ってしまったということです。そうして去っていった存在、むしろ非在であっては、それに救ってもらうことなどできないという、当然の心もとなさから、大乗仏教圏ではこれを「如来」、「如」として来たりたもう人というふうに言いかえたのだそうです。タターガタをタター tathā とガタ gata とにわけて、行く、去るの意のガタの頭に否定の前綴詞アー ā をつけて、「来」という意味に転換させ、「如来」という訳語にしたというわけです。そういう「如来ひとり」、如来さまも沢山ありますが、禅宗では釈迦牟尼仏ひとりが如来でして、従って釈迦牟尼如来だけが、この重大な刹那というものを、それがどんなに少量でもいかに重大なものかということを思考の対象にしていらっしゃる。刹那の意味、価値を御存じなのは釈迦牟尼仏だけだというのです。少しとばしますけれど「餘聖不能なり」。ほかの聖人たちには出来ないことだ。出来ていないことだ。この句は直接には上の「一刹那にはたらく心に一つの語を呼び出す力がある。そうして呼び出された一刹那の語に一つの文字を説く力がある。（一刹那心能起一語。一刹那語能説一字。）」——ここのこの「語」は音声による言葉、「字」は文字による言葉でしょう。その一刹那の語が、一刹那のものでありながら複雑深遠な意味を持つ文字の意味を説くというのです。——「餘聖不能」は直接にはこの文を受けているのですが、この文のようなことが出来るのも、釈迦如来が「刹那の量」を、多くのものを含蓄する量である「刹那」の意味、価値を知っておられたからだというのですから、もっと上の、今まで説明したくだりをも間接には受けていると、間違いなくいえます。

こうして、道元の発心そのものではないかも知れないけれど、その、いよいよ仏道に深く入って行った動機の重大なものがこの如来の時間認識の卓抜さへの帰依、さらにそのうちの刹那というものの重大さの道元自身における認識にあったことが、確認されます。「如来ひとりあきらかにしらせたまふ」と道元の書いたことを思うと、この理由づけは誇張でも曲解でもないはずです。

さて本文「一念万年なり」の次。

古来古現し、今来今現し、仏来仏現し、祖来祖現するなり。

この「来」ですが、仏性とは「来」という形、来るという形で存在するという考えは、この前お話しして、しかし例をあげることをしませんでした。眼蔵第三「仏性」の中に「世尊道の一切衆生、悉有仏性は、その宗旨いかむ。是什麽物恁麽来の道転法輪なり。」とあります。

この来というのはここでは直訳すれば、いったいどんなものが、そうしてやってきたんだ、です。雲水が師匠のところに弟子入りしようとしてやって来たか、あるいはただ訪ねてきたとき、師匠がまずこういうふうに問いをかけるのは普通のことだったようです。語学的にいうと、「是」は「これ」と訓みますけれど、英語でいえば to be ですね。繫辞ですす。繫辞が文頭に出ていますが、疑問文だからそうなるので、「是什麼物」どんなものが、「恁麼」そんなふうな具合に、これは副詞です。どんなものが、そんなふうにして来たのだ、やって来たおまえさんは誰だというわけです。ところが雲水が師を尋ねるというのは、道を得るためですから、それ自身すでに仏性の行為のわけです。その仏性のあらわれかたこそ、仏そのものの存在のしかただ、そういう考え方があるように思います。「世尊道の一切衆生、悉有仏性」。世尊とは釈迦牟尼仏です。この「道」は道ではなくて「言う」ですね。世尊のいわれた「一切の衆生はことごとく仏性を持つという言葉の宗旨いかん」。根本的な意味はどういうことか。仏性とはどういう存在のしかたをするのか。その答えとして「是什麼物恁麼来」がある。存在するとすると、いったいどんなものがそうして来たかという形で存在するというほかない、というのです。「の道転法輪なり。」は、皆さん御存じのことですが、「転法輪」というのはそれだけで説法、あるいは仏説法ということです。法輪を転ずる、釈迦牟尼仏の法を法輪といい、説くことを「転」というわけです。「道」は「言う」あるいは「言葉」ですから、この場合つまり釈迦牟尼仏の場合、「法」と同じことです。「道転法輪なり」とは単に転法輪と言ってもいい、世尊の法の演述展開です。何者がそうしてやって来たのかという言葉の意味合いの展開されたものである。仏性のありようはこういう具合にどんなものがそんなふうにと、内容もありようも規定することのできないものとして言われるものだというわけです。そしてそれのあらわれよう、ありようが「来」なのです。これが補いの二番目です。

補いの三番目は、「西域の摩提国の人なり。」摩提国という言い方は普通はしないで、摩訶提国といいます。マガダ国の音訳でしょう。インドの国ですね。

では、今日のところに入ります。

師いはく、諸仏大円鑑、内外無瑕翳。両人同得見、心眼皆相似。

これは前回もう一往読んだ偈ですが、「諸仏の大円鑑」、伽耶舎多が鏡を諸仏にそれぞれそなわったものという意味でこう説いた、そうとれば、上の「諸仏」は所有格名詞として下の「大円鑑」を支配していることになります。しかしそれだけしかとりようはないでしょうか。上の二字と下の三字のかかわりは、いったい所有と被所有の関係のみか、あるいは並列関係であるのか、あるいは主格と補語の関係なのか、こういう語同士の関係が一遍にはわからないのが漢文の厄介なところです。しかしそうした文法上の特質を利用して、禅的な思考のかなりの部分が成り立っているということも考えておかなければなりません。

ばらばらに存在しているもののあいだにどういう関係をつけるか、あるいはつけないか、そして、その関係にこだわらずに、しかもそれぞれが生きて分解してしまわないようにするにはどういう存在観を持つべきか。いつもそういうことに考えをめぐらしているのが禅というものではないか。そんなふうに思うのですが、それには今言ったような漢文の構文がはなはだ有効、という以上に不可欠のもののように思われます。粘着語の日本語では何をいってもすべて関係の中にからめとられてしまうのに、漢文だと、いろんなものが独立に自分を主張してさばさばしている、そういうところがあります。

この場合も、「諸仏」を主格ととって、「大円鑑」を繋辞プラス補語ととることは出来ないかというのが立てたい問題なのです。諸仏は大円鑑にして、「内外無瑕翳」。この「内外」というその関係は、現代のガラスの裏面に水銀を塗って造ってあるあの鏡を考えたのでは実感できませんで、銅鏡、青銅の厚板を磨き立てて像が映るようにした鏡ですと、鏡面そのものに深みがあるように感ぜられるわけで、鏡の表面とその奥というふうに受けとめることが感覚的にも可能です。そのことはこの前も言いました。こんどはそうじゃなくて、智慧である仏そのものを鏡に見立てて、それにはきずも曇りもないと、――これは十分言えることでしょう。ただそうすると、そういうものの「内外」とはどういうことかという問題が出てきます。しかしそれはそのものにうちそとがあるというのではなく、内を見るにつけ外を見るにつけ、ととればいいのです。しかし、とまたしかしですが、これは結局前回の解と同じことになってきはしないでしょうか。この前は鏡の表面にも、一見鏡の奥と見えるところに映った外的存在の映像にも、きずも曇りもない、とここを読んだわけですが、こんどのように読んでも、仏の外に見るものとはすなわち外界の影像、内に見るものとは一切を平等に映す仏の心ということになりますから、第一の「諸仏」を主格ととっても、次の名詞を支配する所有格名詞ととっても、結局同じことが言われていることになる、そう思われます。仏が身に備えている大円鑑、仏そのものである大円鑑、仏の認識力としても、判断力としても、実践指針としてもはたらく大いなる智慧の映しだすものは内から投影されるものにも外から投影されるものにも傷や影はない、それは完全無欠の影像である。ということで言っているのは、ここで鏡といわれているものの非実躰性です。それは智慧のはたらき自躰、というより智慧のはたらきという形でだけ成り立っている智慧です。こういうものには傷も翳りも本来ありようがありません。

「両人同得見」。だからと、前を受けて言えるでしょう、「ふたり一緒にまったく同じように見ることが出来る」。前回も言いましたように、二通りにとれますが、鏡の前に並んでその鏡を見、自分らの姿を映すというのではなく、鏡の裏表から、同じように見ることができる、自分らの顔を見ることができる、というのです。現に、さしあたりは、この「両人」は鏡を持っている伽耶舎多とかれに進みよられた僧伽難提尊者のふたりなのですから。

鏡を見るというのは、見たものが自分を映すことですから、そうやって見ると、そこに映ったものの「心眼皆相似」。この前は、心と眼との相似ていることだけを言いましたけれど、その鏡に自分を映そうと思っている表側の人間と、裏側の人間のそれぞれの心とそれぞれの眼、心どうしも相似ているし、眼どうしも相似ている、また眼と心、心と眼とも似ている、そこまで読みとる方がいいだろうと思います。ここで西有穆山が、「似るというてもわれわれが普通一般にいう似るとは違うぞ」といっているのは大事なことです。普通似るというのは、別物どうしのあいだに成立つ関係ですが、ここの「似る」はまったく一致し同様だということでなければなりません。そういうわけで、ここで言われているのは結局、一切の心と眼との、仏の大円鑑、その偉大な智慧を通して見たときの同一性ということになりましょう。一切が無差別に、平等なものとして、汚れも傷もない浄明の仏智には認識され、見落とされるところがないというのが、この偈の抽象的な意味だろうと思います。

かりにそういうものとして、仏智、諸仏大円鑑があるとしたら、どうしてそれが一個の個躰である伽耶舎多尊者と一緒に生まれてきたのか、そういった問題が生じます。しかしどうしてかと問題を立てながら、理由とか原因とかを論理的に説明するのでなく、その同生の意味合い、帰結を次々とのべて行きます。それによって述べるべき原因なり理由なりを逆に推定させるという思考形式、方法をとっているわけです。

しかあれば、諸仏大円鑑、なにとしてか師と同生せる。師の生来は大円鑑の明なり、諸仏はこの円鑑に同参同見なり、諸仏は大円鑑の鋳像なり。

伽耶舎多尊者が生まれて来たという、そのこと自躰が「大円鑑の明」、仏智そのものの「明」、明晰透徹した認識力そのものである。この伽耶舎多の生まれでたのは、やがてこの人が仏になるということに他ならず、それは偉大な仏智があきらかに見通していることだと、そういうふうに言っているのではないでしょうか。

次の句はそれを周囲との関係において現象的に言いあらわしたものですね。ここで「諸仏」つまり仏様を複数に表現しているのは、得道の人は釈迦牟尼仏にまみえて、まみえることで、釈迦牟尼仏になるのだという宗教観、世界像から見ると、矛盾といえば矛盾です。しかし、諸仏がたえず釈迦牟尼仏になるという運動を次々と行うことによって、この仏教世界は成立っているのだと考えればいいわけです。だからこそ「諸仏はこの円鑑に同参同見なり」といえることになります。同じく、あるいは同に(とも)「参」、「見」でも、「参を同じくし、見を同じくす」でも、この場合は構わないでしょう。「参」については、前にも言いましたが参与とか、参加とかの参です。何かのもとに推参する、そうして一緒になるという意味。「見なり」の「見」は見るではなく、現、あらわれるです。これはここで突然そういう解釈をするわけでなく、現成が見成とも書かれる例は、第一「現成公案」の中にすでに見えています。結局「同参同見」とは、あいともに同時に現実化され、目に見えるものとなるということで、「諸仏」と「円鑑」の関係がそうなわけですから、そしてこの場合はさらに「円鑑」が諸仏の「大円鑑」であるのですから、諸仏と大円鑑とは一つのものにならざるを得ない。そこから次の「諸仏は大円鑑の鋳像なり」という表現がでてきます。

この「鋳像」を像、姿が映ることと多くの人が解釈しているようですが、私はそうではなくて、やはり像を鋳るの意だろうと思います。銅鏡の裏面のいろんな文様が鋳物の鏡を造ってゆく過程で鋳出されたものであるように、この大円鑑から鋳出されたというか、そこに鋳つけられたものが、やがて一仏に帰する諸仏の像なのだという表象作用の指摘だろうと思います。鋳られた像というと、不透明な立躰的な、手でさわることも出来れば、重さを量ることも出来るような像ということになりますが、しかしいままで述べて来たような非実躰的な大円鑑に鋳られた像ですから、非実躰的な、これまた向うが見通せる質量のない像です。では諸仏のいわば素材である大円鑑とはどういうものか、というところで次の表現が出ます。

大円鑑は、智にあらず理にあらず、性にあらず相にあらず。

「智にあらず理にあらず」という対句はあまり見ないもので、「理」と対語になるのは前にも言ったと思いますが、「事」。しかしここでは「理」の対語に「智」を持って来ているので、これは「智」と、それが把握する対象としての「理」、内界・外界を問わず現実存在を支配する、「智」にとっては外的な「理」、道理ということでしょう。「性」と「相」は対語で、「性」は生まれでるとか変化していくとか、滅びるとかいうことのない本質的なもの、「相」とは現象で、これは「性」とは反対に変化していって滅びるものです。これが「事相」と熟語になりまして、そのまた対語は「理性（りしょう）」ですが、これを「智」の認識し、把握する、その対象というふうには普通定義しません。不変不改、根本的なもののことですから。しかしそれも無上遍満平等の仏智から見れば、これが包摂する全存在の中に、「事相」とともにあるというふうに言おうとすれば言えるかもしれません。

さて本文の「智にあらず理にあらず。性にあらず、相にあらず」。ここでは「理」が「相」と、「智」が「性」と同列ということになる。しかしそれらが「智にあらず」「性にあらず」と退けられてしまうのですから、大円鑑を仏智と解して来た立場は、はなはだ具合のわるいことになりますが、それは伽耶舎多の偈を、その中の用語に従って解釈して来たからで、前回、「円鑑」は仏性だろうという解をとりました。それに従って、仏智とは仏性の、仏が仏であるために欠くことの出来ない、その本質のはたらきと見ればいいわけです。それればかりでなく、ここで道元が言おうとしているのは、問題の「大円鑑」を智だとか理だとか規定してしまう分別智の回避であり、仏道を会得する上で、是非避けねばならぬ硬化現象への用心なのですから、それで、この否定、というか擯斥も出るわけなのです。

この何々にあらず、何々にあらずと畳みかけていうスタイルは仏教特有の考え方の形式で、何々であるというと、どんなものでも限定され、実躰化されるおそれがある、それを避けるために、「百非」というやり方があるように、否定だけでものの性質をだんだんにあらわにし、定義したのと同様のところに近づいていかせる、いわば消去法による定義です。「智」「性」でなく、ましてや「相」ではない。では何か。これからも消去法による目標への接近がつづきます。

十聖三賢等の法のなかにも大円鑑の名あれども、いまの諸仏大円鑑にあらず、

この「十聖三賢」というのは、菩薩がより高度純粋な悟りを得て、だんだん上位の菩薩になり、ついに仏になるまでの修行の段程です。地上の十地にある菩薩が十聖。これに対して三賢は地前の十住、十行、十廻向といわれる修行段階にある菩薩で、この段階では惑いを退治し、ついで十聖となってそれを断滅するというのですが、ひどく煩瑣なものです。これを西有穆山は「修証辺」のことといって片づけていますが、その意味は、道元によれ

ば「一等」のものでなければならない修、修行と、証、証悟とが二つ別のものとしてある境涯ということになりましょう。

そればかりでなく、禅門では、「即心即仏」、心こそ仏である、「直指人心、見性成仏」、ひたとひとの心を指さして、それでそのひとをその本性に目ざめさせ、それによって仏にならせる、そういう仏の見方をしていて、頓悟をたっとびますから菩薩がだんだんに上位の菩薩になり、ついに最後の菩薩となって、それから成仏するなどという考え方とは相容れるわけがありません。

しかし修行と証悟が別で、修行の結果として悟りが得られ、仏になるという立場のひとたちにも、「大円鑑」という概念がないわけではない。具躰的にこれこそそれだと経論の名を挙げて例を示すことは、僕には出来ませんが、たとえば空海の十往心論の十の註に「五智とは一に大円鏡智、二には平等性智、三に妙観察智、四に成所作智、五に法界躰性智なり。即ちこれ五方仏なり」などとあるのが思いあわされます。穆山の『啓迪』にもこの「法」に該当するものが何か、経文の名前などあがってはいません。それらの大円鑑は、あるにはあっても、この伽耶舎多尊者のいう諸仏の大円鑑とは違う。「いま」というのは今話題となっているということです。

諸仏かならずしも智にあらざるがゆへに。諸仏に智恵あり、智恵を諸仏とせるにあらず。

ここの「智恵」という言葉の「恵」は、正しくは「慧」と書くべきものですが、昔から「恵」とも書いてきていて、六祖慧能の名も死後間もなく書かれた伝記ですら恵能と書いているくらいで、大系本眼蔵の底本でそれがどうなっているのか、その底本も写本でしょうから道元自筆の原稿ではどうなっていたのか、疑問にきりはありません。しかし道元真筆の「嗣書」の巻の影印本を見ますと、道元自身は「智慧」という文字づかいをしていますので、ここもそうだったろうと考えていいでしょう。筑摩書房版の道元禅師全集の眼蔵では「慧」になっています。

恵と慧は音は同じで、だから中国でも区別をつけずに使ったのでしょうが、意味はまるで違うので、もしこれが書換えだとすると、そういう書換えはよくないと、私は思っています。

それはさておき、次のくだりに、「参学しるべし、智を説著するは、いまだ仏道の究竟説にあらざるなり。」とありますのを先廻りして読めば、ここの「諸仏かならずしも智にあらず」はそのまますなおにとれます。しかしそれが前の文の理由として立てられるのはどうしてか。そういう問題は出ようかと思います。

それは「大円鑑の名あれど」がそう厳密な表現でなく、いわば概念を言っただけの句で、実は「大円鏡智の名あれど」などと書いてあったらさらによかっただろうような表現だからではないでしょうか。諸仏とは単に智慧をいうのではない、そういうのです。

そうしますと、いままで言って来たような仏というのはまず仏智だという見方は否定されなければならないということになる、でしょうか。たしかに先っぱしりした眼蔵の読み方にいわゆる頂門の一針をさされた恰好ではありますが、単純にそういえましょうか。

そこで次の命題を見ます。

「諸仏に智慧あり、智慧を諸仏とせるにあらず。」

仏は智慧を具えた、従って智慧より大きな存在としてあるものだ、というのがここに述べられていることなのはいうまでもありません。ブッダ、すなわち目ざめたひと、というのは、智慧だけではなく、智慧をもって、それをはたらかせて、悟りえたひとですから、当然智慧を超えている。しかしまた阿耨多羅三藐三菩提、最高の、なんにでも等しく当嵌る有効な智慧というものを得たから、ブッダはブッダなので、このところで仏陀認識は堂々めぐりをしますが、前にも言いましたように、そういう智慧はそれが対象とした存在の理法の全躰を見てとり、それをわがものとして、そういう智即理の境地に達してついに法身仏にまでなる、そのような三位一躰の存在なのですから、智としての仏という見方も、仏陀観一般としては、別に訂正の必要はなかろうと思います。ただ、ここで道元がこう書いたときの自己超越、具躰的なものの方への超越、――超越というと空幻の世界に入ってしまうようですが、そうでない超越、道元の命名で言えば、透脱ということを改めて考えなければならないことになります。思想大系の頭註に、ここにあらわれた仏道の人間主義的還元は重要だと書いたのは、実はそれにふれたことだったのです。

それは、弟子がすでに悟りを得ている師匠から、自分と同じ考えを持ちえたという印可を得て、師の法を継ぐものとなり、師と同じものとなって悟り、すなわち仏教における真理を伝えてゆく、いわゆる師資の証契によって伝わるその教えというものを考えると、この人間主義的還元と僕がかりに名づけたものは、道元の宗旨にとって、なんとしてもなさざるを得ない底のことに思われます。

「行持」の巻に、「諸仏諸祖の行持――修行持戒です――によりてわれらが大道通達するなり。われらが行持によりて、諸仏の行持見成し、諸仏の大道通達するなり。」とありますが、この仏祖に助けられ、仏祖を助ける「われら」というのも、それがもし身躰を具えた人間でないとすると、こんなことを言って見ても詰らぬわけです。また第二十一「授記」の「授記は自己を現成せり。授記――というのは将来お前はかならず仏になるという書きつけを前の仏がくれることです――これ現成の自己なり」。こういうふうにある「自己」も、普通一般の、とは言えないまでも、ちゃんと身躰をそなえた修行者の「自己」でなかったら、言っても大して意味はないでしょう。こういう例はいくらもあります。

参学しるべし、智を説著するは、いまだ仏道の究竟説にあらざるなり。

これはさっきちょっと読みましたが、この「参学」は参学の人のことですね。動詞でそれがさし示す行為に従う人をもいうのは日本語でも同じことです。日本語では連用形ですが。例えば見張りなどというのがそれです。「説著」の著は強辞。強めの助辞です。説くということを強めていっています。つまり、智をしたりげに説くなどというやり方は。これも動詞の連躰形止めを名詞句扱いした形で、眼蔵にはしょっちゅう出る文型です。「いまだ仏道」、この「道」は無論仏の道ですが、仏の道というのはまず仏の言葉、その言葉の中に含まれている教え、道理、のちの修行者が履むべき正しい道筋、そういうふうに展開して行く意味の重層した「仏道」です。そうしたものについての究極的な説明ではない。「究竟説」は眼蔵にもあまり用例のないことばで、究竟の説という形容詞と名詞を一語にしたものだろうと思います。

すでに諸仏大円鑑たとひわれと同生せりと見聞すといふとも、さらに道理あり。

以上述べてきたように、この諸仏の大円鑑は、さきの例では伽耶舎多尊者と同生と言われているが、仏智か、仏性か、仏そのものか、いずれにせよその前に立つものは「両人同得見、心眼皆相似」とされる以上、伽耶舎多尊者もそこに衆生のひとりとしての自分自身を見なければならない。だから、その大円鑑が、自分の出生と一緒に発現したとみききしても、「見聞すとも」というのは、思ってもというのと同じです。浅智慧からそう思っても、という句調でしょう。しかしそれは、それだけではすまないことで、別の道理があるのだ。「さらに」はそれと違って別に、という意味でしょうね。

いはゆるこの大円鑑、この生に接すべからず、他生に接すべからず。玉鏡にあらず銅鏡にあらず、肉鏡にあらず髄鏡にあらず。

「いはゆる」というのは、世にいういわゆるではなく、ここでいっているところのということです。その大円鑑は、「この生」、現実的な人間の生身の生にも、「他生」にも、この「他生」はこの生の他に別に具躰的にどこかになんらかの生があるとして言ったものではなく、「他」は三人称指示詞で、かの、です。この生、かの生に、ということだろうと思います。「接すべからず」というのは、およそ現実の衆生の生とつながるものではないということでしょう。生きた人間のその生きてあるありようとは無縁、異縁のものだ。というのは現実の生存、生活、生命とは別次元のことだというのです。そういう人間の生とともに普通ある玉鏡や銅鏡、そういうものではないのだ。また無論皮肉骨髄でもない。皮肉骨髄という人間の生物学的条件を、その中から「肉」と「髄」だけをとり出し、それに「鏡」をつけた修辞で、要するに生身の人間と共存するものではないのだ、現実的な人間の条件ではないのだと言っているのです。

円鑑の言偈なるか、童子の説偈なるか。

「言偈」は偈を言う、「説偈」は偈を説く。円鑑が偈をいうのか、あるいは童子が、というときは伽耶舎多尊者が難提尊者に向って説いた偈を考えて、童子の説偈なるか。結局、「諸仏大円鑑、内外無瑕翳。両人同得見、心眼皆相似」というあの偈は円鑑自躰が言ったものなのか、伽耶舎多の説いたものだったのか、ということです。

「偈」ということばの説明をせずにきましたが、サンスクリットで歌という意味のガーター、特別のものをさす言葉ではありません。それを漢字音で音訳して、といって全音ではなく、語頭だけを音訳したものでしょう、偈というのです。円鑑がそういう偈を説いたのか、あるいは童子伽耶舎多がいったのか。年端もいかない小さな子供に、そんな仏教の最高の認識のようなものがいえるとは不思議だが、しかしたしかに言いはした。しかも、

童子この四句の偈をとくことも、曾（カツテ）人に学習せるにあらず。曾或従経巻にあらず、

曾或従知識にあらず。

伽耶舎多という名のこの子が、いまの四句の偈を説いたのは、別に前に人に教わった結果ではない。また「曾て或いは経巻に従えるにあらず、曾て或いは知識に従えるにあらず。」この「或いは」は、またはということで、「曾」の下におくのは本当は変ですが、第一句が「曾人」だったのでこうしたのでしょう。お経や善知識、仏法上の先達、具躰的には出家。そういう先達についていて覚えたことでもない。ただただ生まれたとたんにあらわれて身についた円鑑を、長ずるに及んではささげてもって遊びにも出るようになり、そういう「生」立ちだったので、それであのような偈も説いたのだ。この子の生存そのものがあの偈をかれに言わせたのであって、偈の説く仏教的認識、あるいは智が、よそからかれを訪れた結果ではないというのです。

円鏡をさゝげてかくのごとくとくなり。師の幼稚のときより、かゞみにむかふを常儀とせるのみなり、

ここで道元は伝燈録の表現の方に戻っている形ですが、ここの「かゞみ」も、むしろもはや仏智、あるいは仏性と端的にいった方がいいものに変っていて、そういうものをこの

童子はいつも自分のうちに見、それに従って生きるのを恒常的方式としていた、それ以外ではなかったといっていると考えるべきでしょう。「常儀」の儀はのり、きまった行為のしかた。前回に出た（三七二頁）「儀」とは違う儀です。

生知の辨恵あるがごとし。

生知というのは人間が生まれつきもっている智慧という意味でしょう。特別に教えられなくても、生得人間にそなわっている智慧、「辨恵」の辨は辨別などというときの辨で、見分ける、識別認知の能力、「恵」はさっき言いました智慧の「慧」の書換えです。

眼蔵第二十四「画餅」に「心意識智慧」という句がありますが、この「智慧」は「智」と「慧」に二分されるものです。なぜそういえるかというと、第一には、これが上にある五文字一句、「地水火風空」と対句なので、これも五文字一つずつ独立した文字、概念に違いないからです。一方、到彼岸智、彼岸に達するための智慧、つまり般若、それも智慧ですし、菩提も智慧と訳されますが、これらでは智慧は一語です。しかし智と慧の二つに分けて使う場合もあって、その場合は、慧がもとのもので、それが智を発動させる、慧は智の母といった形です。ここの「辨恵」は、つまり識別、認知の機能を発動させる慧の冴えということで、生得そういうものがあったらしいというのです。

大円鑑の童子と同生せるか、童子の大円鑑と同生せるか、まさに前後生もあるべし。

最後のところは、「同生」――ともに生まれるでなく、前に生まれたとか、後で生まれたとか、そういうこともあるだろう、ということで、これは「大円鑑が童子と」といえば大円鑑があと、「童子の大円鑑と」といえば大円鑑がさきという、そういう違いを引出せるものがあって、どっちの生が先か、のちかという問題の起る可能性はあるけれどもという問題を立てているわけでしょう。しかしそのようなことにこだわるのは愚なことで、

大円鑑は、すなはち諸仏の功徳なり。

大円鑑と童子の出生出現の前後などということは論ずるに足らぬどころか、論ずべきでない問題で、それは仏のなさったことだというのです。功徳というのは、能力・機能をもいいますし、それらの結果である恩恵をもいい、結局後者をふくめた前者というのがこの語の意義、語感とわかちがたいその意義といえましょう。英語ではヴァーチュー virtue がこれにあたりましょう。仏性といい、仏智といい、衆生にそれが具わっているとすれば、それはすべて仏のありがたいはたらきのおかげに他ならないというのです。

ここでこの「諸仏」ですが、これについてはさっき私流の説明を下しましたが、ここの

「諸仏」の「諸」は語調上つけた添辞にすぎないのじゃないでしょうか。道元もここでは複数の仏の功徳というふうには考えていないと思います。

このかゞみ、内外にくもりなしといふは、外にまつ内にあらず、内にくもれる外にあらず。面背あることなし、両箇おなじく得見あり、心と眼とあひにたり。相似といふは、人の人にあふなり。たとひ内の形象も、心眼あり、同得見あり。たとひ外の形象も、心眼あり、同得見あり。

うしろから読んで行きますが、「たとひ内の形象も」、この形象、これは「像」のことですね。たとえ内の、中に映じたと見える像であっても、それに「心」と「眼」とが具わっており、鏡に向うほどのひとには誰にでもそれが同じように見える、「同得見あり」。そういう鏡なのです。はじめに戻って、この鏡には外にも内にも曇りがない、そういわれる際のその意味は、というのが、「といふは」の意味です。いわば情況提示の「は」で、これがあとの文にひびいて行きます。「外にまつ」の「まつ」はふつうにいう人を待つの待つではなくて、相待的の待です。相待的の「待」とは、仏教用語では、相待つという意味の「相待」と、相対するふたつのものがそれぞれその存在をきっぱり持っていて、相対してある、向いあっているという「相対」と、この二つがある、というか、それをわけて使いますが、これは持ちつ持たれつ、相手の存在に依存する、そうしてはじめて存立しうるの意の「相待」です。この内に曇りがないといって、それは外側に曇りのないことのおかげでそうであるような澄明さではない。

さりとて、です。これはちょっと難解ですが、この「外」に提示の文の「くもりなし」がかかってきていて、「内にくもれる、くもりなき外にあらず」と読むべき文でしょう。論理的には、もう二つの場合、すなわち「内の澄明に待つ外の澄明」、「外のくもれる内の澄明」という場合があるわけですが、内が澄明なのは検討の必要ないことなので、それはせずにおいて、この鏡の澄明さは、内外の別を越える。それが「面背あることなし」の意味でしょう。裏おもての別はない。「おなじく得見あり」は、ただ「同に見るを得」を言換えただけの言葉で、次が「心と眼とあひにたり」。これも「心眼皆相似」の言換えです。普通、心は心、眼は眼とそれぞれ区別して言いますが、心は眼と、眼は心と相似ているし、自分の眼と相手の眼、自分の心と相手の心も相似ている、従って自分の心と相手の眼、自分の眼と相手の心も相似ている、それは自己と他者において、相互に人が相似ていることだ、同一物として取扱えるものだということになりましょう。それが「相似といふは、人の人にあふなり」の意味です。

道元の考える仏教の場合、正法眼蔵の「眼」には、大事なものの意味もこめてありますけれど、一切のものを見てとる、そういう器管としての眼を考えて「正法眼」という、正法と眼とは同格です。一切のものを見てとる、説明するものとして眼があり正法がある。蔵というのは編集、集めたものということで、正法であるところの眼の集録というのが、正法眼蔵という言葉の、言葉としての意味です。「相似といふは、人の人にあふなり」。これは前にもいいましたが、この「似」は別物だということを前提においての「似ている」じゃない。「あふ」というのは「逢」を当てることも出来ますが、価値の「値」を当てることも出来る動詞です。ひととひとの相似るが「人の人にあふなり」と同じだというのは、「似」は「値」だということです。勿論こういう説明は中国語の字書にはありません。しかし「人の人にあふなり」というとき、個躰としてはそれぞれ異っている人間のあいだで、相似、等価、合致という関係が成立つというわけです。これは、さきほどの「諸仏大円鑑、たとひわれと同生せりと」と、一切衆生のわれと伽耶舎多尊者との同一化が行われたのと同じ存在把握の形式でしょう。

そこで「たとひ内の形象も、心眼あり、同得見あり。たとひ外の形象も、心眼あり、同得見あり」。

これはさっきもうはじめのところは読みました。「形象」は鏡に映った像、かたちのことです。「形象」などと、字を見ると随分新しい言葉のように思われますが、字書でみると呂氏春秋などにもう出ているようです。「内の形象」というのは鏡の中に映った姿形のことです。鏡の中の影像にも「心」もあれば「眼」もある。物質的な鏡ではないのですから、それをふたりのものが相対する位置にいて、それに映るそれぞれの姿を見ることが出来る。鏡の中に自分を映す鏡を見ることが出来るというわけです。こうなると、見るということは、「見る」と知覚の作用としていうより、あらわれさせるといった方がいいようなことになります。見、現相通という文字使いの根拠のようなものがここに出ています。

この「たとひ」ですが、これは、今の、なんか、矛盾した関係にあるものどうしのあいだを両方つらぬいてそれらを一つに理論的にまとめるためにいう「たとえ」ではなくて、列挙のために使ったたとえです。「たとえ」というためには、どのみち目の前に二つ以上の違うものがなければならないので、一つには、また一つにはという使い方もできるわけです。ここはその使い方ですが、ついでにいいますと、道元はいつも「たとへ」と言わずに、「たとひ」と言っています。どっちが正しいか。僕には「たとへ」の方が、下二段の動詞「たとふ」の活用として、その未然形として正しい形だと思われるのですが、道元ばかりでなく、おおぜいのひとが「たとひ」と言います。

ところでもう一方の「外の形象」、これはいやおうなく現実の、外的に存在する人間でしょう。それにも「心」もあれば「眼」もある。これはあたりまえのことです。そして心と眼を持ったこの「外の形象」たる人間が、この「内外にくもりなき」、物質ならざる、そしてそこにおいて自分と他人、また他の一切が同じ資格のものとして扱えるものだということを教えてくれる鏡を「同(とも)に見る」ことが出来るというのです。「同得見」だからこそ「心眼皆相似」の事実を知る、むしろ見ることが出来るので、そのためには、この鏡がなければなりません。「外の形象」も鏡の中の存在とされるわけです。そこでは自分の眼と他人の眼が同じ、自分の心と他人の心が同じ、自分の眼と他人の心が同じ、自分の心と他人の眼が同じです。

結局ここは、道元自身のいい方では「諸仏の功徳」の「大円鑑」、言換えれば不染汚なる円鑑、仏性を通して見た一切の存在の無差別平等を主題とする一節だったのだとわかります。

いま現前せる依報正報、ともに内に相似なり、外に相似なり。われにあらず、たれにあらず、これは両人の相見なり、両人の相似なり。かれもわれといふ、かれもわれとなる。

「いま現前」というのは、鏡の中にと考えても、鏡を主題としたこの考察の中に、と考えてもいいと思います。「現前」はつい今し方言った「見」と相通の「現」、目に見えるようにあらわれ出た、ということです。そういう「依報正報」、本来、正報がさきで依報があとであるべきですが、普通こういういい方をします。正報とは前世で善い行いをして、その報いとして人間として生まれてきているこの人間のからだが正報。「正」は、それがさらに現世の善業によって仏果をうるに至る可能性を持つ主躰だという意味で「正」と言うのだそうです。そしてこの人間が生存していくうえに必要な調度、環境の一切が依報で、これも前世の業によって与えられる果報と考えられています。ひろく言えば正報である人間を入れて生かすために備わっている場所と物、それが依報で、結局人間とその生活環境ということになります。それがここで内外に相似と言われている、その内外はいずれも鏡の内外です。「内に相似なり」というのは、鏡に映った姿形と同じだということで、これは当然と言えば当然です。「外に相似なり」と言うのはなお当然で、ここで道元の言いたかったのは、次に言われている「われにあらず、たれにあらず」という、この鏡を媒介としたときの全存在の無差別平等ということだったただろうと思います。自他の差別がなくなり、「これは両人の相見なり、両人の相似なり」と言えるようになる。上で「相見なり」といい下で「相似なり」というのは、「相」の字をつけて、「両人同得見」の「見」、「心眼皆相似」の「相似」を取り出し、その二つの等価同一をいうのを第一の目的としているだろうと思います。しかし「相見」ということについては、今問題の鏡がふたりの人間によって裏おもてから同時に、自分たちの姿を映すために使用されるというのも変ですが、ともかくそれを見ることが出来、そうしてそこに映る「両人相似」、両人によるその事実の認知ということが道元の念頭にあったでしょう。まず「あひみる」で、これは師資の相見をいうときの語法です。すなわち相見(あいみ)て一つのものになるということまで含んでの「相見」です。釈迦牟尼仏にまみえることは釈迦牟尼仏になることなりというのと同じ考えがここにはたらいています。当然「両人相似」ということになります。

次の「かれもわれといふ、われもかれとなる」は他者を自分とも言えるし、自分も他者となるということで、眼蔵にしばしば出る「他己」と「自己」の一致です。われと他者、第三者、その両方とも同じように自覚あるおのれとみなして、両者の同一を考える立場です。

心と眼と皆相似といふは、心は心に相似なり、眼は眼に相似なり。相似は心眼なり。たとへば、心眼各相似といはんがごとし。いかならんかこれ心の心に相似せる。いはゆる三祖六祖なり。いかならんかこれ眼の眼に相似なる。いはゆる道眼被眼礙なり。

これも、前半は、言葉の説明としては、もうずっとやってきたことで、まだなのは「相似は心眼なり」だけです。これは「心眼相似」の句の主語と述語、というか省略された繋辞で結びつけられた補語というか、その二つを転置したもので、あることがどっちから見ても言えるということを言うために道元がしょっちゅうとる表現法です。第五「即心是仏」に、「あるひは即心是仏を参究し、心即仏是を参究し、仏即是心を参究し、即心仏是を参究し、是仏心即を参究す。かくのごとくの参究、まさしく即心是心、これを挙して即心是仏に正伝するなり」などとあるのはその典型的な例です。

ここの「いかならんかこれ」の「これ」は、漢文の繋辞の「是」を日本文の中に訓読してすべりこませたもので、心が心に相似ている、眼が眼に相似ているというのはどういうことか、と、前段に書いたことの理由乃至根拠乃至意味合いを問う疑問文の中のいわば飾りです。ここでは意味合いを問うているのです。その答えが「いはゆる道眼被眼礙なり」です。はじめの「三祖六祖なり」は、別に実際の西天三祖商那和修、六祖の弥遮迦、あるいは東土三世の僧璨、六祖慧能を持ち出して解釈する必要はないので、ただ六祖大鑑慧能は重要な祖師ですから、その存在が潜在的に呼び水になって三祖六祖という言い方が出たのかもしれません。しかし祖師どうしの一とその二倍の、量的な、つまり現実的な関係だというだけのことだと思います。おまけにそれが「心と心」の関係だとしますと、これは「両人同得見」のはじめのふたり、伽耶舎多童子と僧伽難提尊者の相見に出発点を持つことで、三代目六代目とは無関係のことです。

上の「いはゆる」は「人のいう」という普通の使い方によるものと思います。次の「道眼被眼礙」は「道眼は眼に礙へらる」で、仏道を身につけたものの持ち、はたらかす眼にも障礙が起らないとはいえず、起るとすればそれは眼そのものによって、別にどう努力しなくてもかかるがると動かせ、視線の向うところすべてを見てとれる眼のせいで起ると言っているのです。この句は典拠があると渉典にも出ていまして、会要二十六の清涼法眼文益の章にあるこういう文を引いています。「師」というのはこの清涼院文益です。文益は八八五年から九五八年にかけて世にあったひとで、羅漢桂琛の資、青原下でかぞえて八世の宋代の禅僧です。法眼宗の開祖ですが、「師、井を開き泉眼——というのは、泉の噴きだす穴のことです——通ぜざるに僧に問ふ。泉眼通ぜず。沙に塞がる。道眼通ぜざる、甚麼に礙へらるるぞ。僧、対ふるなし。師代りて云ふ。眼に礙へらる、と」。会元十にも出ている話ですが、伝燈録には出ていません。

心が心に相似するのが師資の関係だというのはよくわかることです。師資証契、契合というのはそういうものだからです。しかし眼が眼に相似なのに、「道眼、眼に礙へらるるなり」というのはどういうことでしょうか。

これは例によって「道眼」の「道」が添辞で、眼は眼に礙えらる、視力の邪魔をするのは眼だ、見えるべきものが見えないというのは他でもない、眼に障礙があるからだ、眼が障礙となっているのだということで、眼と眼の相似はこの点において成立つというのでしょう。それはまた、眼の本質はそこにあるということです。眼に生じた故障のせいで見えなくなるのが眼だというのです。

いま師の道得する宗旨、かくのごとし。これはじめて僧伽難提尊者に奉覲（ぶごん）する本由なり。この宗旨を挙拈して、大円鑑の仏面祖面を参学すべし、古鏡の眷族なり。

この師ははじめからこの拈古の主人公だった伽耶舎多尊者です。かれが言いあて、言いあらわした根本原理は以上述べた通りのものだ。これこそかれが第十七祖僧伽難提にお目見えしたそもそものよすが、きっかけだ、というのです。覲は唐宋音と称されるもので「ごん」と読んでいますが、漢音ではキン、参覲交代のキンですね。「本由」はもとづきよる、もとづきよるところ、でしょう。ただし、漢語では同じ本づき由るところでもだいぶ意味が違っていて、本道、正道というような意味らしいです。

「この宗旨を」、伽耶舎多尊者の言いあて、言いあらわした大円鑑という概念の本旨を。「宗旨」はソウシで、唐宋音でいうシュウシではありません。それを取りあげて、「大円鑑」なるものの「仏面祖面」、この四字のうち、略すわけに行かないのは「面」の字です。それに「仏」「祖」がついて大切なさまざまのということになっているといえましょう。大円鑑という概念の大切なあれこれの面を研究しなさい。次の「古鏡の眷族なり」には省かれた主語があり、それは上の「大円鑑」です。

これによって道元は自分の「古鏡」という概念のもとに法燈史上のいろいろのかがみを統一、考察しようとする自分の態度を闡明したわけだ、と言えましょう。

第三講

このまえ、講読の終ったあとで質問を受けたのですが、禅宗の理想、というふうに肩肘張るといけないのですが、まあ理想、あるいは目ざすところは仏を超え祖を越えることだ、というのはどういう意味か。そういう質問でしたが、これについてひとことで答えるなら、それは仏になることだと言えばいいでしょう。しかし、仏とはどういうものか、仏はこういうものだということにこだわっていたら、仏になりそこないます。仏とは融通無礙の、規定不能のものですから、仏を越えるくらいでなければ仏になれないのです。

仏が来たら仏を殺す、祖が来たら祖を殺すというときの「殺」は文字通り殺すの意で使ったもののようですが、それでは、仏を殺せばそれですむかというとそうではないので、そのとき、それにとって代って、自分が仏になっているようでなければいけない。それで仏を越えるということが、禅宗の目ざすところだというふうに言えるわけです。浄土真宗などでいう、阿弥陀仏に救い取られる往生とは違うのです。

考え方はいろいろあって、仏以上のものになると言っても、道元のようにそこで釈迦牟尼仏にまみえて釈迦牟尼仏になる、それが究極境のようにいう見方もあります。道元には、日本人の弱さで、そこのところで祖を越え、さらに仏を超えるぞとは言いきれないところがある。その点、中国の祖師たちはそうではなくて、仏を超え、祖を越えるというふうに言える。眼蔵の中の例について少しお話しします。第二十六に「仏向上事」という巻があります。「仏向上」の向上とは、漢和辞典で引くといやがうえにも高い上の方へ登っていくことというような解がついていますけれど、中国俗語では向上とは何々以上、無上このうえなしという意味です。仏向上事とは、仏以上になること、無上の仏になること、そういうことです。

そこにある「高祖悟本大師、示衆して云ふ」——この高祖悟本大師は、洞山良价といって普通曹洞宗、曹洞宗という言い方を道元は否定していますが、その開祖とされているひとです。自分で曹洞宗の開祖と考えたわけではないのですが、その弟子の曹山本寂とひとまとめにして、後の人がそういう名をつけたのです。「高祖」とそれで言われている。八〇七年から八六九年の在世で、禅僧としては早死にの方ですね。「悟本」というのは、朝廷からの諡です。その高祖が「示衆して云ふ。」——「示衆」の「衆」は一山の大衆、修行僧の集団で、ここでは洞山良价のもとで、悟りを得ようと努力している雲水たち、それに示して、教えて言った。道元の正法眼蔵も、すべてこの「示衆」だということになっています。

「須知有仏向上人（須からく仏向上人有るを知れ）。」

この「仏向上人」も、中国人が相手ですから、仏以上のもの、仏以上のものになろうと努めている人間のことだということはすぐわかるわけです。

「時有僧問、如何是仏向上人。(時に僧の如何ならんか是れ仏向上人と問ふあり。)大師云ふ、非仏。雲門云ふ、名不得、状不得、所以言非。(名づくること不得、状どること不得、所以に非と言ふ。)保福云ふ、仏非。法眼云ふ、方便呼為仏。(方便に呼びて仏と為す。)」

「いかなるかこれ仏向上の人」というある僧の問いに、洞山良价は、「仏ではない」と答えた。雲門文偃は「名づけられない、姿形をいうことも出来ない、どういうものか定義出来ないようなものだから、仏ではないというのだ」といった。また保福従展という別の祖師は、「仏非」──仏は非なりといった。これにはいろいろな解釈のしかたがあるでしょうが、「非仏」というと、仏でないの意か、非であるところの仏、つまり頭に否定の接頭辞をつけた仏。否定されている、しかしながら仏ということになります。それを「仏非」と言ったのは、「非」を述語、繋辞の補語と考えますと、仏は非なるもの、よくないものだというのではありますまいが、それでないもの、仏ならざるものということになり、「非仏」以上の仏の概念の否定になって、「仏向上人」とはそういうものだというわけです。このふたりの祖師は雲門の方が八六四年から九四九年、保福は生年不詳で、九二八年歿、いずれも雪峯義存の弟子で、以上の着語は洞山のいるところでなされたものではありません。こういう同一主題のもとに、時代の違ういろんな祖師たちの着語を列記してゆく編著のし方は联燈会要がその書名の示すとおり好んでするところですが、これは伝燈十五と会要二十、洞山良价章に出ているのを道元がまとめたものです。もっとも伝燈では良价は「非仏」ではなく「非常」——ふつうあるものじゃないと言ったとされていて、洞山曰わく「非仏」というのはすぐつづけて雲門の着語がくるのは会要のもので、しかし会要ではそこどまりで、そのあとさらに法眼文益が、「方便に仏と呼ぶ」と言ったとあるのは、伝燈十五の洞山章の割註の中のことです。先輩たちの着語がみな否定形なのを断ち切るようにこう言ったというわけです。手っとり早くかりに仏と言っておくのだ、仏向上人とはひとことでいえば仏なのだ。

こういうところからは、仏とは何か、とか、仏になろうとかいう問いや意志表明はすべてこだわりで、それがかえって、仏になる、仏に近づくうえでの妨げになる、そういう見方が生まれます。そのような考え方から、禅宗では、超仏越祖、殺仏殺祖ということをいうのです。

補足はそのくらいにして、次に入ります。大鑑禅師のことは前にもお話しました。文字は書けも読めもしなかったと言われていますが、東土第六祖として中国禅の大本のようにたっとばれている人です。

五祖、黄梅山の弘忍を慕って、慧能は山に登るのですが、そこで一山の僧侶のために米をつく行者(あんじゃ)になることを五祖から命ぜられ、八カ月それに従事したといいます。ところが弘忍が後継者を決めるために、弟子たちにそれぞれの現下の所懐、いま自分らがどういうふうにものを考えているかを示す偈を作るように要求したというのです。そうしますと、神秀という一番弟子は次のような偈を書きました。

「身は是れ菩提樹。心は明鏡台の如し。時々に勤めて払拭すべし。塵埃有らしむことなかれ。」この菩提樹というのは、釈迦牟尼仏の成道の際、そのそばに釈迦牟尼仏を覆うように生えていた樹のことです。その菩提樹が他でもない、この自分のからだだ。そのからだの中にある心はというと、明鏡をのせる台のようなものだ。その仏智をたとえていう澄んだ鏡をのせる台である自分の身には、ほこりがついたりしないように「時々に勤めて払拭すべし。」そう歌ったというのですが、これは修行者の心がけでしょう。ほんとうは心が仏法そのもの、明鏡そのもので、それを拭き清めるのでなければならない。それを北宗禅第一祖となった神秀は、ただ未成仏の修行者として自分の所懐を述べた。第一句では、自分は菩提樹にすぎず、仏ではないとも言ってるわけです。これに対して、慧能は人に頼んで、そのわきに次の偈を書きつけてもらいました。

「菩提本非樹、明鏡亦非台、本来無一物、何処有塵埃。（菩提もと樹にあらず、心鏡また台に非ず、本来無一物、いづくにか塵埃有らん。）」

神秀の偈に対して反対の、それを批判するような偈を作ったわけですが、これによって、神秀以上に師の弘忍の心にかない、後継ぎにされたのです。この偈がひとめに触れるまでに、黄梅山の衆僧と文字を知らない米搗き役の慧能のあいだにはいろいろのやりとりがあって、ものの本は面白く伝えていますが、その慧能の偈がここに出ているわけです。この「菩提本樹にあらず」というのは、釈迦牟尼は菩提樹下で成道されたが、すなわち菩提を得られたが、その菩提と菩提樹とは元来違うものなのだという意味でしょう。菩提樹の名にしばられて、木ではない菩提を木のように考えてはならぬというのです。

しかしこの偈は異文が多くて、みな困惑しています。祖堂集には第一句、「身非菩提樹」とあり、これはわが身は菩提を宿せる樹ではない、そんな存在ではないということのようです。

第二句、「明鏡また台に非ず。」これは伝燈録では「心鏡亦非台」となっていますが、どっちにしても、「非」とおいたのでは普通の語法としては意味が通じない。これは流布本の六祖壇経でもこの通りなのですが、ただ敦煌から見出された壇経には「非台」の代りに「無台」とおかれているそうで、入矢（義高）さんはこれに従うべきだといっておられます。字書には「非」を「無」の意味に用いる場合もあがっていますが、「明鏡また台なし」の方がわかりがいいし、意味上の問題をはなれても、第一、第二句で「非」の字が繰返されるより、一方では「無」字を使う方が、ずっといいでしょう。

明鏡にしろ、伝燈録にいう「心であるところの鏡」にしろ、台があって存在するものであるわけがない。中有にかかって存在するもの、どんなものにも依存しないものである、内容上、そう歌ってあるものとよむべきでしょう。前にもお話したように慧能は字の書けない人でしたから、書いてくれた人が誤って書かなかったとも限らない、それを慧能が訂正せずそのまま伝承されて来た可能性もないじゃありません。しかしそういう考証があるわけではないので、これはただの想像説です。道元は何によったのか、好んで使ったらしい联燈会要では、結句が、「何処にか塵埃を惹かん」となっているほか、あとはここに引いてあるものと同文です。そしてこの联燈会要の形が流布本壇経の形でもあって、結句に「何処にか塵埃あらん」の形をとるのは祖堂集です。道元が何によったか結局わかりません。

これは五言絶句の形をとっていますが、詩ではないので韻は踏んでいません。ほんとうでしたら樹と台と埃のあいだで押韻すべきなのでしょうが、台と埃だけ押韻してあって、樹は踏んでいません。細かい詩法にはこだわっていないわけです。しかし起承転結の転はここでも形の上ではたらいていて、それが「本来無一物」という措辞による前二句の受けです。しかし、この句は別にまえの二行との対比のためにあえてそう言ったのではないでしょう。一切の存在は「本来無一物」だという平生の自分の考えを歌っただけのことと思います。慧能は神秀の偈を見て、ではなく、読んでもらってです、「美なることはすなはち美。了はすなはち未了」と言ったということなので、それから見てもこれは思想の裸形の表現と言っていいのじゃないでしょうか。もっともこの慧能の批評の話は祖堂集にも六祖壇経にも出ていず、伝燈録、会要などにあることです。

物があるというふうな、実躰があるというふうな認識のしかたはまちがっている、すべては因縁によってあり、他のものごとの果であり他のものごとの因であって、それ自躰としてあるものなぞないというのが本当の意味でしょう。まるっきり何もないというのではないと思います。そういうふうに無一物である以上、塵なんてものもあるわけがない。神秀のいうのは間違っている。他の本の形では、塵埃などひきつけるわけがない、と言ったということになりまして、この方が常識的ですね。慧能はそういう偈を、人に、と言いますが、これが張日用という人だということは、祖堂集が早くも伝えていて、それに頼んで夜のあいだに壁に書いてもらったのです。

今までお話しましたように、異文の多い偈なので、それにひきずられて、本文を読むのがあとまわしになりましたが、

第三十三祖大鑑禅師――これは達磨大師が大迦葉から数えて二十八祖で、大迦葉からの通算三十三番目。六三八年から七一三年まで在世と言われています――、かつて黄梅山の法席に功夫せしとき、壁書して祖師に呈する偈にいはく、

それからがいままで説明して来た偈ですね。「法席に功夫」とあって、この「功夫」は

考えて考えぬき、正しい答えを得ようと努めることをも、端的に坐禅のことをも言います。しかしこのとき慧能は碓坊の行者、米搗き番の労役に従っていたのですから、「法席」と言っていいのかどうか。黄梅は五祖弘忍の住山の名ですが、湖北省のその名の県にあるといいます。弘忍の世寿もわかっていて、六〇二年から六七五年まで。――偈はとばしまして、

しかあれば、この道取を学取すべし。大鑑高祖、よの人これを古仏といふ。

「しかあれば」、こういうふうなことだからと、道元はこれ以上どう説明すべきものでもないと考えて、偈の成立の次第と偈の内容をかかげるだけにとどめ、そして「世の人これを古仏といふ。」そういって、大鑑慧能の偉さ、どう動かしようもないことを印象づけようとしている。これは拈古という形の表現ですが、誰に印象づけようとしているのかというと、表面上はこの「示衆」を読む一山の雲水たちにです。しかし雲水たちが本当にこういう文章を読んだでしょうか。僕には、どうしても、道元はのちの世のひとに期待してこれらの示衆を書いたのだという印象が拭いきれないのです。

しかし次の「圜悟いはく」は、道元は唐宋音、つまり中国で聴きおぼえた音でもって自分でも唱え、読むものにも声に出して言ってもらいたいところだったろうと察せられます。

道元が「古仏」というのは、眼蔵の中にはたしか十三人程しかいないはずです。しかし自分だけで「古仏」と言ったのでは独断のきらいがありますから、すぐあとに、

圜悟禅師いはく、稽首曹渓真古仏。

宋代の中国の禅僧の証言をひきあいに出しています。圜悟は諱を克勤といい、有名な碧岩録の作者です。流れ圜悟といういま国宝になっているその墨跡がつたわっていることは、御存じの方もあるんじゃないでしょうか。「稽首」は額を地面につける中国風のきわめて丁寧な礼。「曹渓」は慧能の住山の名で、広東省曲江県にあるそうです。渉典にはこの言葉を含む偈を載せています。だんだん詩禅というものが成立ってゆく時代のことですから、この偈も、意味をとりにくい句があるばかりでなく、装飾だくさんで、どれだけ慧能の本質をとらえているのか、はなはだ怪しいものに思われますので、はじめの四句だけを読みます。

「稽首曹渓真古仏。（稽首す曹渓真古仏。）八十生善知識。（八十生の善知識。「八十生」というのは、所伝によると慧能は七十歳と六年で亡くなっていますから、これは多い方に数を円くした年の数で八十歳と言ったものでしょう。それほど長寿の仏道の大先輩である。）示現不識世文書。（示現せり、不識の世の文書。この「不識の世の文書」というのは、

達磨大師が梁の武帝から、朕に対するものは誰ぞと問われて、「不識」と答えた。それがここに詠みこまれています。現存する自己を、知らんと言える、そういう時代、というよりそういう世界の消息を示して下さった。）信口成章徹法窟。（口に信せ章を成し、法窟に徹す。文字によらないで、口によって文章を作り上げた。そのいうところは、法のありかのもっとも深いところまで徹底したものだった。ここで少し視野が開けて、）葉落帰根数百秋。（葉落ち、根に帰す、数百秋。「数百秋」というのは慧能から自分までの時の経過でしょう。）」こうなりますが、七言律形式のこの偈の以下七句は省くことにします。

しかあればしるべし、大鑑高祖の明鏡をしめす、本来無一物、何処有塵埃なり。

この「しかあれば」というのは、大鑑慧能は圜悟克勤の言うように古仏だから、というわけでおいたものでしょう。古仏だからこそ、その「明鏡」を示して、それを「本来無一物、何処有塵埃。」の表現のように言えたことをよく心得るべきだというのです。大鑑高祖によれば、それは実躰的なものなど存在しないこの世の中の一つの存在で、そこを汚すちりほこりなどありはしない。そんなものに心をわずらわす必要はない、そういうものだというのです。

「古鏡」という巻は、ひとことで言えば鏡づくしで、古来の祖師の語や、中国の黄帝のいて、月づくしという「古鏡」の巻の故事にあらわれた鏡、日本の三種の神器のうちの鏡、そういうものにまで言及していて、一切を鏡で通し、鏡でまとめるという趣向です。このあとにある「都機」の巻は、月づくしです。「都機」というこの巻名も、最初「古鏡」という命名につけて言ったように、月の概念でまとめるべき論に「都機」という万葉假名の名をつけたものです。これは漢語とはいえませんが、そのまえの「全機」は、本当の漢語の巻名で、それと意味を通じあわせて、というのは、「全」も「都」も「すべて」という意味の文字だからですが、意味の上では二篇通じて、すべてがすべて相互に現実にはたらきあっているということを論ずる巻なので前者は「全機」、後者は同じことを、月づくしでまとめた巻なので、「都機」という題をつけた、そして鏡づくしのこれには「古鏡」という題をつけた、ということだろうと思います。

大鑑慧能は明鏡の本質をこう言って示したというのが今のくだりの意味ですが、それから、

明鏡非台、これ命脈あり、功夫すべし。明々はみな明鏡なり。かるがゆへに明頭来明頭打といふ。

「明鏡、台にあらず」には、さきほど言ったように問題がありますが、ここは道元の採

用したものの方で、考えるほかありません。「これ命脈あり、」というのは、これはあとあとまで伝えるべき大事な意味合いのものだという意味でしょう。それを問題としてよくよく考え、正しい解釈を得ようと努めなかったら、「明鏡、台にあらず」は死物になってしまう。そういう意味までこめて、「これ命脈あり」。「功夫すべし。」はよくよく考えてみよう。そうすれば、「明々はみな明鏡なり。」という結論が得られようというのです。すべてのあきらかであるという事態は、「明鏡」の名で呼ばれるのだ、ということは「明鏡」も実躰ではなく、存在のしかただということになります。「かるがゆへに明頭来明頭打といふ。」この「明頭来明頭打」は昔から有名な話でして、まったく伝不明の鎮州普化和尚——鎮州というのは今の河北省正定県です。——その人がいつも町に入ると、鈴を振って「明頭来明頭打、暗頭来暗頭打、四方八面来旋風打、虚空来連架打。」と唱えて歩いたというのです。このひとと臨済義玄のからみがありますから、九世紀の中頃いたひとには違いありません。「頭」というのは不定代名詞。明るいもの、暗いもの、のその、「もの」。「打」は、やっつける。行為というほどではなく、こなすという程の意味のやっつける。中国の国語辞典をみましても、その場その場で解釈を下してのみこむしかしようのないような説明され方をしている文字です。「四方八面来、旋風打」は、四方八方からやってきたら、たつまきのようにやっつけてやる、「虚空来、連架打」は空がかかってきたら、からざおをふりまわしてやっつけてやる。要するにそれぞれその場の状況に応じて、できるだけのことを、自在にやってみせるということだろうと思います。

本文に帰りまして「かるがゆへに明頭来明頭打といふ」。「かるが故に」というのは、すべては「明」なのだ、その明らかさをいうのが明鏡ということばだ、だからというのです。だから普化和尚のように、明るいものが来たら明るいもので片づける、そういういい方が出る。ここで必要なのはそのうちの「明」ということだけで、「明」を知り、「明」をはたらかす力を持つべきだということが示衆の目的だと思います。

いづれのところにあらざれば、いづれのところなし。いはんやかゞみにあらざる一塵の、尽十方界にのこれらんや。かゞみにあらざる一塵の、かゞみにのこらんや。

「いづれのところ」というのは、慧能の偈の「何処」をそう訓んだからのことで、「いづこ」と言っても同じことです。「いづれのところ」「いづこ」というと疑問詞ですから、これを独立させて場所の代名詞として使いますと、不確定の場所をさすことになりますが、しかし慧能の使い方では反語でしたから、一般に場所ということになります。従ってすべてのところと言ってもよく、もしそうでないとすると、どこの場所もなくなってしまう、そう言っているのです。「いづこ」という言い方でしか、場所は言えないというのです。ましてまして「明鏡」が問題となっているここでは、鏡でない、鏡を曇らせる塵のようなものが

「尽十方界にのこれらんや。」「尽」というのはことごとく。「十方界」というのは四方八方上下とかぞえて「十方」ですから、要するに「いたるところ」、そこに残っていうるだろうか。「のこれ」は下二段活用の「のこる」の未然形でしょう。「いづれのところ」という不定の言い方をしない限り、およそどこかの場所というものはない。そしてすべては明なる鏡である以上、鏡でない塵などが、鏡と異質なものである塵などというものが、この全存在の中に残る餘地があるだろうか。鏡でない、鏡をよごす塵をもう一回主語として、「かゞみにあらざる一塵の、かゞみにのこらんや。」鏡にそんなものがついているなどということがあろうか。塵がまったくない以上それはそうなる他なく、すべては「明鏡」だということになります。しかしかりに物として考えた場合の「明鏡」は、そこに何か、影像なり塵なりが来てはじめてそれとわかるものですから、それらが何一つないとなると、結局、「本来無一物」ということになります。

しるべし、尽界は塵刹にあらざるなり、ゆへに古鏡面なり。

「刹」は、クシェートラ kṣetra 国、土地という意味の梵語の漢字音訳で、塵刹はごく小さなとるにたらない国土という意味です。「尽十方界」と言われる広大な全世界はちっぽけな国土とは違う。そんなものではないのだ。もっともっと広闊な、どこにも限界などないものだ。そしてそれと重ねて、「尽界」は「塵」にあらざるなりと考えているように思います。「塵」のものを汚すものという意味を独立させてですね。だから、つづいて、尽界は古鏡の面なのだとも言えるのだと思います。

南岳大慧禅師の会に、ある僧とふ、如鏡鋳像、光帰何処。

南岳は大鑑慧能の直弟子のひとりで、諱を懐譲といい、六七〇年から七四四年まで在世のひとです。「鏡の像を鋳るが如き」と大系本にはあって、「如」に下からもどる返り点の「三」がついていますが、これは「もし」と訓んだ方がいいだろうと思います。そう考えて以下を訓みますと、「もし鏡に像を鋳んには、光、何れの処に帰す。」鏡に像を鋳る、といま訓みましたけれど、鏡の像を鋳ると訓む方が順当に違いありません。「鏡」に「像」を鋳るのでしたら、正式の漢文では鏡は「鋳像」の下にくるのがふつうでしょう。しかし「鏡の」と言っても、「鏡」が主格となって「像」を鋳るわけはありませんから、「鏡」は場所をあらわす副詞のようなはたらきをしていて、単に、「もし鏡に、像を鋳るとすると、その場合」といったふうの、ごく日常的な言廻しではないかと思います。如きと読んでも間違いではありませんけれども、「もし」と読んだ方が自然です。それから「光、何れの処にか帰す」、鏡に像を鋳ると、光っているのがふつうの鏡面に輝きがなくなりますが、いったい光はどこへ行ってしまうのか。像を鋳るというのは、最初から申しておりますように、銅鏡のような鏡を考えて、その背面に鋳つけてあるいろいろな像、鏡にそういうものをつけると、鏡の前に出たものの像、それに映る影像が見えなくなる、影像を生みだす光がなくなったようじゃありませんかと、ひとりの雲水が尋ねたというのです。

師云、大徳未出家時相貌、向甚麼処去。

そこで南岳懐譲は、「大徳」というのはふつう偉い僧を言うのですが、ここのは僧侶どうしで親しみを込めて相手に呼びかけるときの、二人称代りの言い方です。「御出家、あんたが出家しなかったうちのあんたの顔形は、いったいどこへいってしまったというのかね。」僧躰になったからといって、あんたは同じ顔のあんたじゃないか。そう反問するわけです。相手の僧はこの問いには答えずに、

僧曰、成後為甚麼不鑑照。

「成後」とは、鏡に像を鋳るといった作業をして、それが出来上った後。「甚麼」は「何」という意味の疑問詞。「為」はこの「甚麼」が返って「しもとしてか、なんとして

か」と訓むのがふつうですが、僕はこの「為」はなす、行為ととるより、依、拠、の意にとった方が適切のように思えて、「しもにより、なににより」と訓んでいます。それから「鑑照」は鑑が照る、映すということでしょう。どうして鏡のものを映すというはたらきがなくなるのですか。「照」は「映」です。写真を照影というときの使い方です。

師云、雖不鑑照、瞞他一点也不得。

そこで南岳懐譲は、映さないからといって、誰かを瞞すわけじゃない、どこをとっても瞞せるところがあるわけじゃないと答える。いま一往「鑑照せずといへども」と訓んでおきますが、僕はこれも、「雖」は唯也、惟也という解に従って、「ただ鑑照せざるのみ」と訓む方がいいように思っています。「瞞他一点也不得」。像が、銅鏡に鋳つけられると、磨かれた平面ではなくなるから、人の顔などは映らなくなる。しかしそれはそれだけのことで、鏡は、自分を映そうと試みる人をいささかも瞞したりはしていない。「他」というのは「ほかの」ということではなく、「その」「その人」ということで漠然とした三人称代名詞。懐譲は鏡もありのままにそこに鏡としてあるし、人間も鏡のはたらきいかんによらず、当の人間として堂々とそこにいるではないかと言ってきかせたのです。

「瞞他一点也不得」、これを漢文で正しく読むと、これは入矢（義高）先生におそわった読み方ですが、「他の一点をも瞞ずることを得じ」となるそうです。
これから道元の評唱が始まります。

いまこの万像は、なに物とあきらめざるに、たづぬれば鏡を鋳成せる証明、すなはち師の道にあり。

「いまこの万像は」と言っていますが、「万像」という言葉が、今の問答にあったわけではありません。ですからこれは、いま問題となっている像のことは一般に、という意味で道元が総括したわけでしょう。それが何の像であるか、映される物が何か不明のうちから、究明してゆくと、「なに物とあきらめざるにたづぬれば」です。よくよく考えてゆくと、どんなものが映るにせよ、ブロンズを鋳て鏡を造るということのいかなる行為であるかの究極的な証明が、他でもない今の南岳大慧の言葉にあらわれている。「鏡を鋳成」は、鋳て鏡を成す、でしょう。「証明」は、本質、本性、実相をあきらかにするということで、自然科学や数学の証明とは違う語の使い方です。自然科学や数学では、人間が言いだしたことが間違っていないということを、誰からも文句を言われないように、それ以前の承認ずみの法則あるいは事実によって説明できるのが「証明」のわけですが。さて次、鏡は金にあらず玉にあらず、明にあらず像にあらずといへども、たちまちに鋳像なる、まことに鏡の究辨なり。

鏡は銅鏡で、貴金属の金や宝玉の玉で造るものではなく、明るいということそのこと、また像そのものでもないけれど、鏡が問題となると、すぐ、像を反映する上での邪魔になる文様の鋳造が問題となる。これは鏡というもののもっとも根本的な問題であるというのでしょう。「究辨」は、きわめ明らめることですが、その結論あるいは内容まで言うことは、「参学」にいろんな使い方があるのと同様です。「鋳像なる」というのは連躰止めで、鋳像においてあること、あるいは鋳像という、そのこと自躰、これはまことに鏡というもの、鏡の問題をつきつめて行ったときのその帰結だというのです。

光帰何処は、如鏡鋳像の如鏡鋳像なる道取なり。たとへば、像帰像処なり、鋳能鋳鏡なり。大徳未出家時相貌、向什麼処去といふは、鏡をさゝげて照面するなり。このとき、いづれの面々かすなはち自己面ならん。

光はどこに納まってしまうか、これを、平面の磨かれた鏡ならそこに像も映すし、明るく光を照り返しもするのに、像を鋳た側はでこぼこごつごつしていて、およそ光なんかどこへ行ったかわからない、どこに納まってしまうのか。これは当然の疑問ですが、それを疑問というふうにはとらずに、「もし鏡に像を鋳んには、」という言い方であらわされる、「如鏡鋳像」という情況の提示そのものとそれは見るべきだ、それから引き離せない、それと相重なって一つになる事態を言ったものだ、そう言っているのだと思います。それは疑問ではなく、そういう言い方で鏡に像を鋳ることを言っているのだ。無論ここの「如」は原文にあるからつけておいた文字で、添辞にすぎません。これは、道元が南岳懐譲と雲水の問答の意味をここまでさかのぼって解明したというより、自分の考え方を問答につけて提示したものでしょう。評唱という形のもので、解釈ではありえますが批判ではありません。そこで、また別の言い方でいうと、というのが「たとへば」です。「像帰像処なり。鋳能鋳鏡なり。」像は像のありかに納まり、鋳造というはたらきが、鏡の鋳造を可能にする、まさにそういうことである。鏡における鋳像、鏡に像を鋳つけることを考えるなら、光のことなど考えるな、また鋳像、鋳つけられた像のことも考えるな、像は像だ。そして鏡の鋳造ということによって鏡を鋳るということが可能になる。それぞれ皆別々に独立したものでありながら一つものを造り出すように機能している一つのことだ。「鋳能鋳鏡」は「鋳能く鏡を鋳る」で、「鋳の能、鏡を鋳る」ではないと思います。

これまでは像という実躰について考えてきたけれども、今度は、像にかかわる行為とか、動作とか、機能とかいうものについて考えるという、思考の展開です。

「大徳未出家時相貌、向什麼処去」、「大徳いまだ出家せざりし時の相貌、いづこにむかひてか去る。」こういう形の問いそのものが、伽耶舎多の場合の、「鏡をさ、げて」、それを持つ自分の顔を映す動作そのことにあたる。顔が映らなくなったからって、あんたの顔は鏡のまえにもと通りにあるじゃないか、ちょうど出家したからって別人の顔をしはじめるわけでないのと同じだ、そう南岳が言うのは、ひとが鏡を前に立てて持って、それに自分の顔を映してみる、加耶舎多尊者の場合と同じだというのです。つまり自己の本性をよく見るのが、この鏡の問題の根本によこたわる大切な指針であり。意味だというのです。このとき「鏡」は仏性だという、さきの意味合いがよみがえって来て、「このとき、いづれの面々かすなはち自己面ならん。」

自分の顔だ、ひとの顔だなどということはなくなる。一切衆生悉有仏性というときの、その衆生の顔になる、仏性が仏性を見ることになる。これも、いづくにか去るという疑問文を疑問ととってはいけないということで、さきの大鑑慧能の偈につけた評唱で、「いづれのところにあらざれば、いづれのところなし」と言ったのと同じ論法です。その疑問文は、仏性の見地から自分を見るということで、そうすれば「どんな面々だって、——面々は単に面ひとつでいいのです——それがそのまま自分の顔だということになろう。」ここにある「すなはち」は、とりもなおさずの意味で、従ってこれからあとで自他における人間の個別性の自覚という問題が出てくるだろうという豫告がここで行われているように思われます。大鑑慧能のことばを借りれば「一切無一物」だけれど、自分は自分、他人は他人としてあるということへの配慮がここにあります。ここまでくると、問答相手の僧を一個の個躰とみとめて、今の質問を出した南岳懐譲と道元は、人間の存在しかたの一面の認識において一致したことになります。

師いはく、雖不鑑照、瞞他一点也不得といふは、鑑照不得なり、瞞他不得なり。

この師は南岳懐譲のことです。雖鑑照せざるのみ、あるいは鑑照せずといえど、相手をほんの少しでもあざむいたりはできない、あざむけるわけではない、そう懐譲が言ったのは、「鑑照不得なり、瞞他不得なり。」それを鏡として、人がそこに自分を映してみようとしても映せるものではないし、しかしまただからと言ってひとを瞞したりなどするわけのない言葉である。

「師いはく」と「といふは」は重複語法ですが、懐譲のそのことばは、独立不羈のもので、ひとがそこに自分を映してみる、自分の反省のよすがとして利用する、そういうことを許すことばではないのだ。しかし、ひとを瞞したりはしはしない、やはり鏡だ。

そこで次の句が出ます。

海枯不到露底を参学すべし、莫打破、莫動著なり。

「海は枯るるも底をあらはすに到らず。」これは道元の愛用の文句で、永平広録にもたびたび出ます。ただ底をあらわすと、あらわさずと、二通りに使いますが、出所は、永平広録の巻の七には師如浄の上堂語中の偈だと言ってあります。そこには「見るを要す、海も枯るれば底に徹するを。始めて知らん、人死ぬれば心を留めざるを。」とあるのですが、さらにまた昔の詩人の句から出たものだと宗鏡録という本に言ってあるそうですが、じゃその古詩人が誰かとなると、調べてもわかりません。眼蔵の第五十七「遍参」には「海枯不見底なり、人死不留心なり。(海は枯るるも底を見さざるなり、人は死ぬれば心を留めざるなり。)」と師如浄と違う使い方で出ています。

この「見」は今も訓みましたように現と同じで、それに対応して「古鏡」では「露」の字がおかれています。元来海は深く、多量の水を湛えていますから、どんなに枯れても底をあらわすまでになることはないと言っている言葉です。海は海で無尽蔵な、そのものとしてある、底を見せないからと言って、そこに詐りを想定してはなるまい、懐譲のこれらのことばもそういうものだ、その点をよく考え、学びとれ、というのです。

「莫打破、莫動著なり。」これはこわしてはならぬ、動かしてはならぬと命令法の形で、あるものをあるがままに尊重せよと言っているのでしょう。「打破」の「打」は接頭辞で、

「打つ」ではありません。「動著」は普通動揺するな、狼狽するなという意味で使いますが、ここでは「動」を他動詞に使って動かすな、と言っているのだと思います。要するに今の南岳懐譲のことばは、そのままに聞きとっておくべきことばだというわけです。しかしそれは、ここでのように「なり」「なり」と畳みかけて来ますと、否定形命令というより、否定形の断言に変って来て、これはしない、動かせはしないという意味、というよりはたらきを持って来ます。命令法が同時に断言命題であるというこの言語使用、言語観、また存在解釈は正法眼蔵の中にずいぶん頻繁にあらわれます。

しかありといへども、さらに参学すべし、拈像鋳鏡の道理あり。当恁麽時は、百千万の鑑照にて、瞞々点々なり。

こういうことがあるけれども、よく考えなければならない。すべてをそのありのままに尊重せよというが、考えてみるべきこういうことがある。すなわち像を拈(と)って――この拈っては、ただひねったり軽く持ったりするのでなく、作り出すようにして、というニュアンスを持つでしょう。そして次の「鋳鏡」は鏡を鋳るではなく、鏡に鋳る、だろうと思われます。「当に恁麽なる時は――きっちり、それに該当するような場合は――、百千万の鑑照にて、瞞々点々なり。」すべてをありのままに認め、大事にせよというわけだが、背面に像を鋳出す鏡造りのような、人間の工作、製造作業、眼蔵の語彙をつかえば「活計」もあるのだから、他でもないそういう場合は、伽耶舎多と大円鑑のような純一無雑の関係とはちがって、百千万の視点から、その鏡に自分を映してみるということがあるに違いなく、そういう場合は、「瞞他一点也不得」どころか、どこを見ても瞞著だらけだというのです。ついでですが、よくいうこの言葉のうち、「著」は助辞、意味を持つのは「瞞」一字で、われわれは中国語をそのまま使っているわけなんです。

以上のようなことは鏡の背面に顔を映してみようとする試みを考えて言ったもので、実際、像の細部の丸みを持った突出部には、見るひとの顔が、縮小されたりいびつな形で映っているはずで、そういう場面を想像すると、人を瞞すということは至るところに、「点々」とある。これらの「点々」は、そちこちとちらばってあるという特殊な位置の列挙ではありませんで、点々のすべて、あらゆる点において、「瞞」だというのです。そう言って一切は仏道だと悟りすまして、世界を平板な死滅したもののように扱う愚を退けているのです。やはりこの世には個別的事物現象、事相がごまんとあって、それこそ諸法の姿だ、これを十分考慮しなければならぬと、改めて提示されているわけです。前の段の無一物世界における個別的存在の容認と同じ思想的態度と言えるでしょう。

瞞されるということがあるというのはどういうことでしょうか。夢を見ても、それをはっきり夢だと知れば、それは悟りだ。夢に瞞されて、それを本当のことと思いこんでしまってはいけないけれど、夢の中で夢を説くというような夢のまた夢ですら、それがそういうものだったと悟れば、これはすでに仏道でいう悟りと同じものなのだ。すべてを意識化することで悟りが得られる、それが悟りである、そういう考え方を道元がしていたことは、第二十七の「夢中説夢」をみると明らかになります。その見地からは、瞞すもの、瞞すはたらきを見抜く力を身につけることこそ根本の大事だということになりましょう。

いまの場合、平らな鏡の面でなくて、裏の海獣葡萄文とか蟠竜狩猟文とか呼ぶ像の鋳つけてある面で顔を映すと、その像の丸い突端の一つ一つに映った人の顔は変にゆがんで、人の顔とは見えないかも知れません。しかしそれだって鏡の面の光、鏡を鏡とするものが失せてしまったということではないのです。それは一見鏡が人を瞞しているようだが、鏡は鏡でなくなったわけではなく、依然として物を映すものとしてそこにある。これは、道元が、単純ではあるけれど、物理学的な現象をちゃんと観察し、瞞著から覚めているということで、道元というひとは、物理学的思考、観察に、その生きていた時代なりに、というかその時代の人としては頭抜けて勝けていた人のように思います。正法眼蔵の澄明な印象もその多くをこの才能の特質に負うているように僕は思うのです。

雪峰真覚大師、あるとき衆にしめすにいはく、要会此事、我這裡如一面古鏡相似。胡来胡現、漢来漢現。(この文句を、僕は大系本とは別の訓み方で訓みたいと思います。

こうです。要(かな)らず此の事を会せよ。我が這裡は、一面の古鏡の相似(あひに)するが如し。胡来れば胡現じ、漢来れば漢現ず。）時玄沙出問、忽遇明鏡来時如何（時に玄沙出でて問ふ、たちまち明鏡の来るに遇はんとき、如何）。師云、胡漢俱隠。玄沙云、某甲即不然（某甲はすなはち然らず）。峰云、你作麼生。玄沙云、請和尚問（請ふ和尚問へ）。峰云、忽遇明鏡来時如何。玄沙云、百雑砕。

ここは、今までと、少しやり方を変えて、ずっとつづけて読みます。

しばらく雪峰道の此事といふは、是什麼事と参学すべし。しばらく雪峰の古鏡をならひみるべし。如一面古鏡の道は、一面とは、辺際ながく断じて、内外さらにあらざるなり。一珠走盤の自己なり。いま胡来胡現は、一隻の赤鬚なり。漢来漢現は、この漢は、混沌よりこのかた、盤古よりのち、三才五才の現成せるといひきたれるに、いま雪峰の道には、古鏡の功徳の漢現せり。いまの漢は漢にあらざるがゆへに、すなはち漢現なり。いま雪峰道の胡漢俱隠、さらにいふべし、鏡也自隠なるべし。玄沙道の百雑砕は、道也須是恁麼道なりとも、比来責你、還吾砕片来、如何還我明鏡来なり。

雲峰真覚大師は、次に出る玄沙の師にあたり、青原下五世。八二二年から九〇八年の在世で、諱は義存。玄沙は八三五年から九〇八年在世、といいますから、師と同年に死んだわけですね。諱は師備。俗姓を謝といった漁夫出身のひとで、三男だったのか謝三郎とよく言われます。「要」というのはぜひ、ということで、以下のことは理解しなければならぬ。「この事」というのは以下の、これから口に出していうことをさしています。そこで恐らく雪峰義存は自分の眼を指でさすか何かしたのでしょう。道元はそう書いていませんが、そう想像した方が問答にリアリティーが出ますし、了解も容易になります。わしのここは、です。「一面の古鏡のあひ似するが如し。」この「似」は前に見た伽耶舎多の偈における「似」とは違って、似せる、象どるの意の他動詞なのだと思います。胡人、西域の異民族の人がくればそれを映すし、中国本土の漢人がくればこれを映す。自分にはこだわらず、相手次第で、しかしかならず相手の真実を把むのがこの眼だというわけです。僕はこれが、雪峰のいう「この事」だと思うのです。しかし道元は次の評唱の中で、「この事」というのを「是什麼事」と解さねばならぬ、「参学すべし」と言っています。つまり「どういう事か」という意味にとって研究せねばならぬと言っているのですが、「要らず会せよ」と訓むにしても、「会せんと要せば」と訓むにしても、「会する」というのはもともと何かがどういうもの、ことであるかを理解会得することですから、なぜ道元がわざわざこういう言換えをしたのか、それを考えると、「会」の目的格が、僕のいま言ったのとは違うからだということになります。これについてはあとでまた言うことにして、いまは「参学すべし。」すると弟子の玄沙師備が進み出て訊ねます。ここもやはり示衆の場面ですから、おおぜいの雲水がいた、その中から進み出て玄沙が訊ねたのです。「和尚さん、そんなことをおっしゃるけれど、あなたの前に明鏡が来るのに出会ったら、どういうことになるのですか」。「そのときは胡人も漢人もみえなくなる。」「私だったらそうじゃない、そうは思いませんね。」「ではおまえさんはどうだというんだね。」「どうぞ和尚さん、きいてみてください。」同じ問いを雪峰が繰返すと、玄沙は「すっかり粉々だ。」と答える。「百」というのは、粉々という言い方さえ映りはしなくなる、影像などというものはすべてけしとんでしまうというところまで言ったものでしょう。

「しばらく雪峰道の此事といふは、是什麼事と参学すべし。しばらく雪峰の古鏡をならひみるべし。」前の文句はさきに取り上げましたが、あとの「ならひみる」、これは試みるという意味をこめて学ぶと言ったのと同じことですね。これによってみると、道元が「什麼事」と言ったのは、雪峰の「古鏡」とはいったいなんのことかと言ったことをさし、それを繰返し研究せよと言ったことになります。「如一面古鏡の道は、」——という言葉は普通の用語法では鏡を勘定するとき、一面二面と数を読みますが、雪峰のいう「一面」はそういうことではなく、「辺際ながく断じて、内外さらにあらざるなり。」——「辺際」というのは、ものの相対界におけるありよう、限界などをさしますが、ここも、「一面」などと有限なものをあらわす修飾語をつけてはいるが、有限性などというものとは永久に切れてしまっていて、内側だ外側だという相対性はついてまわってはいないものだ、ということです。ここであえて指摘すれば、雪峰のことばのうち、「如一面古鏡」と、「相似」を切りはなして、ここまでしか取り上げないのは、原文に対しては恣意的という他ない断章取義、文章から一部の文句を切りとって、その文句だけで成り立つ意味をひねくるという、中国では古典的なやり方の一種ですが、そういうものだと言わざるを得ません。

この評唱の中で、道元が「相似」ということばについて何の解釈も下さないどころか、それを黙殺しているのは不可解と言えば不可解ですが、道元はこの「似」を自動詞ととったために、説明のしようがなかったのじゃないかという疑いが起ります。

さらに、私のここは一面の鏡さながらだと言ったのは、こうも言えることだ、と続きます。「一珠走盤の自己なり。」よく磨いた珠が、盤の上を走るように何のとどこおりもない、そういう自分だということを言っているという解釈です。道元は「わが這裡」を、僕とは違って、胸のうち、心というふうにとっているのでこういう解釈が出て来たのじゃないでしょうか。だいたいこの「盤」というのは中国の器物で、中が浅く丸くえぐれている、というかくぼんでいる大きな鉢です。手をすすぐ水を受けるもので碁盤なんかの盤じゃありません。ですからその中のどこかに、底のまんま中じゃ駄目ですが、どこか中心を少し離れたところによく磨いた丸い珠をおくと、別に人間がころがさなくても、珠はいつまでもあっちへ行き、こっちへ行きころげつづけます。そういう具合の「自己」だ、私のありようだと言っているわけです。

「わが這裡」を僕の考えるように眼だとしますと、この比喩は少々グロテスクですが、もっと自然な通用のしかたになりもします。つまり正法眼蔵の眼、なんでもうつす、見てとるものということになるからです。

さて次の「いま胡来胡現は」。ここで「いま」と言っているのは「胡来胡現」が名詞句ではなく、名詞プラス動詞の文であることを証拠立てていると言えましょう。だからおけた副詞の「いま」です。そのうちの「胡」だけが取出されて、下の文を呼びおこします。一人の赤ひげ。赤ひげというのは、西域の人たちの人相です。「隻」はものを数えるときの助辞。こういう、胡人が来れば胡人の姿が映るというときの胡は、ある特殊です。これに対して、「漢来漢現は」と言って、「漢」に五族の一をいう意味の一般普通の言い方があることを想いおこして、「この漢は」と言いなおす——古鏡にあらわれたこの漢なるものは、と言っているのが次の文です。「混沌よりこのかた、盤古よりのち、三才五才の現成せるといひきたれるに、」これは中国の伝説的成立史を述べたものですね。「混沌」と「盤古」は、父と子だとも言いますし、同じものだとも言い、よくわかりません。有史以前の天子であり、同時に宇宙というか、地球の状態を言ったものです。「三才五才」は、天・地・人の三才と、火・水・木・金・土の五行。「盤古よりのち」というのは、混沌化して天地に分かれ、そこで、一つの説では天子盤古が生まれる、というか成立するわけですが、さらにそこから、三才の一の人が生まれる。自然界には五行が出る。この三才のうちの一つの人のうちに「漢」があるということを、挿入句の形でここで語っているわけです。しかしさきの「この漢」は、いま言う「三才五才」という場合の人の観念では律しきれないもので、「いま雪峰の道には、古鏡の功徳」、そのはたらきのおかげで生まれたものであり、そこで「漢現せり」、漢としてあらわれたものだ、と言うのです。ですから、「いまの漢は漢にあらざるがゆへに」——いま雪峰の語にいう「漢」は、五族の一つである「漢」ではないから、また男子という意味の「漢」でもないから、ということもはいりましょう——「漢現」と言われるのだ。これは前の「古鏡の功徳の漢現せり」を受けています。「漢」にはいろいろな規定のしかたがあるけれど、これはもっぱら古鏡を問題にした場合の古鏡のはたらきのおかげで、功徳としてあらわれた「漢」のことだと言うのです。「漢現せり」は、いかにも動詞「漢現す」と完了の助動詞からなっているようですが、漢現せるものなり、漢として現ぜるものなりで、これは道元のよく使う言廻しです。そこで文章はいったん切れますが、まるきり切れてしまうのではなくて、それがさらに次の、「すなはち漢現なり」につづいてゆく。これは「古鏡の功徳の」が、あいだを越してそこにつながっていると見ると、もっとも明瞭に文意がつかめます。

「いま雪峰道の胡漢倶隠、さらにいふべし、鏡也自隠なるべし。」雪峰のいう、「胡漢倶(とも)に隠る」というのは、さらに一歩進んで、「鏡もまたおのずから隠る」というべきことだろう、というのです。「也」は「また」と訓みましたが、列挙の意味ではなく、襯字(しんじ)といって、文の中間にはさんで語調を軟らげるのに使う助辞とされています。それに対して玄沙が「百雑砕」、すっかり粉々だと言ったのは「道也須是恁麼道」。「道也」とは、言うとなったら、それはという言廻しで、主題の提示です。その言うべきことは「須く」、「恁麼道」、こういうふうに言わねばならぬところだ、というわけです。「須是」、次のようなものでなければならぬ。「是」はまえにも言ったように英語の to be です。そういう問題があるけれども、「なりとも」。次の「比来」は、この頃、さっきからなどという意味の副詞。「さっきから、おまえに厳しく言っているのだ、わたしにかけらを還せ、と。」こういうふうにおれにその砕けた鏡のかけらを還せと厳しく言われたら、玄沙も自分のやったことを後悔しないではいられまいという意味で、「如何還我明鏡来」、どうしてわたしに明鏡を還すことが出来ようぞ。出来ないだろう。

こういう中国語の文句をここに書きこんだ道元は、どんなにうまい返事が出来てそれで相手をやりこめても、この場合で言えばもっとも大事な「明鏡」を、僕の解釈では眼玉を、道元の解釈では「自己」を、おしゃかにしちまっては困るのだ、そういう自分の見解を、これによって表明したのではないでしょうか。ここの「来」は、来れとは訓みましたが、意味のない助辞です。

第四講

黄帝のとき、十二面の鏡あり。家訓にいはく、天授なり。又広成子の崆峒山にして与授せりけるともいふ。その十二面のもちゐる儀は、十二時に時々に一面をもちゐる、又十二月に毎月毎面にもちゐる、十二年に年々面々にもちゐる。いはく、鏡は広成子の経典なり。黄帝に伝授するに、十二時等は鏡なり。これより照古照今するなり。十二時もし鏡にあらずよりは、いかでか照古あらん。十二時もし鏡にあらずは、いかでか照今あらん。いはゆる十二時は十二面なり、十二面は十二鏡なり、古今は十二時の所使なり、この道理を指示するなり。これ俗の道取也といゐども、漢現の十二時中なり。

いきなり読みはじめてしまいましたが、十二面の鏡ということは、通常言いません。それで「家訓にいはく」、代々家につたわる教えである、どこの家のことかわかりませんが、天からの授かりものであるという言い方が出てきたのかと思います。また広成子という仙人がいて、崆峒山で黄帝に与えたのだという説もある。「その十二面の」の下の「の」は、前の語の終りの「ん」があとの「を」にひびいて「の」になるという、謡曲によくある音韻変化ではないでしょうか。でなければ、「十二面の」を所有格と考えて、それの持つ「もちゐる儀」ととるか、もう一つ「十二面の儀」と「もちゐる儀」と二つの文句の重畳ととるか、この三つの解釈が成立つように思います。最初に言いましたのが一番自然だとは思いますが断定はしません。いずれにしても、意味は簡単で、この十二面の用い方は、一日二十四時間を二時間ずつに区切って、二時間ごとに一面を用いる。また、十二月に毎月、一月あて一面ずつを用いる。「毎月毎面に」の「に」は面ごとに、の「に」でしょう。「十二年に年々面々にもちいる。」「面々に」の「に」についても説明の必要があることになりましたが、これは本来日本語では「を」であるべきで、それがそうでないのは先立つ句の語法を踏襲したままでだと思います。結局この最後の年に関する十二は十二支を言ってることになります。「鏡は広成子の経典」というのはまず広成子が授けた教え、規範ということでしょうが、ここではそれのしるしてある書物、鏡はその書物と比喩的に言ったものと思われます。「十二時等」というのは、十二時、十二日、十二年などは、ということで、これがいわば鏡、人智の本であり、これによって、昔のことを照らし見、今のことを照らし見ることが出来る。「これより」にはこれから出る光で、という表現意図というほどではありませんが、表現をめざす心の動きがこもっているように感ぜられます。十二時が「もし鏡にあらずよりは」――正しくは「あらざるよりは」でしょうが、――時間が鏡だ、人間の智慧だということがなかったら、どうして昔のことを知る、今のことを知るということが可能だろう。これは「有はみな時なり」という、この次の「有時」という有名な巻の根本思想に結びつきます。というよりそれそのもので、「古鏡」「有時」と、二つの巻がつづく編成はごく自然なばかりか理由があるように思います。

ここでついでに言っておきますと、道元が理想的な文章をつくった文章家だというふうには考えない方がいいので、道元はきわめてくせのある、中国文の文章構成法を日本文の中にすべりこませたりした文章を書いていて、日本文には不釣合いな上、意味の稀薄な対句を頻繁に用いた人とはっきり認めるべきだと思います。——もちろん一度はその文章に没入しなければいけませんが、いつまでもそうしていてはいけないので、——閲読のこの第二の局面では、かれが何を言いたくてこういう文章を書いたか、それを考え、それはどういう文章実践によって目の前にあるのか、それをたしかめながら、かれの言わんとしたのはこうであろうと思われるところと、文なり句なり語なりを突きあわせる、そうしながら読みすすめてゆく、そういう態度がどうしても必要だと思うのです。

さて次。「いはゆる十二時は十二面なり、十二面は十二鏡なり、古今は十二時の所使なり」、これは、十二時というのは十二面の鏡だということを、「十二面なり」と「十二鏡なり」との二つにわけて言っている文章です。こういう異様な文章の作り方に目をつぶってこの文をどう読みわけようとしても、無駄なことです。そうしてみますと、いわば鏡は脱落して、現実的にはたらいているのは鏡ではなく、時だということが見えて来ます。そして昔とか今とかいう歴史的時間は、この、いわば、十二鏡を透脱した十二時によって使われているもの、それに使用されて現実化されて来たものだという議論だとわかる。

「この道理を指示するなり。これ俗の道取也といへども、漢現の十二時中なり。」「この道理」というのは、上の「十二時等は鏡なり」以下の議論のことで、「指示するなり」の主格は、その前の「広成子の経典」とみるべきでしょう。

この理論は仏者ならぬ俗人の言ったものだけれど。「道取」の「取」も助辞です。別にいいとる、というのではなくて、はっきりそういってあるということです。仏道以外の考え方ではあるけれど、それは「漢現」、雪峰の言った漢人がくれば漢人がその表にあらわれるという、明鏡の問題に通ずることだ、俗人のいう十二時も、雪峰の十二時と同じ場において成立っているというのです。我々仏門の考え方の中のことであるというわけです。「漢現」の一語で雪峰の道取、かれに代表させた仏門の思想を暗示して、それの時間論だというのが「の十二時中なり」という言廻しだと思います。

注にも書いておきましたが、漢があらわれるというのは空間内の出来事で、それが同時に時間的出来事ですから、ここで空間と一致した時間という考え方が提示されているといえます。「有時」にいう「尽界にあらゆる尽有はつらなりながら時々なり。」が出て来るのは間もなくだということになります。

では、

軒轅黄帝膝行進崆峒、問道乎広成子。于時広成子曰、鏡是陰陽本、治身長久。自有三鏡、云天、云地。云人。此鏡無視無聴。抱神以静、形将自正。必静必清、無労汝形、無揺汝精、乃可以長生。

これを荘子在宥の取意文と渉典は言いますが、だいぶ違っています。第一、「時に広成子曰はく、鏡は陰陽のもと」というのがそこにはない。「自ら三鏡あり、云はく、天、云はく、地、云はく、人。」これもありません。「この鏡視る無く、聴く無し。」これもありません。要するに荘子にあるのは、黄帝が広成子という崆峒山にいた仙人に、「身を治め、長へに久しくあらん」がためにはどうすればいいかを訊ねたところ、広成子が、「神を抱きて静かに云々」と答えたということがあるだけです。そこのところを、少し長いようですが荘子から引いておきます。

「黄帝、下風に順ひ、膝行して進み、再拝稽首して問うて曰はく。聞くならく、吾子は至道に達せりと。敢へて問ふ、身治むること奈何なれば、而く以つて長へに久しかるべきと。」

これが黄帝の問いです。「吾子」というのはあなたですね。この前にも黄帝は同じことを訊ねていたのですが、未熟で思い上った質問だったから広成子にしかられてひきさがり、精進潔斎して、また出かけて、皇帝の身でありながら足もとの方からうやうやしく膝をにじって進み、訊ねたわけです。広成子の答え。
「広成子蹷然（けつぜん）とし起つて曰はく、善き哉。問ひや。来れ、吾れ女（なんぢ）に至道を語らん。至道の精は、窈々冥々、至道の極は、昏々黙々。視る無く聴く無く、神を抱いて以つて静にすれば、形は将に自ら正しからん。必ず静ならん、必ず清ならん。女の形を労する無く、女の精を揺がすなくんば、乃ち以つて長生すべし。目は見る所なく、耳は聞くところなく、心知るところなければ、女の神は将に形を守らん。形乃ち長生せん。」

　私は、といってこれは私だけじゃないかも知れませんが、ひとに教わったのではなく、ひとりで考えていたのですが、インドの仏教は中国に入り、そこで土着の老荘の思想と一緒になって、禅宗的な物の考え方を成立させた。そのいちばん端的な証拠ともいえるのが、ここに見られるような言い方ではないかと思います。「窈々冥々」、これは形がないことです。「昏々黙々」、これは音のないこと、それを受けて「無視無聴」。「神を抱いて」というのは、心の奥底にあって、心を生かしているものを動揺させないように静に保てば、そうすれば、外にあらわれる形は——ここのところは条件法とは必ずしもとれないので——心を動揺させないようにじっと静まらせていれば、かならず外の姿形は正しくなる。その姿形はかならず静で、汚れがないにきまっている。そういうふうにして「女が形を労すること無くんば」、また「精をゆるがすことなくんば」。この「精」というのは、前の「心」と同じことです。やはり心の方からも、外形の方からも、動揺を避け静寂を宗とすれば「すなはち以つて長生すべし」。「可」と「以」の語順が少しおかしいのですが、荘子にはそう書かれています。そういうふうな説明をしたあとで、こんどは結論として、「目、見るところなく、耳、聞くところなく、心、知るところなくんば、女の神はまさに形を守らん」、そうして、「形は乃ち長生せん。」「神」は心よりももっと奥深くある心にとって本質的なものを言っているようで、「心」は仏教の五蘊のうちの「意」に当りましょうか。「心」は「神」の「所使」とも言えるかも知れません。それが「形」——身躰——をも乱脈さから守ってくれるだろう。そうして、形は、身躰は長生する。そういう過程をとって、黄帝よ、汝の希望はかなえられるだろう、というのが広成子の教えだった。

ところがこの「窈々冥々」が、「窈冥」と二字の熟語になると、陰陽の内のもっとも陰なるものの名となります。そういうことがありますので「鏡は是れ陰陽の本」、宇宙の原理の根本だというふうに、道元はこの個所で荘子の言葉を転換したとみていいのじゃないでしょうか。

「身を治め、長へ久しからん」というのは、さきにも見ましたように元来黄帝の問いの中の文句なのに、それを広成子の言葉にしています。「三鏡あり」などというのも、荘子とは関係がなく、このまえ読んだところにあった「三才」、つまり天地人を鏡の三種というふうに無理に符合させたのではないかと思います。

「此の鏡視る無く、聴く無し。」無いといいますけれど、「此の鏡」がその「無」の主格ではありません。みることも出来なければ聴くことも出来ないものだというので、主格は文の表に出ていない人間。鏡の性質を言った形容語です。荘子ではこれが長久をねがう人間の守るべき行為の、あるいは無行為の規範なのですが、道元はそれには構わず、それをいまの自分の主題、鏡の形容語として扱ってしまい、次の「神を抱いて以つて静に」をもその扱いで文中におく、――するとこの「神」は神秘的な力とかはたらきとかいうことになりますが――「形将におのづから正しからん」という、一句置いて次の言葉も、広成子の言葉の中では長生きをねがう人間の守るべき態度である「必ず静、必ず清」も、鏡の性質として文中ではたらかされることになる。しかしやはりそこで無理が起る。というのは、そこで、原文の「なんぢ」という人称代名詞が頭をもちあげてくるからです。「女の形を労する無く、女が精を揺がす無くんば」。まさか、鏡に「なんぢ」と呼びかけているわけではないでしょうが、文章上はそうとるしかない。また「長生」も鏡の運命で、なんぢ、鏡が外面的にわずらわしい行いに及んだり、内面の生命のもとを動揺させたりしないでいるから、それがなんぢの性質だから、なんぢ、鏡は長い生命を保つ、とこうなって来ます。

いかにも無理な断章取義ですが、道元がここで言いたかったのは、宇宙生成論の基本原理は鏡である、鏡こそ宇宙の根本原理だということだったのだ、そう解釈して、この節の説明に一区切りつけます。次、むかしはこの三鏡をもちて、天下を治し、大道を治す。この大道にあきらかなるを、天地の主とするなり。

「天下」というのは、この場合、現実的な政治や社会を考えて言っていましょう。「大道」は老荘以来の大道、天下のことを越えて、天地自然存在の原理といったようなものを言うのでしょう。三鏡を持ったものがそういう天下大道を治める。——しかしここで言われているのは「三鏡」のうちの天の鏡、地の鏡にひっかけた天と地への、こじつけのように思われます。——「あきらか」というのも鏡の縁語でしょう。次の、人である鏡を持ち出す論のすすめ方を見るとどうやらそうらしく思われます。

俗のいはく、太宗は人をかゞみとせり。安危理乱、これによりて照悉するといふ。三鏡のひとつをもちゐるなり。

太宗は特に唐の太宗。「安危」は政治や社会の安らかなことと危ういこと。「理」はおさまっていること、それに「乱」。「人をかゞみとせり」の「人」を視野からはずして、というか鏡と見なされた人によって、「これによりて照悉する」、天下の「安危理乱」を鏡によって照悉、照らしつまびらかに知る。鏡といっても、この場合は天・地・人、三才のうちの人、人だけを鏡として取り上げているわけです。

人を鏡とするときゝては、博覧ならん人に古今を問取せば、聖賢の用舎をしりぬべし、たとへば、魏徴をゑしがごとく、房玄齢をゑしがごとしとおもふ。

太宗は、人を鏡とした。そしてそれによって天下の安危理乱をくわしく照らしみることが出来た、そう世間では言っている。三つの鏡のうちの一つを使ったというわけだが、こういう議論を聞くと、あなたがたはさだめし、博く古典に通じている人、「博覧」というのは、沢山の具躰的な事例に通じているというのではなくて、よく書物を読んで古今東西の事例に通じているということです。そういう人をとりたてて、そういう人に古今のことを問えば、――この「問取」の「取」も前々から出た動詞のはたらきを強める助辞にすぎません。――そうすれば聖賢の用い方がわかってくるだろう、例をあげていうと、魏徴とか房玄齢などの名臣を得た例のようなことをいったのだと考える。この「用舎」の「舎」は手偏のついた捨と同じで、文字通りには用いることと捨てることとです。漢語の熟語にありますように、反対の意味を持つ二つの字をつらねていながら、実はその一方だけにしか意味が托されていない、これもその場合の一つで、聖賢を用いる方にだけ意味があるので、結局その用い方。それがわかってくるだろうという意味だと考える。しかし、これをかくのごとく会取するは、太宗の人を鏡とすると道取する道理にはあらざるなり。

「会取する」の「会」は、会得するの会で、「取」は助辞。そういうふうに合点するのは、太宗が人を鏡とすると言われる際のそこに横たわる道理ではないのだ。この「道取」の「取」も助辞。

人をかゞみとすといふは、鏡を鏡とするなり、自己を鏡とするなり。

人の正直で敏感な反応の力を信じ、それによって事をきめるということでしょうか。人の明智がその反応能力の要素をなしているにしても、人の明智そのものをかがみにするというふうに言っているとは解釈できないように思われます。「鏡を鏡とするなり」という言い方は、ものをそのものとしてありのままに受け取る、そういうことが出来るということで、これは三鏡の一つである人に映った影像を、この場合、太宗という為政者が自分の政治の規範基準にするというのですから、あとの「鏡」は、「鑑」の意味で用いられているのではないか、そういう疑いが起るのですが、やはりそうじゃないと考えるべきでしょう。というのは、鑑とは、お手本、自分をそこに映してみて、そこに映る姿のままの自分でいいかどうかを判断するための根拠、典範のことで、それでは、道元がここで今まで考えて来た、前にもののないときは何も映さない、また何かが来てそこに映っても、いなくなればすぐ影像もなくなる、そういう無規定、無限定、中性的、虚である鏡とは違うものだからです。忠なら忠、孝なら孝、誠実なら誠実が純一無雑に磨き立てられたのが鑑だからです。だから、すなわち鑑でない鏡だからこそ「自己を鏡とするなり」という言い方が出てきます。第三者の「人」を特に考える必要はなく、自分自身が天下、大道を、とは言いますが主として人間にかかわることの一切をゆがめず、そこなわず、忠実敏感に映す鏡としてある。そういう自己把握、それに基く行為を「人を鏡とす」と言うのだというのです。しかしこのあたりあまりにも儒教臭くて、だんだん本当に道元の書いたものかどうか、疑わしく思われ出します。

　五行を鏡とするなり、五常を鏡とするなり。人物の去来をみるに、来無迹、去無方を人鏡の道理といふ。

「五行」、これは道教の概念でもありますが、「五常」、これは儒教から借りてきたものです。この場合には、仁義礼智信の徳目を磨きたてて、そこに映してみた自分が、それぞれの徳目の理想的なありようからどれほど外れているか、それにどれほど叶っているかの判断の基準にするということで、「五行」の超人間性とはだいぶ違います。ただ、同情して考えれば、この「五行」の方で、大自然を想像し、「五常」で人間社会を想像し、そしてその二つをわが思考、行為の展開、あるいは実践の指針とする。そういうことを言っているのだと考えられなくはありません。しかしそこから「人物の去来をみるに、云々」と向きが変るのは、禅的なものの考え方が顔を出したことで、こういう指針のぶれは、僕に、儒教が勢いを持って来た南北朝時代以降の誰か禅僧がこういう書き加えをしたのじゃないかと言ったふうの疑いをつい持たせてしまうのです。この「人物」というのは、今言う人物とは違って、その第一義の人と物のことでしょう。人も物もその行ったり来たりする有様をみると、来るにしてもどこから来たのか、そのあとはなく、行ってしまう際は、どこへ行くのか、方角にきまりがない。そういう無規定、不可知の現象が人間の場合であり、これを、「人鏡の道理といふ。」人間界、物質界に行きわたる一切の情況の道理という、――「人を鏡とする」という前の綱領に忠実に解釈すれば、その鏡に映った道理である、ということになりましょうか。

賢不肖の万般なる、天象に相似なり。まことに経緯なるべし。

「賢」は賢い、不肖というのは元来は親に似ないことですが、賢くない意味にここでは使っています。賢とか、不賢とかいうものは、あらゆる種類の物にあるもので、とはいいますが、これは人事万般に限って考えるべきでしょう、その点は、「天象に相似なり。」天文現象がそうであるのと同じだ。天文現象のうちに人間生活に具合のいいものと悪いものとがあるという認識から出た言葉で、「賢不肖」は何かにつけてあるのだから、それはそういうものとして受け入れればいい。「経緯」は縦糸と横糸、全躰像を造り出すものとるのが、眼蔵の成立時期を思えばおだやかな解なのですが、少しあとの文をみますと、地球の経線、緯線を言ったもののように思われます。そうなら、世界像を造りだす形式ということになりまして、上に「天象」が持ち出されているのをみても、この方がいいということになります。

人面鏡面、日面月面なり。五嶽の精および四瀆の精、よを経て四海をすます、これ鏡の慣習なり。人物をあきらめて経緯をはかるを太宗の道といふなり、博覧人をいふにはあらざるなり。

最初の句は、人鏡であるすなわち人である、日である、月である、全世界を造り出すもののたちであると言っているわけで、四つの「面」は省いて読んでいいものです。「人面鏡面」と「面」が出たのは、前から鏡を数えるときの補助詞としてこれがずっと用いられていたからだと思います。それが出たので、日面仏、月面仏という成句に基いて次の「日面月面」が出た。前の「天象」とか「経緯」のような包括的な抽象名詞ではありませんが、個々別々のこういう世界構成要素があるという意味で書き出したのでしょう。

次には目を転じて中国の自然を見る。「五嶽」は国家を鎮めるために、天子が諸侯を集めて祭った五つの大山。もっとも有名なのは泰山で、達磨大師にゆかりの嵩山も入っています。しかし泰山以外は時代によって入れ変りがあったそうです。「四瀆」というのは、黄河、長江、淮水、済水。四つの大河川。その「精」というのは、何か物が生きてはたらくための、その形なき力、精気です。心としても発動しますし、形としても発動します。五嶽、四瀆の「精」と言った場合には、自然を生動させている根本的なものということでしょう。それが「よを経て四海をすます」「よ」というのは「世」に違いありませんが、自然の精気が歴史的な時間を経過しているうちに「四海をすます」というのではなく、単に代々という意味で、「よを経て」といっているのだと思います。「四海」というのは漠然と海で表象される世界を言うのがふつうでしょうが、具躰的に「四つの海」というと、仏教説話でいう須弥山(しゅみせん)をとりまいて四洲を浮べる海のこと。しかし中国の山河とはそれでは取合わせが悪いので、前に言った解、さらに単に全世界という意味にとることにします。それが、濁りない姿で成り立つ。そう言っているのだろうと思います。そのことこそ他でもなく、鏡がその慣わしとしてすることなのだ。これは「人鏡」の項目のもとで言われていることなので、そのしごとということになりますが、そうすると、天鏡、地鏡の職分はどういうことになるか、どうも道元らしくない論法だと思わざるをえません。こういうふうな人と物にかかわる事情、事態をあきらかに認識して「経緯をはかる」、この「経緯」はなんとしても経度、緯度のことのようで、地球儀を見た時代以後、少くとも中国にそれが知られた時代以後、つまり元代以降、日本では秀吉以降、ようやく成り立ちうる表現と言わなきゃならないと思われます。まことにアナクロニズムというほかありませんが、それを解消する答えとしては、ここらの叙述は後代の書き加えだとするのがもっとも有効ではないでしょうか。それはともかくとして、そういう自然界、人間世界の全躰をはっきり認識し、これはどういうことかと思いはかる、慮る態度を「太宗の道」と呼ぶのであって、——原理的に大局を見、考える態度をそういうのであって、——「博覧人をいふにはあらざるなり。」この「博覧人」は、前に否定された「人を鏡とするときゝては、博覧ならん人に古今を問取云々」の中に出た「人」です。こまごまといろんな文書に載った事例を知っているひとのことで、そういう人を言うのではないのだ。

日本国自神代有三鏡、璽之与剣、而共伝来至今。一枚（マイハ）在伊勢大神宮、一枚在紀伊国日前社、一枚在内裡内侍所。

しかあればすなはち、国家みな鏡を伝持すること、あきらかなり。鏡をゑたるは、国をゐたるなり。人つたふらくは、この三枚の鏡は、神位とおなじく伝来せり、天神より伝来せると相伝す。しかあれば、百練の銅も陰陽の化成なり、今来今現、古来古現ならむ。これ古今を照臨するは、古鏡なるべし。

「之」だけでも「与」と同じで、連接助詞の「と」ですが、二字一緒にして「と」に用いたのだろうと思います。この漢字文の出典がどこか、古事類苑などで調べたところではわかりませんで、なんだか、あとの文を呼び出すための手製漢文のように思えます。それも道元その人のではなく……。玉と剣と。次の「而」は「乃」、すなわち、でしょうか。「共に伝来して今に至る。一枚は伊勢大神宮にあり、一枚は紀伊の国の日前（ひのさき）の社にあり。一枚は内裏の内侍所にある。」これも鏡づくしの一環でしょう。

以上のように見れば「天神」は天照大神のことです。「百練の銅」はよくよく鍛えた銅。つまり銅鏡のことで、それを、天地生成の原理である「陰陽」が、あるものから別のものを造り出す「化」という作用によって造り出したものであると言ってるわけです。でなければ、「陰陽」自躰が化して成ったものである。――造物主としての「陰陽」か、構成要素としての「陰陽」か、文章上はどちらともとれますが、すぐ上の「しかあれば」が「天神より伝来せる」を受けるとしますと、前者の解がここには当て嵌りそうです。「今来れば今現じ、古来れば古現ずるならん。」次の「これ」は、漢文で「此」と書いたり「惟」

と書いたり、「且」と書いたりする発声の辞で、それを「これ」と日本文にすべりこませた、別になにも指すことのない助辞という解がまず成立ちます。しかしそれを繋辞「是」ととって「古今を照臨するものにして、すなはち、古鏡なるべし。」のような文の省略形ともとれないことはありません。「照」は、やはり照らし見るという意味がこめられていて、その場にのぞんでのように、という意味で、「臨」だろうと思います。「照臨」を普通の漢語のように高きにあって照らすという意味にとるのはそぐわないでしょう。「光来」というのと同じような使い方の「照臨」と解して、今のように読みます。

いろいろ批判がましいことを言いながら、読んできましたが、黄帝のことが出る前の「如何還我明鏡来なり」からすぐ、これから読む「雪峰の宗旨は云々」へ飛んでもいいのじゃないかという感じは否みがたい。

それではどうしてこの「黄帝のとき云々」から、「これ古今を照臨するは、古鏡なるべし。」までの記述が入ってきたのかの問題を解決しなければなりませんが、写本のまた写本しか遺っていませんで、こういうことにもはっきりしたことは言えません。研究者の内には、弟子の懐奘の正法眼蔵成立に対する関与のしかたを非常に大きく見て、巻によっては、この道元の嗣法の弟子が全部を書いたのだろうと見る人もいるくらいで、眼蔵には未着手のいろんな問題があるのではないかと思われます。そういう立場をとって、その目で見て行けば、「軒轅黄帝膝行」以下、「古今を照臨するは、古鏡なるべし。」までは、道元以外の人の書き入れととりたいくだりの代表のようなものです。その前の「黄帝のとき」で始まり、「漢現の十二時中なり。」までも、次の「有時」の巻につなげるために、あとから置いた記述じゃないかという疑いもあります。じゃその記述は誰がしたかというと、懐奘の文才を高く買って、もともと眼蔵の文章にはその手が沢山入っているのだと考える人には、これは懐奘の挿入だと思われるでしょう。「黄帝のとき、十二面の鏡あり。家訓にいはく、天授なり。」という言廻しがすでにはなはだうさん臭いので、さっきはどこの家のものかわからないがといったこの「家訓」も、永平広録の小参語をみますと、「それ小参は仏々祖々の家訓なり」とか、「小参の大概は家訓の宣揚なり」とかありまして、一山の住持が、示衆や入室とは別に、時ところにこだわらず、修行の僧たちを集めて、そのときどきの所懐や、その時点で教えておかねばならないと思われることを述べる、そのことを「小参」、つまり「家訓」というのだと言っています。平たくいえば、うちうちの教えということでしょう。それにひっかけて言いますと、弟子の誰か、たとえば、懐奘が、小参の機会にきいたことを書きこんだのが、これ以下のくだりだと言えそうに思うのです。現にこの「家訓にいはく」には、道元の生家村上源氏の家の言伝えじゃないかと思われる語感もちょっとありまして、「漢現の十二時中なり」までには、道元そのひとの言ったことを、道元に親炙した人が書き加えたと考えられなくもありません。しかしそのあとは、もっと後世の、むしろ恣意的な書き加えではないか。特に三種の神器のことなどは、単に仏教的にばかりでなく、一国の文明という点から見ても、日本を「辺土」と考えていた道元が持ち出すはずはないように思うのです。

さて、

> 雪峰の宗旨は、新羅来新羅現、日本来日本現ともいふべし。天来天現、人来人現ともいふべし。現来をかくのごとく参学すといふとも、この現いまわれら本末をしれるにあらず、たゞ現を相見するのみなり。かならずしも来現をそれ知なり、それ会なりと学すべきにあらざるなり。

黄帝の鏡や日本の神鏡などの話の出る前に言われた「要らず、このことを会せよ。我が這裡は一面の古鏡の如く相似たり。――正しくは一面の古鏡のあひ似するが如し、と訓むべきだと思うというのは前に言ったことですが――胡来胡現し、漢来漢現す。」それを受けて、別の対象を考え、「新羅人が来れば新羅人があらわれる、日本人が来れば日本人があらわれるということも出来る。また天が来れば天があらわれ、人が来れば人があらわれるとも言える。」そうまず言いますが、次の「天来天現」はやはり儒教臭くて、それや、ここの新羅とか日本とかいう文字にそそのかされて、黄帝の鏡や、日本の神鏡のことを書きこむ気になった後世の禅者がいたのかもしれない、そう想像されるのですが、すぐには解答の出せないそういう問題はおくとしまして、「天来れば天あらわれ、人来れば人あらわる」、そう言えるのが雪峰真覚大師の鏡だが、かれの言う「現」「来」を、こういう具合に応用、展開できるものと考えるにしても、だからといって、その「現」ということの大もとと結果とを、いまの自分たちは一から十まで心得ているわけではない。「いま」というのは、現在の、であると同時にいまだの意味を含んでいましょう。「現」という昔からあったこの現象を、いまだに目の前のこととして見ているだけなのだ。「相見」の「相」はここでは添辞、ないし冗辞です。「かならずしも来現をそれ知なり、それ会なりと」——このように「来現」という語順でくれば自然なのですが、前はその順が逆で、「現来」となっていました。——こういうことにも少々落着きのわるさが感じられる、つまり何程か、どうしてここがこうなっているのかを解明する必要がありそうなのですが、これは単に単調さをさけるための措辞で、「来」とか「現」とかわれわれは言っているが、というふうにあっさりとっていいと思います。それらがすでにわれわれの「知」となっているもの、われわれの「会」——会得となっているものと考えてはいけない。——なんの「来現」に関する「知」、「会」を言っているのかと言えば、むろん、鏡の来現に関するそれらです。しかしこの「それ知なり、それ会なりと学すべきにあらざるなり」という言い方には、まざまざと目の前に見える現象であって、われわれの知識や理解によってはじめてあるとされる、観念的なものではないという別の角度からの見方も伴っていると思われます。

二つの「それ」は漢文流の発声の辞です。

いまいふ宗旨は、胡来は胡現なりといふか。胡来は一条の胡来にて、胡現は一条の胡現なるべし、現のための来にあらず。古鏡たとひ古鏡なりとも、この参学あるべきなり。

「いまいふ宗旨は」というのは、いま述べた二、三行のことではなくて、ここで問題となっている雪峰義存の言ったことの主意、趣旨ということです。それは、「胡がくる」ということが、そのまま「胡があらわれる」ということだという意味なのか。いやそうではない、「胡がくる」というのはただ「胡がくる」という一つのことで、「胡があらわれる」というのは、ただ「胡があらわれる」という一つのことで、別のことだ、というのです。不二一躰のことではなく、厳密には瞬時をおかず相継起する別の二つのことだというのです。同時に生ずる現象のようだが、それぞれに独立しており、前の現象があとの現象の「ため」にあるというような関係がそこにあるのでもない。「一条の」というのは、一本の、それだけのということです。そういう一つ一つ別のことが、同時のようだが、人間には知覚しえないごくごく短い時間、「如来のみしりたまふ」と言われる無限小の時間のへだたりをおいて起るのだと考えるわけです。こういう時間のずれは「古鏡」だからといって免れていはしないことを認識すべきだ。すべてのものごとについてそのあいだはたち切られているると考えるべきで、しかも間髪を入れぬ、啐啄の迅機と言われるような時間的関係においてすべてが一つの現象を形成する。これが道元の考える禅宗の存在認識、存在把握なのです。それが、ここの表現に反映しているのを読みとるべきだと思います。

「古鏡たとひ古鏡なりとも」というのは、今までくどいくらい古鏡とは存在の原理だ、その普遍的様相だというふうに主張してきて、どんなことでもそれにとっては可能であるように考えさせたかも知れないけれど、というのでしょう。今言ったような一切の存在につきまとう前後際断、前うしろ、左右、上下、空間的にも時間的にもあいだが切れているという事態を無にすることは出来ない相談だ、このことの「参学あるべきなり」です。

こういうふうに、それぞれ異るものが集まって一つの世界、あるいは全存在を形作っていると言っても、その姿は整然ととのっており、それだからこそ「明鏡」のたとえも可能であり、「明鏡」はそのときどきに一切を遅滞なり、またそれに汚染されずに映すのではあるけれど、明鏡に対して明鏡がぶつかってくる場合はどうか、もう一つの全存在、全世界に出会ったらどうか、そういう問題は残っているわけで、雪峰の前に進みでた弟子の玄沙師備は、それを問題にします。

玄沙出てとふ、たちまちに明鏡来にあはんに、いかん。この道取、たづねあきらむべし。いまいふ明の道得は、幾許なるべきぞ。いはくの道は、その来はかならずしも胡漢にはあらざるを、これは明鏡なり、さらに胡漢と現成すべからずと道取するなり。明鏡来はたとひ明鏡来なりとも、二枚なるべからざるなり。たとひ二枚にあらずといふとも、古鏡はこれ古鏡なり、明鏡はこれ明鏡なり。古鏡あり明鏡ある証験、すなはち雪峰と玄沙と道取せり。これおば仏道の性相とすべし。

この「道取」、こういわれたこと、この問題提起、です。これを「たづねあきらむべし。」この言葉は、上の「道取」と下の「幾許なるべきぞ」にまたがっているでしょうね。玄沙がその中で言っている「明」という言葉は、どれほどの意味合いのものか、前の段で、胡来、胡現に「一条の」という修飾語をつけたのとは反対に、ここでは「明」のもつ複雑な意味はどれほどかというのです。「幾許」は唐宋音でキコと読んでいますが、いくばくと訓読することも出来る言葉です。

その次はたいして説明の必要はなく、「いはくの道」、言われた言葉は、ここでいう来、玄沙が新しく問題にした「来」は、「かならずしも」。この「かならずしも」も道元独特の語法で、「かならずや」の意味です。普通の自己限定的に譲歩していう使い方でなく、「しも」で強めた「かならず」。絶対に胡や漢にかかわることではないのだ。「あらざるを」というのは、あらずしてという意味で、ふつう「を」を使うときのように不順当の接続をしているのではありません。それは明鏡の来なのだ。当然、「さらに」は「さらさら」などというときの「さら」で、けして、でしょう。「胡漢と現成すべからず。」胡や漢として現じて、その姿を成すことがあるわけはない。表現上のことを申しますと、道元にはふつうだったら順当な接続のしかたで運ぶべき文を、不順当な接続詞でつなぐ例が非常に多いのです。日本語はそのような関係に神経質に区別をつける語法をもっているのに対して、中国語とか英語は、if 一つを考えても、「もし何々ならば」と言ってゆく場合と、「たとえ何々なりとも」と言ってゆく場合とで、if をつけた条件文自躰には何の形の上の相違もなしにすますことが許される。日本語ではその区別がありますのに、道元は漢文をモデルにして考えるせいでしょう、しょっちゅう混用している。日本文ではふつう「たとえ何々なりとも」というところを、道元はしばしば「もし何々なりとも」というふうに書くのです。

その来は胡来、漢来ではありようがなく、明鏡の来である、けして胡漢があらわれるわけはない。そう玄沙は「道取するなり。」と言っているのだ。

「明鏡来はたとえ明鏡来なりとも、」これは「この明鏡来はよしんば明鏡来でも」ということで、「他でもなく明鏡来だが、」という言い方をさらに強めた形でしょう。この明鏡来はまさに明鏡来なるが故に、とも言いかえられるわけです。「二枚なるべからざるなり。」一枚の鏡の前にもう一枚の別の鏡がきたのではないというのでしょう。そうはいうが、という意味で、「たとひ二枚にあらずといふも」、古鏡は古鏡だし、明鏡は明鏡で、別のものである。二枚でないというのは、雪峰のいう「古鏡」と玄沙の「明鏡」とが同じだというのではない。同じでないからこそ一枚だ、一つだということに意味が籠って来る。同じだというのは、全然同じものどうしのあいだでは言わないことで、別々にあるものをくらべるからこそ、そこに同じだという判断が出る。同じとされるものは、別のものなのです。

だから、「古鏡はこれ古鏡」、「明鏡はこれ明鏡」なのです。

「古鏡あり明鏡ある証験、すなはち雪峰と玄沙と道取せり。これおば仏道の性相とすべし。」「証験」というのはあかし、証拠になる現実の物事のことです。「道取せり。」雪峰玄沙ふたりがその口ではっきり言ったところだ。そして、仏道でいう性・相というのがまさにこれなのだという意味で「これをば仏道の性相とすべし。」これは前にも言ったことですが、性というのは理と同じもので本質的なもの、変化しないもの。理性（りしょう）と熟する。もう一方は、事相（じそう）と熟する、生じたり変化したり滅びたりするもの。そこで「仏道の性相とすべし」と言うとき、明鏡の方が性とされ、古鏡の方は相なのか、あるいはその反対なのか、そういう穿鑿はおそらく滑稽なので、性相の一致、原理的なものと現象的なものの相異りながらの一致を信ずる立場で言われたと見るべきでしょう。

これ玄沙の明鏡来の道話の七通八達なるとしるべし、八面玲瓏なること、しるべし。逢人には即出なるべし、出即には接渠なるべし。

「これ」というのは、その二つの鏡のうち一方が性であり、一方が相でありつつ、「二枚なるべからざる」こと、それが「仏道」の本質にふれていることを念頭においてみると、ということになりましょう。玄沙の言った、「もし明鏡が来たときは」というその「道話」、仏道にかかわる話、の応用のきくことたるや、融通無礙であって、どんなところにも適応するものだということを認識する必要がある。つまり雪峰義存が古鏡と言ったのを、玄沙もまた古鏡と言って受け、この問題にのりだしたのだったらこういう問題は起らないのに、明鏡と言いかえて問題をひきうけたので、議論の範囲がひろがってきたわけです。それを「玄沙の明鏡来の道話の七通八達なるとしるべし。」と評した。これは七通八達なるを知るべしが正しいでしょう。「と」で受けるのだったら、「七通八達なりと」でないと文法的には間違いです。こういうところも、道元が格助詞を持たない漢文を下敷きにして文章を書いていた証拠とすることが出来ましょう。「八面玲瓏なること、しるべし」。「八面玲瓏」はどっちから見ても明るく澄んでいるということで、四方八方に通達する、と抽象的には同じ意味でしょう。どっちから見ても、どこへ行くにもさしさわりがない。

「逢人には即出なるべし、出即には接渠なるべし。」「逢人には」、人に逢う場合には、即ちそこに人が出る。出れば即ちそこにひとりの人がいる。「接」は接待の接で、人を迎えもてなすこと。禅宗ですと師匠が弟子が来たのをひきうけて、問答したり、ただ坐らせたりして、悟りへの道をつけてやること。ここでの意味は、人が鏡の前に立つと、鏡の中にその人、「渠」です。三人称代名詞で言うわけです。「渠を接ふ」。第三者との附合いが始まる、ということになりましょうか。

しかあれば、明鏡の明と古鏡の古と、同なりとやせん、異なりとやせん。明鏡に古の道理ありやなしや、古鏡に明の道理ありやなしや。古鏡といふ言によりて、明なるべしと学することなかれ。

雪峰、玄沙両人の問答の筋道を追っていくと、何しろ鏡と鏡が相対して、鏡どうし映しあうのですから、影像といっても純粋な光の射しあいで、古鏡即明鏡という考え方に陥りがちだが、「古鏡といふ言によりて、明なるべしと学することなかれ。」古鏡と言って明鏡とは言わなかった以上、古鏡即明鏡ときめてかかってはいけない。「古」と「明」とはちがう。名づけかたが違う以上、物は違うのだといっているのです。何段階かの考えを経たあとで、その両者が一つのものだということを言いながらも、それに縛られていてはいけないという考えがここには含まれていると言えます。多様と生動は道元がとりわけ大切にすることなのです。

宗旨は、吾亦如是あり、汝亦如是あり。西天諸祖亦如是の道理、はやく練磨（レンマ）すべし。

祖師の道得に、古鏡は磨ありと道取す。明鏡もしかるべきか、いかん。まさにひろく諸仏諸祖の道にわたる参学あるべし。

「宗旨」は、そういう意味は。「吾亦如是、汝亦如是。」「西天諸祖師亦如是。」というのは、前回読みました個所の主人公南岳懐譲が、曹谿慧能に師事しようとして会ってもらったとき、慧能から、「そうして来なさったのは何者なんだね」と訊ねられ、この問いに答えられなかったので、懐譲は八年修行したあと慧能の前に出て、八年前に師匠が私にあお訊ねになった意味がようやくわかったと言う。どうわかったかと訊かれて、「説似一物即不中」、何か一つの物の名をあげて、こういうものだと言ったのではあたらない、うまくないと答える。すると慧能が、そう言えるようになったについては「修証」、修行と証悟の力をかりたかと訊く。懐譲は答えて、それをかりないわけではないが、それに汚されも傷つけられもしてはいません。染汚しようとしても、それは不可能だと答える。すると慧能がこの言葉を言うのです。「この不染汚、これ諸仏の護念する所。吾亦如是、乃至西天諸祖亦如是。」曹谿に上って八年後にこう問答したと道元は眼蔵でも永平広録でも言っているのですが、祖堂集でも伝燈録でも、联燈会要でも、例外なく初対面のときこの問答があったと記されています。そして最後の西天の諸祖もまたかくの如しという文句はなく、別の文句が記されています。しかしここで関係があるのは「わしもお前も、インドの祖師たちも、皆そうだから、それぞれにあるがままの自分なのだ、修行証悟のような、その大切さが誰からも疑われないものにすら傷つけられたり汚されたりしないように、諸仏は護り、念じていて下さる」という言葉の中の、すべてのものが不染汚を大事にしなければならぬし、不染汚だということです。その中でまた眼蔵第三の「仏性」、第六の「行仏威儀」などでは、皆そうだというところに力点がおかれて、引合いに出されていますが、ここではそうでなく「吾」と「汝」は、諸仏から同じ扱いを受けてはいるけれど別のものだ、そのように古鏡と明鏡は別のものだ、という側面で引用されていると見るべきでしょう。「明」と「古」は違う、ただ鏡としてあることにおいて如是である。同一である。その「道理」とは、抽象的には共通の事情、原理のもとにあるどんなものも、具躰的に見れば別々のものだという道理をさしていると思います。それを「はやく練磨すべし、」というのはわかりにくい言い方ですが、「練磨」に鏡と縁語関係をみとめていいと思います。その「道理」を練り磨くということは、その努力をする自分を練磨することに当る、ということはまた自分自身を練り磨いて、その「道理」を身につけよ、というのに等しいでしょう。「祖師の道得に」の祖師は、前の行の「西天諸祖」と直接結びつくわけではありません。代々の師祖のことばによると、古鏡にはそれを磨くということがついてまわる。明鏡と言えば、磨かなくても澄んで明らかな鏡を言うようだが、はたしてそうか。明鏡は古鏡のように磨かなくていいか。この言葉が、もっとずっとあとで「古鏡のいまだ磨かざる時如何。」「古鏡なり。」という問答を持ちだす伏線となっています。すなわち、最後の「まさにひろく諸仏諸祖の道にわたる参学あるべし。」という句に応ずるのが、今言ったずっとあとの雲水と国泰院弘瑫（こうとう）の問答だという関係になっています。

雪峰道の胡漢倶隠は、胡も漢も、明鏡時は倶隠なりとなり。この倶隠の道理、いかにいふぞ。胡漢すでに来現すること、古鏡を相罣礙せざるに、なにとしてかいま倶隠なる。古鏡はたとひ胡来胡現、漢来漢現なりとも、明鏡来はおのづから明鏡来なるがゆへに、古鏡現の胡漢は倶隠なるなり。

雪峰のいう、明鏡が来て古鏡に相対するとき、胡人も漢人もともに隠れてしまうという言葉は、「胡も漢も」、次の「明鏡時」は「明鏡来時」と言いなおして読むべきでしょう、「倶隠なりとなり」、というのである。問題ないようだが、「この倶隠の道理、いかにいふぞ。」「倶隠」、倶に隠ると言っているが、その道理はどういうことなのか。どう言ったらいいわけがあるのか。

胡人も漢人も来てすでに鏡のおもてに映っていた。その像が映るということ、像そのものではなく、像が映ること、それは、「古鏡」を邪魔しなかった。「罣礙」は網をかぶせて拘束することです。ところが「古鏡」が「明鏡」と言いかえられた今はどうして、邪魔が入ったように、「倶隠」ということが起るのか。「相罣礙」の「相」は、ここばかりでなく、眼蔵でも永平広録でも、道元は不必要に使っています。その一方、道元は、網をかけて捕えて本性をあらわさせる、自性に徹しさせる、そういう意味にまで、この罣礙という言葉を拡大して使っていることがあるのです。ついでに言っておきます。

いまのように言っておいて、自分で答えを出します。「古鏡は胡来のときは胡現、漢来のときは漢現」、そういう性質のものとして存在するに違いないが、明鏡の来るときは、当然明鏡現ということが起るので、「古鏡現の胡漢は」、古鏡にあらわれた胡漢は、倶に隠れてしまうのだ。こういうふうに雪峰のいうところを検討してみると、「古鏡」と「明鏡」は別のものだったことがいよいよ明らかである。そこで、

しかあれば、雪峰道にも古鏡一面あり、明鏡一面あるなり。正当明鏡来のとき、古鏡現の胡漢を罣礙すべからざる道理、あきらめ決定すべし。

「正」も「当」も、まさにです。まさしく、こうして明鏡のくるとき、その明鏡が、「古鏡現の胡漢を」、古鏡にあらわれている胡漢のさまたげをし、これを拘束するわけはない、一見追い出してしまったようだが、そうでない道理を、どういうわけのことなのか、はっきり見抜いて、しっかりした結論を下す必要がある、というのです。「古鏡」と「明鏡」

は別のもので、やがて「有時」で言うように、「いはゆる山をのぼり、河をわたし時にわれありき。われに時あるべし。われすでにあり。時さるべからず」ですから、「古鏡」の胡漢来時胡漢現はなくなってしまうわけではない。古鏡が「明鏡」に遇うときはその影像はなるほど見えなくなるが、存在しつづけはするのです。ただしかし、

いま道取する古鏡の胡来胡現、漢来漢現は、古鏡上に来現すといはず、古鏡裡に来現すといはず、古鏡外に来現すといはず、古鏡と同参来現すといはず。この道を聴取すべし。

胡も漢も鏡に映っているのですから、鏡の上にきて、あらわれているととりたくなります。しかし、そう言ってはいけない。古鏡の中に来現すると言ってもいけない。胡や漢は古鏡の外にきているのですが、そうでなければこういう問題は起らないのですが、ことは「古鏡」の影像にかかわるのですから、その外に来現したとも言えない。しかしまた胡や漢は「古鏡」と同時にその場に来て、そういう前後関係で、古鏡の影像となったというわけにも行かぬ。やはり古鏡と漢、あるいは胡は別のものであり、古鏡の存在と胡漢の来現は別のものだ。個別のものはあくまで個別のものに徹してあるのだ、ということでしょう。「この道を聴取すべし」。聴取は察也という解をとりたいと思います。

胡漢来現の時節は、古鏡の胡漢を現来せしむるなり。胡漢倶隠ならん時節も、鏡は存取すべきと道得せるは、現にくらく、来におろそかなり。錯乱といふにおよばざるものなり。

古鏡と、漢、胡が同参ということはなく、胡漢が来た、その姿が鏡にあらわれるという場合は、古鏡がかれらを「現来せしむるなり。」ここでもさっきと同じように、「来現」の語順が逆になって「現来」ですが、この場合は来は冗辞、あるいはむしろ助辞でしょう。向うからこっちへ現出させるのである。現出させるという以上、主躰は鏡のわけですから、「鏡は存取す」、とそこで考えたいけれど、そうではない。「存取」という文字はあまり見かけませんが、今まで見て来た「道取」「問取」「聴取」などの「取」と同じ助辞をつけた「存」、「存」を強調している。古鏡は依然として存在すると「道得するは」、これは「道取するは」というより、意味が重大になり、立派に言いあてた、言ってのけたという語気を持ちますので、それがここでこのように否定されるのは、常軌に外れた使い方のようです。やはりそこには、さきほど、「有時」の文句を引いて説明したようなことがあるので、「道得」と一往肯定的、というか、頭から否定はせずに、こう言ったのじゃないでしょうか。ただ足りないのは「現」と「来」との把握が十分でないこと、「胡漢」の「来現」があって、「古鏡」は「古鏡」であるのに、その点に「くらく」「おろそか」だ、というだけなのですから。しかも「古鏡の胡漢を来現せしむるなり」なのです。道元がここでどういう立場に立っているか、断言はできませんが、「古鏡」ばかりでなく、すべて個として存在するものが、自分の主躰性に固執することも、あるいは他者についても、個として存在するものの主躰性を、それが認められなくては一切が成立たないもののように考えるのはよくない、他のものの「来」ということがあり、それの「現」を可能にさせてくれる関係の一切を、存在の関係性というものを承認しなければならないと言いたいのではないでしょうか。それが出来ないようでは「錯乱といふにおよばざるものなり。」――論理的混乱以前のことだ、明瞭な分別とそのあとでの綜合的判断には遠い話だというのでしょう。

ときに玄沙いはく、某甲はすなはちしかあらず。雪峰いはく、なんぢ作麼生。玄沙いはく、請すらくは和尚とふべし。

自分はそうは思わない。玄沙がそういったので雪峰が、じゃお前はどうなんだと訊く。すると玄沙が、「どうかお師匠さんから聞いてみてください」と返す。

いま玄沙のいふ請和尚問のことば、いたづらに蹉過すべからず。いはゆる和尚問の来なる、和尚問の請なる、父子の投機にあらずは、為甚如此なり。すでに請和尚問ならん時節は、恁麼人さだめて問処を若会すべし。すでに問処の霹靂するには、無廻避処なり。雪峰いはく、忽遇明鏡来時如何。この問処は、父子ともに参究する一条の古鏡なり。

玄沙の今言った「どうかお師匠さんから聞いてみてください」という言葉を、実りもなく「蹉過」、蹉はつまづくですし、過はあやまつですが、そうわけて読んではかえっていけないので、二字一語の、うっかり見過ごすという意味の言葉です。この言葉を見過ごすようなことがあってはならぬ。問答の都合上、ついでに言った程度の言葉ととってはいけないというのです。「来」「現」がどういうものかを明らかにするための好機だからです。ここでいう「和尚さん尋ねてみてください」というのは教えを請うこと、請益の発現であって、それがこの問答の場への「来」だというわけです。これに対して師の雪峰が、玄沙の言いなりに「忽ち明鏡の来るに遇ふとき如何」という問いを口に出すのが、道元はそうは言っていませんが「現」に当りましょう。玄沙が「請ふ、和尚問へ」と言ったことは今も言うようにこの問答という主躰をおとずれた「来」ですが、それは同時に玄沙が主躰的に雪峰に「請」うたことだというのです。こういうことは「父子」、父と子になぞらえられる師と資の間の好機をとらえ、相手の機——心的機能に機敏にはたらきかけたことなので、そうでなかったなら、「為甚如此」、どうしてこんなことがありえよう。「甚」ははなはだではなくて疑問詞です。なにに為りてかかくの如くならん。この「投機」というのは日常語で、かけひきとかうまがあうなんていう意味があるようですので、ついでに言っておきます。

いまさらどうしようもなく、「和尚さんの方から聞いてみてください」というふうに切り出されたら、その場合は。「恁麼人」、恁麼というのは、そんな、そんなにという、不定形容詞、不定副詞です。サンスクリットの「タター tathā」で、「如」と訳されるもの、これはすでに言ってあることですが、それに「人」をつけて、道元は、仏道に達しようとして修行に励む人を言っています。結局は菩薩、ボーディサットヴァ bodhisattva ということになりますが、そういう人だったら。さだめし、きっと、今問われたところを「若会」、「若」は「かくの如し」で、それを「恁麼」と同じ意味に使っているのかとひとまず考えます。問処をその通りに会せん。どういうことが問題にされているのかをあるがままに理解するだろう。しかしこの「若」は前にあった「若樹若石」の「若」と同じで、「もしくは会し、もしくは不会なる」という、假設的な列挙の副詞がのこったもの、添辞の一つの姿とみていい可能性も大いにあります。その方が道元の措辞全躰に対して斉合性を持ちますが、それですと、あるいは会することもあろう、わかる場合もある、ということになって、表現として弱いのじゃないでしょうか。かたがた、「恁麼」との関係が無視できないので、ここは「如」の意味の「若」だとかりに読んでおきます。眼蔵には出なかったと思いますが、永平広録にはさいさい引かれる東寺如会（によえ）という、南岳下二世の禅者がいますので、若・如相通のことを考えますと、こういう使い方をしている可能性もまた大いにあるのです。さて次に、その問いの中味が、まるで雷の轟くように、烈しい勢いで活動するなら、もう逃げ場はない。和尚さんの方から聞いてくださいと言った、その言い方がそもそも一見おだやかだが、断るわけに行かない種類のもので、頼まれて問うてみたら、どんなに恐しい答えが待っているかしれたものではない。

しかし雪峰はさっきの玄沙の問いをそのまま口にする。その問いの中に取り上げられているのは、父と子、師と資がともに究明にとりかかっている一個の「古鏡」である。「古鏡」というこの主題は、はじめにそれを口にした雪峰も、それに反撃を加えた弟子の玄沙も、まだ究めきってはいないのだということになります。これからの問答が重大だという予告がここにあると言えましょう。

すこし道草になりますが、「恁麼人」ということばの出所を見ておきましょう。第十七の「恁麼」、この「古鏡」の前の前の巻ですが、その冒頭に、雲居道膺という十世紀に生きた祖師、青原下五世の人、その語をひいてこうあります。

「欲得恁麼事、須是恁麼人。既是恁麼人、何愁恁麼事。」

伝燈録の雲居道膺の章では、この「恁麼」はまったく内容不定の形容詞で、あることといった意味に使っていると読めますが、道元はそれを限定して「恁麼事をゐんとおもふは、すべからくこれ恁麼人なるべし。すでにこれ恁麼人なり、なんぞか恁麼事をうれゑん。この宗旨は直趣無上菩提――ひたみちに無上菩提に趣く、ですね――しばらくこれを恁麼といふ」と言っているのです。

この「趣」、おもむくですが、これは中国語では日本で使う場合の語感よりずっと勢いのはげしいもののようで、目標に向って疾行することを言うそうです。「直趣」と熟するのが自然な語、のようです。

「恁麼」「観音」「古鏡」とひきつづく巻々なので、皆さんのこれからさきの好奇心、求知心に何かの刺戟が与えられればと願って、少しばかり、用語例の穿鑿をしておきました。

玄沙いはく、百雑砕。この道取は、百千万に雑砕するとなり。いはゆる忽遇明鏡来時は百雑砕なり、百雑砕を参得せんは明鏡なるべし。

さきの雪峰の問いの中にあった「時」、前に玄沙も言った言葉ですが、この中国語の「時」という文字は、こういうふうに使うと英語の when と同じで、事実性も概念性もない関係副詞のようです。道元の「有時」の巻が独特なのは、「有る時」「時有って」と使うその「時」を概念として取り立て、存在するものと見、また存在する事物、現象、ばかりか人間、人間行為そのものだと論ずるところにあります。これは次の巻で展開されることですが。

明鏡が来た場合にはどうか。するとそれに対して待ち構えていたように、玄沙は、「百雑砕」と応ずる。次の二つの文は特に説明はいらないでしょう。次の「百雑砕を参得せんは明鏡なるべし」ですが、まず「参得」、これは、よく勉強せよ、というような意味で、上堂語などで「参」という、その「参」と根本は同じで、かかわってゆく、まいる、という本の意味から、核心にふれてゆく、そのために努力するというような意味がひろがる、それだと思います。「百雑砕」ということの真の意味をつかむのは「明鏡」に違いない。「参」は和文の中では「に参ずる」がふつうでしょうが、格助詞というものを持たない漢文の訓読では、「を」とも「に」ともつけられますので、文章の原型を漢文においている道元は、しばしば「を参ずる」というふうに書く、その一例です。意味は、この「百雑砕」ということを究明し、その本旨を把握するのは明鏡以外にはなかろうということで、それは理の当然として言えることです。「百雑砕」、こなごなに砕けたのは「古鏡」で、なぜ砕けたかといえば、その前に「明鏡」が来たからです。もし「明鏡」にちゃんと口をきかせることが出来たら、その問いかけによって、きっと「古鏡」の「百雑砕」は生ずるだろう、というのが次の文です。

明鏡を道得ならしむるに、百雑砕なるべきがゆへに。雑砕のかゝれるところ、明鏡なり。さきに未雑砕なるときあり、のちにさらに不雑砕ならん時節を管見することなかれ。たゞ百雑砕なり、百雑砕の対面は、孤峻の一なり。しかあるに、いまいふ百雑砕は、古鏡を道取するか、明鏡を道取するか。更請一転語なるべし。また古鏡を道取するにあらず、明鏡を道取するにあらず。古鏡明鏡はたとひ問来得なりといへども、

ここで「明鏡を道得ならしむるに」というのは、「玄沙をして言はしむるとき」という

のと同じでしょう。「雑砕のかゝれるところ」、雑砕が何かに依存しているとすれば、それは、という意味です。「かゝる」というのは、何かにぶらさがっているところを想像すればいいのではないでしょうか。ただ「かかるところ」なら「かくあるところ」の変形でもありえて、存在様式そのものを言っているととることも可能ですが、ここはそうはなりません。明鏡が来なければ百雑砕もない。しかし他でもない「明鏡」のせいで「古鏡」は砕けたのだが、「古鏡」のまだ砕かれていなかった、そういう時があったとか、明鏡に出会ったあとでも、「古鏡」が「さらに」――さらさら砕けずにありえた場合とか、そういう場合を。この「時節」は簡単に「場合」と言いかえていいと思います。かれこれ狭い考えを起して、考えるのはよせ。かならず百雑砕、前のくだりにいうように、「百千万に雑砕」してしまうのだ。

ここまで来ますと、「古鏡」と「明鏡」のあいだには優劣とは言わないまでも、強弱の差があって、それで、「明鏡」に出会うと「古鏡」は砕け散る、そういうことがあると言われているとも見られる。玄沙自身、たかが胡漢を映すくらいの「古鏡」より上なんだといって「明鏡」と言ったのではないか。師雪峰のつかんだものより自分のつかんだものの方が確かなんだとしてこう言ったのではないか。そう思えます。しかしそういうふうに強弱のある現世のやむを得ない様相として「百雑砕」があるとしたとき、それと相対して屹立して砕けぬものは何か、それは一つのものが一つのものとして厳しく存在するというそのことだろう。百雑砕するのが「古鏡」で、させるのが「明鏡」だったはずだが、こういうことになったら、「百雑砕」というのは、「古鏡」のことをいうのか、「明鏡」のことをいうのか。「を道取」というのはこのことをいうのだろうと思います。「明鏡」は「古鏡」を粉々にしてみたところで、それでおしまいどころか、厳然と聳え立つ個別的存在がそのときにかえってあらわれる。鏡に映った影像などの段ではなくなる。「百雑砕」などという相対的観念ではない、どうかもう一歩進んだ「一転語」を出してもらいたい、そう道元は言います。一転語というのは、一語で相手の迷を解いて悟りを開かせるような、効果的なことばのことです。いろいろ思い悩んでいるときに、師匠が言ってくれる頭の中がからっと晴れるような言葉、それがいわゆる一転語です。しかしここでは問答のこういう強弱の衝突、一方の破砕というような相対的局面を、もっとひろいところへ引き出す力強い言葉、という意味で言っていましょう。「転」というのはやはり「転法輪」の「転」と関係があって、言う、という意味をまず持つのじゃないでしょうか。それとも――「また」はそれともという意味で言われていると思います――「百雑砕」というのは古鏡について言うのでもなし、明鏡について言うのでもなく、古鏡についてか明鏡についてかということは、たとえ問いの内容でありうるとしても、というのが「問来得なりとも」ですね。この「来」はまったくの助辞、意味を持ちません。

玄沙の道取を擬議するとき、砂礫牆壁のみ現前せる舌端となりて、百雜砕なりぬべきか。

玄沙の言葉をああでもないこうでもないと考えていると、そこに「砂礫牆壁」、どこにでもある珍しくもない無機的なものばかりが、「現前せる舌端となりて」。これは難解な言廻しですが、そういう無機質の大したものでもないものばかりが「現前せる」、あらわれて目の前にある、そういう「舌端」、ですけれど、この「現前せる舌端」は現前舌端という漢字文を考えて、「舌端に現前せるものとなりて」と読みかえるといいのじゃないでしょうか。砂礫牆壁のようなものになってしまって、主格は「古鏡明鏡」です。そのいずれも、そこらにあってふんづけられたり、ぶつかってこられたりする無機物質となってしまって、めちゃくちゃに砕けてしまうのが落ちだということになる、のか、それともそうでないのか。

砕来の形段作麼生。万古碧潭空界月。

底本では二行にわけて書いてありますが、その必要のない表現です。「形段」、前後、第一次、第二次の区分けということで「砕来」の「来」も意味のない助辞でしょう。その前後関係はどうなのか、とみずから問い、みずから答えるわけです。答えが「万古碧潭空界月」です。様相をかえることのない碧をたたえた深い潭や空の月のようなものだ。いったんはさざ波がたって砕けたと見えるが、また一面に深沈とした静寂に帰する。また、「空界」、これは「空なる世界」ということでつまりそら。空の月は、欠けたと見えてもそのうち満ちて来るし、雲がかくしたかと思うと、また、皎々と輝き出す。そういう深潭や虚空の月のように、こなごなになってもそれでおしまいではないどころか、もとのように「古鏡」は「古鏡」として、胡来胡現、漢来漢現の活動をつづける。この七言の句は、あとに「再三撈摝して始めて応に知るべし」という七言がつづく、生歿年不詳の同安常察という、青原下でいうと七世にあたる祖師の作った、「回機」という題の七言律形式の偈の第七句で、まずあとの句を読みますと、何度も何度も、物をとるために水に入ってみてやっとわかる、何がわかるかというと、第七句の、太古からたたえている淵の水は大空の月と同じく静寂なものだということがわかるという意味で、玄沙に「百雑砕」などと笑われても、「古鏡」は「古鏡」として、静に、差別なく、来るものを映しつづけるにきまっている、そう、この偈のこの句で、この段を締めくくったものと思います。全躰もなかなか綺麗なので読むだけ読んでおきましょうか。

「涅槃城裏尚猶危（なほ危きがごとし）。陌路相逢勿定期（陌路——村道ですね、——陌路の相逢、定期なし）。権挂垢衣云是仏（かりに垢衣を挂け、これ仏と云ふ）。却装珍御復名誰（却って珍御を装ふにまた誰とか名づけん）。木人夜半穿靴去。石女天明戴帽帰（これが帰るですから、前の句の「去」はゆくと訓むのがいいでしょうね。それから今出た句です。）万古碧潭空界月。再三撈摝始応知。」

伝燈二十九には無題で、会要三十には同安察禅師十玄談として出ているものの一篇です。

さてそこで、この一段の最初の、雪峰真覚大師の示衆のすぐあとに、「玄沙出問」とあったのに戻ります。そこを見て下さい。これはこのくだりでもそう訓みましたように、師の雪峰の示衆をきく雲水たちの中に玄沙がいて、すすみ出て師に訊ねたという意味です。しかし出典とされる联燈会要二十一の雪峰義存の章をみますと、玄沙はその席にはいないので、どこかよそでまず師の上堂語、それからそれに対するひとりの僧の「忽ち明鏡の来るに遇ふ時如何」という問い、さらにそれに対する師の「胡漢倶隠」という答えをきいて、「我は即ち然らず」と言ったというわけです。

それに対してひとりの僧が「忽遇明鏡来時如何」ときく。すると、「百雜碎」と玄沙は答える。

玄沙はあきらかに師の至らなさを批評しているので、祖堂集ではもっと端的に「山中の和尚の脚跟、実地を踏まず」と言ったとされています。足が地についていないというわけです。ここではじめの雪峰の示衆の語も「古鏡相似。胡来胡現。漢来漢現。」という形で、「相似」は実躰と影像とを「あひ似す」と言っている他動詞だという前に言った解釈を支えてくれると思います。伝燈録ではどうかというと、ここでは玄沙の章の話として出ていまして、まだ玄沙は示衆の席から去らずにいて、その場で質問したことになっているのは道元の引用文と同じですが、その師に対する批評のことばは、「老和尚、脚跟猶未点地。」という烈しいものでした。脚跟——かかと、ですね——なおまだ地に点いていない、というのです。ここでは雪峰の上堂語は「要会此事。——これは道元の引用文におけるのと同じです。が次は——猶如古鏡当臺——なほ古鏡の臺に当るが如く——、胡来胡現、漢来漢現。」です。これも道元の引用文に見られるのより大分簡明の度が大きいですが、これに対する玄沙の問いも「忽ち明鏡の破するに遇ふ時如何」で、これはもうはじめから破壊的なのです。それに対して雪峰が「胡漢倶隠」と答えると、「老先生、踵が地についていない」と面と向っていうわけです。

これと同じ言葉が伝燈録の一つおいて次の話でも、師を批評する玄沙の語として出ていて、そんなこと、ありそうにないと言えばその通りですが、しかし玄沙がはっきり雪峰を批判しきっているのは、三つの記述を通じて共通に見てとれるところです。それを道元は、なんとかして師の雪峰の立場を守ってやり、雪峰が権威を保つのを助けてやろうとして、この段の評唱をしているわけです。後進、また折衷者、そして教師としての道元というものを考えざるを得ないところで、こういうことは眼蔵のそちこちから見つかります。古い昔からの日本の知識人がおかれた心的情況というものがおのずと見てとれる地点というべきでしょう。

雪峰真覚大師と三聖院恵然禅師と行次に、ひとむれの獼猴おみる。ちなみに雪峰いはく、この獼猴、おの〳〵一面の古鏡を背せり。この語、よく〳〵参学すべし。獼猴といふはさるなり。いかならんか雪峰のみる獼猴。かくのごとく問取して、さらに功夫すべし、経劫をかへりみることなかれ。

これは話そのものは伝燈録の三聖慧然の章にも雪峰義存の章にも出ていますが、昔から碧岩録が眼蔵の典拠だということになっています。それは伝燈録の雪峰の章では、これが三聖とのあいだの問答になっていないからでしょうが、三聖の章ではちゃんとそうなっています。

三聖慧然は伝まったく不明のひとで、臨済義玄の法嗣でしたが、その法を受けてから、潙山霊祐の法嗣の仰山慧寂や香厳智閑を尋ねたり、雪峰の師の徳山宣鑑や、雪峰そのひとにも参じたとされていて、南岳下で言えば五世。ところが雪峰は青原下でかぞえて五世の人です。

さて、碧岩をみますと、その六十八則の「仰山三聖に問ふ」につけた圜悟克勤の評唱にこうあります。もっとも眼蔵と直接関係のあるところだけを読みます。

「三聖は是れ臨済下の尊宿なり。少きより出群の作略を具して、大機有り、大用有り。」

作略とは頭のはたらき、機転と言ってもいいでしょうね。大機とはすぐれた能力をもつ人をもいいますが、ここではその人のもつすぐれた能力。大用とは与えられたものを有用に使う大きな能力です。次は省略。

「臨済を辞して、遍く淮海に遊ぶ。」

淮とは淮水で、ここでは中国の南の地方全躰を指すでしょう。それと海岸地方。次も省略。

「先ず雪峰に造つて、便ち問ふ、透網金鱗。未審以何為食。」

これは眼蔵の「古鏡」には関係ありませんが、この問答の続きとして獼猴の古鏡が出るので読んでおきます。この「透網」を「網をとほる」とふつう訓むようですが「透」にはおどり出るという意味があり、ここもそれだと思います。また「以何為食」は、岩波文庫本では「何を以つてか食と為ん」と訓んでいますが、「食」は一般に人間の食い物、糧なので、「何を以てか食たる」と訓む方がいいんじゃないでしょうか。自分を掬った網から自由を求めて飛び出す程の魚がどうして人間の食い物になるのか。

「峰云はく、汝が網を出で来らんを待ちて、即ち汝に向ひて道はん。」

そんなことをいうが、お前さんはまだ網の中じゃないか。お前さん自身が出て来られたら教えてやろう。

「聖云はく、一千五百人の善知識、話頭や識らず。」

なんだ、千五百人も仏道修行を積んだものがいるというのに、これがどういう話なのかわかるものがいないのか。いきなり千五百人というのはおかしいんですが、この文句は伝燈の三聖の章にも雪峰の章にも出ていません。「話頭」の頭は接尾辞で、意味はありません。雪峰は閉口して、

「峰曰はく、老僧、住持事繁し。峰寺荘に往く。」

わしはここを住持するものとして寺務多端なんだ。これはむろん逃げ口上でしょう。そういって雪峰は「荘」、寺領の田畑の方へ歩き出す。三聖はあきらめずについていくと、途中で猿を見るわけです。これを道元は「行次（あんじ）」、道々と言ったんでしょう。

「路に獼猴に逢ふ、乃ち云はく、獼猴各々一面の古鏡を佩ぶ。」

実際この雪峰山には猿がいたのでしょう。そればかりでなく、雪峰というひとは鼈尾蛇（べつびじゃ）と言ってその住山にいたという毒蛇だとか、かもしか、――かもしかは夜寝るとき、角を木の枝にひっかけて、爪のあいだから出る躰液の匂いが地上に残らないように用心するそうで、――そのように師たるものは自分の言葉を弟子に覚えさせるようなことはするなと言ったとか、生き物にたとえをとった説示が多いようです。ここも猿で、雪峰義存は三聖慧然をためそうと思って、この猿には背中に一枚ずつ古鏡があるんだぞ、といった。

「聖云はく、歴劫無名。何以彰為古鏡。」

猿の背中には何かついているかもしれない。しかし、劫、無限と言ってもいいくらい長い時間を経るあいだ、つまり大昔からそれにはは名が無いままで来たのだ。それなのに和尚、どうして特にはっきり古鏡というんだ。この「何以彰為古鏡」をふつう「何を以つてか」と訓んでいるようですが、それじゃいけないんで、「何ぞ以つて」でしょう。「なんぞ以つて彰して古鏡となす。」それにこれは、伝燈録の三聖慧然章では「為什麼立為古鏡——什麼に為りてか立てて古鏡と為す」とあり、これが本来の形で、一本に「立」の代りに「彰」とおくとありますし、雪峰義存章ではそれに「章」の字をあててあります。それによりますと「什麼の章に為りてか古鏡と為す」と訓めます。要するにどういう形で問答が行われたか、確定できないのです。

「峰云はく、瑕生也」

これを「瑕生ぜり」と訓みますと、現在完了形の表現になります。道元は「瑕生也といふはきずいでぬるとなり。」と現在完了形の訓みをとっていて、そのために苦しい解を下さなければならなくなるのは、あとで見る通りです。

「聖云はく、一千五百人の善知識、話頭也識らず。」

これはさきの問答の結び、というか三聖が雪峰に対して放った批評の文句と同じです。しかし伝燈録雪峰義存章ではここにはじめて「話頭也不識」が出るわけで、しかも全文は「什麼の死急有りてか、話頭也不識。」の形です。「死急」というのは命にかかわる程いそがなければならないことをいうのですが、碧岩でも伝燈でも、問いつめられた雪峰はまた兜を脱ぐ。

「峰云はく。罪過。老僧住持事繁し。」

「罪過」はごめんごめんと言ったようなものです。この言いわけの文句もこれも前と同じです。伝燈録にはこの言いわけの文句は、雪峰の章にはなくて、三聖の章に出ますが、そこでは「話がわかっていない」と責められるのは雪峰山の千五百人の雲水ではなく、「老和尚」と呼びかけられた雪峰そのひとです。碧岩はどうやら伝燈録の三聖の章と雪峰の章を、この話に関するかぎり雪峰が主人公になるようにまとめて潤色したらしいので、それは三聖が伝燈にあるのとは逆の順序でまず雪峰を訪れ、そのあとで仰山に赴いたとしている記述からも察せられます。雪峰を尊敬しているらしい道元はこの碧岩によっていろいろこねくるわけです。

「この話よくよく参学すべし。獼猴といふはさるなり。いかならんか雪峰のみる獼猴。」雪峰義存は、山中を歩いてゆく途中猿を見、三聖をためそうとして、「この猿はみんな古鏡を背負っているんだぜ」と言ったわけですが、猿が鏡をせおっているわけなんかありません。それを背負っているといったのですから、雪峰の見た猿はどんな猿なのか、そう問題を立てて、なおも考えつめなければならぬ。「かくのごとく問取して、さらに功夫すべし。経劫をかえりみることなかれ。」「経劫」は「劫を経」で、「歴劫」と同じでしょう。

定めし多くの時間がかかろうなどと、気にするようではいけない。

おの〱一面の古鏡を背せりとは、古鏡たとひ諸仏祖面なりとも、古鏡は向上にも古鏡なり。獼猴おの〱面々に背せりといふは、面々に大面小面あらず、一面古鏡なり。

雪峰義存が「古鏡」と言ったのは、伊達や酔狂で言ったのではなく、その猿の背にのっている鏡がかりに仏祖であっても、あるいは「面」の字にこだわって言えば、仏祖の様相を示していても、です。そうであっても、それは正真正銘の、どう言い変えようもない「古鏡」であり、その点では「古鏡」が古鏡以上のものになっても、それは「古鏡」なのだというのです。「向上」とは何々以上。ここでは古鏡以上ということです。「獼猴おの〱面々に背せりといふは」、これは道元が言ったことで、雪峰はそんなこと言っていませんん。しかし自分でそういう問題を立てるわけです。そして「面々」とはいうが、大きな面、小さな面などという差異があるわけでないのはむろんとして、そもそも複数面ではなく「一面古鏡なり」、この「一面」は形容語でしょう。一枚の古鏡があるだけである。親猿のしょった古鏡とか子猿のしょった古鏡とかそういう区別もないし、鏡そのものの大小などという量的な差異もここにはないというのです。

背すといふは、たとへば、絵像の仏のうらをおしつくるを、背すとはいふなり。獮猴の背を背するに、古鏡にて背するなり。使得什麼糊来。こゝろみにいはく、さるのうらは古鏡にて背すべし、古鏡のうらは獮猴にて背するか。古鏡のうらを古鏡にて背す、さるのうらをさるにて背す。各背一面のことば、虚設なるべからず。道得是の道得なり。

絵の仏像、仏を描いた絵の裏うちをするのを「背す」というのだとまず説明するわけです。「背」とは裏打ちのことだというのがここでの「背」の使い方で、これは漢字としての正当な使い方です。「獮猴の背を背するに、古鏡にて背するなり。」猿の背中に裏打ちするに当っては古鏡で裏打ちするのだ。「使得什麼糊来。」いったいどんな糊を使ってそれをするものか。「使得」の「得」は助辞、現在完了のような語感で、従って可能性をあらわしてもいる。「来」も助辞で、意味はありません。ためしに「さるのうらは古鏡にて背すべし」と言ってみる。するとその逆で、「古鏡のうらは獮猴でもって裏打ちするのか」という問題が立てられる。ここの、猿の「うら」というのは、単にその背のことで、背の内側のことじゃないでしょうね。その答え。「古鏡のうらを古鏡にて背す。さるのうらをさるにて背す。」すべては、そのもの自身によって裏打ちされ、支えられて存在するのだ。「各背一面」、おのおの、一面を背すのではあるが、それが「背する」のは、その裏打ちはそのもの自身をもってする裏打ちなのだ。だから「おのおの一面を背す」という言葉はうそではない。でたらめではない。すなおに読んでくると、いちおうそうとれますが、しかし「各一面を背す」の「背」、原文の「背」は道元が仏画を例にとって説明してみせた「背」、裏打ちするの意味ではなく、背にする。背負うということじゃないでしょうか。裏打ちなんていう目に見えない裏側のことではなく、そういう表に出ているはずのことだとすると、うそ、でたらめのようだが「虚設なるべからず。道得是の道得なり。」道得是、言ったところは正しい。この「是」は正しいという意味の是です。これは正しい言い分だ。ただ問題はその「一面」が古鏡一面なのか、獼猴一面なのかということにかかっている、そう論旨の向きを変えているように思われます。

しかあれば、獼猴か、古鏡か。畢竟作麼生道。われらすでに獼猴か、獼猴にあらざるか。たれにか問取せん。自己の獼猴にある、自知にあらず、他知にあらず。自己の自己にある、摸𢱢およばず。

つきつめて行って結局どう言えばいいのか。こう考えてみると、猿と古鏡ばかりに問題は限られて来たが、この問題を立てている自分はいったいなんなのか、人間ではなくて猿なのか、それとも猿ではなく依然として人間なのか。こういうことは誰に尋ねたらいいのか。自分が猿であるということ、「獼猴にある」は「獼猴なる」で、猿であるということ、それは「自知にあらず。他知にあらず。」これも「自知ならず、他知ならず」で、自分が猿であるとは自分の知るところではなく、他人の知るところでもない。では何かというと、自己である自己、人間である自分である。この自己が自己であるということは認識の問題ではなく、存在の事実なのだ。それはさぐってみてそれで摑えられるようなことではなく、超越的な自明のことだ。無なる存在、自己の無を説く思想書としてこの正法眼蔵を読む立場を間違っていると私が思う根拠はこういうところにもあって、前にも紹介した「他己」という言葉、他のおのれ、それ自身の自覚をもった他者、それがあると考える立場は当然自分自身をもあるとみとめる立場のわけで、こういうことは千二百年ちょうどに生まれた人物の思想として、自覚として当然のことと見るべきでしょう。我の強いひとたちが既成勢力に戦(いくさ)をしかけた源平合戦は終ったものの、北条九代の強い個性の人々が政治を牛耳った時代に生きたのが道元なのですから。だからこそ我を捨てなければならない、無に向う存在であることを自分でわからなければならないと説いたのだと考えるべきで、無や空の瀰漫(びまん)を見ていた人ではないのです。

　三聖いはく、歴劫無名なり、なにのゆへにかあらはして古鏡とせん。これは、三聖の古鏡を証明せる一面一枚なり。歴劫といふは、一心一念未萌以前なり、劫裡の不出頭なり。無名といふは、歴劫の日面月面、古鏡面なり、明鏡面なり。無名真箇に無名ならんには、歴劫いまだ歴劫にあらず。歴劫すでに歴劫にあらずは、三聖の道得これ道得にあらざるべし。しかあれども、一念未萌以前といふは今日なり、今日を蹉過せしめず練磨すべきなり。まことに歴劫無名、この名たかくきこゆ。なにをあらはしてか古鏡とする、竜頭蛇尾。

相手の雪峰がいま問題にしているものは、ずっと昔から名無しですんで来てるものなのに、それをどうしていまさらとり出して古鏡などというのか、古鏡などと名づけて問題にするのか。三聖はそう言ったわけですが、それを道元は、これが三聖なりの、雪峰のいう「古鏡」の存在証明なのだと言っているわけです。「証明」と言っても今の数学や物理の証明とは違う、ということは前々回も言いました（四三九ページ）。明証を得る、明らかなことして見る、見てとらせるというふうに言いなおせる、存在にかかわる精神的行為のことで、ことは直覚にかかわると言えます。それの「一面一枚なり」というのは、「面」「枚」は類語で、ともに平らなもの、それだけではありませんがおもに平らなものを数えるときの数助詞です。で、三聖のこのことに関する具躰的な一つの言表であると言ったことになりましょう。「歴劫といふは一心一念未萌以前なり」——これからが厄介なのですが、ちらっと心が動く、そんな目にもとまらぬ程のことがきざすより前のこと、何も生じなかった時間さえなかった昔のことをいうのだ、「歴劫」とはそういうものだ。「劫裡の不出頭」は、劫というのはそれ自身莫大な時間ですが、それでも現実の時間のわけで、その中にはあらわれないものだというのがこの句の意味です。「頭」は前から出ていますように漠然と一般的にものをさしていう語です。これも前の「一心一念未萌以前」と同じく「歴劫」の意味づけで、道元はこの二つの辞句によって、本来時間的概念である「歴劫」を、無時間世界のもの、超時間的なものだと言っているわけです。それに対して「無名といふは、歴劫の日面月面、古鏡面なり、明鏡面なり。」「無名」というのは、「歴劫」という非現実的時間の「日面月面」、この二つの「面」も添辞でしょう。日である月である。すなわちその現実的ありようである。それがまた、というか、そうだからこそ、それは「古鏡」である。「明鏡」である。ここについている二つの「面」も添辞でしょう。要するに名があるとか無いとかいうのは、現実の問題だというのです。道元はこうして三聖の第一句を、超自然の形而上学的なものが現実にあらわれた場合という意味に読み変えているわけです。三聖のその句は全躰としても「劫を歴つつも名なきに」という副詞句ですが、その第一句はその中のまた副詞句。これを道元は名詞として読むわけです。そしてそれの、「歴劫の」という、主格というか所有格の句を念頭において、次を「の無名」という述部と解釈します。だから「歴劫の日面月面」などという言換えも出るわけです。古鏡とはそういうものである、時間の拘束をこうむらぬ、しかしながら現実的存在である、それなのになぜ、わざわざ取り立てて古鏡などというのか、そう三聖は言っているのだと、かれ道元は言うわけです。「無名真箇に無名ならんには」、この「真箇」の「箇」は強めの助辞。僕らの子供の頃の文語文にはこの「真箇」がよく使ってあったものですが、無名が正真正銘の無名だったら、それでは現実へのあらわれが欠けてしまうわけですから、道元のいう意味の「歴劫」、時間を超えた超自然、形而上学的なものは「証明」を得られないものになってしまう。「歴劫すでに歴劫にあらずは」、そういう超時間、超自然、形而上学的なものが、そうでないことになったとすると、「三聖の道得これ道得にあらず。」三聖は何を言いあてたことにもならない。そうではあるけれど、というのは、三聖はそうは言っていないと道元も見て、そうではあるけれど、です。「一念未萌以前といふは今日なり。」前の句から「一心」が落ちています。ただ「一念」というと、一刹那に同じとも六十刹那とも言われるごく短時間のことをいうので、そういう短時間にもせよ、およそ時間というもののきざさない昔という意味、あるいはさきに申しましたようにちらっとひらめく心の動き、そういうものもきざさない昔の昔のそのまた昔の何もない大昔、というとすでに時間だけは存在したことになりますが、それ以前のことというのですから、同じですね。そうはいうが、それは過去ということではなく今日のことだ。「歴劫」即「今日」なのだ、そういう形でそもそも時間というものは成立しているのだから、かえって時間のことなど問題とせず、今日という日をうかうか過ごしてしまわずに——ここの「せしむ」も使役の動詞ではありません――研鑽せよ。この「練磨」には目的語がありませんが、これは前の「三聖の道得」が、やはりいま道元自身の展開したような時間論的根拠によって「道得」たりえているのだから、その「道得」を練磨せよと言っていると解釈できるでしょう。「まことに歴劫無名、この名たかくきこゆ。」「この名」というのはこの語の名声ということでしょう。無限の時間の中でもずっと名づけられずに来たものというこの言い方は有名だが、それにつけて三聖は「なにのゆゑにかあらはして古鏡とせん」と言っただけで、「なにをあらはしてか古鏡とする」、古鏡とは何かを自分では言っていない。「竜頭蛇尾」というものだ、頭だけもっともらしいが、しっぽはつまらぬものだ、実躰は無価値なものだと、道元はここで三聖慧然をくさしているのです。しかしさっきも読みましたように碧岩そのものでは、三聖の言い方はもう少し微妙で、「何ぞ以つて彰して古鏡とする」ですから、どうしてわざわざ、それを「古鏡」だと言いたてるのかといっていることになりましょう。しかし道元は雪峰義存を立てたいのです。ですから、三聖のようなうるさい朋輩を相手にして、雪峰は逃げを打ち、私は住職としていろいろいそがしいのでねと行ってしまうんですが、そこでも道元は雪峰の肩を持ち、その逃げを惜しんで、

このとき、三聖にむかひて雪峰いふべし、古鏡古鏡と。

この「古鏡古鏡」は別に連呼せよというのではなく、恐らく中国語の俗語がよくやる畳語法でしょう。ハオハオとかニイライライとか要するに、それは古鏡なんだ古鏡なんだ、そういうべきだったと道元はいうのです。

いまあった「竜頭蛇尾」ですね、あのさっきの説明にこだわっていうと、生き物臭がこでもつよいこの比喩の文句は、雪峰義存が使った句で、伝燈十六のその章に出ています。「大小の祖師、竜頭蛇尾。」六祖慧能のいうことも尻すぼまりだ、というふうに。さきに行きます。

雪峰恁麼いはず、さらに瑕生也といふは、きずいできぬるとなり。いかでか古鏡に瑕生也ならんとおぼゆれども、古鏡の瑕生也は、歴劫無名とらいふをきずとせるなるべし。古鏡の瑕生は全古鏡なり。三聖いまだ古鏡の瑕生也の窟をいでざりけるゆゑに、道来せる参究は一任に古鏡瑕なり。しかあれば、古鏡にも瑕生なり、瑕生なるも古鏡なりと参学する、これ古鏡参学なり。

ところが雪峰はそうは言わないで、別に「さらに」ですね、「瑕生也といふは」、言いかえると「きずいできぬる」と言ったわけだが、それは。もっともこの「瑕生也」という漢文は、前にも言いましたが、「出で来ぬる」と現在完了形にばかり訓める語でないのはむろんで、「きずいでく」と現在形にも訓めます。しかしそれは、まあ、道元の訓みに従うとしまして、次の道元の雪峰アポロギアを読んでゆきます。どうして古鏡にきずが出来るなんてことがあるのかと思われるが、雪峰は、三聖の言った「歴劫無名」、道元によれば、超時間的な形而上学的実躰の現実化、そう僕が言いかえるもの、——しかしふつうにはずっと昔から今にいたるまで名がなかったというだけの意味のこの言葉を。——「とらふ」は公卿社会の通語で、「とかいう」と今いうのと同じことのようです。「ら」は接尾辞で、「と」だけに意味がある。しかし「ら」をつけただけ、語感がやわらいでいます。そんなふうに言ったが、それはつまりは古鏡にきずがついたと判断したからに違いない。これは道元がそう考えるので、もし最初からわれわれが考えてきたように、古鏡が仏性などであったら、それにきずなど出来るわけはない。しかし道元はここできずが出来たからこそ、古鏡だというのです。「古鏡の瑕生は全古鏡なり。」——どんな古鏡でも、古鏡にはすべて瑕ができるのだ。ここで、「瑕生也」という時称のない表現をどう読むかはいい加減にはすませないことに改めて気づかされます。道元はそれを現在完了形に訓んで、きずが出来てしまったという前提の上に立って、三聖が歴劫無名なりなどときいたふうなことを言ったために古鏡に出来たと道元の見るきずを、次の問題、論題としはじめるわけです。理不尽な言葉で古鏡にきずが生じるとすれば、それはすべて古鏡の問題だ。きずの出来た古鏡は、それを証拠に古鏡としうる、とそう論ずるのです。三聖慧然は古鏡の本性をつかんでいず、「歴劫無名」などと言って古鏡にきずをつける程度の男だから。「窟をいでざりけるゆゑに」というのはそういう意味でしょう。そんな時間に、あるいは時間の観念に拘束された物質主義的立場をぬけ出せないくらいだから、「歴劫無名」などと「道来せる」。この「来」は助辞で意味はありません。そんな偉そうに言ってみせた追究も、実は古鏡についたきずあればこそ成り立ったものなのだ。ここの「参究」は追究、究明の意味でしょう。次の「一任に古鏡瑕なり」は、「一任古鏡瑕」という漢文を棒訓みにして和文で、「古鏡の瑕に一任するなり――ひとへにゆだぬるものなり」、古鏡のきず次第のものだ、というのじゃないかと思います。

以上のように読んできましたが、この節の「歴劫無名」は、前の節におけるように、哲学的解釈をつけられた、こじつけられた「歴劫無名」ではなく、文字通りの意味の句として、道元によっても扱われていはしないかという疑いがあります。そういう扱いであっても一向構わない立論だと、ここは読めるのです。

「しかあれば」と次にいうのは論理的に先に進んでゆくことを示す接続句ではなく、今までの旨をまとめるための副詞句だろうと思われます。そういうわけで、「古鏡にも瑕生なり。瑕生なるも古鏡なりと参学する、これ古鏡参学なり。」鏡にもきずはつく、きずのつくはずのない古鏡にきずがついても、古鏡は古鏡だ。これこそ、すなわち何がどうあっても古鏡は古鏡だというのが、古鏡を考える上でのアルファであり、オメガである、古鏡という語の意味である。この「参学」は参学の成果を意味していましょう。

しかし三聖が雪峰に言いたいことの核心は、なぜわざわざ古鏡なんていうんだ、というところにあったのに、道元はそれを無視しています。その道元の評唱を見越したような次の三聖のいわくです。

三聖いはく、有什麽死急、話頭也不識。

この「什麽の死急ありてか、話頭や識らざる」という三聖慧然の語は、さきにも言いましたように、渉典が出典とする碧岩録に出るものではありません。そこでは「一千五百人の善知識、話頭また識らず」となっていまして、これは伝燈録雪峰義存の章に出る語です。ただしそこでもある僧の語とされていて、三聖の語とはなっていません。その三聖の章にも出ていず、そこでは三聖が「咄して曰はく、老和尚、話頭也識らず」と言ったとなっています。さっきも言いましたように、本当はどういう形で問答が行われたか、たしかなところはわからないのです。共通なのは「話頭也不識」で、その「話」がこの話の核心ということになります。

いはくの宗旨は、なにとしてか死急なる。いはゆるの死急は、今日か明日か、自己か他門か、尽十方界か、大唐国裡か。審細に功夫参学すべきなり。話頭也不識は、話といふは、道来せる話あり、未道得の話あり、すでに道了也の話あり。いまは話頭なる道理現成するなり。たとへば、話頭も大地有情同時成道しきたれるか、さらに再全の錦にはあらざるなり。かるがゆへに不識なり。対朕者不識なり、対面不相識なり。話頭はなきにあらず、祇是不識なり。不識は条々の赤心なり、さらにまた明々の不見なり。

この三聖の語にいう「死急」、滅法急を要することという言葉は、三聖はそれをそういうどんなことがあるからって、話に出たことさえわからずじまいでいるのかという意味に明らかに使っています。それを道元は「什麽のありてか死急なる」と訓んだようです。それで「いはくの宗旨はなにとしてか死急なる。」という劈頭の言葉が出たのでしょう。それから以下の分析、と言っていいでしょう、それが展開されます。緊急だといって、きょうのことか、あすのことか。自分のことか、他人のことか。この「門」は家といっても者といってもいいものじゃないでしょうか。要するに他の部類ということです。それとも全世界のことなのか、中国だけのことなのか。そのあたりをつまびらかに考究すべきだ。それから「話」についての道元の解釈が始まります。もともと禅書でいうことですから、「はなし」、というより「わ」といった方がいいわけで、何かの考えを言いあらわしたことばの全躰です。このごろはやりの術語ではディスクールというところでしょう。その「話」には、「道来せる」、言われてきて我々の耳に入っている話もある。またまだ言われずにある話もある。まだ頭の中にあるだけの、これから話題化される話もある、ということでしょう。「道了也」の話もある。「了」は完了、「也」は「なり」で断言の助詞です。はっきり語られ終った話もある。そういうふうに色々の話があるけれど、今は「話頭」ということが問題で、話頭という形の話の持つ意味合いが、その道理が、「現成するなり」。三聖は自分の言ったこと、むしろ問いの意味を雪峰が汲んでくれないうえ、さらに、鏡にきずがついたなどと、ごまかしとしか思えない返事をした、それで三聖は、いま問題になっているのはどういうことか和尚、あんたにはわからないのか、と詰問した。その問いの内容がこんど問題とされる「話」です。こういう意味合いを持つ話、すなわち「話頭」はどういう具合に現実化されて来るのか、提起されるのか。それは全自然、全宇宙、意識のある全生物と同時に現実化されるのか。「成道」は元来成仏と同じことなので、それで、釈迦牟尼の明星出現時悉皆有情同時成仏という句を踏まえて、そこの「成仏」を「成道」と変え、これを現成の意味に使ったものです。もともと、この話の内容は、一切存在とともに現実化されてあるものだというのです。次の句は渉典に何やら出ていますが、それでは「再全」の「再」の意味が説明できません。これはつくろってもと通りになった錦という中国の故事にあるもので、それとは違うものだというのが、ここで道元の言いたいことのはずです。大系本の上欄の註は春秋左氏伝から引いた文で、諸橋大漢和にもこれが引いてあります。その襄公三十一年に、子産、というのは春秋時代の鄭の国の太夫です。この子産に子思が政治上のことをいろいろとおそわっていた。子供に鄭のまつりごとを託すのはどうかという話のとき、子産曰わく「子に美錦有るや、人をして製つを学ばしめず。大官大邑は身の庇とする所なり。しかして学者をして製たしむる焉、其の美錦為る亦多からず。」年端もいかないものに政を托そうとするのは、立派な錦を裁ち方の稽古に使わせるようなものだ。大官とか大邑とかはいずれも身をおおう貴重な布であって、こういうものをまだ政治の稽古をしているような人に托するのはよくない。へたな仕立屋に錦を使わせて、まちがった裁ち方を許したら、あとで困ってももとの完全な錦には戻らない。そういう意味の再全の錦です。つぎはぎしてどうやら形を整えたようなものではないというのです。「話頭」というのはそういうもの、その言葉はおのずと生じた無傷のものだ、とりつくろって恰好の出来たものではない。「かるがゆへに不識なり。」そういうものだからふつうのひとにはわからないのだ。しかし三聖にしてみれば、雪峰にはわかってもらわなくては困るのです。あるいはわからないような雪峰は下らん奴なのです。ところが道元はそうはとらない。それゆえに不識である。わからなくて当然だというのです。次の「対朕者不識なり。」これは達磨大師と梁の武帝の有名な問答の中の言葉をまとめたもので、もとの問答は武帝は「朕に対するものは誰そ」と目の前の達磨大師に言った。それに達磨大師は

「不識」と答えた。識らないというのは普通の意味で知らないのではなくて、言いあらわせないもの、言ったら間違うもの、あるかどうかさえ定かでないものということでしょう。それを一つにまとめてこの五字の一句にした。「面を対するも相識らざるなり」。そういうことがあるのだ、何もかも識れるとばかり思っていてはいけない。しかしわからないからといって無いわけではない。三聖に、雪峰がそれを不識だと批判された「話頭」はちゃんとあるのだ。ただわからないだけだ。「祇是不識」ですね。しかしそのわからないというのも、無能のせいだとか、怠惰とかのためではなく、それはそれで、ひとそれぞれのまごころのはたらきだというのです。三聖慧然に「不識」を責められた雪峰にも一分、どころか、そのまごころと結びついた理がある。こういうふうに道元は雪峰のためのアポロギアをつづけます。そればかりでなく「明々の不見なり。」明らかにあらわれ出て目の前にあるのに、それを見ずにいるだけのことだ。事柄も雪峰の眼力もなくはないのだ。雪峰は別に鬼が住むという無明の世界に入っているわけではない。しかし、道元ではない三聖は雪峰に咬みつくので、

雪峰いはく、老僧罪過（すいこ）。

わしは間違っていた、御免。

いはゆるは、あしくいひにけるといふにも、かくいふこともあれども、しかわこゝろうまじ。老僧といふことは、屋裡の主人翁なり。いはゆる餘事を参学せず、ひとへに老僧を参学するなり。千変万化あれども、神頭鬼面あれども、参学は唯老僧一著なり。仏来祖来、一念万年あれども、参学は唯老僧一著なり。罪過は住持事繁なり。おもへばそれ、雪峰は徳山の一角なり、三聖は臨済の神足なり。両位の尊宿、おなじく系譜いやしからず、青原の遠孫なり、南岳の遠派なり。古鏡を住持しきたれる、それかくのごとし。晩進の亀鑑なるべし。

「罪過」というのは、悪いことを言ったという場合にもいうことがあるが。罪過というのはふつう、ごめんなさい、すまんすまんという日常語で、それを道元がこう言ったのは、中国でそれが実際どう使われているかを挿入句風に言ったものです。しかし、この場合はそれをそう理解してはいけない。なぜなら、老僧というのは一戸を構えて、その家をとりしきる年功を積んだ主である、一寺を住持するものである。「いはゆる」、この「いはゆる」はどちらかといえば、ふつうの言い方でいう「いはゆる」。よく餘事にたずさわるなどということをいうが、そういうことをせず。この「参学せず」は、次の「老僧を参学する」が呼び出した言葉で、「参学」でなくてもいいんじゃないでしょうか。「ひとへに老僧を参学するなり。」老僧というのは、一寺の住持としての本分をひたすら研鑽、躰得してゆくもので、ほかのことはしないものなのだ。それで「老僧罪過」と言って、その場をのがれたのは当然のことだというわけです。これも雪峰のための辯護で、こういう「老僧」、一山の住持というものは、変化のものが千、万とあらわれようと、鬼だろうが神だろうが何があらわれようと。ここの「神頭鬼面」の「頭」「面」はいつもつける添辞で、こだわる必要はありません。また今「おに」、「かみ」と言いましたが、「き」「しん」と言わないとほんとうはいけないんで、要するに中国の概念です。死者の化けて出たものや、超自然の能力をもった不可思議なものたち、そういうものがやって来ても、一山の住持の骨折って学ばねばならないのは、ただただ一山の住持のつとめ、その意味合いだけだ。仏が来るとか祖が来るとか、ほんの一瞬のあいだだけとか長い長い時間のあいだとか、いろいろ情況条件はあるけれど、学ぶのはただ老僧ということ、ただその一事のみだ。ここの「老僧」というのは、「参学」のいわば目的語、対格で、抽象名詞であって、「老僧」と言われる人の意味ではありますまい。そういう具合だから、雪峰山の住持義存の言った「罪過」は、住持としての任務上当然のこととして多事多端なのだということを言っているのだ。これも道元の雪峰アポロギアです。言い方がわるかったと言えることでも、すまなかったと言えることでもない。「一著」の「著」は、碁盤に石をおくことから来た為す、為されたことを意味する文字でしょう。

「おもへばそれ、雪峰は徳山の一角なり、三聖は臨済の神足なり。」これは師資継承の関係を言ったもので、雪峰は徳山宣鑑の弟子として衆にぬきん出た、ならぶもののない人物だ。三聖は臨済義玄の弟子としてなみなみならずすぐれた才能だというのです。「一角」ということばには出典があって、青原行思とその法嗣の石頭希遷の問答から出たものです。「一角」というのは端的に言えば、牛や鹿の中の麒麟ということです。角の生えたものの中の一種ということで、角一本ということじゃありません。雪峰、三聖、このふたりを、「両位」というのはふたりというのを尊んで言った語ですが、それをさらに「尊宿」というのは、同じ坐禅修行の宿に寝起きをする尊い先輩ということです。ふたりとも負けず劣らず系譜は立派なもので、雪峰はその五世として青原行思の遠孫である、三聖の方は同じく五世として「南岳の遠派なり。」「遠派」という語にこだわれば、南岳懐譲の法嗣馬祖道一には沢山の嗣法の弟子がいましたが、そのうちのひとりの百丈懐海の三代目の法嗣だということから言ったものでしょう。「派」はわかれです。

「古鏡を住持しきたれる、それかくのごとし、晩進の亀鑑なるべし。」「古鏡」はここでは道元の言う意味での仏法、仏道、あえて言えば禅の悟りということになりましょう。それが同時に「老僧」の任務そのものだということにも、上のくだりの所論を結びつければなります。また「老僧」ということそのことであるとも言えます。それでは、それと、猿の背を裏打ちしている「古鏡」との関係はどうなるのか。猿の背の裏打ちの「古鏡」は、存在の全躰を支え、律している存在性とでも言っていいようなものなので、禅の悟りというものが存在の真相にめざめることだとすれば、ここでも首尾は一貫するわけです。　雪峰の肩を持つ道元に同化して解釈すればそういうことになります。

「それかくの如し」というのは、両雄相譲らず、それぞれ、自分の「古鏡」というものについての考えを貫き、荷い通そうとして来ていることたるや、この通りだったというのです。「住持」はここでは、あるものをしっかり保ち続けるという意味の他動詞として用いられています。ふつういう住持も寺をあずかり、そこにとどまってしっかり保って行くもののことですが、道元はそれにさらに、「法」を受けついで、しっかり保って行くもの、の意味を加えたのですが、そのことがこの「古鏡を住持」という表現に反映しています。

「晩進の亀鑑なるべし。」あとから来た人たちの手本となるべき事柄であろう。ここでもまた文字は違うが、亀鑑といってかがみの概念を持って来ています。亀は、その甲羅を焼いて吉凶を占うのに使ったものなので、二字あわせて、じっと見つめて今あること、これからのことを考え定める上でよるべきものの意を持たせられていると言えるでしょう。

第六講

雪峰示衆云、世界闊一丈、古鏡闊一丈。世界闊一尺、古鏡闊一尺。時玄沙、指火炉云、且道、火炉闊多少。雪峰云、似古鏡闊。玄沙云、老和尚脚跟未点地在。

この最後の玄沙の語については前にも申しましたように、ほかの場合にもこれと同じことを、同じ雪峰について言ったと同じ伝燈録の、同じ玄沙師備の章に記してあって、少々疑わしい感じがするのですが、この問答で言われたものとして今は読んで行きます。

はじめの雪峰の語ですが、この四つ並んだ五字一句の文句の、第一の一組の五字句同士のあいだ、また第二の一組の五字句同士のあいだを、どういう形の関係でつなげるべきか、底本のように、一丈なれば……一丈なり、一尺なれば……一尺なり、という訓みもありましょうが、一丈なるとき……一丈なり、一尺なるとき……一尺なり、というふうに訓んで、単に並列関係、呼応する並列と解することもできる。漢文というのは接続詞なしに、語同士の関係をあらわす語尾における格変化なしに、さらにまた時称による関係決定なしに、このように句が並んでそれで一つの文が成立つという場合がしょっちゅうです。それらの句のあいだにどういう関係が成立つかは、読む方の見解、力量に委ねられている。禅の場合にはこういう漢文の文章構成法を活用して、読むもの聞くものがそれをどうとるかを見て、そのものの精神のはたらきの良否をはかるということをする。あえてはかるとはいわないまでも、それで正しい証悟に行けるものと行けないものを篩いわけてしまう。はなはだつれないのですが、この「闊」という文字は、少し先の段に、「闊（くわつ）はその量を挙するなり。広（くわう）をいはんとにあらず」とあって、道元はこれを広いという意味でなく、広さだと定義、つまりこの語の意味の輪郭決定を行っております。闊の文字そのものは、広い、遠いという意味で、どちらかといえば形容詞です。しかしここでは道元の定義にしたがって訓んで行くほかありませんので、そうしますが、世界の広さが一丈なるときは、それを映す古鏡の広さも一丈だ。世界の広さが一尺のときは、古鏡の広さも一尺だ、というふうになってきます。僕は、このテキストにあります「なれば、なり」という、弱い因果関係ですが因果関係をつけて訓む訓み方はとるべきでないような気がするのです。そのとき弟子の玄沙が炉を指さして言うには「どうですか、この炉はどれほどの広さがありますか。」「且道」は「しばらくいへ」とふつう訓んでいますが、まあちょっと言ってみてくれ、考えてみてくれ、というような意味の日常語です。「多少」は分量をきく疑問詞。ですからこの問答に関する限り、「闊」は量にかかわる語で、広いということを言う語じゃないと言う道元の定義が適当なわけです。

　すると雪峰が言うには「古鏡の闊さに似たり。」これは「闊」を量としての広さととればこう訓むほかありませんが、広いという形容詞ととると、「似」は英語の比較級で比較の対象を指示するthanと同じ用法がありますので、「古鏡より闊し」とも訓めます。しかし最初の伽耶舎多尊者の偈の「似」という文字について下した解釈によってみても、道元はこれをただ「にる」という以上に、まったく同じだととることが多いので、今は「にる」と訓んで、しかし、そっくりだと解釈しておきます。すると、玄沙がいう。「老和尚、脚跟いまだ地に点かざること在り。」「そんなことをいう和尚さんは、かかとがまだ地面についていませんな。」「脚跟」の跟は足の後をいう語で、かかとそのものを言うわけじゃありませんが、実際にはかかとでしょうね。「老」とはかならずしも老人でなくていい。仏道修行の道に長い年月を送った先輩、和尚さん。「和尚」というのはサンスクリットの漢字音訳で、意味は先生というのと同じです。「在」は今言い終った文句を強める助辞。別に存在の問題じゃないのです。

以上の問答をたねにして、道元の評唱が始まります。

一丈、これを世界といふ、世界はこれ一丈なり。一尺、これを世界とす、世界これ一尺なり。而今の一丈をいふ、而今の一尺をいふ、さらにことなる尺丈にはあらざるなり。

この因縁を参学するに、世界のひろさは、よのつねにおもはくは、無量無辺の三千大千世界および無尽法界といふも、たゞ小量の自己にして、しばらく隣里の彼方をさすがごとし。この世界を拈じて、一丈とするなり。このゆへに雪峰いはく、古鏡闊一丈、世界闊一丈。この一丈を学せんには、世界闊の一端を見取すべし。

最初の「一丈、これを世界といふ」は、雪峰の「世界闊一丈」を受けて、ここで「一丈」というのはそのまま「世界」のことなんだというのです。さっきの「罪過は住持事繁なり」と同じ把握、同じ表現法です。次の「而今の一丈をいふ、而今の一尺をいふ、」の「而今」はこの今、今という今ということで、ここではわれわれがふつうに言っている、という意味です。如今ともいいまして、而と如は場合によっては相通とされますが、しいて意味をよみとれば両方とも「しかして今」、今の今となって、というようなことでしょうか。

そこで日常現実で言う一尺とか一丈とかの単位が世界と同じ大きさだというのはどういうことか。「この因縁」、この間(かん)に存在する物事や観念の関係を「参学」、考察してみると。ふつう世間一般の考えている「世界のひろさ」は、よしんば、「無量無辺の三千大千世界」、分量から言っても拡がりから言っても限りのない、沢山の世界から成立っている一世界、また「無尽法界」、汲み尽くすことの出来ない無限の事物現象によって成立つ世界、「法界」というのは、諸法の世界、現実界ということ。こういうものであっても。その「おもはく」、思うところのことは膨大きわまりないもののようだけれども、それはただちっぽけな一個の自我から出たもので、その目の届く範囲のことを言うにすぎず、「しばらく」、さしあたり、でしょうね。自分の土地ではないとはいえ、隣近所のよその土地をさすみたいなことで、実際には大して広いものじゃない。雪峰の言う「この世界」は、そういうふうにひとそれぞれの器量に応じてさまざまの大きさのものに考えられ、また見られている世界をとりあげて、その広さを一丈とするのだ。この言い方では、これが雪峰のしたことだと道元は言うのかどうか、わかりかねますが、ここまで「よのつねにおもはくは」ははたらいていると見ていいんじゃないでしょうか。だから雪峰は「古鏡闊一丈、世界闊一丈」と言ったと道元は言うわけです。古鏡の大いさが一丈のときは世界の大いさは一丈だ、と。しかし雪峰が言ったのは「世界闊一丈、古鏡闊一丈」で、「世界」と「古鏡」の関係が、道元の言うのとは反対です。雪峰は世界と古鏡は一つのものだということを言いたくてこの語を下したのだと思いますが、道元はむしろあることを言う人間の器量とその語の意味するものとの相待性ということを言いたくて、この評唱をしているようです。そこで、この世界の広さとしての一丈という表現の意味を把握するには、世界の広さの片端だけでも見てとらねばならぬ、と言うのです。間違った世界認識をひっくり返すには実際に世界を、その極小部分でもいいから見なければならない。「世界」と「古鏡」と「一丈」の三つの関係だけで考えていると、「闊」というのが、ひろいものを思い描くようでありながら、人間と相待的な狭いものに引きもどされ、落ち込んでしまう危険がある。雪峰もこの動きの中にまきこまれてしまいそうだが、この最後の現実の世界に触れよという提案によって、雪峰からその危険はとりのぞかれ、「世界」と「古鏡」は広い眺望を得ますし、「一丈」も、道元の規定にもかかわらず、どんなに大きいものとも見なされるいわば自由な量になります。

又古鏡の道を聞取するにも、一枚の薄氷の見をなす、しかにはあらず。一丈の闊は世界の闊一丈に同参なりとも、形興(いんこう)かならずしも世界の無端に斉肩なりや、同参なりやと功夫すべし。古鏡さらに一顆珠のごとくにあらず、明珠を見解(けんげ)することなかれ、方円を見取することなかれ。尽十方界たとひ一顆明珠なりとも、古鏡にひとしかるべきにあらず。

しかあれば、古鏡は胡漢の来現にかゝはれず、縦横の玲瓏に条々なり。多にあらず、大にあらず。闊はその量を挙するなり、広をいはんとにあらず。闊といふは、よのつねの二寸三寸といひ、七箇八箇とかぞふるがごとし。仏道の算数(さんじゅ)には、大悟不悟と算数するに、二両三両をあきらめ、仏々祖々と算数するに、五枚十枚を見成(げんじゃう)す。一丈は古鏡闊なり、古鏡闊は一枚なり。

「聞取」、聞くという言葉は日本語でも理解する、意味を汲み取るという意味を持つことは「理が聞こえぬ」とか、「そりゃ聞こえませぬ」とかいう、いつも否定形でですが、用いられている、それと同じです。ただ聴覚的に知覚するということじゃありません。古鏡という言葉を聞いてその意味を汲むにあたっても、それを一枚のうすごおりみたいなもののように思う、耳で聞いたものについて、間違って、こういう視覚的表象を作り出すというのです。こういう異種の感覚の呼応の思想は道元の中で非常にひろい根を張っているということはすでにたびたび述べました。ところが古鏡はそういうものではなくてその一丈の広さは、かりに世界の広さを一丈だとするとその一丈と同じだというふうにも。──「同参」の「参」は添辞で、意味はないでしょう──その「形興」、「興」は「象る」の意味ですから、二字で形象。「古鏡」の形象は、およそはじっこなどというもののない厖大かつ不定形な世界の拡がりと、肩を並べるようなものなのか、同じものなのか、それをも、よくよく考えてみなければならぬ。はじめの句の「同参なりや」と同格の句として、これは断言の形ですけれど、両者並んで「功夫すべし」にかかって行っているのだと思います。「なり」に伝聞した事柄をあらわす使い方があった平安朝文法の餘映のようなものをここに見るわけです。大いさが同じだというが、そのことを、「功夫すべし」というふうにつづいていると読むのです。それから次は「世界の無端」ですが、ここでついでにさっき説明しそこなった三千大千世界の説明もいっしょにしますと、太陽と月、それから須弥山を中心にする四大洲、その上の天上に梵天の住む世界があって、それらを一世界に数え、この一世界が千集まって小世界。小世界が千集まって中世界、中世界が千集まって大世界、大世界が三千あるのを全部まとめて三千大千世界というのだそうです。こういう世界ですから、その形、「形興は無端」と言ってもいいようなことになる。古鏡というのは薄ごおりどころかそういうものと形の上での異同が問題になるほどのものだというのです。そこで世界を立躰と見る見解が否定されたわけですが、大小はともかくとして、こんどは特に球躰であるとする見方が假定的に提出され、そしてそれが否定される。

「古鏡さらに一顆珠のごとくにあらず、明珠を見解することなかれ。」これは「見解明珠」と、漢字文になおしてみますと、「明珠と見解す」と訓めます。道元は「明珠と見解」と頭の中では訓んでいる、解釈していながら、口では、あるいは筆ではここのように「明珠を見解」と言う、記していると言っていいでしょう。道元の和文の意味がとりにくかったら漢文に直して、それを普通の訓み方で訓めば簡単にわかることがきわめて多いという例の一つ、小さい例の一つです。次の「方円を見取することなかれ」も同様でしょう。四角だとか円形だとかと見てもいけない。次の句は、他でもない玄沙師備の有名な語に「尽十方界一顆明珠」ということばがある。それを引合いに出して、それをも否定しているわけです。眼蔵の第七は「一顆明珠」という題ですが、そこではこの語を公案として扱って、その意味を親切に、敬意をこめて明らかにしようと努めていまして、ここの語調が道元のこの語に対する評価のすべてをあらわしているというふうには言えない。そう考えては間違いですので、ついでに言っておきます。

ただここでは「古鏡」が絶対至上なのです。

「しかあれば」、そういうわけで「古鏡」はどういうものにもたとえられないし、くらべられもしない。が実在するものだから、胡人漢人が来ればその姿を映す。とは言っても、それが古鏡であるとかないとかの決め手になるかというとそうではない。縦から見ても横から見ても、曇りのない、澄みきった状態においてある。「縦横の玲瓏に」の「に」は「において」だろうと思います。そういう状態にあって、その状態において、しかも「条々」、個別の相を現ずるのだ。「古鏡」そのものは多いとか少いとか、大きいとか小さいとかが問題になるようなものではない。「世界闊」、「古鏡闊」の「闊」は、広いという形容の語ではなく、「その量」をいう語なのだ。数字であらわせるものをいう語なのだ。「よのつねの二寸三寸といひ、七箇八箇とかぞふるがごとし」というのはそういう意味でしょう。雪峰の示衆につけていえば、「一丈」なら「一丈」、「一尺」なら「一尺」と数字で言えるもので、そう言った雪峰は何も奇をてらったわけではない。しかし本来ものを数えるのに俗界と同じやり方をしないのが仏道である。そこで、仏道では、ものを数えるのに、大悟、小悟、よく深く悟っている、あまり行きとどいていない狭い悟りだ。仏である、祖である、そういう単位で数える、そうすると、ふつうの世界で重さを量っていう二両、三両、あるいは個数をかぞえる五枚、十枚のような量的把握、表現ができたことになる。逆に言えば、仏道では二両三両五枚十枚などという計算はしないが、けして数量の観念がないわけではない、世の常の単位とは違う単位で計算するのだ、しているのだというわけでしょう。「枚」というのはかならずしも平べったいものを数えるときだけ使う数助辞でないことは前にも言いました。五個十個の個と同じように使います。また「見成」は「現成」と同じで、現実化される、目で見て見えるものになるということです。一丈というのは従って古鏡を量であらわしたものだということになります。次は難解ですが、古鏡の広さは一枚二枚、一個二個、一尺一丈と数えることの可能な、量的性質のものだと、前と同じことを言っているのじゃないでしょうか。古鏡の広さは不二一枚だという前の解釈は間違っていたように思います。

> 玄沙のいふ火炉闊多少、かくれざる道得なり。千古万古にこれを参学すべし。いま火炉をみる、たれ人となりてかこれをみる。火炉をみるに、七尺にあらず、八尺にあらず。これは動執の時節話にあらず、新条特地(てつし)の現成なり。たとへば是什麼物恁麼来(ししもぶついんもらい)なり。闊多少の言きたりぬれば、向来(きやうらい)の多少は多少にあらざるべし。当処解脱の道理、うたがわざりぬべし。火炉の諸相諸量にあらざる宗旨は、玄沙の道(だう)をきくべし。現前

の一団子、いたづらに落地せしむることなかれ、打破すべし、これ功夫なり。

こういう関係になってくると玄沙の言う「火炉の広さはどのくらいか」の語は、隠そうにも隠すわけにいかない、はっきりした意味を持つ、大事なことを言い当てた言葉であって、千年でも万年でも今後その意味を究明すべき、それに値いするものだ。千古万古の公案だというのです。「千古万古」はここでは過去についていう表現じゃないでしょう。これは千秋万世とも言いかえられて永久の意に用いるとは辞書にもあることです。「いま火炉をみる」の「いま」は、「いま問題となっている」の意。意味はそうですが、漢文でよくいう発声の辞の性質を帯びた使い方だと思います。そういう火炉を見るのだが、さて、自分はどんな自分になって、どんな人間としてこれを見るのか。ここで「一丈は古鏡闊なり、古鏡闊は一枚なり」の表現はひっくり返されてしまって、そういう日常俗世間での数え方でこの炉の広さをいうことは出来ない、ということになります。「七尺にあらず、八尺にあらず」というのはそういうことですし、「これは動執の時節話にあらず」というのもそういうことです。動揺や執着、ひとことでいえば煩悩で占められた時節の話ではない。「時節話」はわざと中国語めかして言ったまでで、「時節の話」です。「話」というのはどういうことか、それは前に申上げました。ひとことで言えばいわれたことのそのことをさしていて、大事なのは「こと」です。要するに惑いや執着を捨て去った人間のみのあずかり知ることだというのです。だから「新条特地の現成なり。」新規に成立った別誂えの現実なのだ。問いをかけられた男が雪峰ほどの人で、問いをかけたのが玄沙ほどの男だから、それでひらけた境地なのだということを含めて、もっと広い高い、こだわりのない澄明な境地がかくして成立つのだということでしょう。次の「是什麼物恁麼来」は、どんなものがそうやってきたのだ。おまえさんは誰なのだということをもっとつっぱなした、いやでも相手に深い自覚を起さざるを得ぬようにしむける迎接の言葉ですが、まず南岳懐譲に曹谿慧能が問いかけた言葉とされているということはすでにお話ししました。この言葉で、弟子となろうとしてやって来た修行者は、それに要する時間の多寡はさまざまでしょうが、目を開かせられる、そこに新しい展望が開かれる。これはそういう一大覚醒を呼び出す言葉である。従ってこの「闊多少、広さはどの位か」という言葉がいったんやって来たら。「言」は別に特別の言葉ではなく、ここでは「闊」にせよ「広」にせよ、ほかではふつうはやらない漢字一字の音よみによる表現をして来ているので、その方式にならったまでです。「来りぬれば」は現在完了形ですが、完了形は、完了して今も目のまえにある事態をさして言うのに使いますから、「来たら」と言換えていいものです。「向来の多少」、今までふつうに言ってきた「多少」は、もう多少ではなくなってしまうだろう。「多少」は分量をきく疑問詞ですが、ここでは量概念一般の意で使っています。真理に目ざめたものの眼前に、面目一新したものがあらわれる。「当処解脱の道理」、その場で解脱することがありうることのわけ、その場でたちどころに凡俗の存在の条件を脱け出るということの意味合いと、成立ち方、それがどういうものか、そのことのわけを「うたがはざりぬべし。」これも現在完了形で、その否定形のわけですね。ですから何を措いても疑わないでいるがよい、いるべきであるということになります。発言者の強い確信の表明と表面的にはとれますが、少々無理な表現で、道元の解釈の強引さ、道元の自分自身に対する多少の強制が感ぜられないではありません。

この「当処解脱」にはいろいろその例があげられますけれど、次の段の「動容揚古路、不堕悄然機」の五言二句を引き出したものなどはその一つでしょう。これは南岳下四世の香厳智閑の偈の一部ですが、香厳は師の潙山霊祐に参じていた時、師から「父母未生以前にあたりて、わがために一句を道取しきたるべし。」まだ両親の生まれない前のおまえさんになって見て、そしてそのお前さんにどういうことが言えるか、私のためにそれを一つ聞かせてもらいたい、そう言われた。こういうふうに言われるのは師からこれは大器だと見込まれたからのことですが、香厳は一所懸命考えて、師匠の問いに答えようとするけれども、答えるべき文句が見つからない。持っていた本を見尽くしても、何もそんなものはでてこない。例の画にかいた餅では腹の足しにならないという言葉を吐いて、持っていた書籍をすべて焼いてしまう。そして昔南岳懐譲がいた山に入ってその庵室のあとに庵を建ててそこにこもってひたすら考えるのですが、それでも見つからない。あるとき道を掃いていると、箒に当った石が飛んで、竹林の中に入り、竹に当ってカラリと音がした。そこで「豁然大悟」した。あるいはまた師の問いに答えられないことから来る普段の一切の緊張、こだわりが一ぺんに解けたためか、その響きに思わず笑ってしまって「廓然惺悟す。」景徳伝燈録が伝えるのはあとの方の話ですが、いずれにせよ、そうして師の恩にあらためて感じ、「沐浴し、潔斎して、大潙山にむかひて焼香礼拝して」こういった。これは眼蔵の第二十五、「渓声山色」の文を借りて紹介するのですが、「大潙大和尚、むかしわがためにとくことあらば、いかでかいまこの事あらん。恩のふかきこと、父母よりもすぐれたり。つひに偈をつくりていはく。」その偈の中の句が、この二句なのです。

偈そのものに異同があるのですが、「一撃、所知を亡(もう)ず、更に自ら修治せず。動容古路を揚げ、悄然の機に堕せず。云々」。今眼蔵に引いてあるものによれば、一打ちしただけで、知などというこざかしいものはなくしてしまえる。そのためには修行だの、迷いや悪しきものの対治だのというものの力を借りなくてもいい。昔から正道とされていた動作容儀をあきらかにして、みずからそれを履み行えば、ひっそりかまえているおとしあなに落ちこむなどということはなしにすむ。こういうふうに実現するのが「当処解脱の道理」です。

そういうふうなもので、「当処解脱の道理」は疑ってはいけないけれど、火炉が、炉が「諸相諸量にあらざる宗旨」は、「宗旨」というのは大本のむね、本旨、原理ということで、

「道理」と同義語として並べてあります。そしてそれが「玄沙の道をきくべし」、むしろ「にきくべし」という述語をとり、この述部は疑ってはいけないと対句じたてになっています。「相」というのは前にも申しました通り「事相」と熟して「理性」と相対し、変易するもの、生滅のあるものです。「量」は無量ということもあるけれど、元来有限のもの、相対的なものです。炉というのは物質ですけれど、ここで取り上げられた炉は事相に属するものではなく、相対的有限の数量によって測られるものではない。火炉の広さはいくらかという目の前にあらわれて来たひとかたまりの問題を、大したことではないと思って、地面に落ちるにまかせてはならぬ、無駄に割らせてしまってはいけない。自分から進んで割るべきだ、問題を解決しようとつとめるべきだ。「打破」の打は破を強めているのだと思います。特に打つのではない。こういうのを「功夫」というのだ。「功夫」という言葉は、坐禅そのものをさしても使いますが、智慧を絞って考えることも言いまして、ここではこの後者の意味で使ってあります。

雪峰いはく、如古鏡闊(にょこきんくわつ)。この道取、しづかに照顧すべし。火炉闊一丈といふべきにあらざれば、かくのごとく道取するなり。一丈といはんは道得是(だうてし)にて、如古鏡闊は道不是(だうふし)なるにあらず。如古鏡闊の行李(あんり)をかゞみるべし。おゝく人のおもはくは、火炉闊一丈といはざるを道不是とおもゑり。闊の独立(どくりふ)をも功夫すべし、古鏡の一片おも鑑照すべし、如々の行李おも蹉過せしめざるべし。動容揚古路、不堕悄然機なるべし。

「雪峰いはく、古鏡の闊さの如し。」提示の「似古鏡闊」ですと、「古鏡より闊し」とも訓めるのじゃないかと前に言いましたが、道元はここで「似」の代りに「如」をおいている。それではもうこのように訓むしかないでしょう。この言葉を静によく光をあてて省察してみよう。火炉の闊さ一丈と言ってもいいように思われるが、それをそうは言わないのは、そう言ってはならない道理があるからだ。だからこう言ったのだ。次の「一丈といはんは」は、完全に書けば「火炉闊一丈」、そう言えば正しく言い当てているのであって、次も完全な形に書けば「火炉闊如古鏡闊――火炉の闊さは古鏡の闊さの如し」、こういうのは言い方が正しくないというわけではない。雪峰は間違っているわけではない、というわけでしょう。雪峰の言った「古鏡の闊さの如し」のふるまい、実際のはたらき。この「行李」というのはいまの言葉で言えば有効射程のことでしょう。それを鑑として考えてみよ、というと、「何々にかんがみる」とふつうにいう日本語の意味でしょうが、ここはそうでなく、「を鑑にてらしてみよ――明晰な物事の準尺にあわせて判断してみよ」と言っているのじゃないでしょうか。次の行の「鑑照」と同じ意味だと思います。底本ではこの言葉、金偏の代りに金を監の下に書いた字を採用していますが同じ文字です。「かゞみる」という言葉は耳馴れず、古語辞典にも眼蔵の用例しか書物の中の用例としては挙っていませんが、ふつうにあった語のようです。

ところが多くのひとが雪峰の答え方は間違っていると考えている。「火炉の闊さ一丈」と言うべきだったのだと。しかしそこで「闊さ」というものが「古鏡」からも「火炉」からも離れ、それらに制肘されない、従ってまたそのいずれにも適用できる概念になっている点をよく考えてみるべきだとつづきます。

「闊の独立をも功夫すべし」はそういうことを言っているのだと思いますが、さらに「古鏡の一片おも鑑照すべし」、古鏡というものの一片をも、鏡に映してわが姿をよく見るように、明晰で狂いのない知覚、意識をもってよく見、考えるべきだ。「一片」というのは別に数量を言っているのではなく、一片耿々の意というように、大小はともかく、はっきりとあるということを意味させて使う語です。「如々の行李おも」、この「如々」は「如古鏡闊」の「如」を受けたのだろうと思います。「火炉の闊」と「古鏡の闊」をつなげる「如」という概念の作用、効力をも、見のがさないようにすべきだ。ここの三つの「も」は、その他別にという追加の「も」ではなく、三つ並列して、強調しているにすぎないと思います。次の五字句二句のうち、はじめの五字句はここではお飾り、そえものです。こっそり造ってある落し孔に落ちないようにすべきだというのが、真に意味をもたされた句でしょう。

玄沙いはく、老漢脚跟未点地在。いはくのこゝろは、老漢といひ、老和尚といへども、かならず雪峰にあらず、雪峰は老漢なるべきがゆゑに。脚跟といふはいづれのところぞと問取すべきなり。脚跟とはなにをいふぞと参究すべし。参究すべしといふは、脚跟とは正法眼蔵をいふか、虚空をいふか、尽地をいふか、命脈をいふか、幾箇ある物ぞ。一箇あるか、半箇あるか、百千万箇あるか、恁麼勤学すべきなり。未点地在は、地といふは、是什麼物なるぞ。いまの大地といふ地は、一類の所見に準じて、しばらく地といふ。さらに諸類あるいは不思議解脱法門とみるあり、諸仏所行道とみる一類あり。しかあれば、脚跟の点ずべき地は、なにものおか地とせる。地は実有なるか、実無なるか。又おほよそ地といふものは、大道のなかに寸許もなかるべきか。問来問去すべし、道他道己すべし。脚跟は点地也是なる、不点地也是なる。作麼生なればか未点地在と道取する。大地無寸土の時節は、点地也未、未点地也未なるべし。

しかあれば、老漢脚跟未点地在は、老漢の消息なり、脚跟の造次なり。

玄沙は、これも提示の語とは違いますが、老漢、脚跟いまだ地に点かずと言った、と次の評唱が始まります。「いはくのこゝろは」、そういう意味は。そこで「老漢」、乃至提示通りだと「老和尚」とは言っているけれど、それはきっと雪峰のことではないに違いない。

僕は底本とは違って、ここは「雪峰にあらず」で。、ここで切れると読むべき文だと思います。そうして次の「雪峰は老漢なるべきがゆゑに」の下の底本の。を、に替えて、「脚跟といふはいづれのところぞと問取すべきなり。」とつづけて読む。その方がいいと思うのです。「老漢」というのは釈迦老漢とさえ言う位で、修行を長年積んだ身内の大先輩といった感じの語ですが、そういうのが老漢というものだから、です、「老漢、まだ踵がちゃんと地面についていないわい」などということが言われたら、「脚跟といふはいづれのところぞと問取すべきなり。脚跟とはなにをいふぞと参究すべし。」そう逆襲しなくちゃならん。道元はここでも玄沙と雪峰の問答にはっきり勝負をつけてしまいたくない、ここではあきらかに玄沙の勝ちなのですけれど、そういう結論にしたくないという道元の苦衷がここに出ていまして、いま自分は踵とは何をいうのか「参究」せよと言ったが、それは踵というのは正法眼蔵のことか、大空のことか、全大地のことか、命をつなぐ息の緒のことか、そう究明すべきだというのです。「命脈」は性命と血脈、要するに命とそれを保ち養うもののことです。そもそもいくつあるものか、一つか、半分か、それとも沢山あるものか。そういうふうに一心に踵というものを勉強して究めるべきだ、こうまでいうことになります。いつか道元にあらわれた日本人の弱さということを言いましたけれど、本物なり師匠なりはいつも外国にあると、その中に道元も含めて、日本の知識人は思っているものですから、外国の師匠弟子の関係ということになりますと、どうしても師の方がすぐれたものであってもらいたい、そう考えるのは自然で、ここの道元のような無理をすることにもなります。

正法眼蔵というのはこの本の総標題ですが、ここのは正法と言えばですむもののことです。正法とは釈迦牟尼仏の説いた正しい教えですね。眼とは一切の存在を見てとるものということで、それに等しい正法の編集された総躰が正法眼蔵。道元の著書である正法眼蔵という固有名詞ではありません。

次の段、「未点地在は、地といふは、是什麼物なるぞ。」最初の「は」は提示の「は」というものでしょう。いまだ地に点かざる在りというが、いったい地とはどういうものか。地はどんなものか。「いまの大地といふ云々」は眼蔵二十九の「山水経」の中にある次のような、ものの評価、判断の相対的性格を指摘する考え方と同じものです。

「おほよそ山水をみること、種類にしたがひて不同あり。いはゆる水をみるに、瓔珞とみるものあり。しかあれども、瓔珞を水とみるにはあらず。——この一見矛盾した言い方で道元が示しているのは、逆ただちに真ならず、その類にはその類の論理があろうということではないでしょうか。——われらがなにとみるかたちを、かれが水とすらん。かれが瓔珞はわれ水とみる。水を妙華とみるあり。……鬼は水をもて猛火とみる、膿血（ノウクエチ）とみる。竜魚は宮殿とみる、楼台とみる。……人間これを水とみる、殺活の因縁なり。すでに随類の所見——類に随って見る所ですね——不同なり、しばらくこれを疑著すべし。」

いまわれわれが大地といっているものは、地ともいうが、この呼び方はある一つの類に属するものたちの呼び方で、さしあたり玄沙がそう呼んでいるのだからそれに従って「地」と呼んでおこう。そのほかにいくつも類はあり、その類によってこの地なるものを不思議解脱法門とみるものもある。ふつうの智慧では解釈のつかない解脱のための仏法の世界、そうみるものがあるかと思えば、別の類では諸仏の行ずる、諸仏が諸仏としての「行」をする、修行もし功徳も施すところの道、この「道」は餓鬼道、畜生道なんかの「道」で、元来は行きつき、通り抜けるところの場所という意味を持たされた、梵語ガティ gati の訳語としての「道」でしょう。思想大系の頭註に「行道するところ」と書きましたが、そうだとすると「行道処」と書くのがふつうでしょう。「所行の道」と訓むのがよさそうなので、訂正しておきます。そういう具合だから、「地」と言ったって一筋縄ではゆかず、その内容、意味、性質はさまざまに考えられるので、玄沙のいう踵をつけなきゃならん「地」というのはどういうものなのか、どういうものを呼んで「地」としたものなのか。それが明言されなければならない、そう道元は言うのです。

しかし実際は、玄沙は雪峰の比喩をしきりに使う説法にうんざりして、和尚の言うことはちっとも現実に触れていない、空虚なものだと言ったにきまっています。

それを道元はさらに、それは「実有」、本当にあるものなのか。「実無」、本当に存在しないものなのか。「実無」の「実」は無を強調している、という必要もない、前の「実有」

との釣合いをよくするためにつけた添辞で、意味はもともと持ちえない措辞でしょう。すなわち地を有と見るか無と見るかと、さらに問題をずらし、玄沙の鋭鋒をそらしてしまう。またおよそ地というものは、仏の大道ということを考えた場合に、その中に少しも含まれていないものか、含まれていてはいけないものか、どうか。「許」はものの分量をあらわす語につける助辞です。一切は縁起であり、この世の存在には実躰性はない。そういう考え方をする教えの中では、踵をつけるべき地などは少しもあるわけがないが、本当にそうなのか。「問来問去すべし。」何度でも究明してみよう。他人にも言い、自分にも言って、いよいよ探く考えてみよう。「道他道己」は今のような解釈しか下せませんが、本当の中国語では「他を道ひ己を道ふ」と訓むべきものです。道元は四年中国に留学していたにしては、こういう和風の漢字文をよく作ります。その中国留学がしきりに言いはやされますが、四年の留学期間を長いと考えるか、中世禅僧の例として見ても短い方と考えるか、いろいろの方面から見なおすべきだと思います。

さて玄沙はあんなことを言ったが、踵というものは地に着けるのが正当なのか、地につけないのが正しいのか。そういう問題もある。いったいどうだからといって、まだ地についていないなどというのか。さっき大道と言ったが、宗門でよくいう大道を考えた場合、それに現実の土がまったくないとしたら、踵は地につけられるのか、つけられないままでいるかであろう。「也未」は句の終りにおく疑問詞で、一般に「何々するやいまだしや」

と訓みますが、「いまだし」の必要はないのです。「也否」「也不」なども同様です。下についた「なるべし」は「においてあるべし」で、上に言うような事態の中にとどめられよう、という意味でしょう。

大地に寸土なしというのは、なんと言っても詭辯ですが、道元の言い分としては、踵がつけられるのは「土」であって、山河大地、瑠璃地、弥天尽地、などと仏法でいうときの「地」ではないのじゃないか、そういう議論だって出来るじゃないかということがあったと思います。道元はこういう点ではまさしく多分詭辯的な観念論者なのです。他の面では物理学的ですし、人間主義的ですし、現実的なのですが。

玄沙のいう「老漢の踵はいまだ地についていない」は、ついでに言いますと、原文の「老漢脚跟」は「老漢の脚跟」とよむのがいいか、「老漢」で切って、主格をそれで言ったとみるのがいいか、二通りにとれる、いや、もう一つ、「老漢」は呼格で、そう雪峰に呼びかけて以下のことを言ったともとれて、三通りの訓みが可能のような感じがします。しかし、この「しかあれば」以下の文では、この漢字文は平叙の文になっているので、「老漢の脚跟」と訓みたくなります。これは「老漢の消息」、老漢にかかわる事情である、踵が地につこうがつくまいが、かれが老漢――長い修行を積んで道を得た大先輩――であることに変りはない、というのでしょう。そしてそれはまた脚跟の行為である。「造次」というのはふつう造次顚沛と使って、にわかの間(ま)のこと、あわただしいことを言いますが、道元はいつもこの語の「造」の字の意味をはたらかせて「造作」、為すの意味に使うのです。これなどひねって言えば断章取義という中国の古典的読書態度の一つの実践法とも言えるかも知れませんね。

さてそこで、雪峰義存と玄沙師備の問答そのもののことですが、これまでは道元の正法眼蔵を読むのですから以上のように解いて来ましたが、ふたりの唐僧の問答そのものはこう読むべきではないかという自分の考えをお話しします。

雪峰が「世界闊一丈、古鏡闊一丈云々」と言ったのは、闊一丈、闊一尺を中間項として、というか、それを変函数として、それを中継ぎに、世界と古鏡との同一、自分は世界とは一枚の古鏡だと考えるということを言いたくて言った文句ではないかと思うのです。それははじめからそうでした。それに玄沙が、では炉の闊さはいかほどか、一丈か一尺かと訊ねたのに対して雪峰が「似古鏡闊」と答えたのは、炉が問題のときは炉が世界なんだという意味で答えたのではないでしょうか。無論一丈とも一尺とも答えるわけにいきませんから、もっとも端的な答えとしては「似世界闊」だったろうと思います。そう答えると、炉は世界の中にあるじゃないか、炉と世界の大小いかにという問いが返ってくる。古鏡の闊さという準尺の効果の問題がそこに起ります。世界と古鏡との闊さが同じだなどという言い方も、一方が世界などという捉えられるようで捉えがたい厖大な抽象概念だから出来るのではないか。そこに即物的な玄沙の不満が生じ、和尚さん、踵が地についていないよ、という評語が出ることにもなったのではないかと僕は考えるのです。

では次に入ります。

婺州金華山国泰院弘瑫禅師、ちなみに僧とふ、古鏡未磨時如何。師云、古鏡。僧云、磨後如何。師云、古鏡。

しるべし、いまいふ古鏡は、磨時あり、未磨時あり、磨後あれども、一面に古鏡なり。

古鏡というものが、一切を覆いつくすものとしてどんな問答にも立ちあらわれるのを見てきましたが、そういうものの要約としてこの問答が引合いに出されたわけです。弘瑫禅師は玄沙師備の法嗣。つまり雪峰義存の孫弟子ということです。生没年は不明。「古鏡」という主題が三代の師弟の問答の中にどういう具合にあらわれたか。ちょっと音楽的効果の感ぜられるところです。「ちなみに」、その時のこと、という意味しか、つけようがありません。出典とされる伝燈録二十一の国泰瑫の章には、「ちなみに」に相当する「因」の字は書いてありません。書いてあれば、「僧のこれこれと問ふに因り」と訓むのが本当でしょうが、「因みに僧問ふ」という訓みがきまりの型になっていて、道元はことに「ちなみに」という言葉が好きだったようです。「ちなみに」という以上何かに因むわけですが、因むものが何もないのに「ちなみに」という。ですからここは「あるとき」といったふうの書き起しのための副詞です。ひとりの僧が、今の浙江省金華県にあった国泰院の弘瑫和尚に訊ねた。「まだみがいてないうちの古鏡とはどういうものか。」「古鏡だよ。」「みがいた後ではどうなのか。」「古鏡さ。」古鏡というのはそれを研ぎつつある時もあるし、研いでない時もある。研ぎ終えた後もある。そういう具合に存在様態はさまざまだが、一個の古鏡としていつも古鏡だというわけです。「いまいふ」は、「この問答にいう」ですが、「われわれにとっての」の意味合いをこめていると思います。「一面に」というのは、鏡はさっきは「一枚」と数えられましたが、ふつう一面二面と数えますので、その縁で「面」という語が出てきて、また同時にあたり一面という言い方のあるのを活用して、ただひたすら、どうあってもという意味を重ねて使っている。古鏡はただただ古鏡なのだ。第二十四「画餅」巻に「いま道著する画餅といふは一切の糊餅、菜餅、乳餅、焼餅、糍餅等みなこれ画図より現成するなり。……いま現成するところの諸餅、ともに画餅なり。」「もし画は実にあらずといはゞ、万法みな実にあらず。万法みな実にあらずは、仏法も実にあらず。」という表現がありまして、もちひ、と言いましても中国の小麦の練粉でつくった饅頭ですが、その「餅」、あるいは「画」、あるいは「法」など、すべて概念が確立していれば、それらの名辞のあらわすものは実在するのだ、という考えが明確に提出されていて、この考え方は、正法眼蔵全躰を通じて響いていると言えますが、ここもそれで、「古鏡」

という概念が確立している以上古鏡なるものはどんなありようであっても、まさしく「古鏡」としてあるのだと言える、それを言っているわけです。

> しかあれば、磨時は古鏡の全古鏡を磨するなり。古鏡にあらざる水銀等を和して磨するにあらず。磨自々磨にあらざれども、磨古鏡なり。未磨時は古鏡くらきにあらず、くろしと道取すれども、くらきにあらざるべし、活古鏡なり。おほよそ鏡を磨して鏡となす、塼（せん）を磨して鏡となす。塼を磨して塼となす、鏡を磨して塼となす。磨してなさゞるあり、なることあれども磨することゑざるあり。おなじく仏祖の家業（かごふ）なり。

だから、古鏡を研いでいるときは、古鏡の全躰を、古鏡のどれかを研ぐのではなく、全部の古鏡を研いでいるのだ。次の「和する」は「あえる」で、アマルガムを造ることをいうのでしょう。銅の表面に水銀を塗ってアマルガムにして、それを磨くなんて楽な研ぎ方をするのではない。「磨自々磨」は、磨がおのずから為される、おのずから磨が為されるの意だろうと思います。そうではないけれど。「磨自」の「自」は対格ではなく、いわば「磨」の述語だろうと思うのです。みずからする。またひとりでに磨が行われるのでもないのだけれど。すなわち古鏡は対象的存在ではあるけれど。「あらざれども」、そう書かれていますが、これはふつうなら「あらずして」と書くところでしょう。道元は前々から言っておりますが、しょっちゅう順接と逆接のこの顚倒をするのです。次の「磨古鏡なり」は「古鏡」が対象的存在である、「磨」という動詞の対格であるということを示す表現だと思います。だからと言ってまだ研いでない古鏡が光を反射せず、昏いというのではない。かりに黒い外観を呈しているといわれるような場合でも、光を反射してない、昏いというわけではないだろう。銅鏡の色はけしてあかるい色ではないけれど、しかし光は十分に反射し、ものの姿をうつす。黒漆塗りの器などを思い出せばこの表現には十分な現実性があることがわかるでしょう。古鏡は古鏡として活きているのだ。磨かない、黒いといって古鏡が古鏡でなくなり、死物になるのではない。「活古鏡」は活ける古鏡でしょう。ここで段落を変えた方がいいと思いますが、およそ鏡らしい鏡を作るには、鏡を研いで鏡を作るので、ほかのものを研いで鏡を作るわけではない。「おほよそ」と言い出したときは、この句にこういう意味を持たせるつもりだったのではないかと思います。しかし次の段にある通りの磨塼作鏡の公案がありますから、すぐことばを継いで、しかし瓦を磨いてそれを鏡とすることもあると言ったわけです。塼はすやきの土製品です。しかしまた鏡を研いで鏡とするように、瓦を磨いて瓦にしかしないということもあるし、かえって鏡を磨いて瓦にしてしまうということもある。目的をもって何かをしても目的が実現するとは限らない。大事なのは、というか、人間を見ておりますと、皆何かをしている、何かをするというのは万古不断、尽十方界普遍のことだというのです。「古鏡」にかけて、ひとを主題として言えば、大事なのは「磨」ということなのだ。しかし「磨してなさざるあり。」この「なさざる」は鏡になさざるでしょう。研いでも鏡にまでしあげられない場合もある。鏡にすることが出来るはずの材料なのに、縁がないままにそれが出来ない場合もある。反対に、鏡はできたけれど、それを研ぐことは出来ないという場合もある。しかし皆「磨」にかかわって生存しているのだ。「仏祖の家業なり」は「人間の家業なり」と言換えてもいいところだと思います。仏祖ならば、何を磨すにしても磨して鏡に出来ないことはなさそうなのに、まして、鏡になるべきものを鏡になるように研ぐことが出来ないなんてことはあるわけがないように思われるが、しかしやはりそうはいかないことがあるのだ。次の段の問答を見ても分りますように、磨塼作鏡という行為は見当外れの、あるいは身の程知らぬ、あるいは意図してなすべからざることの譬えとして挙げられています。

これは国泰弘瑫と一僧の問答の意味合いとは随分違った結論で、もとの問答からは、人間の「古鏡」に対する「磨」という行為、存在の根本的様相に対する人間の意図的作用、はたらきかけなど、とり立てて問題にするだけの値打ちはなく、大事なのは「古鏡」だけだ、実在するものの不懐の様相だというようなことになるでしょう。

しかし道元の結論は違う。「古鏡」を念頭から失わないようにしながら、「磨」の基本的な重要さを打ち立ててゆく。これはかれの把握した禅の神髄である「修証一等」、修行と証悟は手段と目的というふうに分けて考えてはならぬ。修行の中に証悟はあらわれ、証悟してもなおその中で修行しなければならぬという考えに裏打ちされた、あるいはそれが命じた解釈ではないかと思います。

辦道話に「すでに修の証なれば証にきはなく、証の修なれば修にはじめなし。」「しるべし、得道のなかに修行すべしといふことを。」とあるのがそれで、もっとも大切なのは悟りではなく、悟りのためという目的意識も餘計なことで、ただ坐禅の実践あるのみ、というのです。

第七講

江西馬祖、むかし南岳に参学せしに、南岳かつて心印を馬祖に密受せしむ。磨塼のはじめのはじめなり。馬祖、伝法院に住してよのつねに坐禅すること、わづかに十餘歳なり。雨夜の草菴、おもひやるべし、封雪の寒床におこたるといはず。

南岳、あるとき馬祖の庵にいたるに、馬祖侍立す。南岳とふ、汝近日作什麼。馬祖いはく、近日道一祇管打坐するのみなり。南岳いはく、坐禅なにごとおか図する。馬祖いはく、坐禅は作仏を図す。南岳すなはち一片の塼をもちて、馬祖の菴のほとりの石にあてゝ磨す。馬祖これをみてすなはちとふ、和尚、作什麼。南岳いはく、磨塼。馬祖いはく、磨塼用作什麼。南岳いはく、磨作鏡。馬祖いはく、磨塼豈得成鏡耶。南岳いはく、坐禅豈得作仏耶。

江西馬祖、江西省の盧江県に馬祖山という小さな山があってここで馬祖道一が修行したと言われています。今までの例で雪峰義存は雪峰山にいた人、玄沙師備は玄沙山にいた人、それと同じ読み方をすれば馬祖は馬祖山にいたから馬祖ではないかと考えられますが、それはそうでなく馬祖道一が居たところなので、その山が馬祖山、馬祖窟と言われるようになったようです。馬祖道一は俗姓馬氏で、南岳懐譲唯一の嗣法の弟子として、南岳下と言われる法系の最初のひと、先祖なので、馬祖なんだと思います。その人が、昔、南岳の弟子となって仏道修行をしていたが、あるとき、南岳はこの道一にひそかに「心印」を受けさせた。心印というのは、仏心による印可、師匠が弟子に自分の教えはすべてお前に授け終ったというしるしに仏のこころを印形としてしるしをつけたものを授ける、これを仏心(ぶっしん)印(ちん)といいます。それを単伝して来た、ひとえに伝えて来たのが祖師の印可のわけで、具躰的にはどういうものだったか。印可状というものには印肉をつけたふつうの大型印が捺してあるようです。伝法のしるしには伝衣ということもありますが、ここは特に「密受心印」。これは伝燈録にもあることでして、心から心への、さらに口から耳への無形の伝授ではなかったということになりましょう。「磨塼のはじめのはじめなり」という言い方は奇怪ですが、伝燈録馬祖の章をよむとわかります。「唐開元中衡岳伝法院において、禅定を習ふ。」馬祖がですね。「譲和尚に遇ふ。同参九人。唯師のみ心印を受く」とありまして、これは道一ひとりが嗣法の弟子であると見こまれたということです。それがそもそもきっかけで、「磨塼」による開悟の機を得るに至ったということでしょう。また伝燈南岳譲章には、「唐先天二年始めて衡岳に往き、般若寺に居る。開元中、沙門道一、伝法院に住して常日坐禅す。師——というのは懐譲です——法器なることを知り、往いて問うて曰はく、大徳坐禅して什麼を図る。一曰はく、仏と作らんと図る。」とあります。これは联燈会要も同様でして、本文の「坐禅することわづかに十餘歳なり」は伝燈にも会要にも出ていません。それだけに「わづかに十餘歳」というのは大変な言い方で、これで道元は弟子たちに馬祖でさえ十餘年も坐禅しなくちゃならなかったんだと、強い印象を与えようとして、こう説いたと読むべきでしょう。雨の夜の草庵の坐禅は心細いこともあったろう。しかし一途なものだったに違いないのだ。封雪、雪に閉ざされたような、寒い坐禅の席でも怠るなどということはなかった。「といはず」というのは、あえて言いかえれば、「そんな話題はありようがない」とでも言えましょうか。こういう美文調も道元の得意とするところで、次も伝燈録と違えていることは、いま読み上げたくだりと比べておわかりでしょうが、ある時、師匠の南岳がその庵をおとずれたところ、馬祖は弟子の礼をとってそばに立ってひかえた、そう道元は潤色します。南岳が問うた。「おまえこの頃何をしているのか。」馬祖が答えた。「私はただただ坐禅しております。」南岳がいう。「坐禅とは、何をどうしようという意図のものかね。」馬祖が答えた。「坐禅は仏と作(な)ろうという意図のものです。」ここら伝燈録とは言葉づかいが違っていまして、道元が書き直した文章の方によって訳して行くとこうなります。「御僧、坐禅してどうしようという意図かな。」「仏と作ろうという意図です。」という簡明なものです。本文の「坐禅は作仏を図す」は、前の南岳の問いもそうですが、坐禅というもの一般の性質にかかわる言明のように読めます。これも道元が自分の弟子たちに坐禅のなんたるかを教えようという意図から出た表現と読めるのじゃないでしょうか。南岳はそこで一片の瓦（塼）をとりあげると、馬祖の坐禅していた庵のそばの石にあてて研ぎはじめた。馬祖はこれを見ると、早速訊ねた。「和尚、何をなさるんですか。」南岳が言った。「瓦を研いでいるのだ。」馬祖がいうには「瓦を研ぐのがどんなことに役立つのですか。」「用」は役立つこと、はたらきですが、訓下しをかりに作れば「磨塼の用、作什麼」でしょうね。南岳が言う。「研いで鏡を作るのだ。」馬祖が言う。「瓦を研ぎなんぞしてどうして鏡が作れましょう。」「得」は可能。出来るという意味のふつうの「得」です。南岳が言う。「じゃ坐禅でどうして仏になることが出来るのかね。」坐禅は大事だ、しかしそれはなんのためにやるというものじゃないというのが南岳の教えだったでしょう。「道一祇管打坐」、これも伝燈録ではこれほど物々しくは言っていないのですが、これこそ道元が教えたいことで、南岳の意図とかれの目的が一致するわけです。

この一段の大事、むかしより数百歳のあひだ、人をゝくおもふらくは、南岳ひとへに馬祖を勧励せしむると。いまだかならずしもしかあらず。大聖の行履、はるかに凡境を出離せるのみなり。大聖もし磨塼の法なくは、いかでか為人の方便あらん。為人のちからは仏祖の骨髄なり。たとひ構得すとも、なをこれ家具なり。家具調度にあらざれば、仏家につたはれざるなり。いはんやすでに馬祖を接することすみやかなり。はかりしりぬ、仏祖正伝の功徳、これ直指なることを。まことにしりぬ、磨塼の鏡となるとき、馬祖作仏す。馬祖作仏するとき、馬祖すみやかに馬祖となる。馬祖の馬祖となるとき、坐禅すみやかに坐禅となる。かるがゆへに、塼を磨して鏡となすこと、古仏の骨髄に住持せられきたる。

「この一段の大事、」ここに書きしるされている重大な事柄を考えた人はここ数百年のあいだたくさんあったが、たいていの人はこう思ったものだ。「南岳はこうしてただただ馬祖をはげましたのだ」と。「勧励せしむる」の「せしむる」は前にもありましたが別に使役の形ではなく、公卿漢文で無駄に「令」の字を書いて、ただの断言ですむ場合なのに「せしむ」と言っているのと同じです。もとは敬語法の「せしむ」から出たのでしょうか。馬祖をはげましたのだ。それはしかしかならずしもそうではない。「いまだ」というのは、漢文なら「未」と書くところです。今はそうじゃないが、やがてはそうなるべきだという意味の否定辞ですが、永平広録をみますと道元はただの「不」でいいはずのところで、「未」を使っている例がたくさん見出されます。ここも第一はそういう文章上の癖の「いまだ」だと思いますが、そういう考えは「いまだし」、行き届いていないという判断をきかせた、強めの副詞の性格も持っていましょう。かならずしもそういう意味で言ったことではないのだ。偉大な仏者のやること言うことは、凡俗の境域をはるか上に越えている。離れて上の方に行っている。「せるのみなり」の、「のみ」はいらないようなものですが、はるか上の方に行っているばかりに、ああいう言動に出たのだというニュアンスは持ちましょう。大聖というのは南岳懐譲のことですが、その南岳を代表としてそういう偉大な仏道修行者、仏道の深奥に達した人がもし瓦を研ぐというやり方をわが身に具えていなかったら。「法」はごくふつうの意味で言っていると思います。瓦を研ぐという行き方。それがなかったら、「どうして為人の方便あらん。」為人というのは人のために、人にむかってという副詞句ですが、そこから人のためにすること、説法、教化の意を持つ名詞になったものです。法を説き衆生を教化する上での手近で便利なやり方がそもそもあるだろうか。「方便」というのは名詞としていまはもっぱら使われていますが、「まさにすなはち」で、早速の出様(でよう)、手っとり早いやり方というふうに転化して来た副詞句だとも見られますね。ひとを教化する力量というものは、仏祖が元来本来的な素質として持っているところのものだ。底本では骨髄なりの後が読点になっていますが、これは。、句点の方がいいでしょう。「構得」の「構」は材木を持ってきて建物を建てることを言います、そして「得」は再々見た動詞につける助辞。二字で要するに人為のことです。人為によって成ったものにしても、他でもなく家に具わったものだ。「調度」も、具わっているにきまったものの意です。そういうものになっていないかぎり、「仏家」、仏道修行者の系譜、集団を「家」に見立てて、そこに伝わってくるわけには行かなかったはずだ。それは南岳ひとりの才覚ではない、仏祖伝来のものだというのです。そのうえ馬祖をそれでもってたちまちにして悟らせた、「接する」は、師匠が弟子を相手として迎える、扱う、誘掖するの意がもとですが、それでなく、ここは接取引導、弟子となった馬祖を自分のありかにひきつけて、師たる南岳自身にしてしまったということでしょう。「はかりしりぬ。」こまかくこだわって行けば、はからいは厭うべき、断たねばならないものですが、しかしまたこれがなければ仏智にたどりつく道はひらけないと道元自身言っています。十二巻本眼蔵の四、「発菩提心」に、「菩提心をおこすこと、かならず慮知心をもちゐる」とあります。しかし禅の立場ではこれは退けられるべきもので、「はかりしりぬ」というのでは本当はいけないわけです。一挙に悟らなければならないのですが、正法眼蔵そのものに思辨の書という性格が色濃くあって、これもそのあらわれの一つです。それにしても、その句のかかって行っているのがどういう文かを見ますと、やはりこだわるのが当然でしょう。というのは「仏祖正伝の功徳、これ直指なることを」と続いているからです。仏と祖師が代々正しく相伝えてきた法の力、効験、「功徳」は何か別の手段をかりることなく、ただちに得られるものであることを。「直指」というのは、達磨大師の「直指人心、見性成仏」にもとづく語で、人の心をひたと指さして、その人に本来そなわる性質をその人の目に見えるようにしてやって、仏にさせる。存在の真の様相にめざめさせて仏にするということで、このことと「はかりしりぬ」の結びつきは奇妙と言わざるを得ないからですが、しかしここの場合の「指」は添辞乃至冗辞と見られます。まわりくどいことはなく、ただちに人の心に飛び込んでくる、直接のものだということ。それが推知測量されるというのです。その次は「まことにしりぬ」で、疑いなく、自明のこととして認識できる。瓦を研いでそれが鏡になるとき、馬祖は仏となるのだということを。これはもうさきの問答の磨塼と作仏の関係とは違って、原因結果の関係でではないかもしれませんが、両方ともありうることという意味で言われています。どういうふうにしてかというと、馬祖はなんの意図もなしにひたすら坐禅することによって、見性成仏、かれ自身の本性をあきらかに知りつくすことができ、そのとき馬祖になる、そういう形でです。「馬祖作仏するとき」というのは、「馬祖作仏といふは」、というのと同じでしょう。南岳から「坐禅、あに仏を作るを得んや」――さっき言い落しましたが、この「作仏」は馬祖の答えの中にあった「作仏」が仏と作(な)るだったのに対して、仏を作(つく)る、仏を作(な)す、でしょう。――そう言われたので、馬祖は悟った。悟るというのはそれ自体ブッダとなるということと言えますが、そこまで行かなくても、弟子は師匠に目ざめさせられて悟りを得、師匠その人になる。師匠はその前の師匠その人になっているのですから、それをずっとさかのぼって、釈迦牟尼仏になったということになる。そうなりますと、馬祖はなお坐禅をつづけるわけですが、それはもはや仏になるための坐禅ではない、「祇管の打坐」、純粋な坐禅以外の何物でもない坐禅です。「坐禅すみやかに坐禅となる。」「すみやかに」というのは、馬祖がかれの本然に目ざめるとたちまち、その場で、ということでしょう。そういうことがあるから、瓦を研いで鏡にするということが、「古仏の骨髄に住持せられきたる。」この場合の「古仏」はもう南岳懐譲、馬祖道一をはなれて、仏と呼ばれる資格のある昔の禅者たちみんなのことで、その「骨髄に」、骨髄をそのあり場所として、「住持」、大切に維持されて来たのだ。これはしかし瓦を研いで鏡とすることというより、どういうことにせよ、ひとを覚醒させ、仏とする「方便」が、代々失うわけに行かぬ大切至極のものとして守られつづけて来たと言換えるべきことだと思います。

しかあれば、塼のなれる古鏡あり、この鏡を磨しきたるとき、従来も未染汚(みぜんわ)なるなり。塼のちりあるにはあらず、たゞ塼なるを磨塼するなり。このところに、作鏡の功徳の現成する、すなはち仏祖の功夫なり。磨塼もし作鏡せずは、磨鏡も作鏡すべからざるなり。たれかはかることあらん、この作(さ)に作仏あり、作鏡あることを。又疑著すらくは、古鏡を磨するとき、あやまりて塼と磨しなすことのあるべきか。磨時の消息は、餘時のはかるところにあらず。しかあれども、南岳の道、まさに道得を道得すべきがゆへに、畢竟じてすなはちこれ磨塼作鏡なるべし。

だから、と言って、「古鏡」の主題にもどるわけです。瓦を研ぐという一途の努力、その成果たる「古鏡」もある。「この鏡を磨しきたるとき」の「この」は「鏡」にかかるのではなく、下の「とき」にかかります。「きたる」は中国語の「来」、磨鏡来の「来」で、いまに至るまでそうしつづける、磨きつづけていままで来ている、そういう持続、継続をあらわす語でしょう。その場合、まだ鏡になっていないうちの鏡でも、「未染汚なるなり。」「従来も」という未完了過去の形で説いてきたので「未」を入れたままで、これから汚れたり傷つけられたりすることがあるかもしれないというのではないでしょう。不染汚なるなり。それまでも染汚されてはいなかった。瓦を研いでというが瓦に塵がついているというのではなく、ただ、他でもない瓦を研ぐのである。研がれるのは瓦である。しかし「このところに」、この過程において、こういう場において、瓦が鏡になるという効験、有難いためしが現実のものとなる、これは、まさに、とりもなおさず仏々祖々のよくよく考えたことの結果だ、成果だ。「磨塼もし作鏡せずは」、この「は」は前には「ば」と読んでいた助詞で、岩波文庫版の眼蔵では「ば」としてあります。平安朝文学の中では「は」の方がいいでしょうが、諸事武張って、言葉もつよくいうのがいいとされ出したらしい鎌倉時代にまで「は」と言っていたかどうか。「あらずんば」などは、どうしたって「ば」でなくちゃ困りますよね。「あらずは」がもとの形だとしても。これは餘談ですが、古い文書には濁点というものがついていないので困ります。「得」を「テ」とよむのなども、現代中国語では「デ」と発音するのを考えると、やっぱり迷いが生じます。もし瓦を研ぐことが鏡を作ることにならないなら、鏡を研いだって鏡にすることは出来ないわけだ。「すべからざるなり。」大事なことはただ磨すこと、研ぐ努力なので、その努力の注がれる材料が瓦であるか鏡であるかは二の次の問題である。

「たれかはかることあらん、この作に作仏あり、作鏡あることを。」「たれかはかることあらん」は、はかることが出来ようか。思いはかれようかという反語です。「この作に」の作は、前の句の中の二つの「作」をさしていますが、それはまず「作る」で、作る、作すではないでしょう。しかしそれは「磨」という行為の成果ですから、おのずからなるというのは違う。坐禅者が仏となる、瓦が鏡となるということはないとは言えないことだが、これをはかり知ることは誰にもできない。同時に「はかる」は「謀る」でもありますから、それをたくらむものはありようがないということにもなります。という一方でこういう疑いをおこすものもある。「著」は助辞で「疑」を強めています。古鏡を研ぐ時、間違ってそれを瓦にしてしまうという研ぎ方もあるんじゃないか。そういうことがあるかないか、この「磨」という行為は仏道修行における「磨」なのだから、その事情はほかの時から推断、推定することは出来ない。まずそう言っておいて、そんな假定の可能な場合とは事情が違う。そうはいうが、とつづきます。南岳懐譲の言葉は、まさに言い当てるべきことを言い当てているに相違ないから、結局のところ、ほかでもなく、「これ磨塼作鏡なるべし。」「これ」は例によって、コプラ copula（繫辞）として是の字をあてて理解すべき語。瓦を研いで鏡が作れるということ、瓦を研ぐこと即鏡と作すことそのことでなければならぬ。瓦を研いで鏡を作れるかと言って、馬祖を開悟させたのだから、その言葉はいまや反語ではなく断言命題になった、というのです。

こう解釈するのは開悟即成仏という理念の上に立つものですが、それが道元の思想であることをわざわざ断る必要はありますまい。

ただ「道得を道得すべきがゆゑに、」という言廻しはもう少しどういう出来具合の文句なのか考えてみなければなりますまい。ここの「道得」は二つとも、「得」が今までそう読んで来たよりはずっと濃く、「得る」、何々しえたの、「得」、動詞としてのそのニュアンスを持っているように思います。「得」は助辞としても、何々しおおせているということですから、それはそれで何かの動作、作用の完了した結果可能だったことを示していて、昔からの訓み方のように「道ひ得たる」と訓むのもまんざら見当外れではないのですが、ここの「道得」にはその性格が一層濃いように思われます。そこではじめの「道得」は「道い得つべかりしこと」という抽象名詞、あとの「道得」は中国語としては無論二字で動詞ですが、「道ひ得つべかりしが故に」と言換えられるものでしょう。これは哲学的論理というより、信の問題で、南岳懐譲はどの人は正しいことを言っているはずだから言っているにきまっている、そう言換えていい見解の表現だと思います。

いまの人も、いまの塼を拈じ磨してこゝろみるべし、さだめて鏡とならん。塼もし鏡とならずは、人ほとけになるべからず。塼を泥団なりとかろしめば、人も泥団なりとかろからん。人もし心あらば、塼も心あるべきなり。たれかしらん、塼来塼現の鏡子あることを。又たれかしらん、鏡来鏡現の鏡子あることを。

「拈じ」はとりあげる、現代人も、いまそのへんにある瓦を拾ってためしに研いてみるがいい、きっとそれは鏡になるだろう。もし瓦が鏡とならないようだったら、人が仏になれるわけがない。ということは、末法といわれている現代の人間も人間はかならず仏になれるということですが、しかし仏と人とは違うからこそ人が仏になる、なれるということがあるのでしょう。しかし道元はそういうふうには問題を立てず、瓦なんて泥のかたまりだと軽く見れば、人も泥のかたまりだということになって軽いものになってしまう、そういう具合に論をすすめます。こういうところに見られるものを、さきにも申しましたが、道元というひとの人間尊重だと言いたいのです。瓦は鏡になるものだ、人は、坐禅人はかならず仏になるとして努力しなければならぬ。あえて言えば瓦は鏡となろうと意図しないだろうように、人は仏となろうと意図しないがいい。ただつとめよ、坐禅せよ、というわけでしょう。「人もし心あらば、塼も心あるべきなり。」この「心」というのは、三つそれぞれ別に心・意・識というときの「心」、慮知心をさす場合がまずあります。何かある対象に向ってはたらく精神作用。意はマナス manas と言って、一番広い意味の知能のこと。識は識別能力のことです。一つにはそういう「心」、チッタ citta。しかしほかに達磨大師のあのじかに人の心を指してその本性をあらわならしめて仏と成らしめる、というときの「心」もある。「人もし心あらば、塼も心あるべきなり。」というときのふたつの「心」はどっちか。最初に「人もし」として言っている「心」は、まず人間の精神力のあり場所としての「心」でしょう。「心王心所」というときの心王です。「心所」は心所有法――心の有すところの法、諸現象の略で、これが慮知心、チッタに当ります。しかしそれが作仏と結びつくというときには、それは見性成仏にせよなんにせよ、成仏する「心」でなければならない。この「心」は有情の本質として、生滅変易衰滅からまぬがれているものとしての「心」でしょう。すると「心王」とは違います。こうして「人もし心あらば、」の「心」は、この句だけでは断定はできないのですが、第二の「心」、「塼も心あるべきなり」の「心」はいま人について言った三つの「心」のうちの第二の「心」でなければならない。「塼」の不変不改の本性以外ではないというわけです。瓦にも、その不変の本性はあり、即心是仏というとき、障壁瓦礫、「塼」など、これらはその無機物としてのかけがえのない本性によって成仏するしか成仏のしようがない。そういうふうに読んでいきますと、人につけて言われた「心」も、これと同格の、人の本性でなければならず、それは当然のこととして成仏できるものです。そうしますと、そのまえに瓦が来たときは瓦の姿をあらわしてみせる、鏡が来たときは鏡を映してみせる、そういう鏡というのは、たとえば達磨大師の指のような、「直指」するもの、対象にその仏性を自覚させるので、これは自覚した仏性でなければならない。そういうことを「たれかしらん」、誰も知るものはない、ということは自分は知っているということです。これが道元の信です。

「鏡子」の「子」は上の名詞にかわいらしい感じをそえるための接尾助辞。「又たれかしらん、鏡来鏡現の鏡子あることを。」これは古鏡の前に明鏡が来た時は、古鏡は「百雑砕」すると言った、ずっとまえの師雪峰との問答に出た玄沙の語を、ここに来て否定したものと言えるのではないでしょうか。明鏡も古鏡も鏡だ、来た鏡をうつす鏡もあるのだというのが、あのとき玄沙に「百雑砕」と言わせる代りに雪峰が言うべき言葉だったのだということになります。

それは、仏性は仏性を目ざます、覚醒が覚醒を生む、覚醒を拒否はできないという意味の答えです。

問題は雪峰義存がそれほど自覚において強かったかどうかというところにありましょう。全躰として鏡を主題にして考えをすすめればすべては鏡の名のもとに、仏道あるいは仏性にかかわる一切もその名のもとに考えることが出来る。そういうのがこの場合の道元の視点です。眼蔵七十五巻全躰を貫いているのもその態度で、一切に臨むことのように思います。薄皮が剝がれるように道元がどういうことを仏智の顕現と考えていたか、だんだんに見えてくるこの眼蔵の特徴も、その態度、方針から生じたものでしょう。そういうことを悟る糸口になれば、こうして「古鏡」一巻を長々と、七回にもわたって読んで来たかいもあると言えましょう。

馬祖が馬祖になる、坐禅が純粋無雑な坐禅になる、磨が磨になる、行為が目的意識にわずらわされぬ行為になる、ついでに言えば道元が道元になる、すべてあるものが汚されず傷つかぬ姿でそのものになりおおせるというのが、仏道、仏性の、功徳だ、そのはたらきで、てんでんばらばらのものが、分散せずに、それぞれの位置において、それぞれの存立を実現する、そうこの一巻「古鏡」は語っているように思います。

仁治二年辛丑九月九日観音導利興聖宝林寺示衆。同四年癸卯正月十三日書写于栴檀林裡

データの仁治二年は一二四一年。九月九日示衆とありますがこんな長い示衆がこの日一日で出来たわけはありませんし、竹内道雄氏の作った年譜では、九日と十五日に分けて行われたとあります。しかしこれまで七回にわけて解読したこの示衆が、たとえ二日に分けたにしても出来るとは思えませんので、その原型にあたるものが九月九日、さらにあるいは十五日に追加して行われたということでしょう。同四年書写とありますが、この年は二月二十六日に寛元と改元されました。それ以前の正月中に書写されたというわけです。この一年三、四カ月のあいだに、天童如浄の法嗣の無外義遠が師の語録を編み、それが宋か

ら送られて来ましたが、それがこの間の最大の出来事だったろうと、永平広録などからは推察されます。身内の公卿の身分変更もいろいろありましたが、道元を動かすほどのものではありませんでした。

そうしてみますと、この書写は誰のものか、道元そのひとのとすると示衆とのあいだがあきすぎるように思われます。梅檀林というのは単に叢林と言っても同じで、禅修行者のつどうところ、禅院の美称です。書写の場所をただこう書いてあるのをみると、弟子のたれかれではなく、住持道元そのひとの書写と思いたいのですが、自分のいどころを梅檀林などと美称でいう例は正法眼蔵、あるいは永平広録の中のほかのどこにもありません。それでどうもこれもうさん臭い。そのほか、解読の途中で指摘したような疑問を起さざるを得ない記述が中途にみつかりますので、「古鏡」全躰が問題の多い巻とつい言いたくなります。ただそれとは別にやはり眼蔵の中で、これは、道元の思想を推しはかる上でもっとも重要な巻の一つであることに間違いない、そうも言えるのです。

奥書き

一昨年の正月から永平道元和尚広録の原漢文を白文に戻し、その訓読文と現代訳を作り、註を書くといふしごとをつづけてゐるが、同じ年の春、すでに原本の失はれたこの広録の最古の写本の影印本が、永平寺から刊行された。それが担当の編集者の機転で買へたので、今度はそれをもとに原文を作り直し、さらに訓読文も作り直す作業のすゝゐ、何しろ全十巻からなる書物の各巻について四種類の原稿校正刷を扱はねばならず、四点の小さな本を十回づつ四十点出すのに等しい煩雑きはまる手続きがたたつて、到頭編集者が病気になつた。去年の秋のことである。

それでいやおうなく手のあいたとき、かねて届いてゐた正法眼蔵古鏡の講読の速記に目を通すのはこの機会を措いてないと思つてはじめたことの成果がこれである。しかし、十年前、その講読の際、本文にも書いてある通り、出来たら引続き講読をしたいと思つてゐた「観音」の巻の講読躰解釈文を作るのが、どれ位の分量になるかの見当のつかないまま、先決問題だと思はれた。

それに半月ほど費し、古鏡講読の速記録の検討に入つたのは、奇縁と言つてよく、ちやうど講読の十年後に当つた。

というのは一九七六年十月一日から十一月十二日まで、毎週金曜日毎に、別に平凡社の催しではなかつたけれど、平凡社の編集者龍澤武、鍵岡正謹の両君が、同社の講堂を借りて開催した「日本の古典を読む」といふ連続講読会の一つとして実施されたものだつたからである。西郷信綱、廣末保両氏の講読もあつたのを覚えてゐるが、龍澤、鍵岡両君とも、録音テープは作つておきながら、シリーズ出版のつもりはないといふことだつたので、後年法蔵館の美谷克美君が法蔵選書の企画を立て、その一冊として、僕の画餅、竜吟、都機などの講読を刊行してくれた際、その話をしたのだつたか、今覚えてゐないが、ともかく美谷君はそのテープを手に入れ、刊行企画といふところまで持つて行つたのかどうか、それも覚えがないが、いづれにせよそのまま法蔵館を退職し、富山県の山里に入つて、米作りと炭焼きと、それから仏教の新生をはかる運動に力を藉すやうになり、僕の古鏡講読はよくいふお蔵入りの恰好になつた。

ところが美谷君のいはばしこみを受けた新人の篠原美紀子さんが、奇特にもその録音の再生をはかり、原稿用紙に書き起してくれ、自分の企画として出版したいと言つて来た。平凡社の講堂で僕が本をひろげ、読み上げ、解釈を下すといふ連続的行為をしてゐたとき、聴講席に、鍵岡君の友人の詩人、吉増剛造君がゐた。かれの詩体が、変なところで文が切れ、……が始り、さらに行頭に読点がおかれるなどといふ不思議なものに一時変つたのはそのあとのことである。つまり僕のきはめて奇妙な発語法がかれの詩的感興をひいたらしいといふことで、速記録の筆者篠原さんはさぞ、その手伝ひをしたであらうひともさぞ、苦労しただらうと思ふ。

しかし十年の歳月のあとでは、ただでさへへたな物言ひの自分の眼蔵解釈など当の自分に受けいれられる筈がない。それに広録の現代訳・註釈のしごとのために景徳伝燈録、宗門联燈会要、五燈会元などをはじめあれこれの中国の禅書を読む機会もこの間少くなかつたから、僕の古鏡解釈そのものにも変化が生じ、多少の深まりも出来た。篠原さんには気の毒だつたが、また僕自身好んでするわけでもなかつたが、速記録は全面改訂、要するに観音と同じ講読体書下しになつてしまつた。

それがこの本の篇次を決定して、はじめは古鏡を巻首に出すつもりだつたのが、さうでない方が七十五巻本眼蔵の篇次にも従つてをり、よりよいのではないかと思はれ出して、この躰裁となつたといふことである。

かういふものは実際のところ、人前で、口に出して解釈してゆくより、机の上で、ペンで、しかし人前で口でやるやうに、書かれてゐる文の一語一語につきあひ、つつかかり、その面紗をはぎとりながら、どういふことを言ひたくて著者はかういふ文を綴つたのか、それを見究める努力を重ねて行くのがいいやうに思ふ。著者の言ひたいことはかうでもあらうとほぼ当りがついてゐる情況で、その視線の先に、光学メスのやうなものを当てて、文を切り裂いて行く。すると、ふと、文の中から、それとは別の、より本物であるらしい観念が躍り出てくる。と言つて僕は別に科学者のやうに著者の文を客躰として扱ふわけではなく、扱ふのがいいと思ふわけでもなく、いはば著者の文の形をとつた、そしてそれ以外のありやうはとりえなくなつてゐる自分の精神を切り開いて、その中から著者の観念をとり出すのである。著者の言葉が透きとほつて来ると言つていいやうな体験がそのとき成立つ。

かういふことをさせてくれる、それもそれを空しい思ひ、だれた感じ、異縁の意識を抱かせずに、味はせてくれる著作者として、道元は僕にとつて稀なひとりである。その前後、僕はヴァレリーの『カイエ』の自分の訳文を原文とつきあはせながら検討するといふ、ひまつぶしと言へばさうも言へる試みにも従つてゐたが、その智的緊張と感興がこれとほとんど同質だつたといふことを書いておきたい。

一九八七年六月尽

寺田　透

解説

林　好雄

偏界かつて蔵さず

一語一語、一句一句、「言葉の密林」を探索することによって「著者の思想の核心」に迫ろうとして、書きながら考え、考えながら書く、思索の歩みがそのまま文章になるような寺田透のやり方を、その初期の書名にならって「表現の思想」あるいは「言語表現の思想」と呼ぶことができる。「表現」と「思想」を結び付けている「の」については検討の余地があるし、「思想の核心」に到達することではたしてその探索が終わるのかどうかも不明であるが、「ともかく言葉を一々たどって、正法眼蔵の思想的真髄に迫る、そういうのが自分のとるべき道だ」(「都機講読」)と、寺田透自身が確言している。そしてそれは、道元の『正法眼蔵』所収の五篇を論じた本書のいわゆる「講読体書き下し」文(それは「語る言葉」だろうか、それとも「書く言葉」だろうか)においてもいささかの例外も認められない。その五篇とは、七十五巻本『正法眼蔵』の第十八巻「観音」(一二四二年四月)、第十九巻「古鏡」(一二四一年九月)、第二十三巻「都機」(一二四三年一月)、第二十四巻

「画餅」〔一二四二年十一月〕および第六十一巻「竜吟」〔一二四三年十二月〕であって、最初の四巻が京都深草の観音導利興聖宝林寺での示衆であり、最後の「竜吟」が越前の吉峰古寺禅師峯下の示衆であるのは、比叡山の恨みを買った道元一行がその年の七月ににわかに京を捨てて越前に移ったためである。それは、ほぼ道元が四十二歳から四十四歳の頃の、最も活発に示衆が行なわれていた時期であり、寺田透は、この時期の道元の「思想の核心」が「偏界不曾蔵〔偏界かつて蔵さず〕」の思想にあると考えている。

この世界に存在する客体的存在者の実体性も、たとえば人間のような主体的存在者の実体性も否定する仏教の立場において、それでは現象の背後に隠された本質のごときものがあるのかというと、「宇宙全体を通して、隠されているものはかつてなかったし現在もない」〔「都機講読」〕のであって、一切はありのままの現象として立ち現れている〔寺田透は「現実化」という語を用いている〕というのが「偏界不曾蔵」という仏教独自の思想である。道元の『典座教訓』には、入宋直後に出会った阿育王山の老典座に対して、「如何是辦道〔仏道修行とは如何なるものですか〕」と問いかけた道元が、典座から「偏界不曾蔵〔偏界かつて蔵さず〕」という答えを得たことが簡明に記されている。

「偏界不曾蔵〔偏界かつて蔵さず〕」とは、あらゆる存在が隠れることなくそのまま世界の実相として立ち現れているということであって、誤解を恐れずに先回りして言えば、その立ち現れている世界の実相が「古鏡」であり「画餅」であり「都機〔月〕」であり、また「竜吟」であり「観音」であり、結局のところ世界の真実相としての「仏性」なのである。『正法眼蔵』第三巻「仏性」において、「一切衆生 悉有仏性」という釈迦牟尼仏の言葉を、「一切衆生は悉く仏性を有す」と読むことを拒んで、私たち人間衆生を含めてあらゆる存在はありのままの世界の真実相だ〔「一切衆生悉有は仏性なり」〕と解する道元は、「偏界不曾蔵」を「是什麼物恁麼来〔是は何物がそのようにやって来たのか〕」に結び付けている〔「悉有〔全存在〕」は「妄縁起の有にあらず、偏界不曾蔵のゆへに。〔……〕無始有の有にあらず、是什麼物恁麼来のゆへに。〔……〕悉有それ透体脱落なり」〕。

『景徳伝燈録』五「南嶽懐譲章」に、南嶽懐譲が中国第六祖の大鑑慧能のもとにはじめて参じたおりに、六祖から「是什麼物恁麼来〔是は何物がそのようにやって来たのか〕」と問われて、何も答えることができず、八年間の「遍参〔徹底的な参究修行〕」ののちに、その言葉を解したことを告げたところ、六祖からさらに「你作麼生会〔どのようにわかったのか〕」と問われたので、「説似一物即不中〔一つの物によって説明しても当たりません〕」と答えたことによってその力量を認められたという話が収録されている。

世界〔「偏界」〕のすべての存在〔「悉有」〕は、何物か〔「是什麼物」〕としか言いようのないものが、そのようにやって来る〔「恁麼来」〕としか言いようのない仕方で立ち現れるのであって、この「現〔立ち現れること〕」と「来〔到来すること〕」の関係について、寺田透は本書の「古鏡講読」の中で、「世界を死滅の相において表象することは間違いです。

そういう間違い、そういう非現実的なイメージを避けるために何が必要かというと、その世界の中での「来る」という現象、それが必要になるだろうと思います」と述べているが、この「仏性来」あるいは「如来」の「来現」を、道元は、端的に「現成」あるいは「現成公按」という語句で表している。

そのありのままに立ち現れている現象がただちに私たち人間に覚知されないのは、己の「心意識」による現象の見聞覚知を「仏性（存在の真実相）」の覚知だと思い込む「衆生の慮知念覚（思惟・認識・記憶といった心の働き）」の未発菩提心（いまだ仏道に発心していない状態）」（第五巻「即心是仏」）のゆえであるから、仏道修行者は「身心脱落（身も心もあらゆる拘泥や束縛から脱する）」して「只管打坐（ただひたすら坐る）」すべきだというのが、若き日の道元が師の天童如浄から受け取った教えであった。それは、「偏界不曾蔵」を「辨道（仏道修行）」だと断じた阿育王山の老典座の言葉とぴたりと符合している。

画に描ける餅は飢えを充たさず

それにしても、「偏界不曾蔵」の思想のために、なぜ「生死去来ともに月にあり、尽十方界（全世界）は月中の上下左右なり」（「都機」）とか「尽界は塵刹（客体的な国土）にあらざるなり、ゆへに古鏡面なり」（「古鏡」）とか「たゞまさに尽界尽法は画図なるがゆへに、人法は画より現じ、仏祖は画より成ずるなり」（「画餅」）などという「ことの他文学的香気の高い」「きわめて詩的で芸術的な」表現がなされるのだろうか。寺田透は「正法眼蔵も論文ではなく文学ですから」（「都機講読」）と事もなげに言うが、それは、「只管打坐」による「身心脱落」を旨とする道元が、なぜ『正法眼蔵』という書物を書かなければならなかったのかという根本的な問いに直結するものだ。

『正法眼蔵』を一つのテクストとして読むならば、それは、道元が「古仏」とか「仏祖」と呼ぶ祖師たちの語録の引用と寺田透が「強い信に貫かれた曲解」と言う道元による評唱とから成る「テクストの織物」である。語録や経典の引用と道元の評唱のあいだにはある種の「間テクスト性」が成立しており、『正法眼蔵』の各巻を一つの独立したテクストと見るならば、その各巻のあいだにも同様の「間テクスト性」がある。

「画餅」の例を取り上げてみよう。

古仏言、画餅不充飢（画に描ける餅は飢えを充たさず）。

古仏は九世紀の禅僧香厳智閑、『景徳伝燈録』十一「香厳智閑章」からの引用である。「画餅」に続く第二十五巻「谿声山色」には、聡明博識で知られた香厳智閑がかつて潙山霊祐（大潙大円禅師）のもとで学道していたときに、潙山から「父母未生以前（父母がいまだ生まれない前の自分の本来の面目〕にあたりて、わがために一句を道取しきたるべし」と問われて、何も言うことができず、いくら経典や書籍を調べても答えが見つからなかったので、「画にかけるもちゐは、うゑをふさぐにたらず」と言って、年来集めた書物を焼き捨ててしまったという一節が引かれているから、書物による経論や教学の学業は真の仏道修行の役に立たないということを言おうとしているのだと推測される。

しかし「画餅」の巻で、道元は、「餅」は実であり「画」は虚であるというような理解は大いに間違っており、あらゆる餅は、それが実物の餅であろうとなかろうと非実体的存在として「画餅」であるのだと言う。

> いま道著する画餅といふは、一切の糊餅・菜餅・乳餅・焼餅・糍餅等〔米粉・菜種・牛酪・饂飩粉・きびなどで作った餅〕、みなこれ画図より現成するなり。しるべし、画等・餅等・法等なり。このゆへに、いま現成するところの諸餅、ともに画餅なり。

一切の餅が「画餅」として現成するということは、すべての事物現象が「画図」として現成する「偏界不曾蔵」の道取〔言い切った言葉〕であり、この「画餅国土」において、「たゞまさに尽界尽法〔全世界全事物現象〕は画図なるがゆへに、人法は画より現じ、仏祖は画より成ずる」のである。香厳智閑の「画餅不充飢」は、師の潙山霊祐の問いに対して「父母所生の面目あり、父母未生の面目」ある道取なのであって、それを道元は、「画餅」でなければ飢えを充たすことも飢えを充たさないこともできないと解するのである。

そうした解釈は、香厳智閑の言おうとしたこと（意味したこと）を正しく伝えているだろうか。道元は、自分の思想を表現するために、他人の言葉を元の文脈から切り離して利用しているのではないか。しかし、そもそも祖師たちによる問答は、「意味をはっきりさせるように言葉を使うということをしていない」のであって、「明示的な言葉でものを言って、その結果、聞き手がそれを金科玉条のように覚え込み、それの外に出られなくなる、それに縛られるということを、避けさせてやろうという配慮がそこにはたらいて」（「画餅講読」）いるような「伝達拒否の不思議な性格」を持つ独特の「表現形態」なのである。「示衆形式の評唱も、けして同じ形で繰返されることのない、唯ふたりの人間のあいだにそのとき特殊的に現実化された言語関係であって、その一方がいなくなれば全体が形骸となる他ないようなものが、それらに伴いそれらを生動させていたはず」であるから、問題は「これらの問答、評唱の記録によつて新天地を打開しうるか否かにかかつて来ざるを得ない」（「眼蔵参究の傍」）。大鑑慧能の「是什麼物恁麼来」という問いに対して「説似一物即不中」と答えるために、南嶽懐譲は八年の坐禅辦道を要したのであり、その後さらに八年計十五年の「遍参」となったのである。単なる考えや思いつきは思想ではないし、それを伝達することで役目を終えるような道具的言語は言語表現とは言えない。思考しうる極限まで思考し、根底からの懐疑に耐え抜いた思考のみが思想の名に値するのであり、そうした徹底的な思考が言語表現の葛藤抜きになされるはずがない。寺田透の鋭い嗅覚は、道元が「彼の悟りの内容だとされている「身心脱落、脱落身心」ということを自分の言葉使いにまで応用した」（「道元略伝」）ことを見抜いているが、もはや思想と区別することなど不可能な「身心脱落」した言語表現を、道元は「道得」と呼んでいる。

> 画餅不能充飢と道取するは、たとへば、諸悪莫作、衆善奉行と道取するがごとし、是什麼物恁麼来と道取するがごとし、吾常於是切といふがごとし。しばらくかくのごとく参学すべし。

「諸悪莫作、衆善奉行（諸悪作すこと莫れ、衆善奉行すべし）」は第三十一巻「諸悪莫作」にも引用される七仏通戒偈（『増一阿含経』他）のうちの二句であり、「是什麼物恁麼来」は前述のように『景徳伝燈録』五「南嶽懐譲章」の六祖大鑑慧能（曹谿古仏）の言葉の、「吾常於是切（吾常に是に於て切なり）」は『聯燈会要』二十「洞山章」の洞山良价（高祖洞山悟本大師）の言葉の引用であって、いずれも道元が古仏や仏祖の「道得」として認めた言語表現であるから、香厳智閑の「画餅不充飢」を、道元は仏祖の「道得」と解して